Christoph Bommer diplomierte als Elektroingenieur an der Hochschule für Technik Rapperswil. Er begann seine berufliche Laufbahn bei Siemens im Bereich Telekommunikation. Später leitete er verschiedene Projekte im internationalen Umfeld und hat sich dabei intensiv mit der Verbesserung von Entwicklungsprozessen (CMMI) beschäftigt. Nach einem Aufbaustudium in Betriebswirtschaft übernahm er die Leitung einer Entwicklungsabteilung im Softwarehaus der Siemens Schweiz AG. In dieser Zeit war er zusätzlich als Berater für große Softwareprojekte tätig. Heute ist er als Leiter Entwicklung Leittechnik für ein zwölf Jahre altes Leittechniksystem im Eisenbahnbereich der Siemens Schweiz AG zuständig.

Dr. Markus Spindler studierte an der TU Berlin und ETH Zürich Physik, bevor er als Mathematiker an der ETH Zürich promovierte. Anschließend betätigte er sich als Systemingenieur in den Bereichen kryptografische Systeme und sichere Software bei der ASCOM AG. Danach wechselte er zur Siemens Schweiz AG als Safety Manager im Eisenbahnbereich. Hier war er für alle sicherheitsrelevanten Fragen im Umfeld der Leittechnik zuständig. Heute leitet er im Auftrag des Produktmanagements bereichsübergreifend die Erstellung und Einführung einer neuen Leittechnikversion.

Dipl.-Inform. Volkert Barr studierte Informatik an der Carl von Ossietzky Universität Oldenburg. Nach einem Industrieaufenthalt in der Softwareentwicklung wechselte er 2000 an das Institut für Softwaretechnik an der Technischen Universität Berlin und arbeitete dort als wissenschaftlicher Mitarbeiter. Anschließend war Volkert Barr mehrere Jahre als Informatikspezialist und IT-Architekt bei PostFinance tätig. Heute arbeitet er als Softwarearchitekt für die Raiffeisen Schweiz und beschäftigt sich mit Fragestellungen aus den Bereichen Softwarearchitektur, Migration und Legacy-System-Transformation.

Christoph Bommer • Markus Spindler • Volkert Barr

Softwarewartung

Grundlagen, Management und Wartungstechniken

dpunkt.verlag

Christoph Bommer
christoph.bommer@gmail.com

Dr. Markus Spindler
markus.spindler@sunrise.ch

Dipl.-Inform. Volkert Barr
volkert@nivoba.de

Lektorat: Christa Preisendanz
Copy-Editing: Ursula Zimpfer, Herrenberg
Satz: Petra Strauch, Just in Print
Herstellung: Birgit Bäuerlein
Umschlaggestaltung: Helmut Kraus, Düsseldorf
Druck und Bindung: Koninklijke Wöhrmann B.V., Zutphen, Niederlande

Fachliche Beratung und Herausgabe von dpunkt.büchern im Bereich Wirtschaftsinformatik:
Prof. Dr. Heidi Heilmann · Heidi.Heilmann@augustinum.net

Bibliografische Information Der Deutschen Bibliothek
Die Deutsche Bibliothek verzeichnet diese Publikation in der Deutschen Nationalbibliografie;
detaillierte bibliografische Daten sind im Internet über <http://dnb.ddb.de> abrufbar.

ISBN 978-3-89864-482-2

1. Auflage 2008

Ringstraße 19 b
69115 Heidelberg

5 4 3 2 1 0

Vorwort

Das Mauerblümchen Softwarewartung

Die überwiegende Anzahl heutiger Fachpublikationen im Bereich Softwaretechnik beschäftigt sich mit der Ersterstellung von Software. Hinzu kommen zahlreiche Arbeiten zu Techniken effizienterer Softwareentwicklung, modernen Programmiersprachen oder der Anwendung neuer Frameworks. Neben all diesen zugegebenermaßen spannenden und interessanten Themen erscheint die Softwarewartung wenig glanzvoll. Zum Thema Softwarewartung gibt es, wie wir selber erfahren mussten, recht wenige Studien, Methoden und Werkzeuge. Vor allem haben wir eines schmerzlich vermisst: eine leicht zugängliche Übersicht zum Themenkomplex. Das vorliegende Buch versucht diese Lücke ein wenig zu schließen. Es soll sowohl Entwicklern, die sich neu mit dem Thema der Wartung beschäftigen wollen, als Richtungsweiser dienen wie auch Leuten, die bereits einige Erfahrung im Umgang mit der Wartung haben, aber einen systematischen Überblick über das Thema suchen.

Softwarewartung ist trotz alledem eine real existierende Aufgabe der Softwaretechnik mit einer enormen wirtschaftlichen Bedeutung. Es genügt nicht einfach, Software zu erschaffen und zum Laufen zu bringen. Je nach Bedeutung muss sie über Jahre, ja manchmal Jahrzehnte hinweg weiterentwickelt und gepflegt werden. Eine Zeit, in der die Software permanenten fachlichen, technischen und organisatorischen Veränderungen unterworfen ist: Die Anforderungen der Kunden ändern sich laufend, aber Sie merken, dass deren Realisierung immer aufwendiger und kostspieliger wird. Nach einigen Jahren wirkt Ihre einst so moderne Programmiersprache nicht mehr ganz so modern, und die verwendete Entwicklungsmethodik kennt heute keiner mehr. Die einst saubere Softwarearchitektur musste viele Kompromisse über sich ergehen lassen. Ihre Entwicklungswerkzeuge halten den Anforderungen an Weiterentwicklung und Wartung nicht mehr stand. Der ursprüngliche Chefarchitekt arbeitet schon lange nicht mehr in Ihrer Firma; die nunmehr dritte Generation Entwickler ist mit der Weiterentwicklung und Wartung Ihres Produkts betraut. Und das einst so moderne Persistenzframework hat sich erst nach Jahren als unbrauchbar herausgestellt. Die Qualität der Software lässt langsam nach. Fehler nehmen zu. Unterm Strich: Die Zukunftsfähigkeit und Investitionen in Ihre Software stehen auf dem Spiel.

Unter diesen herausfordernden Aspekten betrachtet, ist Wartung ein hoch spannendes Gebiet, das einiges an Erfahrung im Umgang mit Softwaresystemen erfordert. Dabei ist Softwarewartung immer von einer langfristigen Sicht des Lebenszyklus eines Softwaresystems oder Produkts geprägt. Entsprechend umsichtig müssen Entscheidungen, die es auf einem solchen Lebensweg immer wieder zu treffen gilt, angegangen werden.

Lieber Leser, wir hoffen, dass dieses Buch Ihnen einen kurzweiligen, kompakten, ausführlichen und nachvollziehbaren Einblick in das langweilig anmutende Thema der Softwarewartung gibt.

Christoph Bommer
Würenlos

Markus Spindler
Wallisellen

Volkert Barr
Wegenstetten

März 2008

Danke

Ein Buch zu schreiben ist ein schwieriges Unterfangen. Von Christophs ersten Ideenskizzen über den Rohentwurf bis hin zu einer in sich schlüssigen und nachvollziehbaren Arbeit sind mehr als zwei Jahre vergangen. Obwohl uns viele Aspekte der Softwarewartung berufsbedingt vertraut sind, hat uns immer wieder verwundert, wie schwer es eigentlich ist, unser und das bereits dokumentierte Wissen in ein halbwegs »widerspruchsfreies und vollständiges« Gesamtbild zu verarbeiten. Es war eine Zeit intensiver, manchmal schmerzhafter, aber lehrreicher Diskussionen. Besonders wichtig war vor allem das Feedback kritischer Vorableser. Sie haben einen wichtigen Beitrag zum Gelingen dieser Arbeit geleistet.

Wir bedanken uns bei Andy Ramseier (†), der Christoph beim täglichen Joggen in Rhodos den Mut zugesprochen hat, dieses Buchprojekt überhaupt in Angriff zu nehmen. Ebenso möchten wir uns bei Reto Gutmann, Peter Sommerlad und Walter Bischofberger für ihre Starthilfe bedanken – sie haben die Form des Buches entscheidend mitgeprägt. Des Weiteren gilt ein besonderer Dank Michel Vergères, Michael Hofer, Stefan Opferkuch, Susanne Zimmermann, Karl Guggisberg und Michael Qvortrup für ihre unzähligen Feedbacks und Diskussionen während der Entstehung dieses Buches. Steht ein Buch einmal, braucht es einen umfassenden und kritischen Blick – dafür ein herzliches Dankeschön an Heidi Heilmann, die mit ihrer sehr konstruktiven Kritik viel zum Gelingen dieses Buches beitrug. Die Zusammenarbeit mit dem dpunkt.verlag war professionell und in jeder Beziehung erfreulich – das Verdienst von Christa Preisendanz.

Natürlich gilt unseren Familien und Lebenspartnern, die nicht wenige Abende und Wochenenden auf uns verzichten mussten, ein ganz besonderer Dank. Wir lieben euch.

Allen Genannten nochmals ein herzliches Dankeschön – ohne sie gäbe es dieses Buch nicht.

Inhalt

Teil I

Grundlagen der Softwarewartung

»Du hast es nicht selbst geschrieben.
Wer auch immer es geschrieben haben mag – er ist weg.
Es gibt keine Dokumentation.
Der Code ist ziemlich hässlich.
Und 500.000 Zeilen lang.
Niemand weiß, wie es funktioniert.
Jeder weiß, wann es laufen muss.
Und jetzt?«

1 Einleitung

Genauso wie Menschen älter werden, so wird auch Software älter. Dieser Prozess ist für beide unumgänglich und kann nicht verhindert werden. Wir können diesen Vorgang aber besser verstehen lernen und sogar Schritte unternehmen, um verschiedene Auswirkungen einzuschränken oder zu verlangsamen. Im besten Falle können wir sogar vereinzelte Probleme, die das Älterwerden mit sich bringt, rückgängig machen.

Software-Alterung ist kein neues Phänomen, aber wegen der zunehmenden wirtschaftlichen Bedeutung steigt das Interesse an diesem Thema stetig. Die Software ist in der Zwischenzeit bei vielen Firmen ein gewichtiges Stück *Kapital* geworden und erfüllt entsprechend wichtige Aufgaben in unserer Gesellschaft. Das Älterwerden dieser Programme bedroht aber die weitere Entwicklung der davon abhängigen Systeme. Daher ist es umso wichtiger, sich mit diesem Thema intensiver auseinanderzusetzen.

Wer heute neue Software auf der »grünen Wiese« entwickelt, hat für obige Worte vielleicht nur ein mitleidvolles Lächeln übrig und mag denken, dass sein System davor gewappnet ist. Schließlich hat er ja die neueste Programmiersprache verwendet, eine astreine Architektur hingelegt und lehrbuchmäßig die Design Patterns eingesetzt – was soll da noch schiefgehen? Begegnet man heute älteren Menschen, so kann man sich auch kaum vorstellen, was sie in jungen Jahren alles geleistet haben. Vielleicht war der ältere Herr in unserer Nachbarschaft einmal ein hervorragender Sportler und die ältere Dame von Gegenüber eine wunderschöne und begehrte Schauspielerin. Daher können wir nur all denjenigen, die meinen, ihr neues System sei vor dem Älterwerden gewappnet, zu bedenken geben: »So wie wir heute vielleicht über ein Cobol-Programm lächeln mögen, so werden unsere Kinder eines Tages über Java-Programme lächeln.«

1.1 Demografie in der Software

Entwickelte man früher eine Applikation, schöpfte man damit meist die Möglichkeiten der verwendeten Hardware voll und ganz aus. Kaum stand die nächste Generation von Hardware zur Verfügung, die natürlich deutlich schneller war, wurde die Applikation neu geschrieben und die neue Hardware wieder voll ausgenutzt. Trotz der rasanten Entwicklung im Hardwareumfeld, schöpften die neuen Programme die Ressourcen immer wieder schnell aus. Die Kontinuität der Plattform (Hardware und Betriebssystem) war durch Wechsel der Prozessoren, Datenbusbreite, Filesysteme, Linkformate usw. häufig nicht gegeben, was das Wachstum großer Softwaresysteme hemmte. Aufseiten der Programmierumgebungen fehlten häufig umfangreiche Bibliotheken, sodass man sich nicht selten mit dem Entwickeln von verketteten Listen und dergleichen aufhielt, oder sie waren proprietär und wurden plötzlich, unter neuen Plattformen, nicht mehr angeboten. Auch die Softwareentwicklungsumgebungen unterstützten die Entwicklung großer Softwaresysteme nur begrenzt.

Aus diesen Gründen war es nur beschränkt möglich, sehr große und komplexe Systeme zu entwickeln, die typischerweise über Jahre und Jahrzehnte hinweg wuchsen. Denn dazu braucht es folgende zwei Voraussetzungen:

- eine performante Plattform (Hardware/Betriebssystem), die Kontinuität erlaubt, und
- Softwareentwicklungswerkzeuge, die die Entwicklung großer Systeme unterstützen.

Im Laufe der Zeit, mit den stetigen neuen Errungenschaften, verbesserten sich die Kontinuität der Plattformen sowie die Entwicklungsumgebungen und erlaubten es schließlich, immer größere und komplexere Probleme mittels Software lösen zu können.

Dieses Wachstum großer Applikationen kann man an den Beispielen der Betriebssysteme Windows und Red Hat Linux gut erkennen (s. Abb. 1–1).

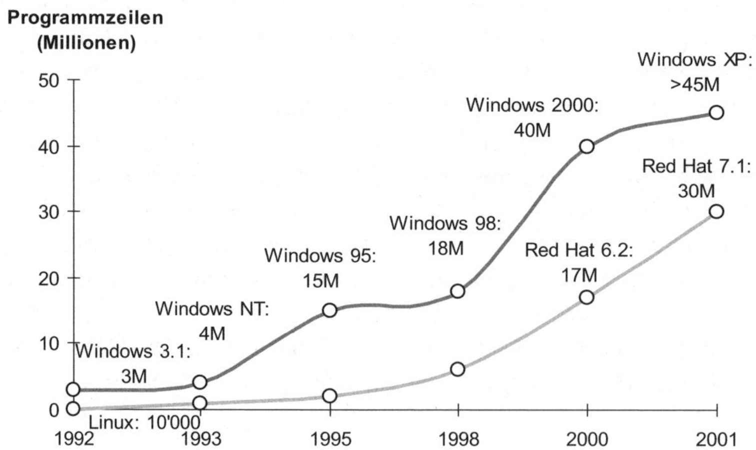

***Abb. 1–1** Wachstum von Betriebssystemen*

Abbildung 1–1 zeigt deutlich, wie schnell die verschiedenen Betriebssysteme gewachsen sind. Um sich diese riesigen Zahlen besser vorstellen zu können, kann man mit einem rund 1,5 Meter hohen Papierstapel pro einer Million ausgedruckter Codezeilen rechnen. Damit ergäbe dies zum Beispiel für Windows XP ungefähr 68 Meter, was etwa einem Haus mit 22 Stockwerken entspricht.

In große Systeme, die über viele Jahre und zum Teil Jahrzehnte gewachsen sind, wurde enorm viel investiert, sie können nicht so ohne Weiteres ersetzt werden. Viel eher geht es darum, diese Investitionen durch eine entsprechende Wartung zu schützen. In Deutschland wurde deshalb Anfang 2005 eine Software-Initiative [SWI05] gegründet, mit dem Ziel, Wege und Strategien aufzuzeigen, wie diese kritische Software erhalten und modernisiert werden kann. Man will Unternehmen und öffentlichen Verwaltungen dabei helfen, die über zwei Billionen Euro zu retten, die in den vergangenen Jahrzehnten in Bestandsapplikationen investiert wurden. Gemäß dem Vorsitzenden der Software Initiative Deutschland, Helmut Blank, sind 70 % aller für die Volkswirtschaft und das öffentliche Leben relevanten Applikationen immer noch in Sprachen wie Cobol, PL/1 oder Assembler geschrieben und laufen auf Mainframes. Dabei machen die Cobol-Applikationen den Löwenanteil aus, auf denen täglich etwa 30 Milliarden Transaktionen abgewickelt werden, die auf rund 45.000 Großrechnern laufen. Für die Wartung der Oldie-Software werden allein in Deutschland rund zehn Milliarden Euro jährlich aufgewendet. Die Umstellung der etwa 240 Milliarden Cobol-Programmzeilen – ohne PL/1 und Assembler – auf eine moderne und damit wartungsfreundlichere Programmiersprache würde gemäß der Software Initiative Deutschland geschätzte 25 Euro pro Codezeile, in Summe rund sechs Billionen Euro kosten und damit den Kostenrahmen der Volkswirtschaften und der öffentlichen Haushalte sprengen. Hinzu kommt, dass die Überführung Jahrzehnte benötigen würde und die heute modernen Umgebungen bis dahin ebenfalls schon wieder veraltet wären. Umso wichtiger ist eine gezielte Softwarewartung (alle Zahlen aus [SWI05]).

Ein weiterer Hinweis, dass die Softwarewartung weiter zunehmen wird, liefert Capers Jones [Jon96]. Laut ihm zeigt sich oft ein kritisches Phänomen einer Industrie dann, wenn sie 50 wird, denn in diesem Stadium braucht es mehr Leute, die ein Produkt pflegen, als solche, die es herstellen. So zum Beispiel geschehen, als die Autoindustrie 50 Jahre alt wurde. Damals waren in den Vereinigten Staaten von Amerika viel mehr Leute mit der Reparatur von Autos beschäftigt als mit dem Herstellen neuer Autos in den Fabriken. Ein ähnlicher Trend zeichnet sich in der inzwischen ebenfalls 50-jährigen Softwareindustrie ab. Tabelle 1–1 zeigt die ungefähre Anzahl Programmierer, die in den Bereichen Erstentwicklung, Erweiterungen und Wartung seit 1950 bis 2020 tätig sind. Wie man sieht, sind seit 1990 erstmals mehr Leute mit Erweiterungen und Wartung bestehender Systeme beschäftigt als mit der Erstellung neuer Systeme. Dieser Trend wird zusätzlich durch die Effekte der höheren Produktivität der Programmierung sowie der größeren

Verbreitung von Software unterstützt. Gemäß Capers Jones sind die Daten zum Teil empirisch, zum Teil durch Extrapolation entstanden.

Jahr	Programmierer Erstentwicklung	Programmierer Erweiterungen	Programmierer Wartung	Total
1950	90	3	7	100
1960	8.500	500	1.000	10.000
1970	65.000	15.000	20.000	100.000
1980	1.200.000	600.000	200.000	2.000.000
1990	3.000.000	3.000.000	1.000.000	7.000.000
2000	4.000.000	4.500.000	1.500.000	10.000.000
2010	5.000.000	7.000.000	2.000.000	14.000.000
2020	7.000.000	11.000.000	3.000.000	21.000.000

Tab. 1–1 *Anzahl Programmierer in der Wartung*

All diese Zahlen belegen eindrucksvoll, wie wichtig es ist, sich mit dem Thema der alternden Softwaresysteme auseinanderzusetzen. Selbst wenn die Zuverlässigkeit der Daten beider Beispiele nicht so hoch sein sollte, der Trend ist sicher richtig.

Dank der oben beschriebenen rasanten Entwicklung der letzten Jahrzehnte entstanden zum einen immer beständigere Plattformen und zum anderen ist es möglich geworden, immer komplexere Probleme mittels Software zu lösen. Beides zusammen, die stabilen Plattformen als Investitionsschutz sowie die Möglichkeit, immer komplexere Probleme mit Software abzubilden, hat zu wichtigen und großen Systemen geführt. Ohne diese Systeme würde unsere moderne Gesellschaft, wie wir nachfolgend noch sehen werden, nicht mehr funktionieren. Heute gilt es daher, diese zum Teil in die Jahre gekommenen Programme zu beherrschen und zu warten. Dass dies nicht immer so einfach ist und sogar zu Pannen führen kann, wollen wir uns als Nächstes anschauen.

1.2 Größe als Herausforderung

Die Größe von Softwaresystemen führt nicht nur zu schützenswerten Investitionen, sondern beinhaltet auch Risiken und Abhängigkeiten. Denn allein die Größe der Software bringt unweigerlich eine gewisse Anzahl unentdeckter Fehler mit sich. Gehen wir aber der Reihe nach vor. Aus der Industrie kennen wir Durchschnittswerte von Fehlerraten, deren Auswirkung auf unsere Software wir uns nun anschauen wollen [Tah04]. Dies ist zwar keine exakte Wissenschaft, aber eine fundierte Schätzung dürfte für unsere Zwecke allemal ausreichen. Zunächst findet man während der Entwicklung 30 bis 50 Fehler pro 1.000 Lines of Code mittels Tests. Trotz all dieser Tests verbleiben aber Restfehler. Restfehler sind unentdeckte Fehler, die in der ausgelieferten Software immer noch vorhanden sind. Bei einer guten Organisation der Softwareindustrie kann man mit eins bis drei Restfehlern pro 1.000 Lines of Code rechnen. Tabelle 1–2 gibt dazu einen Überblick.

Programmumfang in Lines of Code (LOC)	Fehler während der Entwicklung	Restfehler	Schwerwiegende Restfehler
1.000	30–50	1–3	0,1–0,3
50.000	1.500–2.500	50–150	5–15
100.000	3.000–5.000	100–300	10–30
500.000	15.000–25.000	500–1.500	50–150
1.000.000	30.000–50.000	1.000–3.000	100–300

Tab. 1–2 *Fehlerverteilung*

Natürlich ist nicht jeder Restfehler ernsthafter Natur. Schließlich muss ein Tippfehler, der sich in einem Text eines Programms eingeschlichen hat, nicht gleich zu einem Absturz des Systems führen. In der Industrie rechnet man damit, dass rund 10 % der Restfehler für das System ernsthafte Konsequenzen haben und so entweder zu einem Absturz oder einer Verklemmung *(deadlock)* führen können (alle Zahlen aus [Tah04]).

Was heißt das nun für unsere Programme? Dies bedeutet also für die Software eines Handys (s. Abb. 1–2), die 200.000 Codezeilen umfasst, bereits 200 bis 600 Restfehler und 20 bis 60 schwerwiegende Restfehler. Nun ist ein schwerwiegender Restfehler in einem Handy das eine und in einem Spaceshuttle das andere. Daher trifft man bei der Entwicklung wichtiger Systeme mit etlichen zusätzlichen Maßnahmen Vorkehrungen, sodass man die Fehlerraten nochmals um den Faktor zehn verringern kann. Das heißt für die besonders sicher geltende Software des Spaceshuttles, die drei Millionen Codezeilen umfasst und »lediglich« 0,1 Restfehler pro 1.000 Codezeilen aufweist, dass immer noch stolze 300 unentdeckte Fehler im Programm verblieben sind und davon 30 als schwerwiegend eingestuft werden können!

Die Tatsache, dass Programme nach deren Auslieferung immer noch mit Restfehlern und damit auch mit schwerwiegenden Restfehlern behaftet sind, führt immer wieder zu größeren Computerpannen, wie man jeweils aus der Presse erfahren kann. Dies überrascht bei neuen Programmen sicherlich niemanden mehr. Nicht, dass das so sein sollte, aber man hat sich offenbar daran gewöhnt.

Etwas mehr überrascht ist man vielleicht, dass große Pannen auch bei langjährigen und bewährten Systemen auftreten können. Nachfolgende Meldungen aus Zeitung und News greifen bewusst zwei Beispiele von Computerpannen auf, die auf unsachgemäßen Umgang mit alten Computersystemen zurückzuführen sind.

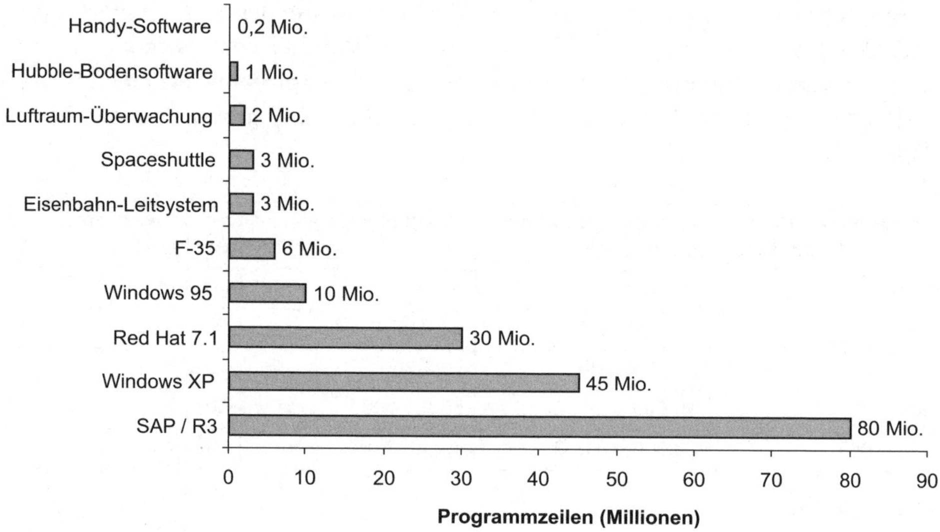

Abb. 1–2 *Größe von diversen Systemen*

Im Juni 2004 kam es auf dem Flughafen London-Heathrow wegen einer Computerpanne zum Chaos (s. Kasten »Panne: Britischer Flugverkehr lahm gelegt«). Der Ausfall des computergesteuerten Flugkontrollsystems führte dazu, dass auf allen britischen Flughäfen die meisten Starts auf unbestimmte Zeit verschoben werden mussten. Zehntausende Reisende mussten mehrstündige Verspätungen hinnehmen. Was war geschehen?

»Panne: Britischer Flugverkehr lahm gelegt«

(diepresse.com 03.06.2004)

Ein Test mit einer verbesserten Softwareversion führte zum Ausfall der computergesteuerten britischen Flugüberwachung. Auf den Flughäfen herrschte zeitweise Chaos.

Eine Computerpanne im Zentralcomputer der privatisierten Nationalen Flugüberwachung führte zum Chaos im britischen Flugverkehr. Gegen 7 Uhr MESZ fiel am Donnerstag das komplette computergesteuerte Flugkontrollsystem aus, auf allen britischen Flughäfen mussten die meisten Starts auf unbestimmte Zeit verschoben werden. Nach rund einer Stunden konnte das Computerproblem behoben werden, der Verkehr kam am Vormittag erst langsam wieder in Gang.

Zehntausende Reisende mussten mehrstündige Verspätungen hinnehmen. London-Heathrow, der größte Flughafen Europas, meldete laut APA »ernsthafte Probleme«. Das System stürzte in Folge eines nächtlichen Tests mit einer verbesserten Softwareversion ab. Die Flugsicherheit sei zu keinem Zeitpunkt beeinträchtigt gewesen, versicherte die Flugüberwachung National Air Traffic Services (NATS). Es wurden alle Starts vorerst abgesagt, damit die Fluglotsen sich vorrangig um die bereits in der Luft befindenden Maschinen kümmern können.

Der Fehler ist in einem Teil des Systems aufgetreten, der bereits 30 Jahre alt ist und erst 2011 ersetzt werden soll. Dabei wurde eigentlich in britischen Medien durchweg von »einem der modernsten Computersysteme der Flugüberwachung weltweit« berichtet. Ein ähnlicher Fehler trat aber bereits vor zwei und vor vier Jahren auf, wurde im Laufe des Tages bekannt.

Die Panne sei ein »weiteres Beispiel für die Inkompetenz der Regierung«, machte der konservative Oppositionsführer Michael Howard das Team von Premierminister Tony Blair laut BBC für das Chaos verantwortlich. Die Nationale Flugüberwachung wurde in den vergangenen Jahren gegen erbitterten Widerstand auch aus den Reihen der Labour-Partei teilprivatisiert. Flugsicherheit und Geldverdienen passten nicht zusammen, lautete das Argument der Gegner. (ito)

Ein Vorfall, den direkt Betroffene sicher bemerkt, die meisten anderen aber kaum wahrgenommen haben. Der Clou ist, dass es offensichtlich nicht einmal der einzige Vorfall mit diesem 30-jährigen System war, sondern immer wieder Probleme aufgetreten sind. In diesem Falle gilt hier als Ursache das nächtliche Update der aktuellen Software, das zum Ausfall des Systems geführt hat. Provokativ könnte man fragen, ob man nach 30 Jahren Erfahrung immer noch nicht in der Lage ist, dieses System fehlerfrei zu aktualisieren. Da wir aber davon ausgehen, dass Spezialisten am Werk waren, ist der Umgang mit einem solch alten System offensichtlich nicht so einfach, wie man im ersten Moment meinen könnte. Folgende Fragen dazu lassen uns das eine oder andere Problem in diesem Umfeld erahnen:

- Gab es Entwickler, die das System noch wirklich kannten?
- Existieren Dokumentationen, die das System, die Architektur und Umsysteme beschreiben?
- Welche Tests wurden im Labor durchgeführt?
- Welche Komplexität wies das System nach 30-jähriger Wartungsarbeit auf?
- War die Hardware noch auf einem aktuellen Stand?
- Wurde das System ursprünglich für die eingesetzte Hardware entwickelt?

Die Antworten kennen wir in diesem Fall nicht, sie zeigen aber mögliche Problemfelder im Umgang mit älterer Software auf. Mit 30 Jahren, und das müssen wir eingestehen, kommt eine Softwarelösung tatsächlich ins hohe Alter. Die Softwarebranche ist derart dynamisch, dass Softwareapplikationen schon nach wenigen Jahren alt erscheinen. Dazu ein kleiner Vergleich: Bekanntlich entspricht gemäß einer Faustregel ein Hundejahr sieben Menschenjahren. Wenn wir als These unterstellen, dass es sich bei Software ähnlich verhält, hätten wir es hier mit einem ungefähr 210-jährigen System zu tun.

Wie man erahnen kann, birgt der Umgang mit alternden Systemen etliche Herausforderungen. Wenden wir uns einem zweiten Fall einer schwerwiegenden Computerpanne zu, dem Absturz der Ariane-5-Trägerrakete. 39 Sekunden nach dem Start der Rakete zerstörte sie sich mit zwei gewaltigen Explosionen selbst.

Der Erstflug der europäischen Trägerrakete Ariane 5 endete am 4. Juni 1996 in einem Desaster. Was war passiert? Die Software hatte sich verrechnet. Der Versuch einer Kurskorrektur ließ die Triebwerke bis zum Maximalwert hochfahren, führte dann zu einer Schieflage und ließ schlussendlich die Rakete sich selbst zerstören.

Auch hier können die Gründe für den Absturz auf unsachgemäßen Umgang mit einem alten System zurückgeführt werden. So wurde die von der Ariane 4 übernommene Software in verschiedenen Belangen nicht korrekt für den Einsatz für die Ariane 5 angepasst und getestet. Im Einzelnen waren dies eine ungeschützte Variable bezüglich der Konvertierung, fehlende Tests mit aktuellen Flugbahndaten sowie ein aktives Unterprogramm zu einem unnötigen Zeitpunkt.

Der Schaden war enorm: Die Entwicklung der Rakete dauerte zehn Jahre und verschlang 5,9 Milliarden Euro. Der erste kommerzielle Flug der Ariane 5 fand dadurch erst drei Jahre später, am 10. Dezember 1999, statt.

Optimisten mögen denken, dass es sich bei den obigen Beispielen um einzelne Ausnahmen handelte. Dass dem nicht so ist, zeigt die enorme Verbreitung solcher großen, älteren Systeme in allen Bereichen unserer Gesellschaft und damit das potenzielle Risiko weiterer solcher Pannen. Sie haben sich inzwischen, zum Teil mehr, zum Teil weniger heimlich, in unser Leben eingeschlichen. Denken Sie nur an die großen Systeme der Telefongesellschaften, die Prepaid-Konten unserer Mobiltelefone verwalten. Auch hier könnten Fehler zu großen Problemen führen. Fallen solche Systeme aus, können Hunderttausende von Abonnenten nicht mehr telefonieren oder schlimmer noch, die Abrechnungen sind fehlerhaft. Ein anderes Beispiel sind die Systeme der Aktienbörsen, die tagtäglich riesige Mengen von Transaktionen verarbeiten. Hierbei wechseln Sekunde für Sekunde sehr viele Wertpapiere den Besitzer. Auch die Verkehrstechnik ist tagtäglich auf das einwandfreie Funktionieren ihrer Applikationen angewiesen. So steuern und überwachen bei den städtischen Verkehrsbetrieben große Leitsysteme den ganzen Bus- und Straßenbahnverkehr. Zusätzlich unterstützen diese Systeme den Funkverkehr zu den Busfahrern sowie Fahrgästen. Wer kennt schließlich nicht die nette Stimme der Züricher Trams, die sagt: »Eine Durchsage der Leitstelle: ...« Aber auch die Eisenbahn kann einen reibungslosen Verkehr nur dank intakter Programme gewährleisten. Schließlich passieren schnell über tausend Züge pro Tag einen einzelnen Bahnhof. Weitere solcher Systeme findet man in der Energietechnik bei den Atomkraftwerken, in der Flugindustrie im Cockpit, in großen Liftsteuerungen, auf Hochseeschiffen, in der Autoindustrie in Geschwindigkeitsreglern und Motorsteuerungen bis hin zur Medizintechnik mit ihrer Röntgentechnologie und Computertomografen oder der Software für Hörgeräte und Herzschrittmacher.

Diese Liste ließe sich beliebig erweitern. Sie soll nur zeigen, wie weitverbreitet große Softwaresysteme sind und welche zentralen Aufgaben sie in unserer Gesellschaft bereits wahrnehmen. Mit dieser enormen Verbreitung steigt entsprechend die Wahrscheinlichkeit von Pannen. Natürlich müssen diese nicht immer so verheerende Folgen haben wie explodierende Weltraumraketen, abstürzende Flugzeuge, in voller Fahrt ausgelöste Airbags oder tödlich verstrahlte Patienten. Aber auch der Blackout ganzer Städte, stehende Züge oder nicht funktionierende Telefonanlagen sind höchst unerwünschte Ereignisse, die oft enorme Kosten und einen entsprechenden Imageschaden mit sich bringen.

Entsprechend wichtig ist es, dass die Softwareindustrie, also wir, in der Lage ist, mit solchen Systemen richtig umzugehen.

1.3 Ursachen für Altersschwäche

Um zu verstehen, wie man mit alternden Systemen besser umgehen und mögliche Gebrechen reduzieren kann, ist es sinnvoll, dass wir verstehen, welche Ursachen zugrunde liegen können.

Was haben unsere Beispiele und ganz generell solche älteren Systeme gemeinsam? Alle handeln von großen, bestehenden Applikationen, die erweitert wurden. Die Komplexität der Applikation ist häufig schon durch die reine Größe der Systeme gegeben. Erschwerend kommt hinzu, dass die ursprünglichen Entwickler gar nicht mehr oder nur noch zum Teil im Team vorhanden sind. Somit fehlt es an Wissen. Aus Kosten- und Zeitgründen hat man auf eine durchgängige Dokumentation verzichtet oder sie ist hoffnungslos veraltet, was den Know-how-Transfer nicht gerade vereinfacht. Viele Fehler wären auch vermeidbar, würden die Entwickler sorgfältiger Sicherheitsabfragen in ihre Programme einbauen (z. B. Design by Contract). Divisionen durch null, Speicherüberlauf durch zu lange Zahlen oder falsch umgewandelte Werte sind typische Beispiele dafür. Oft bleiben diese lange unentdeckt und schlagen ganz gemäß Murphy im ungünstigsten Moment zu. Aber auch das Wiederverwenden von alten Codeteilen, sogenanntes Coderecycling, in neuen Systemen hat seine Tücken. Nicht selten stimmen die ursprünglichen Rahmenbedingungen des kopierten Codes nicht mehr mit dem neuen System überein, was isoliert an diesem Codefragment gar nicht erkannt wird. Auch fehlende oder ungenügende Tests führen oft zu vermeidbaren Computerpannen. Ebenso häufig trifft man schlecht abgesprochene Schnittstellen an. Dies muss nicht nur innerhalb der eigenen Applikation, sondern kann auch zu Fremdsystemen sein. Gewisse Technologien sind eventuell am Ende des Lebenszyklus angelangt und werden von der Lieferfirma nicht mehr unterstützt, oder es passt schlicht die Software nicht zur Hardware. Das Gleiche gilt für alte Programme, die auf einer neuen Version des Betriebssystems eingesetzt werden. Eine weitere Problematik stellt das unzureichend beherrschte Patchmanagement der Betriebssysteme dar. Nicht zu vergessen ist der in den vergangenen Jahren stetig gestiegene Zeit- und Kostendruck, der ebenfalls seinen Beitrag zu dieser unheilvollen Entwicklung beisteuert. Oft ist es aber auch das fehlende Wissen der Informatiker, welche Risiken solche Systeme beinhalten könnten und wie man diesen Risiken begegnen kann.

Wie wir gesehen haben, gibt es vielerlei Gründe für die Altersschwäche unserer Software. Auf der einen Seite betreffen die Herausforderungen Managementthemen wie der Umgang mit Wissen und Mitarbeitern, Organisation, Prozessen und Kosten. Auf der anderen Seite sind es technische Themen wie Codeanalyse, Refactoring, Reengineering, Wartungsmetriken, aber auch Tests aus Wartungssicht. Auf all diese Themen wollen wir in diesem Buch eingehen.

1.4 Wegweiser durch dieses Buch

Wir haben gesehen, dass erst die rasante Entwicklung der Informationstechnologie der letzten Jahre und Jahrzehnte die Möglichkeiten mit sich gebracht hat, komplexe Prozesse mittels Software zu lösen. Gleichzeitig mit diesen neuen Möglichkeiten fanden solche großen Applikationen immer neue Anwendungsgebiete und somit eine enorme Verbreitung – diese Systeme sind heute inhärenter Teil unserer Gesellschaft. Umso empfindlicher trifft es uns alle, wenn diese Anwendungen sich fehlerhaft verhalten oder gar ausfallen. Sie sind also die Stütze unserer modernen Gesellschaft und gleichzeitig unsere Achillesferse. Daher ist die folgende Fragestellung von zentraler Bedeutung: Wie können wir verhindern, dass alternde Softwaresysteme unnötige Probleme und Kosten verursachen?

Seien wir realistisch: Alternde Systeme wird es immer geben. Wir werden sie nicht verhindern können, sondern müssen lernen, mit ihnen zu leben, umzugehen und sie zu pflegen. Wir müssen uns sozusagen mit »Softwaregeriatrie« beschäftigen.Das führt uns zum Thema dieses Buches:

»Softwarewartung«

Mit diesem Buch möchten wir eine umfängliche Übersicht über die Softwarewartung geben. Es soll quasi als geistige Landkarte zum Thema der Softwarewartung dienen und die Zusammenhänge der einzelnen Themen zueinander herstellen. Einzelne spezialisierte Themen werden zwar erläutert und in Beziehung zu anderen gesetzt, es wird dazu aber auf weiterführende Literatur verwiesen.

In diesem Buch sprechen wir sowohl technische wie auch kommerzielle Systeme an. Da aus unserer Sicht die Unterschiede zwischen diesen beiden Welten bzgl. der Softwarewartung marginal sind, differenzieren wir nicht weiter. Daher finden Sie an einigen Stellen Begriffe, die eher aus dem Umfeld der technischen Software stammen, wie beispielsweise Inbetriebnahme oder Einsatz im Feld. Dies würde man im Umfeld der kommerziellen Systeme eher Produktivbetrieb nennen. Wir gehen aber davon aus, dass Sie als Leser in der Lage sind, solche Begriffe für Ihr gewohntes Umfeld zu adaptieren.

Zudem betrachten wir in diesem Buch eher große Softwaresysteme mit einem langen Lebenszyklus, die auch gleichzeitig in unterschiedlichen Versionen im Feld vorkommen können. Das heißt nicht, dass dieses Buch für kleinere Systeme uninteressant wäre – die möglichen Schwierigkeiten und Lösungsansätze lassen sich aber an großen Systemen besser zeigen.

Die Auswirkungen der aktuellen agilen Methoden auf die Alterung und Wartung von Softwaresystemen sind noch zu wenig bekannt und können deshalb nur vermutet werden. Wir möchten ausdrücklich festhalten, dass wir hier nicht zwischen den unterschiedlichen Vorgehensweisen werten wollen. Wie sich der agile Ansatz auf die Softwarewartung letztendlich auswirken wird, werden wir erst in fünf bis zehn Jahren wissen.

Zum Inhalt

An wen richtet sich das Buch? An alle, die amateurhafte, undisziplinierte und ineffiziente Wartung nicht ertragen können. Diese Attribute möchten wir anhand der Aufteilung in Abbildung 1–3 kurz erläutern:

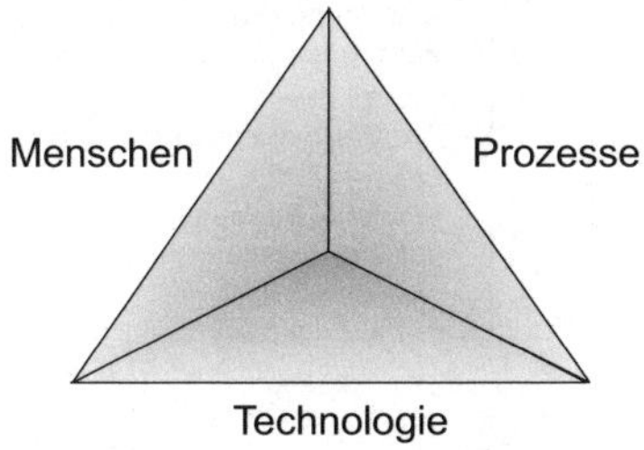

Abb. 1–3 *Grundbausteine der Softwarewartung*

Um Softwarewartung produktiv betreiben zu können, muss allen drei Erfolgsfaktoren ausreichend Rechnung getragen werden. Diese drei Erfolgsfaktoren sind: Menschen, Prozesse und Technologie:

- Um Softwarewartung erfolgreich betreiben zu können, braucht es gut ausgebildete Mitarbeiter. Sind diese nicht vorhanden, stehen einem offensichtlich *Amateure* zur Verfügung. Somit ist einer der Erfolgsfaktoren nicht erfüllt.
- Genauso verhält es sich mit den Prozessen. Diese müssen klar definiert sein und gelebt werden. Nur so ist ein produktives Arbeiten möglich. Ist diese Voraussetzung nicht erfüllt, betreibt man eine *undisziplinierte* Wartung.
- Der dritte Faktor betrifft die Technologie. Hier sind angepasste, nützliche und wirtschaftliche Werkzeuge gefragt. Sind diese nicht vorhanden, betreibt man eine *ineffiziente* Wartung.

Eine professionelle, disziplinierte und effiziente Softwarewartung ist also nur möglich, wenn alle drei Faktoren genügend berücksichtigt werden. Daher möchten wir diese ganzheitliche Sicht mit möglichst vielen Facetten in diesem Buch darstellen. Entsprechend haben wir das Buch in drei Teile gegliedert (s. Abb. 1–4).

- Teil I – Grundlagen der Softwarewartung
- Teil II – Managementthemen der Softwarewartung
- Teil III – Techniken der Softwarewartung

Alle drei Teile sind gleich wichtig und bestehen jeweils aus vier Kapiteln. Diese Abbildung ist einerseits eine Orientierungshilfe zum Buch und andererseits spiegelt sie unser Verständnis der Zusammenhänge der verschiedenen Subthemen der Softwarewartung wider.

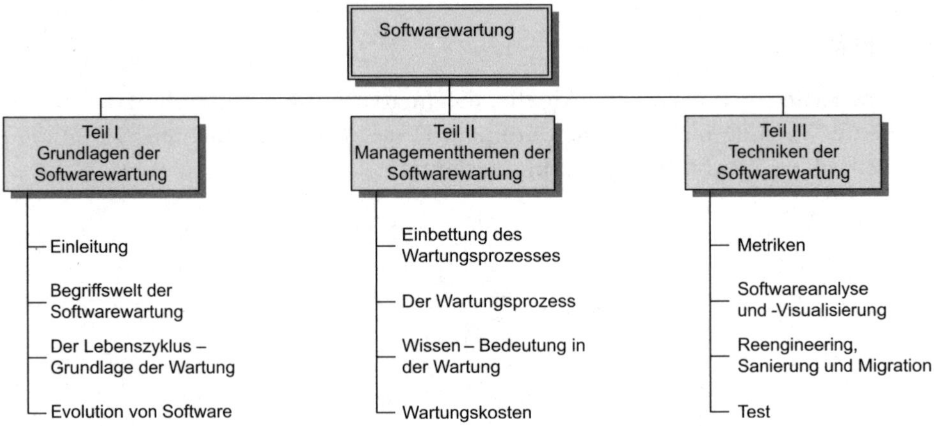

***Abb. 1–4** Überblick über das Buch*

Der erste Teil erklärt zunächst die Gründe, die eine Wartung nötig machen, sowie die wichtigsten Begriffe der Softwarewartung. Anschließend wird auf die Wichtigkeit des Lebenszyklus eingegangen, der die absolute Grundlage für das vertiefte Verständnis der Softwarewartung darstellt. Zum Schluss schauen wir uns die Grundsätze der Evolutionslehre an. Alles in allem gehen wir in diesem Abschnitt auf die grundlegenden Themen und Begriffe rund um die Softwarewartung ein.

Teil II befasst sich mit den Managementthemen rund um die Softwarewartung. Hier sprechen wir Themen wie den Wartungsprozess, mögliche Wartungsorganisationen und den Umgang mit den Wartungskosten an, aber auch weichere Faktoren wie die Bedeutung des Wissens im Umfeld der Wartung, den Umgang mit Gurus oder auch die Mitarbeitermotivation.

Im dritten Teil geht es mehr um die verschiedenen Wartungstechniken. Wir zeigen Monitoring-Möglichkeiten mittels Metriken auf, besprechen Analyse- und Visualisierungstechniken, gehen auf die Bedeutung des Reengineering, der Sanierung sowie der Migration im Rahmen der Softwarewartung ein und beleuchten zum Schluss Aspekte des Testens in demselben Kontext. Viele dieser Techniken werden kurz erklärt und in Beziehung gesetzt. Für eine Vertiefung dieser Themen wird jeweils auf die entsprechende, spezialisierte Literatur verwiesen.

Diese Einteilung erlaubt es dem technisch orientierten Leser beispielsweise, nur die Teile I und III zu lesen oder dem am Management interessierten Leser die Teile I und II. Natürlich freut es uns besonders, wenn man das Buch einfach durchliest.

Lesehilfe

Zur Unterstützung für den Leser bieten wir in diesem Buch zwei Elemente an. Zum einen heben wir an verschiedenen Stellen die aus unserer Sicht wichtigsten Aussagen der einzelnen Kapitel mittels eines grauen Kastens grafisch hervor:

> Hier steht ein Merksatz

Zum anderen finden Sie am Schluss jedes Kapitels eine knappe Zusammenfassung mit den jeweils wichtigsten Aussagen.

Nun wünschen wir Ihnen viel Spaß mit diesem Buch!

2 Begriffswelt der Softwarewartung

Wie Stefan Opferkuch in seinem Positionspapier [OpLu04] treffend bemerkte, fällt es den meisten Informatikern schwer, sich über das Gebiet der Softwarewartung zu verständigen. Dagegen gibt es diese Verständigungsschwierigkeiten über die Softwareentwicklung kaum.

Wenn sich zwei Softwareentwickler über Begriffe wie Architektur, Design oder Systemtest unterhalten, so haben sie eine klare Vorstellung davon, welche Aufgaben und Prozessschritte damit verbunden sind oder wie sie sich voneinander abgrenzen. Genauso verhält es sich, wenn sie über unterschiedliche Entwicklungsmodelle sowie deren Stärken und Schwächen sprechen. In all diesen Fällen haben wir mehr oder weniger dieselbe Auffassung dieser Begriffe – sie sind allgemein bekannt.

Wie sieht es dagegen bei der Softwarewartung aus? Da wird die Verständigung plötzlich schwierig. Oft verstehen wir nicht einmal, weshalb Wartung überhaupt notwendig ist, oder können nur schwer zwischen Tätigkeiten der Entwicklung und der Softwarewartung unterscheiden. Wir verstehen unter denselben Wörtern häufig Unterschiedliches und wissen oft nicht, in welche Themen und Gebiete sich die Softwarewartung unterteilen lässt.

Deshalb wollen wir in diesem Kapitel einige grundlegende Fragen und Begriffe rund um die Softwarewartung klären. Als Erstes widmen wir uns der Frage, weshalb Wartung nötig ist. Schließlich kennt Software weder Abnutzung noch Verschleiß. Anschließend wollen wir einige Begriffe als Basis für das gemeinsame Verständnis besprechen. Zum Schluss teilen wir die Wartungstätigkeit, je nach Änderungsgrund, in verschiedene Kategorien ein. Dies geschieht nicht ohne Absicht.

2.1 Warum Wartung nötig ist

Warum eigentlich ist Softwarewartung nötig? Unter technischer Wartung versteht man doch typischerweise den Verschleiß und die Abnutzung von Bauteilen, wie dies beispielsweise beim Gebrauch eines Autos auftritt. Deshalb lässt man das Auto in regelmäßigen Abständen warten und stellt so seine Betriebstüchtigkeit sicher. Zum einen werden Verschleißteile, wie Dichtungen oder Keilriemen, ersetzt, zum anderen wird neu eingestellt und nachjustiert. Kann dies beim reinen Gebrauch von Software ebenfalls auftreten? Natürlich nicht, da es sich bei Software um ein digitales Produkt handelt. War eine Befehlsfolge vor 50 Jahren korrekt, so wird sie auch in weiteren 50 Jahren noch korrekt sein. Wenn ein Programm heute fehlerhaft ist, so wird es auch in 100 Jahren noch dieselben Fehler beinhalten, sofern man es nur anwendet und nicht verändert. Software als immaterielles Gut kann keine Korrosion ansetzen, in kein Kräfteparallelogramm gespannt werden und sich den Gesetzen der Chemie und Physik entziehen. Weshalb ist dann Softwarewartung nötig?

Ein Grund dafür sind sicher die Restfehler als Erbe der Entwicklung, die wir bereits in Abschnitt 1.2 angeschaut haben. Neben dem Beheben von Fehlern gibt es aber Gründe, die Softwarealterung und somit Wartung nach sich ziehen. Diese sind:

- Entropie
- lack of movement
- ignorant surgery

2.1.1 Entropie

Eine eher allgemeine Erklärung für den Zerfall der Software und somit der Notwendigkeit für Wartung stellt der Begriff der Entropie dar. Die Entropie ist das Maß der Unordnung oder Zufälligkeit eines Systems und findet in der Physik im 2. Hauptsatz der Thermodynamik Verwendung. Ein System mit Entropie null ist ein perfekt geordnetes System. Sobald Unordnung in das System kommt, steigt die Entropie und wird größer als null. Üblicherweise ist das Erreichen des maximalen Entropiewertes mit »perfekter Unordnung«, also dem Chaos, gleichzusetzen. Gemäß diesem Gesetz nimmt die Unordnung (Entropie) in einem System, das man sich selbst überlässt, von alleine zu. Hingegen braucht es zusätzlich Energie, um die Ordnung wieder zu erhöhen.

Was hat das nun alles mit der Softwarewartung zu tun? Ähnlich verhält es sich mit einem Softwaresystem. Lässt man unter Zeitdruck noch schnell eine Anpassung machen, so nimmt die Unordnung zu. Die Architekturgrundsätze werden in der Hitze des Gefechtes nicht mehr eingehalten, der Einfachheit halber wird schnell eine Codestelle kopiert, und die Programmierrichtlinien werden ebenfalls beiseite geschoben. Um die Ordnung später in diesem Code wieder zu erhöhen, bedarf es zusätzlicher Energie in Form von weiterer Wartung.

Die Entropie als Grund für die Alterung eines Softwaresystems zu nennen ist zwar korrekt, allerdings etwas zu allgemein. David Lorge Parnas [Par94] nennt mit *lack of movement* und *ignorant surgery* zwei konkrete Gründe für die Alterung unserer Systeme, die Wartung nach sich ziehen.

2.1.2 Lack of movement

Was versteht Parnas unter *lack of movement?* Unsere Softwaresysteme sind nicht isoliert zu betrachten, sondern sind in eine Umgebung eingebettet: einerseits in eine technische und andererseits in eine fachliche. Die technische Umgebung umfasst sowohl die Hardwareplattform wie auch das Betriebssystem bis hin zu allen möglichen Drittprodukten, auch COTS (commercial off the shelf) genannt. Die fachliche Umgebung spiegelt Regeln und Prozesse aus der Geschäftswelt wider, die das Softwaresystem abzubilden versucht. Beide Umgebungen beeinflussen unsere Softwaresysteme gleichermaßen und schaffen so Abhängigkeiten (Abb. 2–1).

Im Laufe der Zeit verändern sich sowohl die technische wie auch die fachliche Umgebung und erfordern so Anpassungen unserer Programme. Beispielsweise steht eine neue Betriebssystemversion zur Verfügung oder es wurde mit Basel II ein neues Gesetz für Banken erlassen. Soll die Software weiterhin nützlich bleiben, erfordert dies ständige Anpassungen an die sich verändernde Umgebung.

Unterlässt man diese Anpassungen, veraltet das System ohne eigenes Zutun gegenüber der sich verändernden Umgebung. Es entsteht eine Lücke gegenüber dem Wandel *(lack of movement)* (Abb. 2–1).

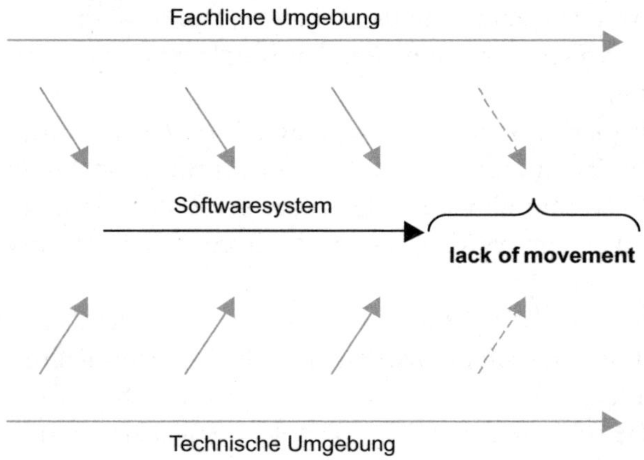

Abb. 2–1 *Lack of movement*

Nebenbei: Die Veränderung der Umgebung schreitet heute deutlich schneller voran wie vielleicht noch vor 20 Jahren. Das heißt, dass heutige Applikationen deutlich schneller altern als Applikationen in den achtziger Jahren. Die rasche Veränderung der Geschäftswelt hinterlässt somit ihre direkten Spuren in der Software.

2.1.3 Ignorant surgery

Bei *ignorant surgery* verhält es sich anders. Genauso wie das Unterlassen von Änderungen an der Software zu deren Alterung führen kann, wie wir oben gesehen haben, kann auch das ungeschickte Ändern zur unnötig schnellen Alterung des Systems beitragen. Wenn ein Softwareentwickler ein Programm erstellt, basiert dieses in der Regel auf gewissen Architektur- und Designkonzepten. Speziell wenn ein Programm sehr umfangreich ist, ist es umso wichtiger, diese Konzepte genau zu kennen, um bei Anpassungen und Korrekturen die richtigen Stellen im Code in demselben Sinne zu verändern.

Wenn nun Änderungen am System von Leuten vorgenommen werden, die diese zugrunde liegenden Architektur- und Designprinzipen nicht kennen oder beachten, führt dies in der Regel zur Verwässerung dieser Konzepte und zu einer höheren Komplexität der inneren Struktur. Indem man diese Grundsatzentscheide ignoriert oder schlicht nicht kennt und einfach im Code rumschnipselt, entsteht ein System, das von niemandem mehr so richtig verstanden wird. Die ursprünglichen Architekten erkennen ihr System nicht wieder und diejenigen, die ohne jeden Sachverstand den Code manipuliert haben, haben es offensichtlich noch nie getan. Man kann also sagen, dass sich gute Software durch eine Harmonie der Form (Architektur) sowie des Inhaltes (Funktionalität) auszeichnet. Offensichtlich ist es wesentlich einfacher, den Inhalt im gewünschten Sinne zu ändern als die Form.

Am Rande bemerkt: Stellen Sie sich einmal vor, ein Chirurg würde ohne die Grundkenntnisse der Anatomie, also der Architektur- und Designgrundlagen des Menschen, an ihnen rumschneiden. Bei dieser Vorstellung läuft es wohl den meisten kalt den Rücken runter, aber genau so verhalten wir uns in der Softwareindustrie tagtäglich!

Manchmal haben wir den Eindruck, dass diese konzeptlosen Quelltextänderungen auch mit der um sich greifenden »google & paste«-Kultur zusammenhängen. Es wird einfach im Internet mittels der Suchmaschine Google nach Quellcode gesucht, der schon ein ähnliches Problem gelöst hat, um ihn anschließend konzeptlos im vorhandenen System einzufügen *(paste)*.

Fazit

> Mit den beiden Themen *lack of movement* und *ignorant surgery* spannt man sozusagen die beiden Enden des Problembereichs der Alterung der Software auf. Ändert man an der Software nichts, so gerät sie gegenüber dem sich fortschreitenden Umfeld ins Hintertreffen und veraltet auf diese Weise. Nimmt man hingegen sehr häufig Änderungen vor und beachtet dabei die Grundprinzipien des vorhandenen Systems zu wenig, so zerfällt der Code und altert auf diese Weise.

Der Schlüssel im Umgang mit diesem Dilemma liegt in der kontrollierten Änderung – so viel wie nötig und nicht wie möglich, unter Beachtung des vorhandenen Designs – sowie dem gezielten Regenerieren des Systems. Mehr dazu später.

Zum Schluss nochmals zurück zu unserem eingangs erwähnten Vergleich der Softwarewartung mit der Wartung technischer Produkte. Während die Wartung technischer Produkte auf die möglichst lange und perfekte Erhaltung der Produkte abzielt, dient die Softwarewartung, wie eben gesehen, dazu, die Software veränderten Rahmenbedingungen anzupassen.

Das Ziel der Softwarewartung ist also nicht das Erhalten eines originalen Zustands (wegen »*lack of movement*«), sondern im Gegenteil, das Herstellen eines neuen Zustands, damit die Software einsetzbar und nützlich bleibt. Dafür sind häufig aufwendige und potenziell fehlerträchtige Änderungen der Struktur notwendig (Achtung: »*ignorant surgery*«). Insofern unterscheidet sich die Absicht der technischen Wartung z. B. eines Autos deutlich von der Softwarewartung.

2.2 Begriffe rund um die Wartung

Im Gegensatz zur Softwareentwicklung werden im Umfeld der Wartung viele Begriffe unterschiedlich verwendet. Diese fehlende gemeinsame Sprache ist oft der Anlass für Missverständnisse. Daher wollen wir an dieser Stelle einige zentrale Begriffe rund um die Softwarewartung klären. Zum einen vermitteln wir damit ein Basiswissen, zum anderen dient es dem weiteren gemeinsamen Verständnis.

Die Prozessschritte der Softwarewartung sowie die entsprechenden Rollen werden in späteren Kapiteln besprochen.

2.2.1 Software

Bevor wir uns einigen spezifischen Begriffen aus der Softwarewartung widmen, wollen wir uns zunächst dem Wesen der Software nähern. Haben wir einige grundlegenden Eigenschaften des »Materials« Software verstanden, liefert uns dies oft eine Erklärung für typische Schwierigkeiten in der Wartung.

Dazu gehen wir auf drei interessante Feststellungen ein, die typische Schwierigkeiten im Umgang mit Software aufzeigen:

Als Erstes lesen wir die Norm [IEEE610], die den Begriff Software wie folgt definiert:

> **Software** sind Programme, Verfahren, zugehörige Dokumentation und Daten, die mit dem Betrieb eines Computersystems zu tun haben.

Die Norm sagt also, dass Software erheblich mehr umfasst als nur Programme. Dieser scheinbar simple Sachverhalt wird bei der Aufwandsschätzung neuer Projekte allzu gerne verdrängt oder vergessen, was Folgen hat. Entweder wird dadurch der tatsächliche Aufwand unterschätzt, was zu einer Kostenüberschreitung führt, oder aber die weiteren Tätigkeiten, wie Dokumentation erstellen, werden tatsächlich nicht durchgeführt und fehlen später in der Softwarewartung.

Zweitens stellt man fest, dass Software ein immaterielles, technisches Produkt ist. Diese triviale Feststellung führt aber zu vielfältigen Konsequenzen. So zum Beispiel werden in unserer Gesellschaft geistige Güter in der Regel als weniger wertvoll eingestuft wie mit demselben Aufwand erstellte materielle Güter. Dadurch wird der Wert von Software unterschätzt. Eine weitere Konsequenz zeigt sich in den »Materialeigenschaften« von Software, die im Gegensatz zu festen Stoffen keinen Naturgesetzen unterliegt. Software ist im Gegensatz zu anderen Materialien ein extrem kreativer Werkstoff mit fast unermesslichen Einsatzmöglichkeiten und findet seine praktischen Grenzen lediglich in der Vorstellungskraft der Entwickler und im Vermögen der Auftraggeber. Da diese Grenzen sehr weit gesteckt sind und sich der Mensch öfter überschätzt, werden in der Softwareentwicklung häufiger und leichtsinniger zu schwierige Projekte angegangen als in anderen technischen Gebieten. Eine weitere Konsequenz zeigt sich beim Erkennen von Fehlern. Bei materiellen Produkten treten für uns Fehler viel offensichtlicher und transparenter zutage, wie dies bei Software der Fall ist. So erkennen wir beispielsweise eine Dusche, die von unten nach oben spritzt, sofort als falsch montiert. Ein Fehler gleicher Schwere offenbart sich uns aber in der Software erst nach gründlicher und aufwendiger Analyse. Dasselbe was für die Fehler gilt, gilt auch für den Entwicklungsfortschritt. Dieser ist bei Softwareprojekten ebenfalls deutlich schwerer erkennbar als beim Bau eines Hauses. Zum Schluss verbindet man mit der Software eine leichte Änderbarkeit. Bei kleinen Programmen ist die auch in der Tat vorhanden. Mit zunehmender Größe des Programms unterliegen Änderungen jedoch vielen Abhängigkeiten, die ebenfalls bedacht sein müssen. Dadurch werden diese Änderungen oft aufwendiger als bei materiellen Produkten.

Die dritte Feststellung betrifft die Tatsache, dass es sich bei Software um ein digitales System handelt. Solche Systeme haben die unangenehme Eigenschaft, dass schon kleinste Änderungen im Programm (ein einziges fehlerhaftes Bit) massive Auswirkungen auf das Gesamtsystem zur Folge haben können. Es ist daher ungleich schwieriger und aufwendiger, mit hoher Wahrscheinlichkeit das korrekte Funktionieren solcher Systeme sicherzustellen, als dies bei klassischen technischen Produkten der Fall ist.

Zum Schluss kann man sagen, dass Software mehr ist als nur Code und dass sich mit diesem extrem vielseitigen und flexiblen »Material« nahezu alles modellieren und kreieren lässt. Allerdings macht uns Menschen das imaginäre Wesen dieses wunderbaren »Stoffs« einige Schwierigkeiten und übersteigt dabei nicht selten die Grenzen unserer Vorstellungskraft, die stark von der fassbaren Räumlichkeit geprägt ist.

2.2.2 Softwarewartung

Der Begriff der Softwarewartung ist komplex. Daher schauen wir uns zuerst die Bedeutung des Wortes etwas genauer an, bevor wir die Wartung von der Entwicklung abgrenzen.

Ein Großteil der Verwirrung, die im Umfeld der Softwarewartung herrscht, hat mit der Übersetzung wichtiger Begriffe und ihres Bedeutungshofes zu tun, wie Sneed richtig bemerkte [Sne05]. So wird üblicherweise der englische Begriff »*software maintenance*« mit »Softwarewartung« ins Deutsche übersetzt. Das Wort Wartung assoziiert man im Deutschen wiederum mit Reparatur, also einem Wiederherstellen eines ursprünglichen Zustands. Wenn man nun im Deutschen von Softwarewartung spricht, so hat man immer Reparaturarbeiten vor dem geistigen Auge. Und natürlich stellt sich sofort die Frage: »Was ist denn kaputt, weshalb ist das System reparaturbedürftig?« Bei dieser Begriffswahl kann man sich beim besten Willen eines negativen Beigeschmacks, unter dem dieser wohl leidet, kaum erwehren.

Nicht so im Englischen. Hier wird der Begriff »*maintenance*« mit »Erhalten« in Zusammenhang gebracht. Wenn also Engländer von »*maintenance*« sprechen, denken sie zunächst an Erhaltung und nicht an Reparatur, obwohl diese auch dazugehört. Mit dem Wort Systemerhaltung verbinden wir sofort Begriffe wie Anpassung, Veränderung, Verbesserung, aber auch Reparatur, die ein wesentlich freundlicheres Bild der Softwarewartung abgeben.

So gesehen wird die deutsche Übersetzung »Softwarewartung« dem Begriff der »*software maintenance*« kaum gerecht und sollte daher treffender »Softwaresystemerhaltung« oder »Softwareerhaltung« heißen. Da der Begriff Softwarewartung sehr weitverbreitet und etabliert ist, wollen auch wir in diesem Buch weiterhin daran festhalten. Allerdings immer im Sinne von Erhaltung, also Anpassung, Veränderung, Verbesserung, aber auch Reparatur. Zudem verwenden wir den Begriff Pflege oder Softwarepflege als Synonym für Wartung.

Als Nächstes wollen wir den Begriff der Wartung besser abgrenzen. Dazu schauen wir uns die Norm [IEEE610] an, die die Softwarewartung wie folgt definiert:

> **Softwarewartung** ist die Veränderung eines Softwareprodukts nach dessen Auslieferung, um Fehler zu beheben, Performanz oder andere Attribute zu verbessern oder Anpassungen an die veränderte Umgebung vorzunehmen.

Somit ist klar, dass die Wartung nach der Auslieferung des Softwareprodukts beginnt und mit der Einstellung der Verwendung des Softwareprodukts endet. Damit wäre die zeitliche Abgrenzung festgelegt.

Bevor wir aber auf die inhaltliche Abgrenzung eingehen, müssen wir folgende Unterscheidung berücksichtigen. Zum einen gibt es Tätigkeiten, die man entweder der Entwicklung oder der Wartung zuordnen kann. Zum anderen gibt es Organisationen, die entweder Entwicklungs- oder Wartungsorganisationen sind. Es kann somit durchaus vorkommen, dass eine Entwicklungstätigkeit von einer Wartungsorganisation ausgeführt wird – sie bleibt deshalb trotzdem eine Entwicklungstätigkeit – und umgekehrt.

So, nun zurück zur inhaltlichen Abgrenzung, die schon etwas schwieriger ist, denn die Norm sagt nichts über die funktionale Erweiterung eines Systems aus. Zählt die Weiterentwicklung ebenfalls zur Wartung oder ist sie eben Entwicklung? In der Literatur trifft man oft auf die Meinung, dass sämtliche Tätigkeiten nach der Auslieferung der Version 1.0 als Wartung bezeichnet werden – inklusive der Weiterentwicklung des Systems.

Diese Meinung teilen wir gar nicht und trennen aus folgenden Gründen klar zwischen Wartung und (Weiter-)Entwicklung:

Erstens findet die Weiterentwicklung keine Erwähnung in der Norm, obwohl diese an Aufwand sicher den Löwenanteil aller Tätigkeiten nach der Version 1.0 ausmacht (auf die verschiedenen Tätigkeiten werden wir in Abschnitt 2.3 noch eingehen).

Zweitens werden typischerweise Weiterentwicklungen in eigenen Projekten abgewickelt. Es gibt also eine eigene Organisation sowie ein von der Wartung unabhängiges Budget dafür. Entsprechend werden diese Projekte auch separat verfolgt. Da die Wartung, wie wir später noch sehen werden, ein stark unvorhersehbares Element beinhaltet – oder wissen Sie, wann Ihr System das nächste Mal beim Kunden abstürzt? –, lässt sich dies mit einer Softwareentwicklung, die ihre Kosten und Termine nur unter großen Anstrengungen exakt einhalten kann, kaum vereinbaren.

Drittens hat die Softwareentwicklung mit einer Version 2.0 einen völlig anderen Liefertermin wie beispielsweise die Wartung mit der Nachbesserung in der Version 1.1. Es kann zwar vorkommen, dass Weiterentwicklung sowie Wartung von derselben Organisation durchgeführt werden, trotzdem bleiben es zwei verschiedene Tätigkeiten.

Die klare Unterscheidung zwischen Weiterentwicklung und Wartung ist einer unserer Grundgedanken und zieht sich wie ein roter Faden durch dieses Buch. Natürlich werden wir in späteren Kapiteln auf deren gegenseitige Abhängigkeiten noch ausführlich eingehen.

Zusammenfassend kann man über die Softwarewartung sagen, dass sie als *Tätigkeit* eine Änderung an einem Softwaresystem nach dessen Auslieferung, als *Prozess* die Schritte, die in einem Wartungsfall sequenziell durchzuführen sind, und als *Phase* den Abschnitt des Lebenszyklus von der Auslieferung bis zur Stilllegung bezeichnet.

Das oberste Ziel der Softwarewartung ist stets die Kontinuität der Dienstleistung. Daher ist es oberste Pflicht, dass unsere Systeme möglichst ununterbrochen verfügbar sind und so den Benutzern zuverlässig dienen können. Dabei ist jede Störung unerwünscht.

2.2.3 Wartbarkeit

Die Wartbarkeit von Software ist ein äußerst wichtiges Kriterium in der Softwarewartung und bestimmt, mit welchem Aufwand und welcher Qualität Änderungen in einem Softwaresystem durchgeführt werden können. Die Norm [IEEE610] definiert Wartbarkeit wie folgt:

> **Wartbarkeit** ist die Einfachheit, mit der ein Softwaresystem oder eine Komponente modifiziert werden kann, um Fehler zu beheben, Performanz oder andere Attribute zu verbessern oder Anpassungen an die veränderte Umgebung vorzunehmen.

Ein System muss also bestimmte Eigenschaften aufweisen, damit es später in obigem Sinne einfach modifiziert und als wartbar bezeichnet werden kann. Somit prägt die Entwicklung der allerersten Version eines Systems dessen Wartbarkeit maßgebend!

Das klingt alles schön und gut, aber welche Eigenschaften muss ein System konkret aufweisen bzw. wie müssen wir unsere Systeme entwickeln, um später eine hohe Wartbarkeit erreichen zu können? Dazu müssen wir während der Entwicklung unter anderem Folgendes beachten:

- eine ausführliche Dokumentation, insbesondere von Schnittstellen (statisch wie dynamisch),
- eine tragfähige, skalierbare und gut erweiterbare Architektur,
- ein übersichtliches Design, das sich Design Patterns zunutze macht,
- eine hohe Kohäsion (interne Bindung innerhalb der Module) und eine lose Kopplung (externe Bindung zwischen den Modulen) (s. S. 195–196 Kasten – »Komplexität, was ist das?«),
- ein modularer, stark gegliederter Aufbau (Zerlegung in elementare, einzeln testbare Einheiten),
- don't repeat yourself (DRY-Prinzip – meide die Wiederholung wie der Teufel das Weihwasser, also keine Codeduplikationen etc.),
- übersichtlicher und gut kommentierter Code, der die lokale Verständlichkeit gewährleistet,
- in das Programm eingebaute Prüfungen von Schnittstellenbedingungen (Design by Contract),
- ein möglichst großer Umfang von automatisch ausführbaren Tests,
- aber auch Hilfsmittel für die spätere Wartung wie Diagnosemöglichkeiten.

Diese Liste ist nicht abschließend zu verstehen, sondern soll einen Eindruck dessen geben, was es bei der Entwicklung zu beachten gilt und unter Zeitdruck allzu oft vernachlässigt wird. Denn bei der Erstentwicklung wird das Grunddesign erstellt und somit die Modularisierung vorgegeben, also unnötige Abhängigkeit vermieden. Genauso mühsam ist es, eine verpasste Dokumentation nachzuholen. Zwar sehen viele den Nutzen einer solchen Aktion ein, sie fällt aber trotzdem oft dem Tagesgeschäft zum Opfer. Auch der Programmierstil und oft auch die Programmiersprache beeinflussen die Wartbarkeit von Beginn an. So kann man beispielsweise mit der Hybridsprache C++ sowohl den ungenießbarsten Kantinen-Spaghetticode (z.B. goto) wie auch den herrlichsten 19-Punkte-Gault-Millau-Code schreiben.

Aus der Erkenntnis, dass die spätere Wartbarkeit eines Systems maßgeblich während der Erstentwicklung festgelegt wird, sollten entsprechende Anforderungen bei jeder Neuentwicklung unbedingt berücksichtigt werden. Diese Anforderungen ließen sich z.B. aus obiger Liste ableiten und zu nicht funktionalen Standardanforderungen an jede Neuentwicklung formulieren – völlig unabhängig von der Domäne des Systems. Tun wir das auch? Wahrscheinlich die wenigsten.

Natürlich hat die Wartbarkeit für große, komplexe Projekte eine deutlich höhere Bedeutung wie für kleinere Systeme, da verschiedene Effekte und Probleme umso stärker auftreten, je größer das System ist. Nichtsdestotrotz gilt auch für kleinere Applikationen, die Wartbarkeit von Beginn an zu berücksichtigen, denn die Wartung beginnt in der Entwicklung.

Die Wartbarkeit wird also mit der Erstentwicklung entscheidend geprägt. Je länger die geplante Verwendungsdauer eines Systems ist, umso wichtiger wird sie. Und oft ist die tatsächliche Verwendungsdauer von Softwaresystemen viel länger als die ursprünglich geplante.

2.2.4 Softwareevolution

Der Begriff Evolution stammt vom lateinischen *evolvere* ab und heißt so viel wie »abwickeln«. Damit wird das fortlaufende Entstehen neuer und das Wachsen bereits entstandener Muster in Richtung aufsteigende Komplexität und Vernetzung von Bereichen der Wirklichkeit beschrieben. Evolutionstheorien versuchen Ursprung, Entwicklung und Vielfalt des Lebens auf der Erde zu beschreiben und zu erklären. Die Geschichte der Evolutionstheorie beginnt bereits in der Antike und reicht über Darwin bis in die Gegenwart. Sicher hat der eine oder andere beim Begriff der Evolution das Bild eines Affen vor Augen, der plötzlich aufrecht geht, zum Menschenaffen mutiert und schließlich als Mensch hervorgeht.

Was verstehen wir nun in der Informatik unter Evolution? Evolution ist nicht einfach nur mit Wartung gleichzusetzen. Bei der Softwareevolution geht es genauso um die Weiterentwicklung des Systems, also um das Anreichern neuer Funktionalität der bisherigen Anwendung. Unglücklicherweise gibt es in der Informatik unterschiedliche Auffassungen zum Begriff Softwareevolution. So verstehen die einen unter Softwareevolution die Weiterentwicklung eines Systems ohne den Anteil der Softwarewartung. Hier wird also klar zwischen *evolution* im Sinne von Weiterentwicklung und *maintenance* im Sinne von Wartung unterschieden. Andere, wie Keith Bennet und Vaclav Rajlich [BeRa01], schlagen ein Lebenszyklusmodell mit fünf Phasen vor. Das Modell startet mit der Entstehungsphase, in der das System konzipiert und geplant wird. In der darauffolgenden Entwicklungsphase wird die eigentliche Erstanwendung gebaut. Danach folgt die Evolutionsphase, in der zum einen Wartung und zum anderen Weiterentwicklung stattfindet. Anschließend folgt die Erhaltungsphase, in der es nur noch um Instandhaltung und Nachbesserungen geht. Zum Schluss kommt die Entsorgungsphase, in der das System ausgemustert wird. Diese beiden verstehen unter Evolution also jene Phase, in der sowohl Weiterentwicklung als auch Wartung stattfindet. Lehmann und Belady [LeBe85] wiederum verstehen unter Evolution den gesamten Lebenszyklus eines Systems, also von der Wiege bis zur Bahre. Wie wir sehen, gibt es kein allgemeines Verständnis des Begriffes der Softwareevolution. Außerdem ist der Begriff auch in der Norm nicht definiert.

Lassen Sie uns deshalb diesen Begriff nochmals genauer betrachten, um uns eine eigene Meinung bilden zu können. Damit Evolution in der Natur stattfinden kann, müssen folgende drei Voraussetzungen erfüllt sein:

- Erstens muss ein Organismus (System) **Nachkommen** haben, sich also vermehren.
- Zweitens braucht es **Varianten** unter den Nachkommen. Somit führen absolut gleiche Kopien, sprich Klone, nicht zu einer Evolution.
- Drittens braucht es eine **Selektion,** die bestimmt, welche der Varianten nun die nachfolgende Population bilden soll. Dies im Sinne von »survival of the fittest«.

Nur wenn alle drei Voraussetzungen erfüllt sind, findet eine echte Evolution statt.

Wenn man nun diese drei Regeln auf ein Softwareprodukt anwenden will, kommt man schnell an die Grenzen des Vergleichbaren. Die erste Voraussetzung verlangt Nachkommen. Diese können sicherlich noch mit Folgeversionen verglichen werden. Üblicherweise gibt es aber genau einen direkten Nachkommen (Release), was bereits ungenügend ist. Denn die zweite Voraussetzung verlangt bei den direkten Nachkommen Varianten. Da es nur genau einen Nachkommen gibt, z. B. ein Release 3.2., fehlen mögliche Ausprägungen wie Version 3.2a, Version 3.2b oder Version 3.2c. Zum Schluss bleibt die Selektion. Mit nur einem direkten Nachkommen ist eine Selektion aber nicht möglich. Somit setzt sich in der Software nicht der Beste, sondern der Nächste durch, da er der Einzige ist. Daher ist der Begriff der Evolution nur oberflächlich auf Softwareprodukte anwendbar und eher als ein Synonym für Fort- und Weiterentwicklung zu verstehen.

Der Lebenszyklus eines Softwareprodukts lässt sich eher mit dem von uns Menschen vergleichen. So werden Softwaresysteme ebenfalls zu Beginn geboren, wachsen anschließend langsam heran und überwinden so mehr und mehr ihre Kinderkrankheiten. Irgendwann sind sie reife, stabile und leistungsfähige Systeme im besten Alter, bevor sie durch die Last der vielen Anpassungen immer komplexer und schwerfälliger werden und schlussendlich ihre Aufgabe nicht mehr erfüllen können. So gesehen schließen wir uns der Sicht auf die Softwareevolution von Lehmann und Belady an.

Als **Softwareevolution** bezeichnen wir den Prozess der Veränderung eines Softwaresystems von der Erstellung bis zur Außerbetriebnahme. Dieser Prozess umfasst somit die Erstellung, Wartung, Weiterentwicklung, Migration und Stilllegung.

2.3 Kategorien der Wartung

Wir haben in Abschnitt 2.2.2 gesehen, dass man unter Softwarewartung deutlich mehr als nur Reparatur und Fehlerbeheben verstehen muss. Was dieses *mehr* genau ist und vor allem wie man es kategorisieren kann, schauen wir uns als Nächstes an. 1976 hat E. Burton Swanson [Swa76] erstmals drei unterschiedliche Kategorien, in die sich die Änderungen im Rahmen der Wartung klassifizieren lassen, aufgeführt. Er unterschied damals zwischen:

- korrektiver Wartung,
- adaptiver Wartung und
- perfektionierender Wartung.

Später wurden diese drei Kategorien um

- präventive Wartung

erweitert und in der Norm [IEEE610] festgehalten. Wie bereits erwähnt, wurde dort die **Softwarewartung** definiert als die Veränderung eines Softwareprodukts nach dessen Auslieferung, um Fehler zu beheben, Performanz oder andere Attribute zu verbessern oder Anpassungen an die veränderte Umgebung vorzunehmen.

Genau aus dieser Definition lassen sich die verschiedenen Aufgaben, die wir in der Softwarewartung ausüben, ableiten. Dabei unterscheiden wir einerseits zwischen reaktiven und proaktiven Aufgaben und andererseits zwischen Korrekturen und Verbesserungen. Tabelle 2–1 zeigt diese Aufteilung im Detail.

	Korrektur	Verbesserung
Reaktiv	Korrektive Wartung (Restfehler)	Adaptive Wartung (lack of movement)
Proaktiv	Präventive Wartung (Restfehler)	Perfektionierende Wartung (ignorant surgery)

Tab. 2–1 *Kategorien der Wartung*

Um es gleich vorwegzunehmen: Die Einteilung der Wartung in obige Kategorien geschieht nicht einfach um der Struktur willen. Diese Kategorisierung hat handfeste Gründe und bildet die Basis für viele weitere Überlegungen im Buch. Daraus leiten wir später u.a. die Verantwortlichkeiten, den am besten geeigneten Prozess zur Umsetzung sowie die Finanzierung ab. Nun aber zu den einzelnen Kategorien.

2.3.1 Korrektive Wartung

Korrektive Wartung ist eindeutig Reparatur und der Anteil an der Wartung, den man unter Softwarewartung gemeinhin versteht. Die Aufgabe der korrektiven Wartung ist das Beheben von Softwarefehlern, die nach der Auslieferung aufgetreten sind. Hierbei handelt es sich also um das Entfernen von Restfehlern (s. Abschnitt 1.2). Was genau verstehen wir unter Fehler? Es ist ja wohl ein Unterschied, ob ein Text in einem Menüpunkt falsch geschrieben ist oder ob ein Softwarefehler die Datenbank korrumpiert. Deshalb unterscheiden wir in der korrektiven Wartung zwischen:

- *Instandhaltung* des Systems, also der Behebung schwerer Mängel, und
- der *Mängelkorrektur*, also der Beseitigung mittelschwerer und leichter Mängel.

Diese beiden Kategorien der korrektiven Wartung unterscheiden sich durch einen weiteren, wichtigen Punkt. Da schwere Mängel oft den Stillstand ganzer Systeme bedeuten, muss entsprechend schnell reagiert werden. Wenn beispielsweise sämtliche Bankomaten in einem Landesteil ausgefallen sind, muss möglichst schnell das System wieder instand gesetzt werden. Die *Instandhaltung* ist also ereignisgetrieben und nicht planbar und trifft ganz nach Murphy dann zu, wenn Ihr Spezialist im Urlaub ist. Natürlich beeinträchtigen solche Störungen auch das sonstige Tagesgeschäft. Um damit besser umgehen zu können, braucht es eine entsprechende Wartungsorganisation (s. Abschnitt 6.1).

Im Gegensatz dazu ist die *Mängelkorrektur* sehr wohl planbar. Die gefundenen Mängel werden erfasst und zu einem geeigneten Zeitpunkt behoben. Dies geschieht typischerweise mit einer Nachbesserung (bei Microsoft Service-Pack genannt) oder dem nächsten Versionswechsel.

Wie wir aus Tabelle 2–1 ersehen können, handelt es sich bei der korrektiven Wartung einerseits um eine Korrektur und andererseits ist es eine reaktive Tätigkeit. Schließlich reagieren wir damit auf Mängel.

2.3.2 Präventive Wartung

In der präventiven Wartung geht es darum, latente Fehler nach der Auslieferung der Software zu beheben, bevor sie im Feld als effektive Fehler aufgetreten sind. Dies ist eine proaktive Maßnahme und daher planbar. Auch hierbei entfernen wir Restfehler, genau wie bei der korrektiven Wartung.

Die präventive Wartung ist, wie aus Tabelle 2–1 ersichtlich, ebenfalls eine Korrektur. Allerdings sucht man diese Fehler, bevor sie im Feld aufgetreten sind. Daher ist dies eine proaktive Tätigkeit.

2.3.3 Adaptive Wartung

Während der Lebensdauer einer Software kann sich die ursprüngliche Systemumgebung verändern, was dazu führt, dass man die Software diesen Veränderungen anpassen muss. Dabei muss zwischen der fachlichen und technischen Umgebung unterschieden werden. In der fachlichen Umgebung ändern sich Dinge wie Geschäftsabläufe oder Gesetze, was zu Anpassungen der Mehrwertsteuersätze oder dem Wechsel von der Deutschen Mark zum Euro führen kann. In der technischen Umgebung ändern sich Datenbanksysteme, Betriebssysteme oder Rechner und deren Komponenten. Plötzlich ist eine Betriebssystemversion nicht mehr erhältlich, und es muss auf die Nachfolgeversion umgestellt werden. Somit wirkt die adaptive Wartung dem »*lack of movement*« entgegen.

Sie mögen sich fragen, wo der genaue Unterschied zwischen der adaptiven Wartung und der Erweiterung liegt? Während die adaptive Wartung lediglich einen ursprünglichen Zustand wieder herstellt, führt die Erweiterung zu einem Mehrwert des Systems, wie Harry Sneed [Sne05] richtig bemerkte. Das System kann, gemessen an seiner Umwelt, plötzlich mehr und bietet zusätzliche Funktionalität.

Zum Schluss sei hier noch ein Spezialfall der adaptiven Wartung erwähnt: die Migration. Die Migration auf eine neue Rechnerplattform, ein neues Betriebssystem oder eine andere Programmiersprache ist ein aufwendiges Unterfangen; sie stellt immer eine Anpassung auf die veränderte Umgebung dar. Man reagiert also auf nicht mehr unterstützte Plattformen und Betriebssysteme oder veraltete Programmiersprachen. In welchem Rahmen ein Migrationsvorhaben optimal umgesetzt wird, ist eine andere Frage, der wir in Kapitel 5 nachgehen werden.

Gemäß Tabelle 2–1 ist die adaptive Wartung eine Verbesserung des Systems, ist aber reaktiv, da man auf die veränderte Systemumgebung reagiert.

2.3.4 Perfektionierende Wartung

Das Ziel der perfektionierenden Wartung ist die Verbesserung der Software. Dies kann gemäß der Norm [IEEE610] »... *die Performanz oder andere Attribute* ...« betreffen. Dabei zielt die Performanz auf die Schnelligkeit des Systems, beispielsweise bei der Berechnung von Algorithmen, ab, aber auch auf die Effizienz bei der Nutzung von Systemressourcen. Der Begriff *andere Attribute* öffnet ein weites Feld von Möglichkeiten, die die Wartbarkeit, die (Re-)Dokumentation oder andere Eigenschaften der Software betreffen. Hiermit sind auch Strukturverbesserungen im Rahmen von Refactoring, Reengineering und Kapselungen gemeint, um dem »ignorant surgery«-Problem entgegenzuwirken. Typischerweise geht es bei der perfektionierenden Wartung um die Verbesserung nicht funktionaler Anforderungen. Das gilt auch für Verbesserungen der Benutzerschnittstelle, denn diese ändern nichts an den eigentlichen Funktionen, sondern erleichtern den Benutzern deren Verwendung.

Im Extremfall kann sich die perfektionierende Wartung bis zum Spezialfall Sanierung ausweiten. Hier wird ein System sehr aufwendig restrukturiert und wieder in Form gebracht. Genau wie beim Migrationsvorhaben werden wir auch im Falle der Sanierung der Frage nach der optimalen Umsetzungsform in Kapitel 5 nachgehen.

Die perfektionierende Wartung positioniert sich in Tabelle 2–1 als Verbesserung unserer Software und wird proaktiv durchgeführt.

2.3.5 Reaktive versus proaktive Wartung

Die Unterteilung der vier Wartungsaufgaben in reaktive und proaktive Tätigkeiten geschieht nicht nur um der Kategorisierung willen und ist daher einen weiteren Gedanken wert.

Mit den reaktiven Tätigkeiten reagieren wir naturgemäß auf ein äußeres Ereignis. Beispielsweise begegnen wir mit der korrektiven Wartung einem Fehler auf dem Produktivsystem. Ähnlich verhält es sich bei der adaptiven Wartung. Hier reagieren wir auf das sich verändernde Umfeld – beispielsweise eine gekündigte Betriebssystemversion. Der Anstoß für unser Tätigwerden kommt also von außen und erinnert uns sozusagen automatisch, wann wir aktiv werden müssen.

Im Falle der proaktiven Wartungstätigkeiten ist es etwas schwieriger. Hier fehlt der äußere Anstoß – schließlich entscheiden wir, wann wir aktiv werden wollen. Damit dies auch wirklich geschieht, ist es nötig, Indikatoren als Anstoß festzulegen.

Schauen wir uns dazu die präventive Wartung an. Nachdem wir unser System dem produktiven Betrieb übergeben haben, wird wohl niemand präventive Wartung im Sinne von weiteren Systemtests durchführen, nur um zu schauen, ob man eventuell einen weiteren Restfehler findet. Vielmehr geht es darum, dank geeigneter Indikatoren fehlerträchtige Komponenten zu identifizieren und diese gezielt präventiv zu warten. Ein möglicher Indikator für obiges Beispiel lässt sich aus folgender Binsenwahrheit ableiten: Wenn ein Modul in der Vergangenheit sehr fehlerträchtig war, wird es auch in Zukunft fehlerträchtig sein. Dank klarer Auswertungen der Wartungsereignisse können so schnell die gesuchten Komponenten identifiziert werden.

Ein vergleichbares Vorgehen lässt sich ebenfalls auf die perfektionierende Wartung anwenden. Auch hier gilt es, sich entsprechende Indikatoren vorzugeben – beispielsweise abgeleitet aus Metriken (s. Kap. 9).

> Im Falle der proaktiven Wartung ist es wichtig, Indikatoren festzulegen, die die entsprechenden Wartungstätigkeiten auslösen. Unterlässt man dies, findet die proaktive Wartung kaum statt.

2.3.6 Support

The only thing we maintain is user satisfaction.
Lehmann 1980

Wir haben gesehen, dass die Norm vier Kategorien von Wartungsaufgaben unterscheidet (s. Tab. 2–1). Aus unserer Sicht ist dies aber nicht das vollständige Bild, denn neben diesen vier klassischen Kategorien gibt es eine weitere wichtige Tätigkeit, die Wartungsaufwand verursacht und somit berücksichtigt werden müsste – den Support. Die Supporttätigkeit umfasst im Wesentlichen den Aufwand, um Fragen und Probleme rund um den Einsatz der Software zu beantworten. Es handelt sich dabei also um eine Dienstleistung.

Im Gegensatz dazu stehen die vier klassischen Tätigkeiten (korrektive, präventive, adaptive und perfektionierende Wartung), die den Code verändern. Deswegen wurde die Supporttätigkeit wohl in der Norm nicht als Teil der klassischen vier Wartungstätigkeiten erwähnt. Betrachtet man das Ganze aber aus Ressourcensicht, müssen sehr wohl Aufwände, und somit Mitarbeiter, für Supportaktivitäten berücksichtigt werden.

> Die wesentlichen Gründe für die Wartung sind somit folgende: Zum einen wollen wir die Restfehler (vgl. Abschnitt 1.2) finden und entfernen. Dies geschieht mit der korrektiven und präventiven Wartung. Zum anderen wollen wir der Alterung entgegenwirken (vgl. Abschnitt 2.1). Die adaptive Wartung ist dabei die Antwort auf das Problem »lack of movement«, und die perfektionierende Wartung wirkt dem »ignorant surgery« entgegen. Zu guter Letzt erteilen wir im Rahmen der Supportaktivität Auskünfte und leisten Unterstützung.

2.3.7 Verteilung der Wartungsaufwände

Als Nächstes schauen wir uns die Verteilung der Wartungsaufwände an. Interessanterweise gibt es dazu nur sehr wenige ursprüngliche Quellen, denn es stützen sich die verschiedensten Publikationen immer und immer wieder auf ein und dieselbe Studie von Lientz und Swanson aus dem Jahre 1980 [LiSw80]. Damals beantworteten 457 Organisationen ihren Fragebogen zu den Wartungsaufwänden, die sie in folgende Kategorien aufteilten, wie folgt (vgl. Tab. 2–2):

Kategorie	Wert
a. Emergency program fixes	12.4 %
b. Routine debugging	9.3 %
c. Accommodation of changes to data inputs and files	17.4 %
d. Accommodation of changes to hardware and system software	6.2 %
e. Enhancements for users	41.8 %
f. Improvement of program documentation	5.5 %
g. Recording for efficiency in computation	4.0 %
Others	3.4 %

Tab. 2–2 *Verteilung der Wartungsaufwände [LiSw80]*

Wie wir bereits gesehen haben, erkannte E. Burton Swanson [Swa76] bereits 1976 die drei Kategorien korrektive, adaptive und perfektionierende Wartung. Entsprechend diesen Kategorien teilten sie die Ergebnisse ihrer Studie auch ein (s. Abb. 2–2).

Dieselbe Untersuchung wiederholten 1990, also zehn Jahre später, Nosek und Palvia [NoPa90] und kamen praktisch auf dieselben Werte.

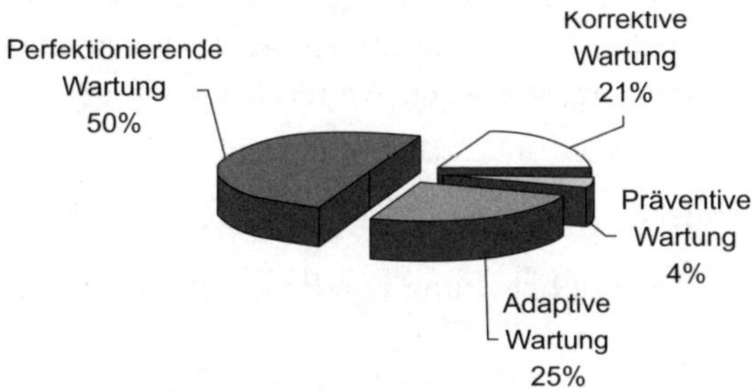

Abb. 2–2 *Wartungsaufwand – klassische Verteilung*

In Abbildung 2–2 gilt es zu beachten, dass die Zuordnung des größten Postens, »Erweiterungen für den Benutzer« *(e. enhancements for users)*, zu der perfektionierenden Wartung gezählt wird. Wie wir aber weiter oben schon besprochen haben (s. Abschnitt 2.2.2), betrachten wir in diesem Buch Erweiterungen nicht als Wartung, sondern als (Weiter-)Entwicklung.

Das Thema Support wurde nicht separat erwähnt und findet sich daher in der Abbildung 2–2 nicht wieder.

2.4 Zusammenfassung

Wir kennen nun die Gründe, weshalb Wartung nötig ist:

- Als allgemeine Erklärung gilt die *Entropie*. Überlässt man ein System sich selbst, so nimmt ohne jegliches Zutun die Unordnung zu.

Im Speziellen sind es aber:

- *lack of movement*, also das Nicht-Anpassen der Software an die sich verändernde Umgebung,
- *ignorant surgery*, das Anpassen von Code, ohne die Kenntnisse der zugrunde liegenden Struktur. Dies führt zum inneren Zerfall der Software.

Wir kennen die wichtigsten Begriffe der Wartung:

- *Software* sind Programme, Verfahren, zugehörige Dokumentation und Daten, die mit dem Betrieb eines Computersystems zu tun haben. Dabei bietet das imaginäre Wesen der Software etliche Herausforderungen.
- *Softwarewartung* ist die Veränderung eines Softwareprodukts nach dessen Auslieferung, um Fehler zu beheben, Performanz oder andere Attribute zu verbessern oder Anpassungen an die veränderte Umgebung vorzunehmen.
- *Wartbarkeit* ist die Einfachheit, mit der ein Softwaresystem oder eine Komponente modifiziert werden kann, um Wartung zu betreiben.
- Als *Softwareevolution* bezeichnen wir den Prozess der Veränderung eines Softwaresystems von der Erstellung bis zur Außerbetriebnahme. Dieser Prozess umfasst die Erstellung, Wartung, Weiterentwicklung, Migration und Stilllegung.

Wir kennen die wichtigsten Kategorien der Softwarewartung:

- *Korrektive Wartung* ist die Behebung von Restfehlern, die im Betrieb aufgetreten sind.
- *Präventive Wartung* ist die Behebung von Restfehlern, bevor sie im Betrieb aufgetreten sind.
- *Adaptive Wartung* bezeichnet die Anpassung der Software an das sich verändernde Umfeld, um *lack of movement* entgegenzuwirken. Dabei bildet die Migration einen Spezialfall.

- *Perfektionierende Wartung* wirkt dem »*ignorant surgery*«-Problem entgegen und bedient sich dazu u.a. verschiedener Reengineering-Techniken. Einen Spezialfall bildet dabei die Sanierung.
- *Der Support* umfasst im Wesentlichen den Aufwand, um Fragen und Probleme rund um den Einsatz der Software zu beantworten.
- Weiterentwicklung zählen wir hingegen nicht zur Wartung.

3 Der Lebenszyklus – Grundlage der Wartung

Die Wartung wird häufig ad hoc und ohne größere Systematik betrieben – dies im Gegensatz zur Softwareentwicklung. Manchmal hat man sogar den Eindruck, dass sie einem regelrechten »Sich-treiben-Lassen« gleicht. In diesem Kapitel fragen wir uns, welches die Basis einer effizienten und systematischen Wartung ist. Dazu stellen wir vier Grundsätze auf, die es unserer Meinung nach für eine professionelle Wartung zu beachten gilt.

3.1 Vom Projekt zum Produkt

Ausgangslage

Betreibt man Softwareentwicklung, geschieht dies üblicherweise im Rahmen eines Projektes. Das Projekt steht dabei im klassischen Spannungsfeld: Termin, Kosten und Qualität. Die Kunst des Projektmanagements ist es, in gleichem Maße allen drei Parametern gerecht zu werden. Entsprechend fokussiert man sich voll und ganz auf dieses eine Ziel und auf dieses eine Projekt. Alles, was dieses Ziel stören könnte, wird ausgeblendet – auch das, was nach dem Projekt kommt. Das ist menschlich, schließlich ist dies die Aufgabe des Projektleiters. Trotzdem mögen Sie sich vielleicht fragen, weshalb das so ist?

Grundsatz

Ein Projekt ist per Definition eine zeitlich begrenzte Aufgabe. Hat das Projekt sein vorher festgelegtes Ziel erreicht, wird das Projekt abgeschlossen und die gesamte Projektorganisation aufgelöst. Wie es mit der Software nun weiter geht, ist nicht die Aufgabe des Projektleiters und oft unklar.

Diese enge Sicht auf die reine Erstellung einer Software ohne klare Angaben des weiteren Vorgehens wird meist durch die gängigen Entwicklungsmodelle gefördert – sei es das V-Modell, der Rational Unified Process (RUP) oder Scrum.

Schaut man mit etwas mehr Distanz auf die Erstentwicklung und spinnt den gerade begonnenen Lebensfaden weiter, sieht man Folgendes: Die Software beginnt eigentlich erst nach dem ersten Projekt zu leben, weil sie erst jetzt beim Anwender zum Einsatz kommt. Zum einen wird damit Wartung nötig, zum anderen reifen beim Anwender zusätzliche Wünsche, die Weiterentwicklungen nach sich ziehen (vgl. dazu Abb. 3–1). So reihen sich Projekt an Projekt, bis die Software ihr Lebensende erreicht hat (end of life – EOL) und durch ein neues System abgelöst werden muss.

Diesen Lebenszyklus gilt es bewusst wahrzunehmen und zu steuern. Genau dies ist die Aufgabe des Produktmanagements. So wie der Projektleiter der Manager eines einzelnen Projektes ist, so ist der Produktmanager der Manager all dieser Aneinanderreihungen von einzelnen Projekten sowie der zugehörigen Wartung, die in Summe den gesamten Lebenszyklus eines Systems ausmachen. Dazu steht ihm eine permanente Organisation zur Verfügung, wie wir später noch sehen werden.

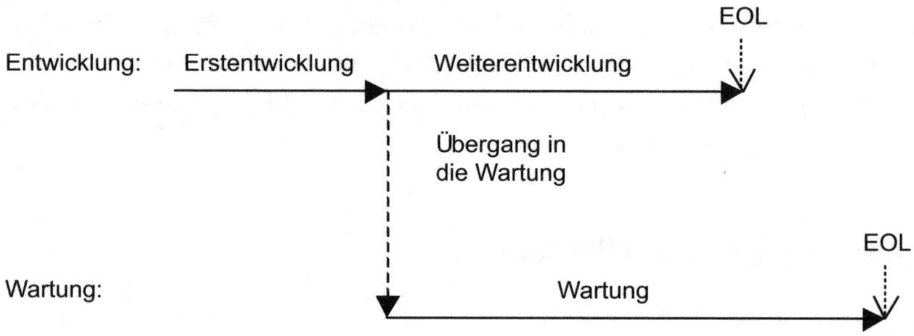

Abb. 3–1 *Vom Projekt zum Produkt*

Will man Softwarewartung betreiben, ist diese Sicht auf den Lebenszyklus, anstelle der isolierten Sicht auf ein einzelnes Projekt, der absolut entscheidende Punkt! Sie beeinflusst sämtliche Entscheidungen, die es im Verlauf eines Produktlebens immer wieder zu fällen gilt. Denn alles, was man während des Lebenszyklus tut oder auch unterlässt, hat Folgen, die wieder auf einen zurückfallen – im Guten wie im Schlechten.

Mit der Sichtweise auf den gesamten Lebenszyklus haben wir den ersten und wichtigsten Grundsatz identifiziert, den es bei Fragen rund um die Softwarewartung zu berücksichtigen gilt.

> Softwarewartung macht nur Sinn, wenn man den gesamten Lebenszyklus der Software betrachtet – von der Idee für die Software bis zum Ende der Anwenderunterstützung.

3.2 Wartung beginnt in der Entwicklung

Ausgangslage

Entwicklungsprojekte vertragsgetreu abzuschließen, ist nach wie vor eine schwierige Herausforderung – schließlich hat man Druck von drei Seiten: Termin, Kosten und Qualität. Wird es gegen Ende des Projektes immer enger, werden meist Abstriche gemacht. Typischerweise sind davon der Leistungsumfang und die qualitätssichernden Maßnahmen betroffen. Nicht ohne Folgen ...

Grundsatz

Unter dem Termin- und Kostendruck wird gegen Ende eines Projektes gerne »Lastabwurf« praktiziert. In solchen Situationen bietet es sich besonders an, Feature wie Diagnosemöglichkeiten oder umfangreiche Log-Mechanismen zu »vertagen« – schließlich ist davon der unmittelbare Kundennutzen nicht betroffen. Genauso verhält es sich mit qualitätssichernden Maßnahmen wie umfangreichen Reviews oder aussagekräftigen und aktualisierten Dokumenten – auch diese können gegen Schluss eines Projektes den Umständen zum Opfer fallen.

Dieses Verhalten ist aus Sicht eines unter Druck geratenen Projektes zwar nachvollziehbar, aus Produktsicht aber sehr kurzfristig gedacht. Schließlich sind verschiedene Situationen denkbar, in denen man von einer frühen Qualitätssicherung später im Wartungsfall profitieren kann.

Hier einige Beispiele:

- *Fehler vermeiden:* Häufig sind in großen, konfigurierbaren Applikationen, allein schon durch die Kombinatorik der Konfigurationsmöglichkeiten, schnell die Grenzen für eine vollständige Testabdeckung erreicht. Mit großer Wahrscheinlichkeit führt der Einsatz einer neuen Konfiguration zur Offenbarung weiterer in der Software bereits vorhandener Fehler. Die Fehleranalyse und die Fehlerbehebung im Nachhinein sind meist sehr aufwendig. Deshalb können Maßnahmen zur Fehlervermeidung während Änderungsarbeiten im Rahmen der Wartung spätere Wartungsaufwände drastisch senken. Solche Maßnahmen können beispielsweise Techniken wie Design by Contract (DBC), Reviews oder das Verbieten von bestimmten Sprachkonstrukten umfassen.
- *Fehler beheben:* Die korrektive und präventive Wartung profitieren sehr von qualitätssichernden Maßnahmen, wie einem guten Diagnosemechanismus, gut lesbarem und übersichtlichem Code oder geeigneter und aktueller Dokumentation. All dies lässt die Wartungsaufwände bei der Fehlerbehebung drastisch sinken.
- *Anpassung an das veränderte Umfeld:* Der maßvolle Einsatz von COTS-Software erleichtert die adaptive Wartung. Maßvoll heißt insbesondere:
  - nur so viel COTS-wie nötig, nicht so viel wie möglich,
  - wenn COTS, dann möglichst wenig Spezialfunktionen, die eine zu große Abhängigkeit schaffen (s. Abschnitt 8.4.6).

- *Erweiterung von Funktionalität:* Klare Architektur, Modularität (z. B. hohe Kohäsion und eine lose Kopplung; s. Kasten »Komplexität, was ist das?« auf S. 195–196) und ein ursprünglicher Entwurf, der auf Erweiterbarkeit ausgerichtet ist, helfen die Aufwände bei der Erweiterung von Funktionalitäten drastisch zu senken.

All diese Eigenschaften können im Rahmen von Wartungstätigkeiten nicht einfach nachträglich »eingebaut« werden. Damit ist klar: Qualität in der Entwicklung ist ein Schlüssel für die Wartung, und damit beginnt Wartung in der Entwicklung.

Qualitätssichernde Maßnahmen sind aber auch mit Aufwand verbunden. Dieser Aufwand muss zu einem frühen Zeitpunkt geleistet werden, in der Hoffnung, dass er sich zu einem späteren Zeitpunkt gebührend auszahlt. Dies kommt ein Stück weit einer Wette gleich, die immer nach demselben Muster abläuft: Zu einem frühen Zeitpunkt muss man sich für einen Einsatz entscheiden, den man mit Sicherheit leisten muss, um später in einem unbekannten Umfang davon zu profitieren. Allerdings muss klar gesagt werden – man wird profitieren. Es ist nur die Frage, wo das Optimum der Investition gegenüber dem Nutzen liegt.

Wird beispielsweise Ihre Software von Ihnen bei sehr vielen Kunden installiert, so sind diese Roll-out-Kosten für Ihr Unternehmen ein gewichtiger Faktor. Entsprechend wichtig ist die Unterstützung der Software für diesen Fall – obwohl dies nicht direkt einen Endkundennutzen darstellt. Hier unter Druck im Entwicklungsprojekt Abstriche zu machen, wäre sehr kurz gedacht.

Eine Wette als Modell mag trivial erscheinen. Hier liegt jedoch genau die große Gefahr: Niemand fordert einem diese Wette bewusst ab – aber so oder so geht man sie ein. Die Verantwortlichen für die Software, insbesondere das Produktmanagement (falls es ein solches gibt), müssen sich bewusst dieser Wette stellen und die langfristige Sicht des Lebenszyklus berücksichtigen – dies immer im Wissen, dass sich frühe qualitätssichernde Maßnahmen später in der Wartung so oder so bezahlt machen.

> Der Aufwand, der zu einem frühen Zeitpunkt in qualitätssichernde Maßnahmen investiert wird, zahlt sich zu einem späteren Zeitpunkt wieder aus – in der Wartung.

3.3 Ordnung durch Rollen und Organisation

Ausgangslage

Schaut man sich im Wartungsumfeld um, fällt auf, dass häufig unorganisiert, spontan und ad hoc gearbeitet wird. Es sind weder klare Rollen bekannt, noch sind diese sauber organisiert. Zu häufig wird Wartung als unliebsame Arbeit verstanden und entsprechend vernachlässigt.

Grundsatz

Im Wartungsumfeld gibt es verschiedenste Aufgaben, die nach entsprechenden Rollen verlangen. Dabei müssen diese Rollen nicht nur richtig besetzt sein, sondern auch optimal miteinander agieren. Alles muss ineinander greifen und sauber abgestimmt sein, denn Softwarewartung ist Teamsport. Erst so entsteht eine optimale Leistung.

Lassen Sie uns deshalb kurz einen Abstecher zum Teamsport machen, und zwar zu einem, den alle kennen: Fußball. Hier gibt es Stürmer, Mittelfeldspieler, Verteidiger und Torwarte, also viele Leute auf dem Platz. Zudem müssen diese vielen Leute miteinander agieren und sich dafür optimal aufstellen.

Fangen wir mit Fußball an, wie ihn viele von uns in der Kindheit auf dem Pausenhof gespielt haben: Alle rennen dem Ball hinterher, und die Torwartrolle wird als »fliegender Torwart« durch den jeweils hintersten Spieler der Mannschaft ausgeübt. Jeder kann dem Ball hinterherrennen, jeder kann sich freilaufen, um auf den Pass aus dem großen Knäuel zu warten. Diese Art, Fußball zu spielen, macht eine Menge Spaß, solange es um nichts geht. Sie ist in einer ernsthaften Partie aber kläglichst zum Scheitern verurteilt. Es ist genau die Analogie zu diesem Stil, Fußball zu spielen, den lebensfrohe Entwickler meinen, wenn sie von Spaß am Codieren reden. Ernsthafte Software ist damit aber ebenfalls kläglichst zum Scheitern verurteilt.

Wie spielen Profis Fußball? Zuerst einmal gibt es klare Rollenaufteilungen, zudem ist Disziplin, Stellungsspiel und Teamgeist gefragt. Entsprechend den verschiedenen Rollen setzt sich eine erfolgreiche Mannschaft aus Spielern mit verschiedener Statur, verschiedenen Talenten und verschiedenen Charakteren zusammen, die jeweils möglichst gut für die Rolle geeignet sind, die sie auf dem Spielfeld übernehmen sollen. Verteidiger müssen andere Dinge können und tun wollen als Stürmer. Ballverliebte Diven und geniale Exzentriker kommen auch in dieser Variante des Fußballs durchaus vor – aber eben nicht fünf, zehn oder gar elf pro Mannschaft. Eine gute Mannschaft zeichnet sich dadurch aus, dass die verschiedenen Mannschaftsteile in sich harmonieren und gut aufeinander abgestimmt sind.

Will man Wartung professionell betreiben – im Umfeld eines Produkts gibt es keinen Grund, dies nicht zu wollen –, so ist auch hier eine klare Rollenverteilung und Organisation unabdingbar. Wenn Sie mit der Organisation von Wartungsaufgaben betraut werden, sollten Sie Ihren Fokus zuallererst auf das Zusammenspiel in der Mannschaft richten, denn Softwarewartung ist Teamsport. Vielleicht brauchen Sie zusätzlich ein paar Neuzugänge, vielleicht müssen Sie mit der Mannschaft am Spielverständnis feilen. Aber wenn das Team nicht als Mannschaft funktioniert, ist der Erfolg aller Ihrer Bemühungen fraglich. Dann wird »F-Jugend-Fußball« gespielt, und Sie werden ein Gegentor nach dem anderen erhalten, oder in der Sprache der Wartung gesprochen, einen Fehler nach dem anderen, von denen Sie viele nicht fristgerecht beheben können. Denn im Gegensatz zu einem einzelnen Projekt, das einen temporären Charakter hat, braucht es im Produktumfeld eine permanente Organisation, die die Grenze einzelner Weiterentwicklungsprojekte überdauert und das Produkt auf seinem jahrelangen, manchmal jahrzehntelangen Lebensweg begleitet.

Welche Rollen in der Wartung mindestens vertreten sein sollten und auf welche Arten man die Wartung organisieren kann, besprechen wir in Abschnitt 6.2. Im Moment genügt die Einsicht, dass eine systematische und effiziente Wartung auf eine entsprechende Organisation angewiesen ist und dass diese nicht ad hoc erstellt werden kann.

> In der Wartung zählt, genauso wie in der Entwicklung, eine klare Rollenverteilung und Organisation sowie ein Verständnis als Mannschaft.

3.4 Erfolg durch Prozesse

Ausgangslage

Im vorangegangenen Abschnitt haben wir das Arbeiten an Software mit einem Fußballspiel verglichen. Dieser Vergleich lieferte viele wichtige Aspekte wie z. B. Aufgabenverteilung, Rollenverständnis oder Teamzusammensetzung. Dass ein eingespieltes Team auch standardisierte Spielzüge kennt und für Standardsituationen sogar mehrere fest eingespielte Varianten im Programm hat, kann auch zu wertvollen Einsichten in der Softwarewartung beitragen.

Was tun wir in der Softwarewartung, wenn die gleiche Aufgabe mehrfach auf uns zukommt? Wie lernen wir aus Fehlern – und noch wichtiger: Wie lernen die Organisation und das Team aus Fehlern? Wie vermitteln wir Neuzugängen ihre Aufgaben, Rollen und das vom Team erarbeitete Wissen? Was tun wir in der Softwarewartung, wenn die Softwareentwicklung ähnliche Aufgabenstellungen jedes Mal anders löst? Oft besteht kein äußerer Druck, sich dieser Fragen aktiv anzunehmen. Das Team besteht aus Fachkräften, die einzeln mit den ihnen gestellten Aufgaben zurande kommen, und Neuzugänge werden gut ausgewählt und dann kurz eingewiesen. Das funktioniert bis zu einem gewissen Punkt. Wird dieser

Punkt überschritten, wird es immer aufwendiger, Wartungsaufgaben erfolgreich auszuführen. Die Quote, mit der ein Wartungsvorfall im ersten Versuch abschließend behandelt wird, sinkt, die Arbeiten werden immer schlechter planbar, die Belastung der Mitarbeiterinnen und Mitarbeiter nimmt zu und die Situation droht in einer Rückkopplung negativer Effekte zu eskalieren.

Grundsatz

Der Schlüssel bei diesem Problem ist die Individualität der Lösungen oder der fehlende Prozess. Was verstehen wir dabei unter Prozess? Wir übernehmen hier die Definition von Glinz [Gli04]: »Als Prozess bezeichnen wir den Ablauf eines Vorhabens mit der Beschreibung der Schritte, der beteiligten Personen, der für diesen Ablauf benötigten Informationen und der dabei entstehenden Informationen.«

In den letzten 30 Jahren entstanden verschiedene Entwicklungsmodelle, vom Wasserfallmodell über das V-Modell, den Rational Unified Prozess (RUP) bis zum Extreme Programming (XP) oder Scrum. Allen gemeinsam ist die Unterstützung der Softwareentwicklung durch klare Prozessschritte. Erst durch diese Systematisierung wurde die Softwareentwicklung in die Lage versetzt, zeitgerecht und im vorgegebenen Kostenrahmen Projekte abwickeln zu können. Dabei konzentrieren sich die Modelle in der Regel auf die Erstentwicklung und enden meist ohne klaren Übergang in die nachfolgenden Aktivitäten. Bestenfalls wird die Wartung kurz angedeutet, ohne dabei eine echte Produktsicht einzunehmen und auf die nachfolgenden Tätigkeiten wie Weiterentwicklung, Wartung oder Support gebührend einzugehen.

Eine effiziente und gut organisierbare Wartung verlangt aber nach einer Beschreibung, wie mit dem Übergang von der Entwicklung in die Wartung und den weiteren Aufgaben im Lebenszyklus einer Software umzugehen ist. Einen groben Prozessrahmen dazu bieten wir in den Kapiteln 5 und 6 an und gehen dabei auf die verschiedenen Lebensstränge, die parallel in einem Produkt existieren, sowie deren gegenseitige Abhängigkeiten ein. Zudem besprechen wir in Abschnitt 6.2 die Organisation der Wartung und in Kapitel 7 den Umgang mit Wissen.

An dieser Stelle genügt für den Moment die Überzeugung, dass eine effiziente und zielführende Wartung über adäquate Prozesse verfügen sollte.

> Effiziente Softwarewartung ist die Frucht etablierter, gut abgestimmter und zielführender Arbeitsprozesse.

Fazit

In diesem Kapitel haben wir für die Softwarewartung vier elementare Grundsätze aufgestellt (vgl. Tab. 3–1). Vielleicht erscheinen Ihnen diese Aussagen etwas trivial und Sie leben in Ihren Entwicklungsprojekten bereits danach – aber tun Sie dies auch in der Wartung? In vielen Diskussionen, Konferenzen und Vorträgen haben wir immer wieder eines festgestellt – die Leute wissen genau, wie man systematisch Software erstellt. Sobald es aber um das Thema Wartung ging, kamen sich viele etwas hilflos vor und ließen eine gewisse Übersicht über das Thema sowie Systematik im Umgang damit vermissen.

Da die Wartung im Lebenszyklus eines Softwareprodukts eine wesentliche Rolle spielt, ist auch hier ein systematisches Vorgehen zwingend nötig – es genügt nicht, lediglich die (Weiter-)Entwicklung nach hohen Maßstäben abzuwickeln. Als Basis einer professionellen Wartung sehen wir deshalb nachfolgende vier Grundsätze, die wir im weiteren Verlauf dieses Buches genauer ausführen werden.

Grundsatz	Bemerkung
Lebenszyklus	Softwarewartung macht nur Sinn, wenn man den gesamten Lebenszyklus der Software betrachtet – von der Idee für die Software bis zum Ende der Anwenderunterstützung.
Frühe Qualität	Der Aufwand, der zu einem frühen Zeitpunkt in qualitätssichernde Maßnahmen investiert wird, zahlt sich zu einem späteren Zeitpunkt wieder aus – in der Wartung.
Rollen und Organisation	In der Wartung zählt, genauso wie in der Entwicklung, eine klare Rollenverteilung und Organisation sowie ein Verständnis als Mannschaft.
Prozesse	Effiziente Softwarewartung ist die Frucht etablierter, gut abgestimmter und zielführender Prozesse.

Tab. 3–1 *Grundsätze der Softwarewartung*

3.5 Zusammenfassung

Wir kennen nun die vier Grundsätze, die es für eine effiziente und systematische Wartung zu beachten gilt:

- Der Lebenszyklus als Ausgangspunkt aller Überlegungen
- Qualitätssichernde Maßnahmen zu einem frühen Zeitpunkt im Lebenszyklus
- Klare Rollenverteilung und Organisation sowie ein Verständnis als Mannschaft
- Adäquate und eingespielte Prozesse

Zudem haben wir einige Erkenntnisse gewonnen, die wir beachten sollten, wenn wir Softwarewartung gestalten:

- Typischerweise hat ein Ereignis desto größere Auswirkungen, je früher es im Lebenszyklus auftritt. Was wir früh im Lebenszyklus tun oder unterlassen, kann später große Auswirkungen haben.

- Was wir tun oder unterlassen, sollten wir entscheiden – wenn wir uns einfach treiben lassen, kann das unangenehm enden. In frühen Phasen des Lebenszyklus wissen wir aber leider oft zu wenig, um eine solide begründete Entscheidung zu treffen. Unsere Entscheidungen sind dann eher Wetten auf die Zukunft – wir sollten diese Wetten aber wenigstens bewusst eingehen!
- Ein hervorragendes Beispiel für eine Entscheidung mit Spätfolgen ist die Qualitätssicherung. Wenn wir (erst) in der Wartungsphase merken, dass die Qualität ungenügend ist, ist es zu spät, um noch viel zu tun. Die Wartung wird dann extrem aufwendig und teuer.
- Rollen müssen identifiziert und bewusst verteilt werden, die Beteiligten müssen sich als Mannschaft begreifen und als solche auf ihre Aufgabe eingestellt werden.
- Gute Prozesse machen wiederholbare Abläufe effizient; wiederholbare Abläufe müssen identifiziert werden, es muss ein einheitliches Vorgehen mit klar zugeordneten Rollen definiert werden, und dieses einheitliche Vorgehen muss aus Sicht einer Gesamtkostenrechnung effizienter sein als eine individuelle Bearbeitung.

4 Evolution von Software

Das Thema der Softwareevolution wird oft als eigenständiges Gebiet, mehr oder weniger unabhängig von der Wartung, betrachtet. Da die Evolution den gesamten Lebenszyklus einer Software von der Wiege bis zur Bahre im Auge hat, ist die Wartung aber Teil davon – und wie wir noch sehen werden, auch noch ein gewichtiger.

Zuerst aber zum Begriff der Softwareevolution, den wir bereits in Abschnitt 2.2.4 besprochen und wie folgt definiert haben:

Als **Softwareevolution** bezeichnen wir den Prozess der Veränderung eines Softwaresystems von der Erstellung bis zur Außerbetriebnahme. Dieser Prozess umfasst somit die Erstellung, Wartung, Weiterentwicklung, Migration und Stilllegung.

Die Softwareevolution beschreibt also den gesamten Weg eines Softwaresystems vom ersten Erblicken der Welt bis zur Stilllegung (*end of life* – EOL). Auf diesem Weg gibt es offensichtlich verschiedene Stationen, die durchlaufen werden können. Diese sind: die Erstellung, die Wartung, die Erweiterung, die Migration sowie die Stilllegung.

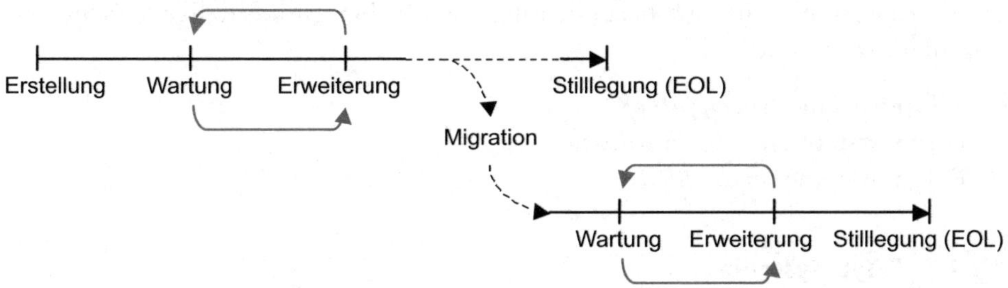

Abb. 4–1 *Prozess der Veränderung eines Softwaresystems*

Diese Elemente der Evolution müssen weder genau in dieser Reihenfolge noch genau nur einmal durchlaufen werden. Typischerweise wird ein System erstellt, anschließend Release um Release gewartet und erweitert und später einmal migriert. Anschließend an die Migration kann der ständige Zyklus von Wartung und Erweiterung nochmals folgen, bis das System schlussendlich stillgelegt wird.

Es sind aber auch andere Abläufe vorstellbar bis hin zum Extremfall, in dem ein System bereits nach der Erstentwicklung als Edelschrott eingestellt wird.

Die beiden treibenden Kräfte des Softwareevolutionsprozess sind aber klar:

- die Erweiterung und
- die Wartung.

Die Erweiterung bringt den Zuwachs an Funktionalität und somit den Kundennutzen. Dieses Wachstum birgt allerdings auch ein Risiko: das Risiko des inneren Zerfalls des Codes *(ignorant surgery)*.

Um diesem Risiko entgegenzuwirken, braucht es eine zweite Kraft: die Wartung. Dabei wirkt speziell die perfektionierende Wartung dem inneren Zerfall entgegen. Natürlich sind auch die anderen Wartungsaktivitäten zur Reduktion der Restfehler (korrektive und präventive Wartung) sowie zur Anpassung an die sich verändernde Umgebung (adaptive Wartung – *lack of movement*) wichtige Tätigkeiten – schließlich wirken auch sie lebensverlängernd.

Diesen beiden Kräften werden wir in diesem Kapitel noch einige Male begegnen.

Nun zum weiteren Inhalt dieses Kapitels: Als Nächstes schauen wir uns die unterschiedlichen Softwaretypen an, die sich bezüglich der Evolution verschieden verhalten. Anschließend gehen wir auf die Prinzipien der Softwareevolution ein, die klaren Gesetzen gehorchen. Und zum Schluss versuchen wir, aus diesen Gesetzen Lehren für unser Handeln in der Softwarewartung zu ziehen.

4.1 Softwarekategorien nach Lehman

Lehman teilt in seinem fundamentalen Artikel von 1980 [Leh80-1] die Software in drei Klassen ein, die sich bezüglich ihrer Evolution grundsätzlich verschieden verhalten. Diese sind:

- S-Typ-Systeme *(specifyable)*
- P-Typ-Systeme *(problem solving)*
- E-Typ-Systeme *(embedded)*

4.1.1 S-Typ-Systeme

S-Typ-Systeme können vollständig durch formale Spezifikationen *(specifyable)* beschrieben werden. Die Entwicklung ist erfolgreich, wenn die Software nachweislich die Spezifikation erfüllt. Beispiele für S-Typ-Programme sind solche zum Sortieren von Daten oder Berechnen von mathematischen Funktionen. Passt die Lösung nicht mehr zum Problem, da sich das Umfeld geändert hat, werden sie weggeworfen und ein neues, passendes Programm entwickelt. Dieser Lösungsansatz ist für kleine Systeme oft billiger als eine Weiterentwicklung, wie man sie von großen Applikationen her kennt. Bei großen Systemen sind die Investitionen derart hoch, dass solch ein Ansatz nicht infrage kommt. Daher haben Entwickler von so kleinen Systemen oft wenig Verständnis für die Themen der »Softwarealterung« und Wartung.

4.1.2 P-Typ-Systeme

P-Typ-Systeme lösen spezifische, abgegrenzte Probleme *(problem solving)*. Die Entwicklung ist erfolgreich, wenn das Problem zufriedenstellend gelöst ist. Diese Systeme weisen eine geringe Änderungsrate auf. Gemäß Lehman ist ihr Codewachstum kleiner 10 % pro Jahr [Leh80-2]. Entsprechend selten ist ein neues Release nötig und der Entwicklungshub verhältnismäßig klein. Dies würde Zeit lassen, die Änderungen so vorzunehmen, dass sie der inneren Form des Systems genügen. Selbst wenn man dies vernachlässigt, ist der Erosionsprozess wegen der seltenen Releases relativ langsam. Typische Beispiele sind Systeme, die gegebene Modelle wie Festigkeitsmodelle in der Statik, Wettervorhersagemodelle in der Meteorologie oder ein Schachprogramm abbilden. Sie eignen sich für Standardlösungen.

4.1.3 E-Typ-Systeme

E-Typ-Systeme bearbeiten oder führen eine Aktivität der realen Welt aus und sind eingebettet in den Anwendungskontext (*embedded* – nicht zu verwechseln mit Embedded Systems). Die Entwicklung ist erfolgreich, wenn die Anwender mit der Applikation zufrieden sind. Diese Systeme unterliegen einer hohen Änderungsrate, ja tragen sogar selbst dazu bei, und wachsen mehr als 10 % jährlich. Die abzubildende Umgebung ist sehr dynamisch, und man läuft ihr praktisch immer nach. Dies hat einen entsprechend großen Erosionsprozess zur Folge und wirkt sich negativ auf die Lebensdauer des Systems aus. Um dem entgegenzuwirken, ist ein *ständiges Restrukturieren und Anpassen der inneren Form* notwendig, was wiederum viel Kapazität bindet. Diese Systeme sind typischerweise maßgeschneidert und somit nicht von der Stange zu haben. Ihre Wartung und Weiterentwicklung ist mit großen Aufwänden seitens des Personals sowie der Infrastruktur verbunden.

Wie wir gesehen haben, ist S-Typ-Software stabil und unterliegt keiner Evolution. Dagegen sind P- und E-Typ-Systeme einer Evolution unterworfen, wobei E-Typ-Software sogar selbst dazu beiträgt.

In Tabelle 4–1 sind die wichtigsten Aspekte der drei Softwaretypen kurz zusammengefasst [Mas06].

Aspekt	S-Typ	P-Typ	E-Typ
Komplexität	klein	mittel – hoch	klein – hoch
Größe	klein	groß	groß
Fokus	Problem	Problem	Prozess
Problemänderung	keine	keine	ja
Äußerer Druck	nein	ja	ja
Druck auf Umgebung	nein	nein	ja

Tab. 4–1 *Eigenschaften von S-, P- und E-Typ-Software*

4.1.4 Ursache für die Softwareevolution

Die wichtigste Ursache für die Evolution ist der stete Wandel des Umfeldes und somit die dauernd notwendige Erweiterung der Software. Dabei verzeichnen E-Typ-Systeme das größte Wachstum (> 10 % p.a.). Hohe Wachstumsraten erhöhen allerdings das Risiko des inneren Zerfalls und senken somit die Lebenserwartung. Um dem Rechnung zu tragen, ist gerade bei E-Typ-Systemen eine entsprechend intensive Wartung nötig.

Eine weitere wesentliche Ursache für die Softwareevolution ist die Evolution des Wissens. Die reale Welt ist nicht statisch, und auch unser Wissen über sie wird ständig erweitert. So kann die Nutzung eines E-Typ-Systems neue Erkenntnisse bringen, die wiederum die Weiterentwicklung des Systems beeinflussen, oder, allgemeiner formuliert, ein E-Typ-System löst dann durch seine Benutzung Veränderungen in der Umwelt aus, die ihrerseits Veränderungen des E-Typ-Systems erforderlich machen. Auf diese Weise tragen E-Typ-Programme selbst zur Evolution bei (Rückkopplung).

Daraus ergibt sich folgende Konsequenz [Gli04]:

> Es ist unmöglich, Software vom P- oder E-Typ so zu entwickeln, dass sie während einer mehrjährigen Lebensdauer ohne Änderungen ihre Aufgaben zur vollen Zufriedenheit der Benutzer erfüllt.

Nebenbei: Daraus ergibt sich auch eine Konsequenz für die Entwicklung. Dauert nämlich die Entwicklung von P- und E-Typ-Software länger als ungefähr ein halbes Jahr, dann ist es kaum möglich, die zu Beginn festgelegten Anforderungen während der Entwicklung nicht mehr anzupassen und bei der Inbetriebnahme trotzdem die Kundenbedürfnisse zu erfüllen.

Damit ist es kein Unfall, wenn sich während der Entwicklung von P- und E-Typ-Systemen Anforderungen verändern, sondern problembedingt. Will man Instabilitäten und Mehrkosten im Projekt vermeiden, gilt es, ein entsprechendes Prozessmodell für die Softwareentwicklung zu wählen.

4.2 Gesetze der Softwareevolution

Lehman und Belady haben Anfang der siebziger Jahre damit begonnen, die Evolutionsgeschichte von Systemen wie die vom OS/360 und Ähnlichen zu untersuchen [LeBe76; Leh80-1]. Dabei haben sie bei ihren Untersuchungen zur Evolution von großen Softwaresystemen verschiedene Phänomene beobachtet und daraus im Laufe der Zeit acht »Gesetze« abgeleitet [Leh96]. Die entdeckten Phänomene der Evolution werden als Gesetze bezeichnet, da sie technologie- und prozessunabhängige Mechanismen betreffen. Streng genommen handelt es sich dabei eigentlich um Hypothesen, die in der Zwischenzeit aber als Gesetze in die Literatur eingegangen sind.

4.2.1 Gesetze nach Lehmann

Alle Gesetze gelten nur für große, während ihrer Lebenszeit ständig benutzte Programme vom P- und vor allem vom E-Typ. Diese schauen wir uns nun zusammen an.

I. Gesetz der kontinuierlichen Veränderung

Ein E-Typ-System, das genutzt wird, muss kontinuierlich anpasst werden, ansonsten wird es sehr schnell nicht mehr nutzbar sein.

Softwaresysteme bilden Abläufe und Probleme der realen Welt ab. Sobald sich die Umgebung ändert, muss das System entsprechend angepasst werden, damit es mit der aktuellen Umwelt wieder übereinstimmt. Wenn die Software stehen bleibt oder sich langsamer ändert als das abzubildende Umfeld, wird sie zunehmend nutzloser. Dies beschreibt das uns bereits bekannte Phänomen des *lack of movement*. Dieses Gesetz bedeutet für Lehman aber noch mehr, nämlich dass E-Typ-Programme selbst zur Evolution beitragen. Jede neue Installation, jede Benutzung der Software beeinflusst und verändert die abgebildete Domäne und erzeugt auf diese Weise wieder eine Differenz zwischen der neu entstandenen Umgebung und der Software, basierend auf den Anforderungen der alten Umgebung.

II. Gesetz der zunehmenden Komplexität

Die Komplexität einer Software wächst stetig an, außer es wird Arbeit investiert, um diese Komplexität zu reduzieren.

Die ständigen Erweiterungen und Änderungen eines Systems führen zu einem Zerfall der inneren Strukturen *(ignorant surgery)* und somit zu einer zunehmenden Komplexität. Diese Änderungen sind aber wegen dem I. (kontinuierliche Veränderung) und dem VI. Gesetz (kontinuierliches Wachstum) notwendig. Wie wir bereits in Kapitel 3 gesehen haben, stimmt diese Beobachtung mit der Entropie überein.

Wird die zunehmende Komplexität nicht eingeschränkt, wird es immer schwieriger, das System zu aller Zufriedenheit betreiben und warten zu können. Um der zunehmenden Komplexität entgegenzuwirken, muss in vorbeugende Wartung investiert werden.

Berücksichtigt man, dass im Allgemeinen die Ressourcen für eine Softwareentwicklung innerhalb einer Organisation limitiert sind, kann sich die Organisation nur für eine Strategie entscheiden; entweder die Strategie der Erweiterung oder die Strategie der Komplexitätsreduktion.

III. Gesetz der Selbstregulierung

Die Evolution von Software unterliegt einer sich selbstregulierenden Dynamik mit statistisch bestimmbaren Tendenzen und Invarianzen.

Lehman geht davon aus, dass größere Softwaresysteme von größeren Organisationen entwickelt werden. Um sicherzustellen, dass die Unternehmensziele in solch großen Organisationen auf allen Ebenen erreicht werden, existieren entsprechend viele Regularien und Kontrollmechanismen. Diese große Zahl von quasi unabhängigen Entscheidungen üben Druck auf die gesamten Prozesse aus und regulieren sie – lassen sie quasi einschwingen. Diese Trägheit großer Organisationen und Systeme sowie die begrenzte Fähigkeit der Entwicklungsmannschaft und der Endbenutzer zum Be- und Verarbeiten (»Verdauen«) von Änderungen sind derart groß, dass Eingriffe von außen wenig Einfluss haben. Dadurch unterliegt die Weiterentwicklung einer sich selbstregulierenden Dynamik mit statistisch bestimmbaren Tendenzen. Diese zeigt sich bereits früh im Entwicklungsstadium und gibt den Gesamttrend für den Evolutionsprozess vor. Dies führt u.a. dazu, dass gewisse Systemmerkmale, wie der Takt zwischen Releases oder die Anzahl festgestellter Fehler, bei allen Systemversionen nahe zu konstant sind.

IV. Gesetz der invarianten Arbeitsrate

Die durchschnittliche Aktivitätsrate, die für die Wartung eines Systems erbracht wird, ist während der gesamten Lebenszeit nahezu konstant.

Von allen acht Gesetzen ist dieses wohl das am wenigsten intuitive Gesetz. Es besagt, dass die durchschnittliche Aktivitätsrate, die für die Wartung eines Systems erbracht wird, während der gesamten Lebenszeit nahezu konstant ist. Spontan würde man wohl denken, dass der Aufwand, der in Softwarewartung investiert wird, primär ein Managemententscheid ist. In engen Grenzen ist dies wohl auch so. Allerdings gibt es viele Abhängigkeiten, die nur teilweise beeinflusst werden können, wie z. B. die Verfügbarkeit von qualifiziertem Personal!

Gemäß dem vierten Gesetz finden die meisten großen Systementwicklungen in einem, wie Lehman sagt, »gesättigten« Zustand statt. Damit ist gemeint, dass beispielsweise weder zusätzliche Ressourcen noch Änderungen an Personalbesetzungen, langfristig betrachtet, großen Einfluss auf die Weiterentwicklung des Systems haben.

V. Gesetz der Erhaltung der Ähnlichkeit

Die Inhalte von aufeinanderfolgenden Releases sind während der gesamten Lebenszeit statistisch konstant.

Während der Lebensdauer eines Systems bleibt der Umfang der Änderungen (Release-Inhalt) von Release zu Release statistisch konstant. Der Release-Hub ist also, über die Lebensdauer gesehen, im Mittel immer gleich groß. Wie erklärt sich Lehman diese Beobachtung? Will man ein neues Release erstellen, müssen alle Projektbeteiligten die neuen Anforderungen verstehen und umsetzen können. Dazu benötigen sie entsprechende Informationen. Der Fortschritt und die Dauer des neuen Release werden u.a. durch die Informationsmenge, die gewonnen werden muss, beeinflusst. Dabei ist das Verhältnis der Informationsmenge zum Aufwand zur Gewinnung der Information nicht linear, sondern der Aufwand zur Informationsgewinnung scheint sich ab einer gewissen Größenordnung drastisch zu erhöhen. Genau dies bildet einen limitierenden Faktor.

VI. Gesetz des kontinuierlichen Wachstums

Der Funktionsumfang eines Systems muss kontinuierlich zunehmen, um den Ansprüchen der Nutzer auf Dauer gerecht zu werden.

Der Funktionsumfang eines E-Typ-Systems muss kontinuierlich weiter zunehmen, um den Ansprüchen der Nutzer auf Dauer gerecht zu werden. Auf den ersten Blick scheint dieses Gesetz dem I. Gesetz der kontinuierlichen Veränderung sehr ähnlich, ist aber nicht identisch. Das System muss bei diesen beiden Gesetzen aus unterschiedlichen Gründen angepasst werden. Im Falle des I. Gesetzes muss sich das System laufend an die sich verändernde Umgebung *(lack of movement)* anpassen, um nutzbar zu bleiben. Im Falle des VI. Gesetzes ist aber der treibende Faktor für die Anpassungen der Benutzer selbst. Aus diversen Gründen, wie Budget, Zeit oder nicht vollständigem Verstehen der Kundenwünsche, leistet eine Software nicht exakt das, was der Endanwender sich alles wünscht. Daraus entsteht eine Differenz zwischen den Erwartungen der Benutzer und der tatsächlichen Software. Diese gilt es, mit dem nächsten Release zu beheben, was natürlich auch nur unvollständig gelingt.

VII. Gesetz der abnehmenden Qualität

Die Qualität der Software wird abnehmend empfunden, solange die Software nicht rigoros instand gehalten und an die sich ändernde Umgebung angepasst wird.

Wird ein System neu entwickelt, kann es im ersten Release nicht sämtliche Anforderungen umsetzen. Einerseits gibt es dafür viel zu viele Anforderungen, andererseits sind dem einzelnen Release-Hub, gemäß V. Gesetz, Grenzen gesetzt. Während des weiteren Evolutionsprozesses wird schleichend eine Reihe dieser ursprünglichen Anforderungen als Rahmenbedingungen oder Systemgrenzen angenommen. Da sich die reale Welt permanent verändert, verändern sich auch die Bedürfnisse, die zu den ursprünglichen Anforderungen geführt haben. Es entstehen immer mehr Widersprüche zwischen den alten und den neuen Anforderungen, und es werden immer mehr Kompromisse eingegangen. Dies führt mit der Zeit zu einer Unschärfe über die genauen Anforderungen an das System. Der Benutzer empfindet diese so anwachsende Unschärfe als einen Verlust an Qualität. Je größer die Unschärfe wird, desto schwieriger ist es für den Benutzer, das Verhalten der Software erwartungsgemäß vorauszusagen.

VIII. Gesetz des Feedback-Systems

E-Typ-Entwicklungsprozesse bilden ein System mit mehreren Feedback-Ebenen und müssen als solche wahrgenommen und behandelt werden, um sie erfolgreich ändern und verbessern zu können.

E-Typ-Evolutionsprozesse bilden ein System mit mehreren Feedback-Ebenen. Diese Feedback-Ebenen gibt es nicht nur auf der Stufe des Entwicklungsprozesses selbst, sondern auch auf der Stufe übergeordneter Prozesse und der Organisation. Man kann die gesamte Organisation, die eine Software entwickelt und wartet, wiederum als System betrachten, das ebenfalls eine Feedback-Schleife bildet. Das Vorhandensein von solchen Feedback-Ebenen und -Schleifen ist im Entwicklungsprozess genauso wie in der gesamten Organisation extrem wichtig. Sie müssen aber als solche wahrgenommen und behandelt werden, um sie erfolgreich ändern und verbessern zu können. Die Wichtigkeit solcher Feedbacks hat man bereits bei anderen Gesetzen gesehen, wie z. B. den Gesetzen I (kontinuierliche Veränderung), III (Selbstregulierung) und VI (kontinuierliches Wachstum).

Den Umgang mit solchen Feedback-Systemen schauen wir uns in Kapitel 9 detailliert an.

Übersicht über die Gesetze der Softwareevolution

Tabelle 4–2 fasst die Gesetze der Softwareevolution zusammen.

Nr.	Titel	Merksatz
I. (1974)	Kontinuierliche Veränderung	Ein E-Typ-System, das genutzt wird, muss kontinuierlich anpasst werden, ansonsten wird es sehr schnell nicht mehr nutzbar sein.
II. (1974)	Zunehmende Komplexität	Die Komplexität einer Software wächst stetig, außer es wird Arbeit investiert, um diese Komplexität zu reduzieren.
III. (1974)	Selbstregulierung	Die Evolution von Software unterliegt einer sich selbstregulierenden Dynamik mit statistisch bestimmbaren Tendenzen und Invarianzen.
IV. (1978)	Invariante Arbeitsrate	Die durchschnittliche Aktivitätsrate, die für die Wartung eines Systems erbracht wird, ist während der gesamten Lebenszeit nahezu konstant.
V. (1978)	Erhaltung der Ähnlichkeit (Invarianz des Release-Inhalts)	Die Inhalte von aufeinanderfolgenden Releases sind während der gesamten Lebenszeit statistisch konstant.
VI. (1991)	Kontinuierliches Wachstum	Der Funktionsumfang eines Systems muss kontinuierlich zunehmen, um den Ansprüchen der Nutzer auf Dauer gerecht zu werden.
VII. (1996)	Abnehmende Qualität	Die Qualität der Software wird abnehmend empfunden, solange die Software nicht rigoros instand gehalten und an die sich ändernde Umgebung angepasst wird.
VIII. (1996)	Feedback-System	E-Typ-Entwicklungsprozesse bilden ein System mit mehreren Feedback-Ebenen und müssen als solche wahrgenommen und behandelt werden, um sie erfolgreich ändern und verbessern zu können.

Tab. 4–2 *Zusammenfassung der Gesetze der Softwareevolution*

4.2.2 Bemerkungen zu den Gesetzen

Lehman und Belady haben Daten von vielen Systemen gesammelt und ausgewertet [LeBe85]. So zeigt beispielsweise Abbildung 4–2a, dass das Wachstum einer Software einer mathematischen Kurve folgt – hier am Beispiel des OS360/370 von IBM. Im zweiten Beispiel (Abb. 4–2b) weist die kumulierte Anzahl geänderter Module eine Gerade auf und deutet somit auf eine konstante Änderungsrate hin.

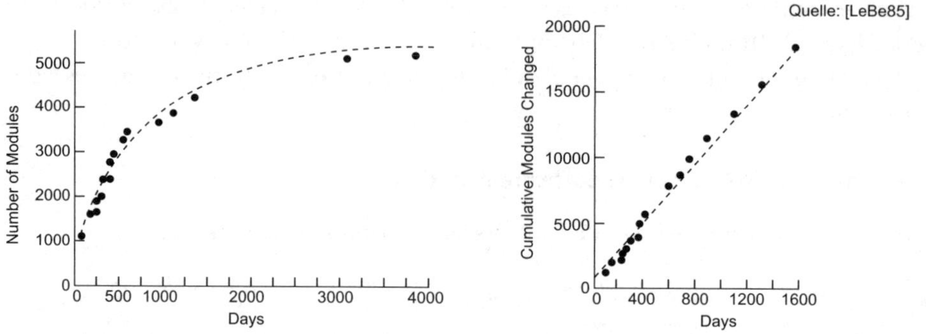

a) Wachstum von OS360/370

b) kummulierte Anzahl geänderter Module

Abb. 4–2 *Auswertungen des OS 360/370 von IBM*

Diese Auswertungen führten schlussendlich zu den bekannten acht Gesetzen. Die meisten dieser Gesetze sind uns intuitiv klar und decken sich mit unseren eigenen Erfahrungen. Bei den Gesetzen III (Selbstregulierung), IV (Invariante Arbeitsrate) und V (Erhaltung der Ähnlichkeit) ist das vielleicht weniger der Fall. Sicherlich würde man erwarten, dass der Evolutionsprozess durch geeignete Managementmaßnahmen nachhaltig beeinflusst werden kann.

Es scheint, dass die Graphen ein Ergebnis grundlegender struktureller und organisatorischer Faktoren sind. Die Trägheit großer Organisationen und Systeme sowie die begrenzte Fähigkeit der Entwicklungsmannschaft und der Endbenutzer zum Be- und Verarbeiten (»Verdauen«) von Änderungen sind derart groß, dass Eingriffe von außen wenig Einfluss haben. Der Evolutionsprozess wird dadurch (statistisch) stabilisiert und wirkt selbstregulierend.

Wenn Sie sich als Manager nun selbstzufrieden zurücklehnen und denken, sie könnten eh nichts tun, liegen Sie falsch, wie Sie wahrscheinlich selbst schon vermutet haben. Diese Trägheit großer Systeme und damit Beinahe-Immunität gegenüber Managementeingriffen nimmt erst mit der Zeit zu und gilt nur im eingeschwungenen Zustand. Aber selbst dann können Sie als Manager immer noch etwas bewegen; allerdings erfordert dies nun viel mehr Energie. Das System, einer schweren Kugel gleich, muss mit viel Aufwand aus dem aktuellen Gleichgewichtszustand über einen Hügel gerollt werden, bis es auf einer neuen Hochebene wieder eine stabile Position finden kann. Es muss also mit der großen Kelle angerührt werden. Glücklicherweise darf man darauf vertrauen, dass es sich wieder auf einem neuen, höheren Niveau einschwingt.

Somit zeigen die Gesetze der Evolution, dass mit großen, komplexen Systemen keine Sprünge gemacht werden können. Solche Systeme lassen sich nur schrittweise weiterentwickeln. Jeder Schritt führt dabei zu neuen Erkenntnissen und unterstützt den Lernprozess zwischen Entwicklung und Kunden. Dabei führt ein überstürztes Vorgehen meistens zu Misserfolg.

4.2.3 Einfluss der Erstentwicklung

Die Gesetze von Lehman und Belady beziehen sich immer auf E-Typ-Systeme im eingeschwungenen Zustand. Hier spielen die beiden Kräfte der Erweiterung und der vorbeugenden Pflege eine zentrale Rolle.

Bei der Betrachtung dieser Gesetze hat uns aber der Einfluss der Erstentwicklung auf den weiteren Verlauf der Evolution gefehlt. Unserer Meinung nach sind wie beim Menschen so auch bei einem Softwaresystem die »richtigen« Gene – sprich eine gute Erstentwicklung – das A und O (s. auch die Abschnitte 2.2.3 und 3.2). Wenn der Version 1.0 beispielsweise eine optimale Architektur zugrunde liegt und das System klaren Designprinzipien folgt, ist dies eine enorm wichtige Basis für den gesamten weiteren Lebensweg. Die damit verbundenen Chancen sind naturgemäß einmalig und sollten daher unbedingt genutzt werden. Wurde dies versäumt, ist das kaum mehr gutzumachen.

Somit beeinflussen folgende Faktoren die Lebenserwartung eines Softwaresystems:

- Die Qualität der Erstentwicklung
- Die Wachstumsrate (kleiner = besser)
- Die vorbeugende Pflege (mehr = besser)

4.3 Lehren aus den Gesetzen der Softwareevolution

Die Gesetze von Lehman und Belady geben uns interessante Einsichten zur Evolution unserer Systeme. Nachdem wir nun den Alterungsprozess unserer Systeme besser verstehen, stellt sich die Frage, was diese Gesetze für uns in der Praxis bedeuten. Leider haben es Lehman und Belady versäumt, uns klare Lehren mitzugeben.

Dieser Transfer scheint uns aber wichtig. Deshalb wollen wir selber versuchen, aus den Evolutionsgesetzen Lehren und Konsequenzen für unseren täglichen Umgang mit alternden Systemen abzuleiten. Wir beschränken uns zugunsten der besseren Übersicht aber bewusst auf eine pro Gesetz.

I. Kontinuierliche Veränderung

Dieses Gesetz beschreibt im Wesentlichen das uns bekannte Problem des *lack of movement* und bedingt somit adaptive Wartung. Daraus lässt sich folgende Handlungsanweisung ableiten: Wir müssen die sich ständig verändernde Umgebung aktiv wahrnehmen und gezielte Anpassungen unseres Systems daran in die nächsten Releases einplanen und umsetzen. Oder kurz gesagt: Wir müssen laufende Veränderungen bewusst managen.

Klingt einfach, aber führen Sie frühzeitig, bewusst und regelmäßig solche Maßnahmen durch? Dies ist ein ständiger Prozess und endet erst mit der Ablösung des Systems.

II. Zunehmende Komplexität

Um dem inneren Zerfall der Software entgegenzuwirken, muss die Komplexität aktiv reduziert werden. Dies geschieht durch perfektionierende Wartung, beispielsweise durch Refactoring. Natürlich müssen die Verbesserungen zur Reduktion der Komplexität durch entsprechende Metriken überprüft werden. All dies sollte integraler Bestandteil eines Wartungsprozesses sein. Der sofortige Effekt dieser Tätigkeiten wird klein sein, hingegen macht sich der langfristige Nutzen umso stärker bemerkbar. Zudem sind diese Maßnahmen eine wichtige Basis für eine spätere, mögliche Migration.

III. Selbstregulierung

Mit fortgeschrittener Reife des Produkts schwingt das System immer mehr ein, und somit werden diverse Parameter, wie z. B. der Release-Hub, stabil. Möchte man nun plötzlich doppelt oder dreifach so große Releases produzieren, kann dies die Entwicklung alleine nicht bewerkstelligen. Dazu sind größere Veränderungen notwendig, die auch andere Organisationseinheiten, wie den Vertrieb, das Produktmanagement oder den Support, mit einschließen. Denn dieses gesamte Umfeld mit all seinen Kontrollmechanismen, Regularien und Entscheidungen bildet zusammen die Grenzen des Machbaren.

IV. Invariante Arbeitsrate

Große Entwicklungen befinden sich irgendwann in einem, wie Lehman sagt, gesättigten Zustand. In dieser Phase verhalten sich solche Organisationen sehr träge, vergleichbar mit dem Steuern eines Öltankers. Managemententscheide haben in diesem Moment nur einen beschränkten Einfluss.

Will man trotzdem größere Änderungen einführen, muss mit der großen Kelle angerührt werden und mit großem Aufwand die gesamte Organisation auf ein neues, höheres Niveau gehievt werden.

V. Erhaltung der Ähnlichkeit (Invarianz des Release-Inhalts)

Dieses Gesetz prophezeit immer etwa gleich große Releases. Diesen Umstand kann man sich bei der Planung zunutze machen. Plant man nämlich aufeinanderfolgende Releases in etwa gleich groß, kann man vom eingeschwungenen Zustand der gesamten Organisation profitieren und die Arbeiten sehr effizient erledigen. Weicht man hingegen in größerem Maße davon ab, wird dies innerhalb der Organisation zu diversen Spannungen führen.

VI. Kontinuierliches Wachstum

Es ist sofort verständlich, dass die Software nur langfristig ihren Nutzen stiftet, wenn sie auch ständig um neue Funktionen erweitert wird. Die Schwierigkeit besteht nun darin, trotz dieser neuen Anforderungen auch Refactoring-Maßnahmen (vgl. Gesetz II: Zunehmende Komplexität) umzusetzen. Dies ist nicht so einfach, denn die Wartungsmitarbeiter sind limitiert, genauso wie das Budget. Zudem muss man das Management von der Wirkung, die sich leider erst langsam entfaltet, überzeugen. Ziel sollte es sein, trotz dieser Schwierigkeiten perfektionierende Wartung in jedes Release einzuplanen.

VII. Abnehmende Qualität

Um der abnehmenden Qualität entgegenzuwirken, muss die ständig zunehmende Unschärfe der Anforderungen reduziert werden. Dies erreicht man beispielsweise, indem man mit dem Kunden regelmäßig die Liste ausstehender Anforderungen überprüft und bereinigt. Dazu gehört es auch, Anforderungen, die vor langer Zeit den Weg auf diese Liste gefunden haben, wieder zu streichen. Solch eine aktive Behandlung und Reduktion der Unschärfe erhöht die wahrgenommene Qualität und letztendlich die Kundenzufriedenheit.

VIII. Feedback-System

Um den eigenen Wartungsprozess besser zu verstehen, sollten Prozessmetriken erhoben und ausgewertet werden. Anschließend können solche Metriken zur Steuerung und Optimierung eingesetzt werden.

Fazit

Die Evolution von Softwaresystemen wird durch zwei wesentliche Kräfte geprägt: die Erweiterung und die Wartung. Dabei sind diese beiden Tätigkeiten ähnlich wie Yin und Yang voneinander abhängig. Der Zuwachs an Funktionalität bringt das Wachstum und stellt den langfristigen Kundennutzen sicher, birgt aber gleichzeitig das Risiko des Zerfalls der inneren Ordnung. Um diesem Zerfall entgegenzutreten, braucht es die zweite Kraft, die vorbeugende Pflege.

Daraus ergibt sich:

> Software, die für den Kunden einen dauerhaften Nutzen darstellen soll, muss gleichermaßen gepflegt und weiterentwickelt werden.

Die Gesetze der Evolution haben zudem gezeigt, dass sie Auswirkungen und Konsequenzen in allen möglichen Bereichen haben. Es sind nicht nur technische Maßnahmen wie Refactoring und Metriken gefordert, sondern auch organisatorische Maßnahmen. Es gilt also, die Wartung gesamthaft zu betrachten. Genau diesem Anspruch wollen wir mit den beiden nächsten Buchteilen Rechnung tragen:

- Teil II: Managementthemen der Softwarewartung
- Teil III: Techniken der Softwarewartung

4.4 Zusammenfassung

Wir kennen die Definition von Softwareevolution sowie die beiden treibenden Kräfte:

- Als Softwareevolution bezeichnen wir den Prozess der Veränderung eines Softwaresystems von der Erstellung bis zur Außerbetriebnahme. Dieser Prozess umfasst die Erstellung, Wartung, Weiterentwicklung, Migration und Stilllegung.
- Weiterentwicklung bringt neue Funktionalität und somit Kundennutzen.
- Wartung bedeutet vorbeugende Pflege und erhöht die innere Ordnung des Systems.

Wir kennen die drei Programmtypen nach Lehman:

- S-Typ-Software ist stabil und unterliegt keiner Evolution.
- P-Typ-Software ist einer Evolution unterworfen.
- E-Typ-Software trägt sogar selbst zur Evolution bei.

Wir wissen, dass Softwarewartung bei P- und E-Typ-Systemen unvermeidlich ist.

- Wir wissen um die acht Gesetze der Evolution:
- I. Kontinuierliche Veränderung
- II. Zunehmende Komplexität
- III. Selbstregulierung
- IV. Invariante Arbeitsrate
- V. Erhaltung der Ähnlichkeit (Invarianz des Release-Inhalts)
- VI. Kontinuierliches Wachstum
- VII. Abnehmende Qualität
- VIII. Feedback-System

Wir kennen den Einfluss dieser Gesetze auf die Praxis:

- Es braucht technische Maßnahmen wie Refactoring oder Metriken, um dem Zerfall der Software entgegenzuwirken.
- Es gibt organisatorische Lehren, die man berücksichtigen soll.

Zudem kennen wir die Faktoren, die die Lebensdauer beeinflussen:

- Die Qualität der Erstentwicklung
- Die Wachstumsrate (kleiner = besser)
- Die vorbeugende Pflege (mehr = besser)

Zu guter Letzt wissen wir:

- Software, die für den Kunden einen dauerhaften Nutzen darstellen soll, muss gleichermaßen gepflegt und weiterentwickelt werden.

Teil II

Managementthemen der Softwarewartung

»Alles ist viel zu aufwendig.
Es gibt keine klaren Prozesse.
Die Rollen sind nicht verteilt, weil keiner sie kennt.
Keiner hat eine Ahnung, was er dokumentieren soll.
Alle sind abhängig von wenigen Gurus.
Und niemand weiß, wohin das Geld fließt.
Aber Sie, lieber Manager, werden das schon richten.«

5 Einbettung des Wartungsprozesses

In diesem Kapitel wollen wir eine Prozesslandschaft rund um die Softwarewartung aufbauen. Dazu versuchen wir als Erstes zu verstehen, welche Prozesse überhaupt vorhanden sind und welches ihre Aufgabe ist. Anschließend gehen wir auf die Berührungspunkte der verschiedenen Prozesse mit der Wartung ein, und zum Schluss bilden wir eine Klammer um alle diese Prozesse und erarbeiten zusammen ein konkretes Prozessgerüst.

5.1 Prozesse rund um die Wartung

Zunächst schauen wir uns die verschiedenen Prozesse rund um die Wartung an und versuchen zu verstehen, welches jeweils ihre Hauptaufgabe ist.

5.1.1 Tätigkeitsbereiche und ihre Zielsetzungen rund um die Wartung

In den vorangegangenen Kapiteln haben wir uns mit vielen Grundlagen beschäftigt: Wir haben einige elementare Begriffe rund um die Wartung kennengelernt. Wir haben gesehen, dass die Anforderungen an die Wartung vom erwarteten Lebenszyklus der Software abhängen und dass organisierte Wartung vor allem da wirklich Nutzen bringt, wo die Software einen langen Lebenszyklus hat (vgl. Kap. 3). Zudem haben wir gesehen, dass langlebige Software auf erfolgreiche Wartung angewiesen ist (vgl. Kap. 4).

Bei Software mit einem langen Lebenszyklus müssen also die Weiterentwicklung und die Wartung erfolgreich miteinander in Einklang gebracht werden. Wenn wir dies tun wollen, ist es hilfreich, sich die Ziele der beiden Tätigkeiten in Erinnerung zu rufen (vgl. Tab. 5–1).

Tätigkeitsbereich	Ziel
(Weiter-)Entwicklung	(Weiter-)Entwicklung einer Software hat das Ziel, die Software durch Funktionszuwachs marktfähig[1] zu machen oder zu erhalten.
Wartung	Wartung hat das Ziel, Probleme beim Einsatz der Software zu beheben oder zu verhindern.[2] Letzten Endes geht es dabei darum sicherzustellen, dass vorhandene Funktionen wie gewünscht zur Verfügung stehen bzw. allfällige Fehler rasch behoben werden. In diesen Fällen ist Wartung immer damit konfrontiert, möglichst schnell eine neue, lauffähige Version liefern zu können.

1 »marktfähig« in weitestem Sinne: Bei Software, die beispielsweise für interne Zwecke erstellt wird, existiert kein Markt, aber auch hier müssen die Bedürfnisse der Anwender ausreichend befriedigt werden.

2 Ludewig und Lichter [LuLi07] fordern beispielsweise kategorisch als Ausgangspunkt jeder Wartungstätigkeit ein »Problem«.

Tab. 5–1 *Ziele der (Weiter-)Entwicklung und Wartung*

Diese beiden Ziele gilt es, unter einen Hut zu bringen. Einen Weg dazu weist uns der natürliche Ansatz zu einem passenden Konfigurationsmanagement (s. Abschnitt 6.3):

Nach Ende eines Entwicklungsprojektes sollte der Hauptast des Codes in die Weiterentwicklung der nächsten Version übergehen, während die wartungsbedingten Änderungen am aktuellen Release in einen Wartungsast abgezweigt werden. Abbildung 5–1 zeigt den so entstehenden Baum mit den grundlegenden Verknüpfungen der verschiedenen Versionen des Produkts (Baum in liegender Darstellung).

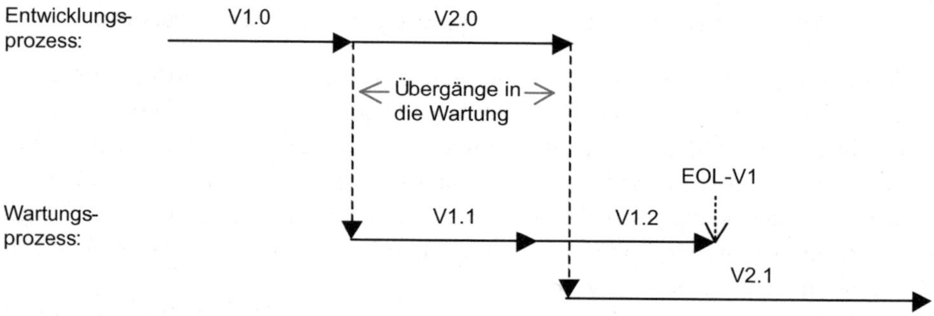

Abb. 5–1 *Lebenslinien Entwicklung und Wartung*

Fassen wir die Wartungsäste in der Darstellung gedanklich zusammen, so sehen wir zwei wichtige Linien, die sich durch den Lebenszyklus des Produkts ziehen und miteinander verknüpft sind: die (Weiter-)Entwicklung und die Wartung. Deshalb wollen wir diese Linien im Weiteren als »Lebenslinien« bezeichnen.

Wenn wir an diesem Punkt das Wissen aus Kapitel 2 hinzunehmen, bietet sich ein naheliegender Trugschluss an, nämlich der, dass alle Wartungsaktivitäten sich entlang der Wartungsäste des Codes abspielen. So naheliegend dieser Schluss sein mag, so falsch ist er, wie wir gleich sehen werden.

Um dies zu erkennen, ist zuerst einmal wichtig festzuhalten, dass den Tätigkeitsbereichen am Hauptast und an den Wartungsästen des Codes jeweils ein geeigneter Prozess hinterlegt sein muss, um diese beiden Tätigkeiten sinnvoll zu strukturieren.

Diese Prozesse müssen sich selbstverständlich an den Zielen der Tätigkeiten ausrichten, also grob gesagt an der Erreichung der Marktfähigkeit oder an der Sicherstellung der Lieferfähigkeit. Diese beiden Ziele unterscheiden sich stark und wären teilweise schwer vereinbar, verfolgte man sie gleichzeitig:

- Mit der (Weiter-)Entwicklung von Software möchte man durch umfangreiche Funktionserweiterungen die Marktfähigkeit des Systems sicherstellen. Diese großen Änderungen erfordern entsprechende Softwareentwicklungsprozesse (V-Modell, RUP etc.) und werden im Rahmen eines Projektes abgewickelt. Die Qualitätssicherung wird dabei u.a. durch umfangreiche System- und Regressionstests sichergestellt. Zudem ist die Zeit zwischen der Formulierung der Anforderungen und der Freigabe der Software vergleichsweise lang.
- Steht dagegen die Lieferfähigkeit im Vordergrund, so hat man eines nicht: Zeit. Vergleich dazu [Sne07]: »Insofern ist die Softwarewartung ereignisgesteuert, im Gegensatz zur Entwicklung, die nach einem Plan abläuft. Das macht die Organisation der Wartungsarbeit besonders schwierig und unplanbar.«

  Deshalb müssen wir für Tätigkeiten an den Wartungsästen des Codes in der Regel fordern, dass die Eingriffe in die Software (inklusive der zugehörigen Dokumentation!) so klein wie möglich sind. Dies nicht zuletzt, um die erforderlichen Tests auf ein Minimum beschränken zu können (vgl. Abschnitt 12.2.2). Der Lieferumfang bei solchen Änderungen ist dementsprechend oft sehr klein, und die Lieferung erfolgt oft in Lieferformen, die mit Begriffen wie Patch, Bugfix oder Update bezeichnet werden (s. Abschnitt 5.3.3).

Nun zurück zu der Frage, warum sich nicht alle Wartungsaktivitäten entlang der Wartungsäste des Codes abspielen sollen. Mit der obigen Darlegung lässt sich dazu eine einfache Gegenfrage stellen: Haben Sie jemals davon gehört, dass eine Software migriert oder saniert wird und das Ergebnis anschließend als Bugfix ausgeliefert wurde? Eben.

Bestimmte Wartungsaktivitäten, wie Migrationen und Sanierungen, brauchen einfach Zeit und umfangreiche abschließende Tests. Diese Wartungsaktivitäten haben auf den Wartungsästen des Codes nichts verloren. Stattdessen bringen wir sie lieber in ein Projekt ein, das im Rahmen eines geeigneten Prozesses den Hauptast des Codes modifiziert (vgl. dazu Kap. 11). Betrachtet man Wartung aus dieser Perspektive, lassen sich Standpunkte wie der von [Piz04] formulieren, die in scheinbarem Widerspruch zu dem Zitat von [Sne07] (s. o.) stehen: »Die Wartung eines Softwaresystems gliedert sich in Wartungsfälle [...] Eine Menge von Wartungsfällen definiert ein W-Projekt [gemeint ist: Wartungsprojekt], das i.w. analog zu Softwareentwicklungsprojekten mit entsprechender Planung (Meilensteine), Rollen, Controlling, QS etc. zu organisieren ist.«

> Wartungsaktivitäten können sich sowohl entlang der Wartungsäste des Codes als auch im Falle von Migration und Sanierung in der Entwicklung abspielen.

Um die Probleme unserer Anwender zu lösen, bedarf es aber mehr, als nur Weiterentwicklung und Wartung erfolgreich miteinander in Einklang zu bringen. Insbesondere ist mehr erforderlich als nur die Arbeit an der technischen Lösung: Es müssen Kommunikationswege zu den Anwendern etabliert werden, die sicherstellen, dass auf die Probleme der Anwender effizient und angemessen eingegangen wird. Mit anderen Worten: Wir müssen einen für unsere Software angemessenen Support etablieren und mit (Weiter-)Entwicklung und Wartung in Einklang bringen. Das Hauptziel dieser Tätigkeit ist, die Kundenzufriedenheit angemessen sicherstellen zu können. Mit den Überlegungen rund um Abbildung 5–1 sehen wir, dass eine weitere, dritte Lebenslinie für unser Produkt hinzukommt. Abbildung 5–2 gibt diese Erkenntnis wieder:

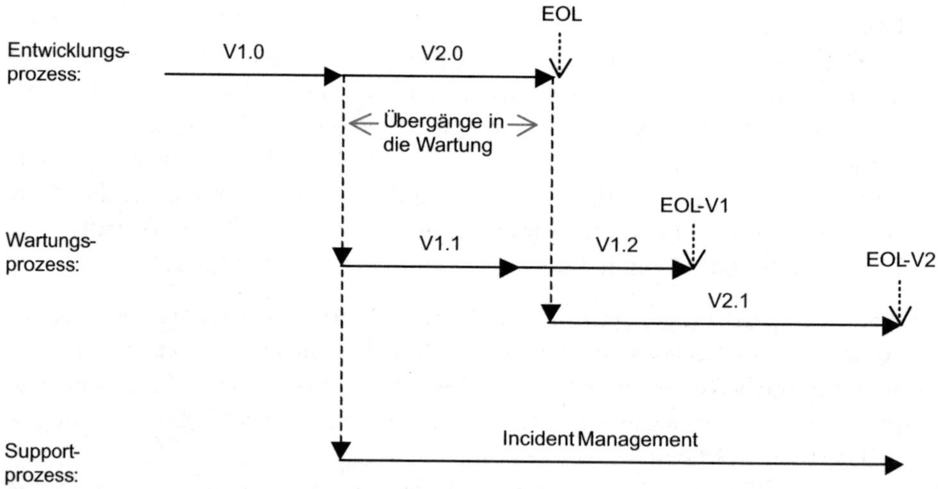

Abb. 5–2 *Lebenslinien: Entwicklung, Wartung und Support*

Wir halten fest: Für einen erfolgreichen, langen Lebenszyklus einer Software müssen drei wesentliche Tätigkeitsbereiche miteinander in Einklang gebracht werden (vgl. Tab. 5–2):

- Mit den Tätigkeiten am Hauptast des Codes, also der Weiterentwicklung, wird durch Funktionszuwachs die Marktfähigkeit der Software sichergestellt.
- Mit den Tätigkeiten an den Wartungsästen des Codes wird die Fähigkeit sichergestellt, auf Fehler mit Nachbesserungen reagieren zu können – kurz: die Lieferfähigkeit zu garantieren.
- Mit den Tätigkeiten im Rahmen des Supports wird sichergestellt, dass Störungsfälle *(incidents)* der Anwender identifiziert und einer zufriedenstellenden Lösung zugeführt werden. Wir fassen dies unter dem Stichwort Kundenzufriedenheit zusammen.

Damit können wir die Tabelle 5–1 wie folgt vervollständigen:

Tätigkeitsbereich	Ziel
Weiterentwicklung am Hauptast des Codes und der Dokumentation	Marktfähigkeit
Wartung an den Wartungsästen des Codes und der Dokumentation	Lieferfähigkeit
Support	Kundenzufriedenheit

Tab. 5–2 *Ziele der drei Lebenslinien: Weiterentwicklung, Wartung und Support*

Zudem muss den drei Tätigkeitsbereichen – am Hauptast des Codes, an den Wartungsästen des Codes und Support – jeweils ein geeigneter Prozess hinterlegt sein.

Zur Erinnerung: »Als Prozess bezeichnen wir den Ablauf eines Vorhabens mit der Beschreibung der Schritte, der beteiligten Personen, der für diesen Ablauf benötigten Informationen und der dabei entstehenden Informationen« [Gli04].

5.1.2 Was genau ist der Wartungsprozess?

Wir haben nun die drei Lebenslinien Entwicklung, Wartung und Support sowie ihr jeweiliges Hauptziel identifiziert. Als Nächstes wollen wir uns der wichtigen Frage annehmen, was wir unter dem Begriff »Wartungsprozess« überhaupt verstehen. Es bieten sich nämlich zwei Möglichkeiten an:

- Der Prozess, der die Gesamtheit derjenigen Tätigkeiten organisiert, die der Wartung zugeordnet werden können.
- Der Prozess, der die Tätigkeiten rund um die Wartungsäste des Codes organisiert.

Sicher ist, dass beide Prozesse etabliert werden müssen, um Software effizient zu warten. Deshalb wollen wir hier nicht einen Gelehrtenstreit anregen, sondern schlichtweg festhalten, dass jede Organisation, die eine Software betreut, selbst darüber im Klaren sein muss, was sie unter »Wartungsprozess« versteht. Wir werden den ersten der beiden Prozesse im Folgenden als »allgemeinen« Wartungsprozess und den zweiten als »speziellen« Wartungsprozess bezeichnen.

Somit haben wir es also insgesamt mit vier wesentlichen Prozessen zu tun: dem Entwicklungsprozess, dem speziellen Wartungsprozess, dem Supportprozess sowie dem allgemeinen Wartungsprozess.

Die Aufgabe des allgemeinen Wartungsprozesses kann wie folgt zusammengefasst werden: Der allgemeine Wartungsprozess soll sicherstellen, dass möglichst alle Probleme des Produkts gelöst werden (»Problem« hier im ludewigschen Sinn). Das heißt:

- Jedes Problem muss zunächst registriert werden (d.h. sowohl wahrgenommen als auch einer Form von Verwaltung zugeführt werden; hier ist die Unterstützung durch den Supportprozess wesentlich, wie wir später noch sehen werden).
- Danach dient der allgemeine Wartungsprozess als Drehscheibe und reicht Probleme zur Erledigung sowohl an den Hauptast (den Ast des (Weiter-)Entwicklungsprozesses) als auch an den Wartungsgast weiter, ggf. wenn das Problem z. B. ein Missverständnis ist, zurück an den Supportast.

Der allgemeine Wartungsprozess ist somit die Drehscheibe für alle Probleme rund um die Software und soll erreichen, dass jedes Problem in geeigneter Weise bearbeitet wird. Dazu werden die Wartungstätigkeiten mithilfe einer geeigneten Organisationsstruktur auf die drei Lebenslinien verteilt und koordiniert. Somit beinhaltet er vor allem Entscheidungen darüber, was wann durch wen in welchem Rahmen durchgeführt wird. Typischerweise wird diese Aufgabe beim Produktmanagement angesiedelt – wir werden in Abschnitt 5.3.1 näher darauf eingehen.

Insgesamt stellt sich die Situation damit dar, wie in Abbildung 5–3 gezeigt.

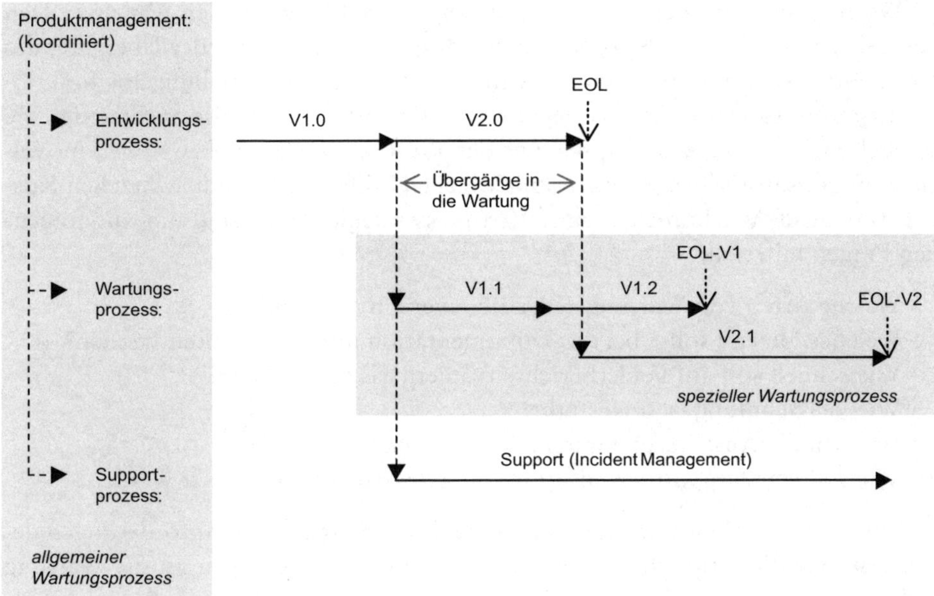

***Abb. 5–3** Lebenslinien: Entwicklung, Wartung und Support*

5.2 Beiträge der verschiedenen Tätigkeitsbereiche zur Wartung

Nachfolgend wollen wir auf die drei Lebenslinien sowie ihre Berührungspunkte zueinander eingehen. Wer Freude am Studium von Normen hat, wird sich diese Beziehungen alle aus [IEEE12207] selber erarbeiten können. Für die anderen wollen wir einen nachvollziehbaren Zugang dazu schaffen, wie man bei (Weiter-)Entwicklung und Support zur Wartung beitragen kann (und muss) und wie man ein sinnvolles Zusammenspiel organisieren kann.

5.2.1 Die Lebenslinie der (Weiter-)Entwicklung

Der Entwicklungsprozess stellt den Rahmen dar, in dem das Produkt zunächst entwickelt und später weiterentwickelt wird: Die verschiedenen Prozessmodelle, die für Entwicklungsprojekte bekannt sind, lassen sich in der Regel problemlos auch auf Weiterentwicklungen anwenden (mit den gebotenen Anpassungen). Wir wollen hier darauf nicht weiter eingehen, hochwertige Fachliteratur zu diesem Thema ist ausreichend verfügbar.

Vielmehr wollen wir festhalten, dass die größten Veränderungen an einem Produkt immer im Rahmen von (Weiter-)Entwicklungsprojekten vorgenommen werden. Dabei kann man die Abfolge dieser Projekte als die erste und wichtigste der drei Lebenslinien ansehen. Der Entwicklungsprozess ist der Prozess für Entwicklungsprojekte bzw. Weiterentwicklungsprojekte auf dieser »Entwicklungslinie«.

Wo liegt nun der Berührungspunkt der Entwicklung mit der Wartung? Den nächstliegenden und wichtigsten Berührungspunkt stellt sicher der Übergang des fertig entwickelten Systems in die Wartung dar. Damit dies reibungslos funktioniert, sind dazu frühzeitig Überlegungen nötig. Wir müssen also rechtzeitig eine Vorstellung davon gewinnen, wie wir das Produkt warten wollen – wer, in welchem organisatorischen Rahmen, mit welchen Hilfsmitteln und zu welchen Kosten. Das heißt, wir brauchen eine Wartungsstrategie. Dazu sind u.a. die folgenden Fragen hilfreich:

- Welche Arten von Wartungseingriffen werden erfolgen?
- Welches Niveau sollte bei der Dokumentation aufrechterhalten werden?
- Wie schnell soll auf Fehlerberichte reagiert werden können?
- Wie viel Schulung ist angestrebt?
- Wie soll die Auslieferung unterstützt werden?
- Wie soll eine Supportorganisation (Helpdesk o.Ä.) unterstützt werden?

Aufgrund solcher Fragen lassen sich im nächsten Schritt klare Anforderungen definieren, wie dies ermöglicht werden kann. Die Anforderungen an die Wartung sollten vor Beginn der Entwicklung definiert sein, und diejenigen Personen, die mit der Wartung betraut werden sollen, sollten während der Entwicklung die Implementierung der Anforderungen an die Wartung verfolgen.

Während der Entwicklung muss dann ein Wartungsplan entworfen werden. Dieser beschreibt konkret, wie die Wartungsstrategie umgesetzt werden soll. Die Erstellung des Wartungsplans ist damit ein Teil des Entwicklungsprozesses und nicht losgelöst von diesem.

> Man muss sich also über die Wartung Gedanken machen (Strategie und Planung), bevor man anfängt zu entwickeln!

Neben der Erstellung des Wartungsplans ist aber natürlich die Erfüllung der Anforderungen an die Wartbarkeit der wesentliche Beitrag der Entwicklung zur Wartung – und somit ein weiterer Berührungspunkt. Je nach Wartungsstrategie können diese Anforderungen die verschiedensten Ausprägungen annehmen. Um davon eine Idee zu geben, listen wir hier eine Reihe möglicher Aspekte auf:

- Sicherstellen von Diagnosemöglichkeiten
- Portierbarkeit der Programmiersprache
- Lesbarkeit der Programmiersprache
- Stabilität der Programmiersprache
- Codierstil (vorgeschriebene/unerwünschte Codekonstrukte)
- Programm- und Datenstruktur
- Aufwand, ein neues Release zu erzeugen
- Verfügbarkeit von Compilern und weiteren Werkzeugen
- Stabilität von Compilern und weiteren Werkzeugen

- Testunterstützung beim Kompilieren und zur Laufzeit
- Verfügbarkeit von Fachkräften und Testumgebungen
- Lebenszyklus der Entwicklungswerkzeuge
- Auswirkung einer Aktualisierung auf den Anwender
- Belastung der Vertriebs- und Supportorganisationen bei einer Aktualisierung

Zur weiteren Vertiefung sei die Norm [ISO14764] empfohlen – sie beschreibt diese Gedanken hervorragend und in angemessener Tiefe.

Ein Spezialfall für den Entwicklungsprozess sind Sanierungs- und Migrationsprojekte. Während bei Migrationsprojekten das oben Beschriebene in gleicher Weise aktiv im Auge behalten werden muss, sind bei Sanierungsprojekten die Wartungsanforderungen in der Regel ohnehin im Fokus der Tätigkeiten.

> Wer erfolgreich Wartung betreiben will, muss bereits während der Entwicklung die Wartbarkeit des Produkts berücksichtigen.

Zu guter Letzt sei noch das Thema der unterstützenden Prozesse, wie Dokumentation, Qualitätssicherung, Konfigurationsmanagement usw., erwähnt. Sie müssen, genau wie die eigentliche Entwicklung, der Wartbarkeit ein angemessenes Augenmerk schenken. Denn auch die Wartung wird solche unterstützenden Prozesse benötigen. Die Dokumentation etc. für die Wartung »neu zu erfinden«, ist normalerweise nicht sinnvoll. Daher müssen die unterstützenden Prozesse des Entwicklungsprozesses mit den vorgesehenen Wartungsaktivitäten kompatibel sein. Dies gilt in erster Linie für das Konfigurationsmanagement (Unterstützung von »Branches« und somit Sicherstellung der Lieferfähigkeit).

5.2.2 Die Lebenslinie des speziellen Wartungsprozesses

Im vorangegangenen Abschnitt haben wir zwischen einem allgemeinen und einem speziellen Wartungsprozess unterschieden.

Wir haben gesehen, dass der allgemeine Wartungsprozess im Wesentlichen aus der Steuerung der Wartungsaktivitäten besteht, also aus allen Tätigkeiten, die erforderlich sind, bis eine Änderung einer Form des Entwicklungsprozesses (»Entwicklungslinie« oder »Wartungslinie«) zugewiesen werden kann. Diesen Prozess werden wir in Abschnitt 5.3 zusammen erarbeiten.

Hier wenden wir uns aber nun dem speziellen Wartungsprozess zu. Dieser hat die Aufgabe, die Tätigkeiten rund um die Wartungsäste des Codes zu organisieren (vgl. Abschnitt 5.1.2). Dabei gibt es zwei verschiedene Aufgabenbereiche:

- Kleine Entwicklungsaufgaben (Änderungsaufgabe auf irgendeiner Entwurfsebene): Eine Aufgabenstellung wurde falsch gelöst oder muss anders gelöst werden.
- Reine Fehlerkorrekturen (auf Codeebene bzw. in der Dokumentation): Die gefundene Lösung war korrekt, die Ausführung war fehlerhaft.

Diese beiden Aufgaben bilden zum einen den Berührungspunkt des speziellen Wartungsprozesses zum Entwicklungsprozess und führen zum anderen zu zwei wichtigen Eigenschaften des speziellen Wartungsprozesses.

Der Berührungspunkt des speziellen Wartungsprozesses mit dem Entwicklungsprozess sind die Änderungen – egal ob kleine Entwicklungsaufgabe oder Fehlerkorrektur. Denn für jede in der Wartung vorgenommene Änderung muss geprüft werden, ob sie auch in der Entwicklungslinie nachgeführt werden muss. Schließlich erwartet der Kunde, dass ein in der Version 1.2 behobener Fehler auch in der Version 2.0 nicht mehr auftritt.

Obige Aufgaben führen uns aber auch zu zwei wichtigen Eigenschaften, die der spezielle Wartungsprozess erfüllen muss:

Zum einen muss ein Prozess, der geeignet sein soll, die Bearbeitung solcher Aufgaben zu unterstützen, offensichtlich irgendeine Form von Entwicklungsprozess sein – aber genauso offensichtlich kein voll ausgestalteter Entwicklungsprozess, wie er auf der Entwicklungslinie zum Einsatz kommt. Denn dieser ist nur für große und wenig dringliche, d.h. gut planbare, Änderungen geeignet.

> Ein Prozess, der die eigentlichen Wartungseingriffe unterstützen soll, ist notwendigerweise eine geeignet zugeschnittene Form vom Entwicklungsprozess.

Entsprechend sollte für die Wartungseingriffe ein geeignet zugeschnittener Entwicklungsprozess verwendet werden.

Zum anderen benötigt der spezielle Wartungsprozess unterstützende Prozesse. Dazu greift er am besten auf die gleichen unterstützenden Prozesse zurück, die der Entwicklungsprozess der »Entwicklungslinie« heranzieht (Qualitätssicherung, Konfigurationsmanagement, Dokumentation etc.). Ein gemeinsames Konfigurationsmanagement erleichtert beispielsweise die Verwaltung der Änderungen sowohl auf der Wartungs- wie auch auf der Entwicklungslinie. Eventuell müssen auch die unterstützenden Prozesse an den speziellen Wartungsprozess geeignet angepasst werden.

Was muss bei der Erstellung eines speziellen Wartungsprozesses sonst noch beachtet werden?

- Die Dringlichkeit der Änderung muss bei der Bearbeitung berücksichtigt werden.
- Die Änderung muss tatsächlich das Problem lösen – das muss sichergestellt werden.
- Die erforderlichen Ressourcen müssen bereitgestellt werden können.
- Die Auswirkungen der Änderung müssen kontrollierbar sein (Auswirkungen im Code, Auswirkungen zur Laufzeit (d.h. für den Anwender), Auswirkungen auf die Spezifikation).

- Die Änderung muss sich in das bestehende Produkt sinnvoll einfügen – die Auswirkungen auf das Konfigurationsmanagement, die Auswirkungen zur Laufzeit (d.h. für den Anwender), die Auswirkungen auf Dokumentation und Anwenderschulung müssen mit den Kundenerwartungen und der Produkt- und Wartungsstrategie vereinbar sein.
- In den Prozessablauf muss die Bewertung durch ein Change Control Board (s. Abschnitt 5.3.2) eingebaut werden, das (anhand der hier aufgezählten Punkte) eine Entscheidung über das weitere Vorgehen trifft und so die Verbindung zum allgemeinen Wartungsprozess herstellt.
- Bestehende Konsultationspflichten müssen eingehalten werden (Wer muss gefragt werden, bevor die Änderung vorgenommen werden darf? Wer nimmt die Änderung am Ende ab?). Dabei entstehen ggf. Berührungspunkte zum allgemeinen Wartungsprozess und zum Supportprozess.
- Bestehenden Kommunikationspflichten muss nachgekommen werden (Wer muss informiert werden, dass die Änderung vorgenommen wird?).

> Der spezielle Wartungsprozess benötigt ebenfalls unterstützende Prozesse (Qualitätssicherung, Konfigurationsmanagement, Dokumentation etc.). Diese sollten wenn immer möglich die gleichen sein wie für die Entwicklungslinie.

Fazit

Wir haben gesehen, dass der spezielle Wartungsprozess ein geeignet zugeschnittener Entwicklungsprozess ist, der idealerweise die unterstützenden Prozesse des Entwicklungsprozesses geeignet mitbenutzen soll. Der Berührungspunkt zwischen der Wartungs- und Entwicklungslinie sind die Änderungen.

Auf die konkrete Umsetzung eines speziellen Wartungsprozesses gehen wir in Kapitel 6 im Detail ein.

5.2.3 Die Lebenslinie des Supportprozesses

Wie wir bereits erkannt haben, ist das Hauptziel des Supportprozesses die Kundenzufriedenheit. Wir müssen also einen angemessenen Prozess bereitstellen, der die Kundenanliegen präzise aufnimmt und dem Kunden eine adäquate Lösung anbietet.

Die erste Frage, die sich dabei stellt, ist die, welche Wartung für das Produkt überhaupt vorgesehen ist. Wenn wir den Blick über den Tellerrand der Softwareentwicklung hinaus schweifen lassen, sehen wir, dass dafür prinzipiell ein sehr breites Spektrum zur Verfügung steht: von »keinerlei Wartung« (Streichholz, Einwegkugelschreiber) über »vollständig durch den Kunden« (Kleidung) über »bei Bedarf mit Einschicken an den Hersteller« (Fotokamera) über »bei Bedarf an der

Verkaufsstelle« (Brille) über »regelmäßig in einer kompetenten Werkstatt« (Auto) bis zu »regelmäßig am Einsatzort durch Fachkräfte« (Zahnradschneidemaschine). Je nachdem, in welchem Umfeld unsere Software eingesetzt wird, ist dies alles in ähnlicher Form auch für den Support unserer Software denkbar. Es gilt also zuerst, das Wartungsmodell zu klären. Dies sollten wir, wie in Abschnitt 5.2.1 beschrieben, bereits während des Entwicklungsprojektes getan und in einem Wartungsplan festgehalten haben. Dieser dient nun als Ausgangspunkt, um einen für unsere Wartung angemessenen Support aufzubauen.

Gehen wir nun davon aus, dass für unser Softwareprodukt eine Anwenderunterstützung vorgesehen ist, so hat sie zwei Hauptaspekte:

- Unterstützung des Anwenders bei der gewöhnlichen Anwendung der Software
- Unterstützung des Anwenders bei Problemen mit der Software

Für diesen Zweck muss der Support Kommunikationswege zum Anwender etablieren. In schwierigeren Fällen, wie zum Beispiel dem zweiten Punkt, ist der Support wiederum auf Unterstützung aus den eigenen Reihen angewiesen. Deshalb haben alle Supportprozesse eine klar ausgeprägte Schnittstelle zur Wartung.

Für die Grundstruktur der Beziehung zwischen Anwender, Support und Wartung wird heute sehr oft eine dreifach gestaffelte Lösung gewählt, bei der Bezeichnungen wie »first level support«, »second level support« und »third level support« üblich sind. Sie läuft nach folgendem Muster ab:

- Der Anwender hat ein Problem beim Einsatz der Software. Er kennt einen Ansprechpunkt, bei dem er sich melden kann (»first level support«).
- Der »first level support« nimmt das Problem auf und prüft, ob eine einfache Lösung oder ein Behelf bekannt ist oder gar ein Benutzerfehler vorliegt. Falls ja, teilt er dies dem Anwender mit (»Incident Management«, vgl. [Köh07]).
- Falls keine einfache Lösung bekannt ist, wendet er sich an besonders sachkundige Supportmitarbeiter (»second level support«).
- Der »second level support« nimmt das Problem auf und prüft, ob eine Lösung bekannt ist. Falls ja, teilt er diese dem »first level support« oder dem Anwender mit.
- Falls keine Lösung bekannt ist, wendet er sich an die Wartungsorganisation, die den »third level support« bereitstellt. Zudem prüft der »second level support«, ob auf Grundlage der Anfragen an den und aus dem »first level support« Häufungen von Problemen erkannt werden können und ob diese Häufungen eine Analyse erfordern. Die Aufgabe des »second level support« wird deshalb auch als »Problem Management« bezeichnet (vgl. [Köh07]).
- Der »third level support« nimmt das Problem auf, analysiert es und erarbeitet eine Lösung. Diese teilt er dem »second level support« mit, der sicherstellt, dass sie dem Anwender zukommt.

Diese Beschreibung hat skizziert, wie der Support den Anwender bei seinen Anliegen unterstützt. Wir haben zudem gesehen, dass der Supportprozess einen Kommunikationsweg vom Anwender zum Support und teilweise – direkt oder indirekt – bis zur Wartungsorganisation ermöglichen muss. Diese Kommunikationswege sind typischerweise werkzeugunterstützt. Dies erlaubt auch eine Auswertung der typischen Anwenderprobleme oder der Reaktionszeiten des Supports – solche Informationen sind im Rahmen von Service Level Agreements häufig wichtig. Je nach Einsatzgebiet der Software stehen für den Betrieb der Software heute ganze Werkzeug- und Prozesslandschaften zur Verfügung, in denen der Support ein wesentlicher Bestandteil ist, zum Beispiel ITIL (vgl. [Köh07]).

Damit haben wir gleichzeitig die Berührungspunkte zwischen der Lebenslinie des Supports und der Lebenslinie der Wartung aufgezeigt. Diese Berührung hat zwei Ausprägungen:

- Zum einen kommen vom »second level support« an den »third level support«, also an die Wartungsorganisation, Anfragen, die ohne Anpassungen am Produkt zu lösen sind. Dabei kann die Lösung einfach nur ein Hinweis im Umgang mit der Applikation oder eine Anpassung in der Konfiguration sein. Die Wartungsorganisation berät also den »second level support« lediglich. Diese Beratung entspricht der von uns eingeführten fünften Kategorie der Wartung – dem Support des Supports (vgl. Abschnitt 2.3.6).
- Zum anderen kann die Analyse der Anfrage zum Ergebnis führen, dass eine Anpassung am Produkt nötig ist (korrektive Wartung), zum Beispiel eine Codekorrektur oder eine Anpassung der Anwenderdokumentation. Diese wird mit einem geeigneten Verfahren im Wartungsstrang abgewickelt und führt zu einer entsprechenden Korrektur der Software. In der Regel muss sichergestellt werden, dass diese Korrektur ebenfalls in den Hauptstrang, also die Weiterentwicklung, einfließt. Damit hätten wir auch eine (indirekte) Verbindung zwischen der Lebenslinie des Supports und der Lebenslinie der (Weiter-)Entwicklung.

Dabei sind die folgenden zwei Punkte für den Erfolg der Wartungsbemühungen besonders wichtig:

- Die Information, die man vom Anwender über das Problem erhält, muss die Analyse durch den »third level support«, also die Wartung, möglichst gut unterstützen. Idealerweise kann damit das Problem reproduziert werden. Die Beschaffung dieser Information ist die Aufgabe des »first level support« und »second level support«.
- Die Nachbesserung, die die Wartung liefert, muss auf sinnvolle Weise auf der Anlage des Anwenders installiert werden können. Wir müssen deshalb der Auslieferungsform einer Korrektur besonderes Augenmerk schenken. Dies hängt stark davon ab, welche Wartungseingriffe am Einsatzort der Software

überhaupt vorgesehen sind. Was heißt das? Je nach Applikationsumfeld sollte es beispielsweise nicht sein, dass die Installation einer Korrektur zum Verlust der Anwendereinstellungen führt oder dass eine längere Unterbrechung des Systems nötig wird. Diesen Umständen muss die Wartung mit ihrer Korrektur Rechnung tragen. Die Lieferform und die Methode der Lieferung müssen deshalb aufeinander abgestimmt sein.

Wie wir bereits mehrfach erwähnt haben, genügt es nicht, sich erst in der Wartung Gedanken zu den möglichen Wartungseingriffen zu machen. Oft müssen gewisse Mechanismen bereits in der Erstentwicklung implementiert worden sein, wie zum Beispiel die Möglichkeit zu Updates im laufenden Betrieb oder die automatische Verteilung der Software auf allen Anwendersystemen. Wenn wir Pech haben, ist sonst ein späterer Wartungseingriff nicht mit akzeptablem Aufwand und mit aktzeptablen Auswirkungen durchführbar. Wenn Software für hochverfügbare, schwer zugängliche oder selten zugängliche Systeme gewartet werden soll, kann eine Wartungsstrategie, die während der Entwicklung erstellt und gut gewählt wurde, Gold wert sein!

5.3 Der Produktlinienmanagement-Prozess

Zum Schluss dieses Kapitels wollen wir zusammen ein Gerüst eines allgemeinen Wartungsprozesses aufbauen sowie auf die Aufgaben des Produktmanagements als Drehscheibe für die Wartung eingehen. Dabei interessiert besonders, welchen Einfluss dies auf das Konfigurationsmanagement und die gewählten Lieferformen ausübt.

5.3.1 Grundgerüst eines allgemeinen Wartungsprozesses

Im Gegensatz zur Entwicklung, während der sich in den letzten 30 Jahren eine Vielzahl von Entwicklungsprozessen etabliert hat, fehlen im Bereich des allgemeinen Wartungsprozesses zu einem großen Teil konkrete Ausprägungen oder Vorlagen. Deshalb wollen wir uns einige Überlegungen zu diesem Thema machen und gemeinsam ein Gerüst eines solchen Prozesses aufbauen. Dieses soll als Basis dienen, damit Sie es anschließend an Ihre Gegebenheiten adaptieren können.

Wie in Abschnitt 5.1.1 dargelegt, sollte jedes Problem so bearbeitet werden, wie es für das Problem am besten geeignet ist. Wir haben dort bereits aufgezeigt, dass es im Normalfall keinen »allgemeingültigen« Prozessablauf gibt, der auf alle relevanten Wartungsfälle angewendet werden kann. Dafür haben die Wartungsfälle zu unterschiedliche Bedürfnisse (z. B. Bugfix vs. Migration). Eine übermäßige Differenzierung in verschiedene Prozessvarianten ist andererseits auch nicht erstrebenswert: Prozesse müssen etabliert und am Leben gehalten werden, und dies wird umso aufwendiger, je komplexer die Prozesslandschaft ist. Es ist daher erstrebenswert, möglichst wenige Prozessvarianten zu definieren.

Als Ausgangspunkt unserer Überlegungen für unser Prozessgerüst könnte man bei den drei grundlegenden Arten von Wartungsfällen starten (vgl. Abschnitt 2.3): Fehlerkorrekturen (korrektiv und präventiv), Adaptionen und Verbesserungen. Da diese Einteilung nicht beachtet, wie aufwendig ein Eingriff im Einzelfall ist, müssten sehr große und sehr kleine Änderungen mit demselben Prozess abgewickelt werden. Daher ist dieser Ansatz wenig hilfreich.

Viele Wartungsprozesse werden deshalb mit dem einfachen Ansatz »Wartung nach Größe« in Prozessvarianten differenziert (vgl. [OpLu04]). Als einfacher Ansatz ist dies sicher richtig, denn so würden beispielsweise einfache Korrekturen nach einem anderen Prozessablauf behandelt als Migrationen oder Sanierungen. Trotzdem weist dieses Vorgehen Schwächen auf, denn die Dringlichkeit der Änderung wird dabei nicht berücksichtigt. Schließlich sollten nur echte Instandhaltungsprobleme mit der nötigen Eile abgewickelt werden und alle anderen kleinen, aber nicht dringenden Themen in einer geplanten Art und Weise behoben werden.

Wird der Ansatz ergänzt, indem auf einfache Weise auch der Zeithorizont berücksichtigt wird, so erhält man ein recht brauchbares Grundgerüst für die Organisation der Wartungstätigkeiten. Wir unterscheiden bezüglich der Zeit folgende drei Fälle:

- Kurzfristig – für dringliche, geringfügige Korrekturen
- Mittelfristig – für planbare Nachbesserungen
- Langfristig – für umfangreiche Änderungen, die in ein Weiterentwicklungsprojekt eingebracht werden

Diese Differenzierung wird vor allem Wartungsfällen gerecht, bei denen mehrere Parameter stark gekoppelt sind, unter anderem der Umfang, die Dringlichkeit und die Auswirkungen auf Code, Anwender, Spezifikation und Dokumentation. Wartungsfälle beispielsweise, die sehr dringlich sind und große Auswirkungen auf den Code haben, sind in diesem Modell nicht vorgesehen und müssten durch eine geeignete Qualitätssicherung ausgeschlossen werden!

	Zeithorizont	Umfang & Auswirkungen	Korrektur	Adaption	Verbesserung	
Variante 1	kurzfristig	überschaubar	korrektive Wartung			
Variante 2	mittelfristig	überschaubar	korrektive Wartung	präventive Wartung	adaptive Wartung	perfektionierende Wartung
Variante 3	langfristig	erheblich		⇨ Migration	⇨ Sanierung	

Tab. 5–3 *Wartungsansatz: nach Zeit und Größe*

Mit diesem Modell (vgl. Tab. 5–3) haben wir ein erstes brauchbares Grundgerüst, um einen allgemeinen Wartungsprozess aufbauen zu können und die Wartungsvorfälle geeignet zu bearbeiten.

Zum Schluss wollen wir noch ein zweites Modell entwickeln. Es unterscheidet sich von dem oben beschriebenen dadurch, dass es nicht nach dem Zeithorizont der Tätigkeiten strukturiert ist, sondern nach den Wartungstätigkeiten selbst. Dieses Modell ist nicht besser oder schlechter, zeigt aber einen spannenden anderen Blickwinkel auf die Wahl bzw. Ausgestaltung des Prozesses. Wie wir gleich sehen werden, ist dieses Modell im Prinzip eine Verfeinerung des soeben besprochenen, nur eben anders strukturiert, und lässt sich zudem weiter detaillieren.

Als Ausgangslage nehmen wir das Wartungsproblem im ludewigschen Sinne und führen das Problem durch eine Reihe von Fragen innerhalb einer baumartigen Struktur dem richtigen Prozess zu (vgl. Abb. 5–4).

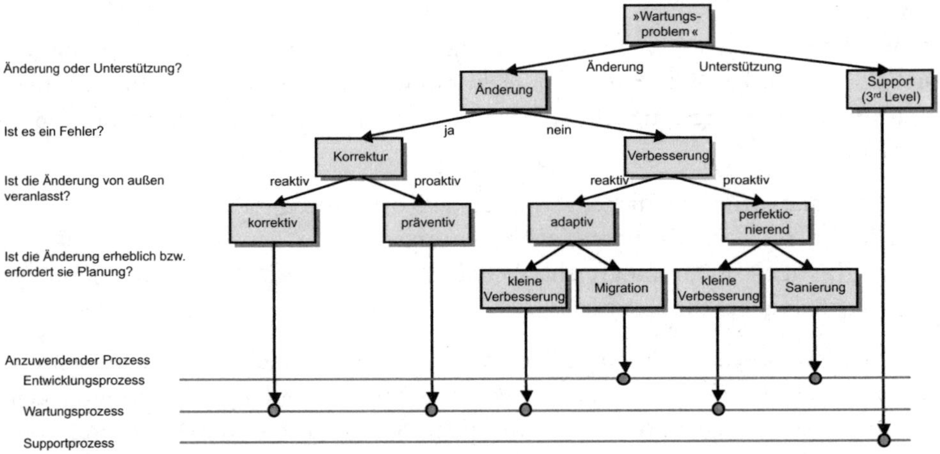

Abb. 5–4 *Grundgerüst eines allgemeinen Wartungsprozesses*

Mit der ersten Frage nach »Änderung oder Unterstützung« wollen wir herausfinden, ob die Wartungstätigkeit in Form von Unterstützung gegenüber der Supportorganisation gefragt ist oder ob es sich um eine Codeanpassung handelt. Anschließend unterscheiden wir das Wartungsanliegen nach Korrektur und Verbesserung, genau wie in Abschnitt 2.3 beschrieben. Die nächste Frage, ob wir das Wartungsproblem von uns aus angestoßen haben (proaktiv) oder ob wir von außen veranlasst wurden (reaktiv), führt uns zu den bekannten vier Wartungskategorien: korrektive, präventive, adaptive sowie perfektionierende Wartung. Zu guter Letzt unterscheiden wir anhand der Größe und Planbarkeit, welchem Prozess wir das Wartungsproblem nun zuführen.

Dieses Bild lässt sich, wie wir noch sehen werden, einfach um weiterführende Aspekte wie Zuständigkeit oder Finanzierung ergänzen.

Die so entstehenden Blätter dieses Baumes lassen sich gezielt einem angemessenen Prozess zuführen. Anhand dieses Grundgerüstes eines allgemeinen Wartungsprozesses können zum einen die Wartungsfälle schnell dem richtigen Prozess zugeführt werden und zum anderen dient es als Basis, um eine gut funktionierende Organisation rund um die Wartung aufbauen zu können.

Bei der Adaption dieses Grundgerüstes an Ihre Wartungsbedürfnisse können Sie natürlich auch weitere Parameter berücksichtigen, um die Wartungsaktivitäten sinnvoll zu ordnen. Beispiele dafür sind (Aufzählung nicht vollständig):

- Auslöser (was, wer)
- Zeitpunkt
- Dringlichkeit
- Umfang (geschätzte Aufwände)
- Erforderliche Ressourcen
- Auswirkungen im Code
- Auswirkungen zur Laufzeit (d.h. für den Anwender)
- Anforderungen an die Lieferform
- Auswirkungen auf die Spezifikation
- Auswirkungen auf Dokumentation und Anwenderschulung
- Konsultationspflichten
- Kommunikationspflichten

5.3.2 Änderungsmanagement

Im vorangegangenen Abschnitt haben wir zusammen ein Grundgerüst eines allgemeinen Wartungsprozesses erstellt. Der Ausgangspunkt unserer Überlegungen war ein Wartungsproblem im ludewigschen Sinne, das zu einer Codeänderung führen kann. Im Rahmen des Änderungsmanagements geht es nun darum, diese Codeänderungen systematisch zu erfassen und nachvollziehbar umzusetzen. Schließlich sollen Änderungen kontrolliert in unsere bereits im Einsatz befindliche Software eingebracht werden. Ansonsten kann unbeabsichtigt großer Schaden entstehen. Zudem will man genau wissen, in welcher Nachbesserung oder in welchem Release sich eine gewünschte Korrektur befindet.

Dazu wird jedes Begehren einer Codeänderung mittels eines Änderungsantrags erfasst. Ein solcher Antrag stellt wiederum einen Überbegriff für alle Änderungsbegehren an ein Softwaresystem dar und lässt sich in die beiden bekannten Kategorien Korrekturen und Verbesserungen weiter unterteilen (s. Abb. 5–5).

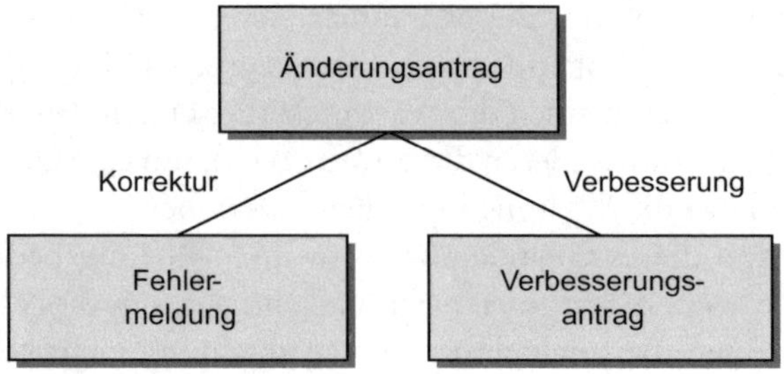

Abb. 5–5 Kategorien von Änderungsanträgen

Wollen wir eine Korrektur durchführen, erfassen wir diese mittels einer Fehlermeldung. Damit haben wir eine klare Beschreibung eines Fehlers oder Problems zum Zwecke der Dokumentation und Kommunikation.

Verbesserungen hingegen verwalten wir mittels eines Verbesserungsantrags. Dieser ist ein schriftlich dokumentierter Antrag auf Genehmigung, eine bestimmte Änderung an einem Softwareprodukt vornehmen zu dürfen.

Bemerkung: Die Namen als solche sind nicht so entscheidend, wahrscheinlich verwenden Sie andere, ähnliche Begriffe, um Anpassungen zu dokumentieren.

Sie werden sich vielleicht fragen, weshalb eine Trennung in obige beide Kategorien überhaupt nötig ist? Der Unterschied liegt im Schwerpunkt der weiteren Behandlung.

Bei der Korrektur liegt die große Herausforderung im Verstehen der Auswirkung. In der Regel ist der Fehler mit wenigen Zeilenänderungen im Code behoben. Es ist aber um ein Vielfaches schwieriger, die Auswirkungen ganz klar zu verstehen.

Bei der Verbesserung hingegen entsteht im Gegensatz zur Korrektur eine neue Anforderung. Diese gilt es zuerst, ganz genau zu verstehen. Das Anforderungsmanagement ist schon in Entwicklungsprojekten anspruchsvoll, in der Wartung aber noch einflussreicher – schließlich verändert man ein Produktivsystem. Der zweite Punkt, indem sich eine Verbesserung von der Korrektur unterscheidet, ist die Finanzierung. Korrekturen laufen entweder auf Gewährleistung oder das Wartungsbudget. Perfektionierende Wartung hingegen will niemand so richtig finanzieren. Mehr dazu erfahren Sie in Abschnitt 8.1.

Codeanpassungen müssen also mittels eines Änderungsantrags verlangt werden. Wer aber stellt solche Anträge, schließlich muss sichergestellt werden, dass alle Informationen über Probleme mit der Software von allen relevanten Quellen her zur Wartungsorganisation gelangen. Als Antragsteller kommen sämtliche Parteien im Umfeld eines Produkts infrage:

- Die Kunden, mit neuen Wünschen oder Beobachtungen auf der Anlage
- Der Vertrieb, der die Kundenwünsche kennt

- Der Servicetechniker, der eigene Diagnosebegehren hat oder die Kundenanliegen kennt
- Die Entwicklung selbst, die beispielsweise degenerierte Codestellen optimieren möchte

Damit man Änderungsbegehren systematisch erfassen kann, muss eine Schnittstelle bereitgestellt werden. Zu dieser Schnittstelle müssen alle oben genannten Parteien Zugang haben. Für diese Schnittstelle gibt es heute ein breites Angebot an Werkzeugen, die ein effizientes Eingeben, Sammeln und Verfolgen der Meldungen möglich machen.

Darin können sowohl die verschiedenen Zustände abgebildet werden, die ein Änderungsantrag durchläuft, wie auch pro Zustand entsprechende Pflichtfelder definiert werden. Diese Pflichtfelder können beispielsweise Titel, Beschreibung, Priorität, Aufwand oder eine Analyse sein. Zudem können sämtliche während der Abarbeitung entstandenen Dokumente, Logfiles, Screenshots etc. direkt hinterlegt werden. Verknüpft man nun so dokumentierte Änderungsanträge mit den entsprechenden Codeanpassungen im Codeverwaltungssystem, ist die Nachvollziehbarkeit jederzeit gewährleistet. Ein weiterer großer Vorteil solcher Werkzeuge ist die Transparenz: Dank einfacher Auswertungen hat man jederzeit die Übersicht über die Anzahl Änderungsbegehren und deren Zustände. Dies erlaubt zudem entsprechende Metriken (s. Kap. 9).

Zum Schluss dieses Abschnitts wollen wir uns das Gremium ansehen, das über das Schicksal der einzelnen Änderungsanträge entscheidet, das »Change Control Board« (kurz: CCB). Diese Entscheidung über das weitere Vorgehen eines Änderungsantrags ist einer der zentralen Punkte der Wartung, weil hier zu einem großen Teil darüber entschieden wird, ob und welche Folgen der Wartungsfall für die Software haben wird!

Die Rollen, die in einem CCB mindestens vertreten sein sollten, sind:

- Das Produktmanagement als Besitzer des allgemeinen Wartungsprozesses
- Der Wartungsmanager als Umsetzungsverantwortlicher
- Der Projektleiter des laufenden Weiterentwicklungsprojektes wegen der möglichen Auswirkungen

Oft werden noch weitere Rollen, wie etwa ein Vertreter der Linienorganisation, der Qualitätssicherung oder eine kaufmännische Rolle, hinzugezogen. Bei wichtigen äußeren Rahmenbedingungen (Sicherheitsvorschriften, spezielle Anforderungen an die Ausbreitung der Software etc.) können weitere Rollen in das CCB aufgenommen werden, wie z. B. ein Sicherheitsverantwortlicher oder ein Servicetechniker.

Im Umfeld kleiner Projekte kann man durchaus *ein* CCB für sämtliche Änderungsbegehren einsetzen. In einem großen Arbeitsgebiet hingegen hat es sich als sinnvoll erwiesen, das CCB für Korrekturen vom CCB für Verbesserungen zu trennen. Wieso? Dies hat verschiedene Gründe. Zum einen haben die beiden CCBs oft einen unterschiedlichen Tagungsrhythmus. Während ein CCB für Korrekturen wöchentlich einberufen werden kann (je nach Dringlichkeit der Korrektur), genügt es i.d.R. ein CCB für Verbesserungen einmal im Monat durchzuführen. Zum anderen sind der Teilnehmerkreis und der Moderator häufig unterschiedlich. Das CCB für Verbesserungen wird üblicherweise vom Produktmanager geführt, das CCB für Korrekturen hingegen vom Wartungsmanager.

Was wird in einem CCB entschieden? Im Wesentlichen folgende drei Punkte:

- Entscheidung über weiteres Vorgehen eines Änderungsantrags fällen
- Umsetzung zu den Releases festlegen
- Finanzierung der Umsetzung klären

Entscheid über weiteres Vorgehen eines Änderungsantrags fällen
Ein Änderungsbegehren kann abgelehnt oder zurückgewiesen werden. Sie mögen sich vielleicht fragen, weshalb man einen Änderungsantrag ablehnen oder zurückstellen soll? Sind die Auswirkungen einer Umsetzung beispielsweise nicht akzeptabel, kann man einen Änderungsantrag durchaus ablehnen – schließlich wollen wir unsere laufenden Systeme nicht unnötig gefährden. Fehlen hingegen zusätzliche Informationen, um einen bewussten Entscheid über einen Änderungsantrag fällen zu können, kann man ihn zurückstellen.

Umsetzung zu den Releases festlegen
Wurde entschieden, dass ein Änderungsbegehren umgesetzt wird, muss nun festgelegt werden, in welchen Releases dies geschehen soll. Zum einen können mehrere Versionen gleichzeitig im Einsatz stehen, zum anderen wird in der Lebenslinie der Entwicklung bereits eine neue Version erstellt.

Finanzierung der Umsetzung klären
Zu guter Letzt muss die Finanzierung geklärt werden. Korrekturen, die im Rahmen der Wartung erfolgen, werden über Gewährleistung oder das Wartungsbudget finanziert. Bei Verbesserungen ist das nicht immer so einfach. Mehr dazu in Abschnitt 8.1.

Das Ergebnis jeder Entscheidung muss also sein, dass der betreffende Änderungsantrag einem Prozessablauf zur Umsetzung zugewiesen (vgl. Abb. 5–4), mit gutem Grund abgelehnt oder zurückgestellt wird. Im Falle einer Umsetzung müssen zudem die betroffenen Releases bestimmt werden. Zu guter Letzt muss die Finanzierung der Änderung geklärt sein.

Wenn das Produktmanagement das CCB erfolgreich organisiert, ist ein wichtiger Grundstein für die Wartung gelegt. Zusammen mit den auf Grundlage von Abschnitt 5.3.1 definierten Prozessabläufen ist dann sichergestellt, dass ein Wartungsfall angemessen bearbeitet und einer Lösung zugeführt wird. Welche Form diese Lösung hat und wie wir die Lösung zum Kunden bringen, haben wir bisher aber nicht wirklich betrachtet. Dies ist ein weiterer wichtiger Aspekt des Änderungsmanagements, den wir uns nachfolgend ansehen werden.

5.3.3 Paketierung

Wir haben in diesem Kapitel Wartungstätigkeiten am Code u.a. der Größe und Dringlichkeit entsprechend verschiedenen Prozessen zur Verarbeitung zugewiesen. Die Resultate dieser Änderungen – genauer: die Form, in der die Änderungen zum Anwender gebracht werden – müssen sich ebenfalls diesen Attributen Dringlichkeit und Größe unterordnen (und vielleicht noch weiteren), um die Durchgängigkeit der Prozesse sicherzustellen. Entsprechend unterscheiden wir verschiedene Liefermöglichkeiten unserer Änderungen:

- Updates
- Upgrades
- Release

Die Wahl der richtigen Lieferform kann für den Endanwender sehr wichtig sein. Die Lieferform muss deshalb bereits bei der Bearbeitung des Wartungsfalls beachtet werden und sollte – implizit durch die Zuweisung zu einem entsprechenden Prozess oder sogar explizit – bereits im CCB bestimmt werden.

Für jede Lieferform muss sichergestellt werden, dass die Auslieferung zum Endanwender in angemessener Weise sichergestellt ist.

Updates (inkrementelle Auslieferung)

Ein Update ist eine Korrekturauslieferung für eine bestehende Softwareversion. Durch ein Update werden meist Sicherheitslücken geschlossen, Fehler behoben oder bestehende Funktionalität verbessert. Updates beinhalten ganz selten neue Funktionen, und wenn, dann sind diese nicht von zentraler Bedeutung für das jeweilige Programm. Kleinere Updates nennt man auch Patches (engl. für »Flicken«). Patches modifizieren oder ersetzen bestimmte Ausführungs- oder Quellcodeeinheiten. Kleine Updates mit besonders kritischen und dringlichen Korrekturen bezeichnet man als Hotfix. Hotfixes dienen der Instandhaltung und korrigieren meist nur einen oder wenige Fehler.

Aus Entwicklersicht spricht man bei der Fehlerbehebung im Quellcode vom Bugfix. Meist werden die Begriffe Update, Patch, Hotfix und Bugfix aber synonym verwendet.

Einzelne Updates können zueinander Abhängigkeiten aufweisen. Dadurch kann die Reihenfolge der Installation dieser Updates relevant sein.

Größere Updates werden oft auch im Rahmen von Service-Releases (Service-Pack), Wartungsreleases oder Bugfix-Releases gebündelt und als Vollauslieferung veröffentlicht.

Upgrade (inkrementelle Auslieferung)

Ein Software-Upgrade bezeichnet eine neue Version einer Software, die Änderungen und/oder Verbesserungen enthält. Software-Upgrades beinhalten darüber hinaus alle Mängelkorrekturen vorausgegangener Updates. Vor allem beseitigt ein Upgrade auch die wenig kritischen Mängel. In diesem Sinne sind Upgrades auch Nachbesserungen. Für große Softwaresysteme sind Software-Upgrades meist Teilauslieferungen.

Upgrades sind aus Sicht der Endanwender nicht unkritisch, da sich fast immer der Funktionsumfang geändert hat. Ein Upgrade kann ebenfalls Updates oder Upgrades der Ausführungsumgebung mit sich ziehen (neue Betriebssystemversion, neue Versionen von Drittkomponenten, Verwendung bestimmter Patch-Levels etc.). Manchmal werden technische und fachliche Upgrades getrennt durchgeführt. Technische Upgrades dienen meist der Qualitäts- und Performanzverbesserung.

Upgrades unterstehen keiner besonderen Dringlichkeit und können deshalb geplant werden. Daher sollten sie als eigenständige kleine Projekte durchgeführt werden.

Aufwände von Software-Upgrades können für den Anwender mitunter größer sein als bei der initialen Installation der Software. Aus diesen Gründen werden Upgrades oftmals lange hinausgezögert.

Release (Vollauslieferung)

Der Begriff Release bezeichnet in der Regel die Veröffentlichung einer neuen Softwareversion mit einem umfassenden neuen Leistungsumfang (Weiterentwicklung). Releases sind immer Vollauslieferungen und bestehen aus einer konsistenten Menge von Softwareelementen inkl. deren Dokumentation.

Aus Anwendersicht muss man bei einem Wechsel einer bestehenden Software auf ein neues Release immer mit Schnittstellenanpassungen, Datenmigrationen, umfassenden Tests und Anwenderschulungen rechnen. Bei einem Release-Wechsel muss typischerweise mit einer Ausfallszeit gerechnet werden. Releases-Wechsel sollten immer durch eigenständige Projekte abgewickelt werden.

Befindet sich eine Software am Ende der Evolution, werden vom Anbieter nur noch Updates, nicht aber Upgrades oder Releases angeboten.

5.4 Zusammenfassung

Wir kennen nun die drei Lebenslinien und ihre Hauptziele, die es in der Wartung in Einklang zu bringen gilt:

- Entwicklung sorgt durch Funktionserweiterung für Marktfähigkeit.
- Wartung sorgt für die Lieferfähigkeit.
- Support sorgt für die Kundenzufriedenheit.

Zudem wissen wir, dass sich Wartung nicht ausschließlich entlang der Wartungsäste des Codes abspielen muss.

Wir teilen den Wartungsprozess in den

- allgemeinen Wartungsprozess auf, der als Drehscheibe der drei Lebenslinien fungiert und sich aller Probleme rund um die Software annimmt und diese zur Bearbeitung einer dieser Lebenslinien zuführt,
- sowie den speziellen Wartungsprozess, der sich der Tätigkeiten rund um die Wartungsäste des Codes annimmt.

Wichtige Aspekte des allgemeinen Wartungsprozesses sind

- der Produktmanager als Oberhaupt des allgemeinen Wartungsprozesses,
- das CCB als wichtigstes Organ der Wartung, da es über den weiteren Verlauf jedes einzelnen Wartungsfalls entscheiden muss.

Der spezielle Wartungsprozess hat u.a. folgende Eigenschaften:

- Er ist eine geeignet zugeschnittene Form eines Entwicklungsprozesses.
- Er greift auf dieselben unterstützenden Prozesse wie der Entwicklungsprozess zu (Qualitätssicherung, Konfigurationsmanagement, Dokumentation etc.).

Zudem wissen wir, dass

- Wartungsfälle unterschiedliche Ausprägungen haben können,
- wir vielleicht verschiedene Prozessvarianten definieren müssen, die den unterschiedlichen Ausprägungen gerecht werden,
- sich die Wartungsfälle nach der Form der Lieferung der Resultate unterscheiden können (Update, Upgrade, Release).

6 Der Wartungsprozess

Kapitel 5 hat uns gezeigt, dass Wartung über die verschiedenen beteiligten Parteien hinweg organisiert werden muss. Zudem hat es uns einen Überblick darüber verschafft, wie wir das angehen können. Nachfolgend wollen wir nun auf den speziellen Wartungsprozess sowie die zugehörigen Supportprozesse genauer eingehen.

Zunächst betrachten wir die Ablauforganisation des speziellen Wartungsprozesses und erarbeiten uns zusammen ein Grundgerüst. Anschließend gehen wir auf die Aufbauorganisation ein, die sehr unterschiedlich ausfallen kann – mit entsprechenden Vor- und Nachteilen. Gleichzeitig schauen wir uns die nötigen Rollen in der Wartung an.

Danach widmen wir uns den Supportprozessen: Angefangen beim Konfigurationsmanagement, das man zwingend beherrschen muss, will man die Lieferfähigkeit jederzeit sicherstellen können. Anschließend gehen wir auf das Thema Qualitätsmanagement ein, was für uns in erster Linie heißt: Fehler vermeiden. Diesem Grundsatz kommt in der Wartung eine hohe Bedeutung zu. Zum Schluss beschäftigen wir uns noch mit dem Thema der Dokumentation. Hier leisten sowohl die (Weiter-)Entwicklung wie auch die Wartung ihre Beiträge – dieses Zusammenspiel gilt es zu beherrschen.

6.1 Der spezielle Wartungsprozess und seine Ablauforganisation

Dieser Abschnitt befasst sich damit, wie die einzelne Änderung konkret in unser Produkt gelangt. Dazu müssen wir den speziellen Wartungsprozess näher betrachten.

Natürlicherweise wird der spezielle Wartungsprozess aus dem allgemeinen Wartungsprozess heraus angestoßen. Wie Kapitel 5 gezeigt hat, sollten dabei mehrere Varianten des speziellen Wartungsprozesses zur Verfügung stehen, und der Wartungsfall sollte einer geeigneten Prozessvariante zugewiesen werden. Glücklicherweise kann für die meisten denkbaren Varianten des speziellen Wartungsprozesses das gleiche Grundgerüst als Ausgangspunkt genommen werden, es muss dann nur sinnvoll zurechtgestutzt werden. Wir werden deshalb zunächst das Grundgerüst für den speziellen Wartungsprozess vorstellen.

In der bestehenden Literatur über Wartung wird der Wartungsprozess in der Regel immer sehr ähnlich beschrieben. Es wird dabei nicht zwischen allgemeinem und speziellem Wartungsprozess unterschieden – diese Unterscheidung haben wir hier gewählt, um für den Einstieg ins Thema Wartung mehr Übersichtlichkeit zu erhalten. Abbildung 6–1 ist typisch für die Darstellung des Wartungsprozesses.

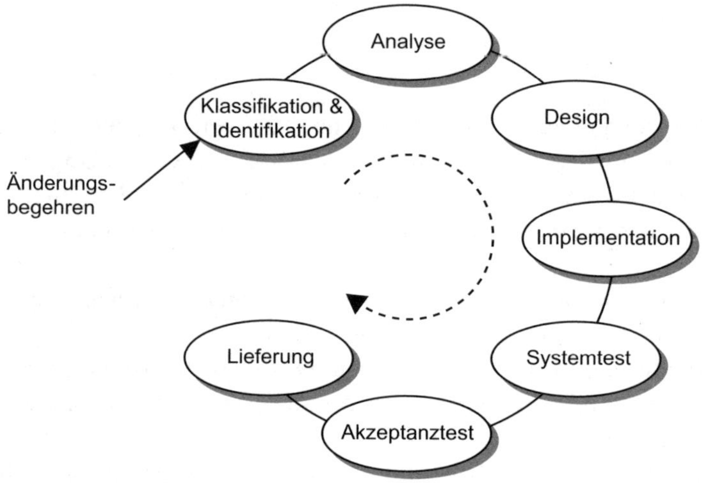

Abb. 6–1 *Der Wartungsprozess nach [IEEE1219]*

Die Norm [IEEE1219] zeigt als Wartungsprozess ein sehr aufgeräumtes Bild, das grob gesprochen den allgemeinen Wartungsprozess in der linken Hälfte des Kreises zeigt (die Schritte Änderungsbegehren, Klassifikation & Identifikation, Analyse sowie die Schritte Akzeptanztest und Lieferung) und den speziellen Wartungsprozess in der rechten (Analyse, Design, Implementation, Systemtest). Der Schritt Analyse wurde von uns hier bewusst doppelt aufgeführt, die Gründe dafür werden bald offensichtlich.

Auf Grundlage dieser Darstellung lässt sich unserer Meinung nach nur bedingt ein Erfolg versprechender spezieller Wartungsprozess für eine Software entwerfen. Besonders auffallend ist, dass in Abbildung 6–1 mit dem Schritt »Klassifikation« nur sehr indirekt klar wird, dass es verschiedene Varianten des speziellen Wartungsprozesses geben muss (z. B. Korrektur und Verbesserung) und dass der Schritt Systemtest nicht weiter detailliert ist, denn es ist in den meisten Fällen kein voller Systemtest nötig. Deshalb müssen wir Schritte einbauen, die sicherstellen, dass nicht zu viel, aber sicher auch nicht zu wenig getestet wird (vgl. Abschnitt 12.2.2). Dies ist für den speziellen Wartungsprozess einer der wichtigsten Aspekte, der sich wie ein roter Faden durch den Prozess ziehen sollte.

Aus obigen Gründen wollen wir eine andere Darstellung des Wartungsprozesses wählen. Wir werden dabei den speziellen Wartungsprozess ins Zentrum rücken und die Anknüpfungspunkte zum allgemeinen Wartungsprozess aus Kapitel 5 festhalten.

Wie kommen wir nun aber zu einem Prozessgerüst, das keinen wesentlichen Schritt vergisst? Nun, wir gehen einfach von den bekannten Randbedingungen aus und verfeinern so lange, bis wir allen Randbedingungen ausreichend gerecht werden.

Auf der abstraktesten Betrachtungsebene werden wir in der Softwarewartung folgenden Ablauf abbilden (vgl. Abb. 6–1):

Grundablauf Korrektur

- *Symptom:* Ein unerwartetes Verhalten unserer Software lässt einen Fehler in der Software vermuten.
- *Ursache:* Wir finden heraus, was die Ursache des Symptoms ist, insbesondere ob es ein Fehler in der Software ist.
- *Lösungsansatz:* Wir suchen einen Lösungsansatz, um den Fehler zu beheben oder das Symptom zu beseitigen, und setzen den Lösungsansatz um.
- *Test:* Wir testen, ob der Lösungsansatz tatsächlich zu einer Lösung geführt hat.

Sie werden jetzt sicher anmerken, dass nicht jeder Wartungsfall aus einem Fehler resultiert, sondern dass es auch die adaptive und perfektionierende Wartung gibt. Das ist natürlich völlig korrekt, glücklicherweise sieht der Ablauf dann von der Struktur her sehr ähnlich aus:

Grundablauf Verbesserung

- *Änderungswunsch:* Die Erwartungen an das Produkt ändern sich, weil sich Randbedingungen für das Produkt geändert haben oder weil neue Randbedingungen hinzugekommen sind.
- *Zusätzliche oder geänderte Anforderungen:* Aus den geänderten Erwartungen müssen entsprechende Anforderungen an die Software abgeleitet werden.
- *Lösungsansatz:* Wir suchen einen Lösungsansatz, um den neu geltenden Anforderungen gerecht zu werden, und setzen den Lösungsansatz um.
- *Test:* Wir testen, ob der Lösungsansatz tatsächlich zu einer Lösung geführt hat.

Diese beiden Abläufe gleichen sich, wobei dem Symptom (bei der Korrektur) der Änderungswunsch (bei der Verbesserung) gegenübersteht, und die Ursache steht der Änderung der Anforderungen gegenüber. Deshalb werden wir sie im Weiteren nur dann unterscheiden, wenn dies nötig ist (vgl. Abb. 6–3 und die Erläuterungen dazu).

Auf diesen Grundablauf für Änderungen müssen wir unseren speziellen Wartungsprozess aufbauen. Dazu stellen wir uns zunächst die wichtige Ausgangsfrage: Was genau soll der Prozess leisten? Was wollen wir damit erreichen, wenn wir einen speziellen Wartungsprozess definieren, oder sogar mehrere Varianten davon, und in unserer Wartungsorganisation einführen?

Die Antwort: Wir müssen mit dem speziellen Wartungsprozess erreichen, dass wir nach Abschluss eines jeden Wartungsfalls zufriedenstellende Antworten auf die folgenden Fragen finden:

- Haben wir bei der Bearbeitung des Wartungsfalls das erreicht, was wir erreichen wollten?
- Wissen wir, was wir geändert haben?
- Wissen wir, was wir und wie wir es ausliefern werden?
- Wissen wir, ob es unter den spezifizierten Testbedingungen läuft?
- Wissen wir, ob alles, was bisher funktioniert hat, weiterhin funktioniert?
- Wissen wir, ob es unter nicht getesteten Betriebsbedingungen ausreichend wenig Fehler geben wird?
- Wissen wir, ob bei diesem Softwareprodukt (auch) in Zukunft Fehler effizient analysiert und behoben werden können?

Um alle diese Fragen zufriedenstellend beantworten zu können, ist viel zu tun. Schauen wir uns also die nächsten einfachen Schritte an.

Mit Kapitel 5 ist klar, dass die Anknüpfungspunkte zwischen allgemeinem und speziellem Wartungsprozess in den Grundablauf für Änderungen eingebracht werden müssen.

Ebenfalls in Kapitel 5 wurde bereits erwähnt, dass der spezielle Wartungsprozess eine vereinfachte und angepasste Form eines Entwicklungsprozesses sein sollte. Dies lässt sich mit dem Grundablauf »Verbesserung« wie oben besprochen gut in Einklang bringen (vgl. Abb. 6–2). Für den Grundablauf »Korrektur« ist dies nicht so offensichtlich. Hier stellt sich die erste spannende Frage aus Sicht des speziellen Wartungsprozesses: An welchem Punkt eines Entwicklungsprozesses nimmt ein Wartungsfall den Prozess auf? Dazu projizieren wir den Grundablauf Korrektur auf das V-Modell und spielen zwei Beispiele durch.

Im ersten Fall haben wir einen wirklich einfachen Fehler auf Ebene des Codes, z. B. ein einfacher Tippfehler (falsche Arraygrenze). Dieser muss einfach nur behoben werden: Sobald er entdeckt ist, muss »nur« der Code geändert werden, die Änderung in eine lieferfähige Form gebracht und dann ausgeliefert werden (vgl. Abb. 6–2a). Im zweiten Fall haben wir einen folgenreichen Fehler. Ein solcher kann vorliegen, wenn beim Entwurf ein Fehler unterlief und dementsprechend zur Erfüllung einer Anforderung an die Software eine neue Lösung gefunden und in den bestehenden Code integriert werden muss. In einem solchen Fall sollten wir ab der Definition der Softwareanforderungen den vollständigen Entwicklungsprozess durchlaufen (vgl. Abb. 6–2b).

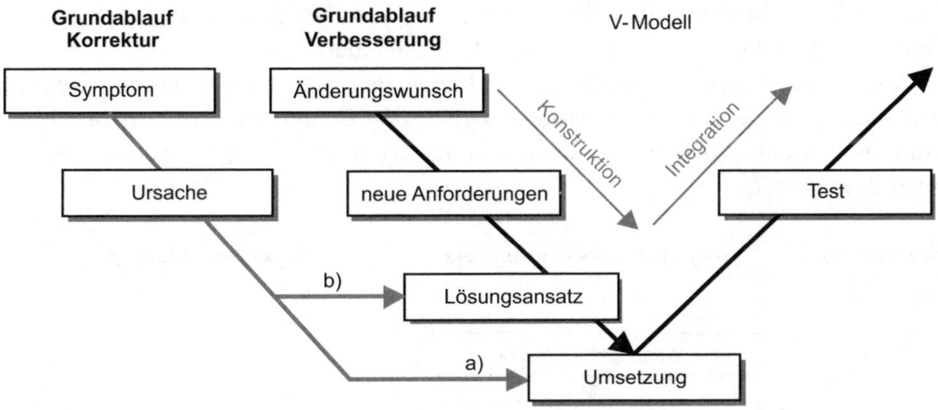

Abb. 6–2 *Grundablauf Korrektur und Verbesserung*

Obwohl die meisten Verbesserungen sich sehr gut an den Ablauf eines normalen Entwicklungsprojektes anlehnen, gibt es auch hier andere Fälle. Dazu wiederum ein Beispiel: Der einfachste denkbare Fall ist, wenn eine bestehende Anforderung hinfällig wird (z. B. Kompatibilität zu System XY ist nicht mehr nötig, da das System abgelöst wurde). Die bestehende Software wird damit weiterhin allen Anforderungen gerecht, sie könnte die verbleibenden Anforderungen aber vielleicht effizienter erfüllen. Ein ähnlicher Fall ist, wenn eine Maximierungs- oder Minimierungsanforderung Teil der Systemanforderungen ist und wir eine einfache neue Möglichkeit erkennen, das Systemverhalten in die gewünschte Richtung zu verändern.

Wir müssen demnach für jeden Wartungsfall entscheiden, wo er in den Prozessablauf des von uns gewählten Entwicklungsprozesses eingebracht wird. Dies orientiert sich wesentlich an der Frage, wie viel Entwurfsleistung im Rahmen des Wartungsfalls geleistet wird. Gibt es in der Menge der Wartungsfälle, die wir mit unserer Software bewältigen müssen, klare Häufungen (zum Beispiel zwei Drittel einfachste Änderungen, ein Drittel der Wartungsfälle mit Änderungen auf Ebene des Entwurfs), dann bietet sich eine entsprechende Differenzierung des speziellen Wartungsprozesses in passende Varianten an.

Weiter dürfen wir nicht vergessen, dass Änderungen immer Auswirkungen haben werden. Das ist zunächst ein trivialer Satz, aber oft mag man nur die angenehmen Auswirkungen sehen, etwa dass ein Fehler behoben ist. Ob beim Beheben des Fehlers dafür zwei neue Fehler eingebaut worden sind, fragt man sich mitunter nicht – mit absehbaren Folgen. Kapitel 5 hat bereits eine ganze Reihe möglicher Auswirkungen gezeigt, das Spektrum reicht von Veränderung des dynamischen Verhaltens oder des Ressourcenbedarfs der Software bis hin zur Pflicht, externen Personen oder Stellen Informationen über die Änderung mitzuteilen. Diese Auswirkungen zunächst abzuschätzen (vor der Entscheidung, ob der Wartungsfall bearbeitet werden soll) und später zu analysieren (wurden Auswirkungen übersehen oder war die Abschätzung korrekt?), muss zu einem großen Teil vom speziellen Wartungsprozess geleistet werden.

Mit all dem Gesagten sind wir nun bereit, eine für unsere Zwecke passende Darstellung des speziellen Wartungsprozesses zu definieren. Diese ist in Abbildung 6–3 wiedergegeben. Wir wollen sie im Weiteren Schritt für Schritt zusammen durchgehen.

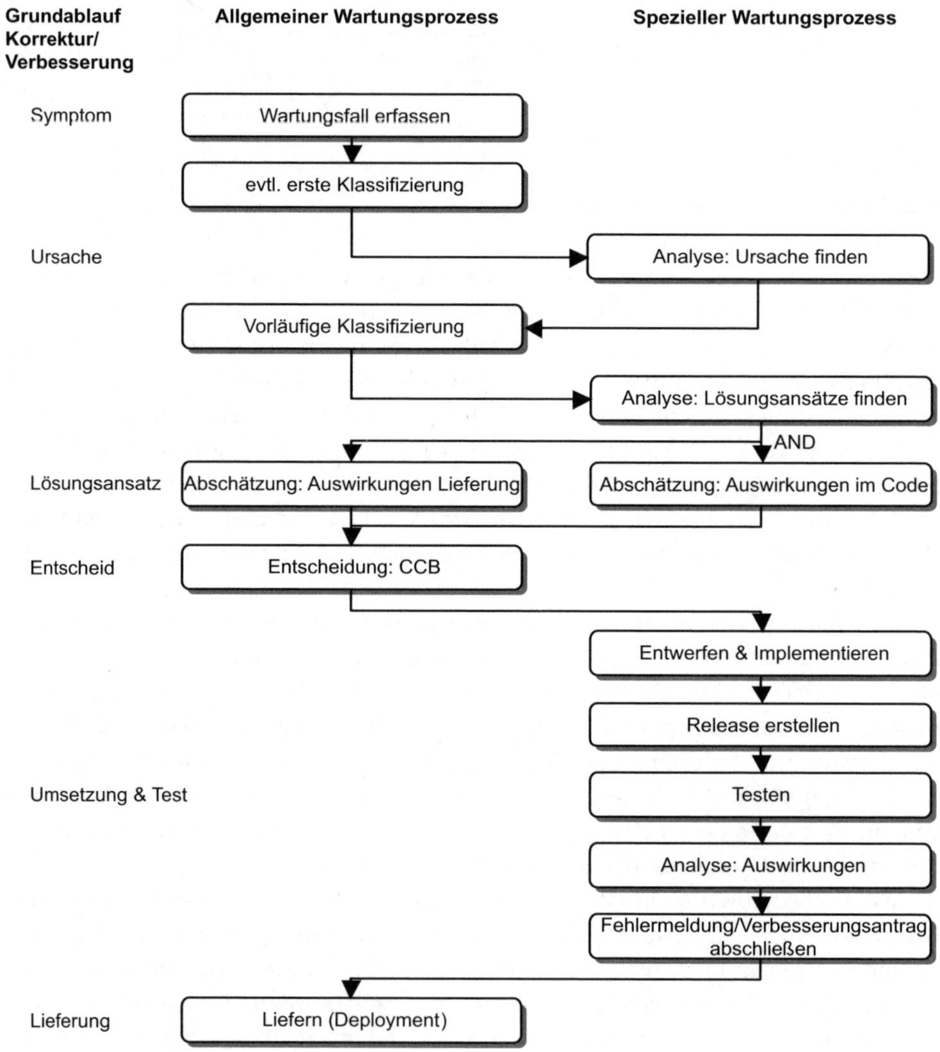

Abb. 6–3 *Beispiel für den speziellen Wartungsprozess*

Wartungsfall erfassen: Der Wartungsfall muss mit allen relevanten Informationen in einer Form erfasst werden, die die weitere Bearbeitung im speziellen Wartungsprozess unterstützt. Im einfachsten Fall kann dies ein Eintrag in eine Liste einer Tabellenverarbeitung sein. Für viele Softwareprodukte ist es allerdings sinnvoll, den speziellen Wartungsprozess durch ein geeignetes Werkzeug zu unterstützen, wie sie heute für die Prozessunterstützung bei der Softwareentwicklung verfügbar sind (z. B. Bugzilla, ClearQuest und Ähnliche).

In der Regel sollten mindestens folgende Informationen aufgenommen werden:

- Das Release, mit dem das Problem beobachtet wurde
- Die Umstände, unter denen das Problem auftrat
- Eine Person, die weitere Fragen zu den Umständen des Auftretens beantworten kann
- Hinweise, wie das Problem reproduziert werden kann (falls solche vorhanden sind)

Evtl. erste Klassifizierung: Falls Wartungsfälle denkbar sind, die Aspekte mit besonderer Dringlichkeit haben, müssen diese erkannt und einer entsprechenden Prozessvariante zugewiesen werden, die die rasche Bearbeitung der dringlichen Aspekte sicherstellt. Dabei kann es um bestimmte Wartungsfälle gehen, die an sich dringlich sind, weil sie z. B. Anlagen blockieren, es kann sich aber auch um die Beurteilung einzelner Fragestellungen handeln, z. B.:

- Ist der Fehler gefährlich und müssen deshalb Anwender informiert werden? (Das betrifft Software für Systeme mit Sicherheitsverantwortung wie Maschinensteuerungen, Anlagenleitsysteme, Prozesssteuerungen etc., es kann aber auch im Hinblick auf IT-Sicherheit relevant sein.)
- Soll der Fehler in eine kurz bevorstehende Nachbesserung?
- Sind für die Behebung des Fehlers besondere Ressourcen notwendig?

Logischerweise müssen wir entsprechende Prozessvarianten definieren, falls eine solche Klassifizierung notwendig sein sollte. Falls wir in separaten Korrektur- und Verbesserungsprozessen arbeiten wollen, kann diese Klassifizierung meistens ebenfalls bereits zu diesem Zeitpunkt vorgenommen werden.

In jedem Fall muss der Wartungsfall zur weiteren Analyse einem qualifizierten Analysierer zugewiesen werden (in der Regel werden das, je nach Problem, verschiedene Personen sein).

Analyse: Ursache finden: Im Falle eines Fehlers müssen wir zunächst erreichen, dass wir das Problem reproduzieren können. Dazu kann es erforderlich sein, dass wir bestimmte Software- und sogar Anlagekonfigurationen in unserer Testumgebung reproduzieren können. Die Testumgebung muss entsprechend gut ausgestattet und organisiert sein. Die erste wichtige Analysetätigkeit besteht dann darin, die Ursache des Fehlers eindeutig zu identifizieren. Für Verbesserungsanträge muss geklärt werden, was genau die neuen Anforderungen sind bzw. welche Anforderungen geändert werden müssen oder ob nur auf tieferer Ebene geändert werden muss.

Vorläufige Klassifizierung: Ist die Ursache des Fehlers bzw. die Anforderung an die Änderung geklärt, dann kann meistens bestimmt werden, welche Aspekte der Änderung im weiteren Verlauf des Wartungsfalls besonders relevant werden. Deshalb kann hier eine vorläufige Klassifizierung des Wartungsfalls vorgenommen werden, die später durch das CCB bestätigt oder angepasst wird. Anhand der Klassifizierung kann z. B. bereits beeinflusst werden, wie aufwendig die Suche nach Lösungsansätzen gestaltet werden soll (simple Codierfehler haben den offensichtlichen, trivialen Lösungsansatz etc.). Insbesondere kann durch die vorläufige Klassifizierung Einfluss darauf genommen werden, welche Rollen im CCB vertreten sein müssen (vgl. dazu auch Kap. 5).

Damit das CCB und insbesondere das Produktmanagement nicht in einer Flut von zu klassifizierenden Fehler- und Verbesserungsmeldungen ertrinken, muss die Klassifizierung gut organisiert sein, und das Produktmanagement muss erreichen, dass Vorarbeiten zu Klassifizierungen so weit wie sinnvoll und möglich an andere Rollen delegiert werden. Grundlage des CCB sind dann entsprechende, den Meldungen beigelegte Analysen und Bewertungen durch Fachleute. Auch diese Abläufe lassen sich hervorragend durch Werkzeuge unterstützen.

Analyse: Lösungsansätze finden: Falls der Eingriff in den Code nicht trivial ist, müssen in der Regel mögliche Lösungsansätze gefunden werden. Für jeden Lösungsansatz muss festgehalten werden, ob er das Problem vollständig oder nur teilweise lösen kann, welche Änderungen auf Ebene des Softwareentwurfs und am Code er mit sich bringt und mit welchen Aufwänden bei der Umsetzung zu rechnen ist.

Abschätzung: Auswirkungen Lieferung: Für die gefundenen Lösungsansätze muss herausgefunden werden, welche Auswirkungen auf die Anwendung der Software sie hätten, wenn sie implementiert und ausgeliefert würden. Zudem muss klar sein, was wir und wie wir es ausliefern werden (vgl. Abschnitt 5.3.3).

Abschätzung: Auswirkungen im Code: Für die gefundenen Lösungsansätze muss herausgefunden werden, welche Auswirkungen sie auf den Code hätten, wenn sie implementiert würden. Das betrifft insbesondere die folgenden Fragen:

- Wie kann man den Erfolg der Änderung testen?
- Wissen wir, ob alles, was bisher funktioniert hat, weiterhin funktioniert? Ist dazu ein voller Regressionstest nötig?
- Wissen wir, ob es unter nicht getesteten Betriebsbedingungen ausreichend wenig Fehler geben wird?

Diese Fragen können vielleicht nicht immer genau beantwortet werden. Viel ist aber schon gewonnen, wenn klar ist, ob der Umfang der Änderung sich in Grenzen hält und ob die Änderung vorwiegend lokale Auswirkungen rund um die geänderten Komponenten haben wird oder ob über Schnittstellen o.Ä. verschiedenste Codeteile mittelbar betroffen sein werden.

Entscheidung: CCB: Das Change Control Board muss entscheiden, wie mit dem Wartungsfall weiter verfahren wird. Für diese Entscheidung sind die bis zu diesem Zeitpunkt erarbeiteten Informationen über den Wartungsfall die Grundlage. Die wesentlichsten Entscheidungen des CCB sind die folgenden, je nach Softwareprodukt können weitere relevant sein (vgl. dazu auch Kap. 5):

- Wird der Wartungsfall weiter bearbeitet oder wird eine Bearbeitung abgelehnt (mit Begründung und Information an die Betroffenen)?
- In welche Releases soll die Änderung eingehen?
- Mit welcher Prozessvariante wird der Wartungsfall weiter bearbeitet?
- Wie wird der Wartungsfall finanziert (falls er nicht durch ein globales Wartungsbudget finanziert ist)?
- Welcher Lösungsansatz soll implementiert werden?
- Sind besondere Tests durchzuführen?
- Wie soll die Änderung ausgeliefert werden?

Entwerfen & Implementieren: Entwurf und Implementierung folgen dem Entwicklungsprozess, den Sie für Ihre Wartungsorganisation gewählt haben.

Release erstellen: Es wird ein Gesamtsystem mit der Korrektur bzw. Verbesserung produziert.

Testen: Mithilfe der Abschätzung der Auswirkungen muss bestimmt werden, welche Tests geeignet sind, den Wartungsfall zu testen. Es stehen dabei die bereits erwähnten Fragen im Vordergrund:

- Wie kann man den Erfolg der Änderung testen?
- Wissen wir, ob alles, was bisher funktioniert hat, weiterhin funktioniert? Ist dazu ein voller Regressionstest nötig?

Die so bestimmten Tests müssen durchgeführt und dokumentiert werden. Außerdem muss sichergestellt werden, dass alle notwendigen Änderungen an der Dokumentation (Spezifikationen, Entwurfsdokumente, Bedienungsanweisungen, Release-Notes etc.) vorgenommen wurden.

Analyse: Auswirkungen: Bereits vor dem CCB wurden die Auswirkungen der Änderung abgeschätzt. Nachdem die Tests durchgeführt wurden, muss auf Grundlage aller zur Verfügung stehenden Informationen analysiert werden, ob diese Abschätzung zutreffend war oder ob noch weitere Auswirkungen vermutet werden. Wir dürfen den Wartungsfall erst abschließen, wenn wir den Eindruck haben, dass wir alle wesentlichen Auswirkungen erkannt haben und diese akzeptieren können.

Fehlermeldung/Verbesserungsantrag abschließen: Je nach dem angewendeten Entwicklungsprozess wurden schon beim Testen Verifikations- und Validierungstätigkeiten ausgeführt. Nun ist der Zeitpunkt gekommen, Verifikation und Validierung abzuschließen und alle Handlungen durchzuführen, um den Wartungsfall abschließen und ausliefern zu können. Eventuell sind Abnahmetests durchzuführen.

Liefern: Die Auslieferung schließt den Wartungsfall ab.

Mit diesem Grundgerüst haben wir viel erreicht. Es zeigt zudem sehr schön, wie die beiden Wartungsprozesse (allgemeiner und spezieller) bis zum CCB verschränkt sind.

Ein Beispiel für die Umsetzung dieses Grundgerüsts ist das V-Modell für die Wartung von Harjani und Queille [HaQu92], aus dem wir Abbildung 6–4 entnommen haben. Die Begriffe sind teils anders gewählt, aber die Abbildung erschließt sich nach dem bisher Gesagten direkt.

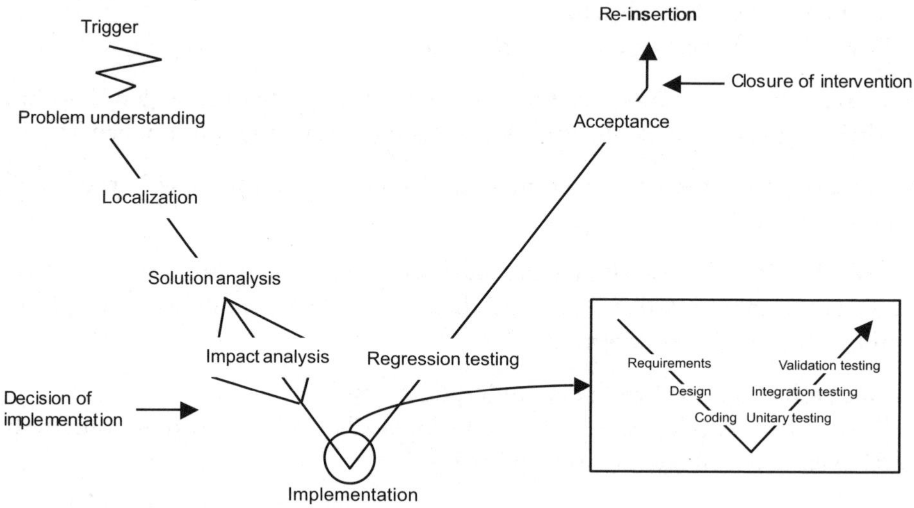

Abb. 6–4 *V-Modell für die Wartung [HaQu92]*

Es sind nun nur noch die folgenden Fragen offen:

- Wissen wir, ob es unter nicht getesteten Betriebsbedingungen ausreichend wenig Fehler geben wird (sprich Restfehler)?
- Wissen wir, ob (auch) in Zukunft Fehler effizient analysiert und behoben werden können?

Die Antwort auf diese Fragen liegt in dem Entwicklungsprozess, den wir für Entwurf und Implementierung unserer Wartungsfälle anwenden. Dieser Entwicklungsprozess sollte, wir haben es bereits mehrfach erwähnt, einem der üblichen Prozessmodelle für Softwareentwicklung folgen und mit den Erkenntnissen aus Abbildung 6–3 angereichert und in Einklang gebracht werden. Dabei ist zu bedenken, dass die Wartung hier das Erbe der Entwicklung antritt. Für die Lebenslinie Entwicklung wurde bereits einmal ein Prozessmodell gewählt, und insbesondere wurden alle unterstützenden Prozesse wie Konfigurations- und Qualitätsmanagement an diesem Prozessmodell ausgerichtet. Vor allem wegen der unterstützenden Prozesse sollte bei der Wahl des Prozessmodells für die Entwicklungstätigkeiten der Wartung das Prozessmodell der Entwicklungsprojekte im Auge behalten werden. Die unterstützenden Prozesse müssen zwischen Entwicklungsprojekten und Wartung kompatibel sein, sonst droht größere Unbill.

Bei der Wahl des Entwicklungsprozesses für die Wartungstätigkeiten müssen wir also das Erbe der Entwicklung antreten und an den aktuellen Erfordernissen ausrichten. Das gilt vor allem für:

- Entwurfsleistung
- Konfigurationsmanagement
- Qualitätsmanagement
- Dokumentation

Nach dem Thema Entwurfsleistung werden wir die Themen Konfigurationsmanagement, Qualitätsmanagement und Dokumentation in den Abschnitten 6.3, 6.4 und 6.5 betrachten. Doch vorher wollen wir noch die Aufbauorganisation für die Wartung diskutieren.

6.2 Aufbauorganisation und Rollen

Wir haben die Ablauforganisation der Wartung nun ausführlich betrachtet und uns das Rüstzeug erarbeitet, um für ein Softwareprodukt die richtige Ablauforganisation zu finden. Was wir dabei nicht näher beleuchtet haben, ist die Aufbauorganisation.

Diese steht nicht nur bei uns an zweiter Stelle der Betrachtungen. In Entwicklungsprojekten werden liebevoll die schönsten und möglichst größten Organigramme gemalt. Jede Rolle, und sei sie noch so klein, wird aufgeführt und mit einem Stellvertreter besetzt.

Wie sieht es dagegen bei der Wartungsorganisation aus? Wenn die Rolle des Wartungsverantwortlichen, oder nennen wir ihn Wartungsmanager, überhaupt besetzt ist, gehört man schon zu den löblichen Ausnahmen. Den verantwortlichen Qualitätsmanager sucht man dagegen bereits vergebens, stellvertretend für alle anderen Rollen. Muss das so sein? Ist die Wartung weniger wichtig als ein Entwicklungsprojekt?

Die vorangegangenen Kapitel haben uns gezeigt, dass das desto weniger der Fall ist, je länger der Lebenszyklus des Produkts sein soll. Entsprechend sollte auch die Aufbauorganisation für die Wartungstätigkeiten bewusst und angemessen gewählt werden (vgl. Abschnitt 3.3).

Wenden wir uns also der Aufbauorganisation zu. Wir wollen das in zwei Schritten tun: Zunächst werden wir die einzelnen Rollen vorstellen, die für die Wartung wichtig sind, später dann werden wir die Organisationsform klären.

6.2.1 Rollen in der Wartung

Will man die Wartung erfolgreich betreiben, gilt es, systematisch und nach klaren Prozessen vorzugehen. Dazu gehört es auch, die verschiedenen Aufgaben mit den entsprechenden Rollen zu besetzen. Übrigens gilt dies unabhängig von der gewählten Organisationsform, die wir anschließend in Abschnitt 6.2.3 besprechen werden. Dabei kann es durchaus sinnvoll sein, mehr als eine Rolle in Personalunion auszuüben.

Die wichtigste Rolle in der Wartungsorganisation ist zweifellos der Wartungsmanager. Er allein wird aber keine Berge versetzen. Er benötigt qualifizierte Unterstützung durch mehrere wichtige Rollen.

In den vorangegangenen Abschnitten wurden bereits einige dieser Rollen erwähnt, wo dies aus dem Zusammenhang heraus geboten war. Wir wollen uns nun damit befassen, die für die Wartung wichtigsten Rollen kurz darzustellen. Dabei ist wieder einmal hilfreich, die Unterscheidung zwischen allgemeinem Wartungsprozess und speziellem Wartungsprozess im Hinterkopf zu behalten. Während im Rahmen des allgemeinen Wartungsprozesses neben dem Wartungsmanager vor allem das Produktmanagement wichtig ist, das die Interessen aus angrenzenden oder übergeordneten Prozessen abbildet, sind im Rahmen des speziellen Wartungsprozesses die klassischen Rollen eines Softwareentwicklungsprozesses bedeutend.

Die Rollen eines Softwareentwicklungsprozesses sind in der entsprechenden Literatur definiert. Einige davon haben für die Wartung eine offensichtliche Bedeutung. Wir wollen diese hier unter dem Begriff Wartungsmitarbeiter zusammenfassen:

- Implementierer und Tester sind in ihrer Rolle klar und unverzichtbar.
- Analyse und Design sind bei vielen Verbesserungen und bei Fehlern im Softwareentwurf relevant, die entsprechenden Rollen haben dann eine offensichtliche Aufgabe.
- Architekten werden nur bei schwerwiegenden Fehlern oder bei manchen Verbesserungen befragt und sollten nur bei Bedarf hinzugezogen werden.

Neben diesen Rollen mit klar erkennbaren Aufgaben gibt es einige weitere Rollen, die ebenfalls in den meisten Prozessmodellen für Softwareentwicklung beschrieben werden. Diese haben Aufgaben, die in der Wartung teils deutlich andere Akzente erfahren als in einem Entwicklungsprojekt. Es handelt sich dabei insbesondere um diejenigen Rollen, die unterstützende Prozesse repräsentieren. Welche Aspekte dieser Rollen aus Sicht der Wartung von besonderer Relevanz sind, zeigen uns die Fragen, die wir bereits in Abschnitt 6.1 formuliert haben. Wir wollen diese Fragen hier wiederholen und jeweils festhalten, welche Rolle einen besonderen Beitrag zur Klärung der Frage leisten muss (vgl. Tab. 6–1). Im Anschluss werden wir alle Rollen nacheinander vorstellen.

Frage	Antwort geben folgende Rollen
Ist das Resultat der Änderung das, was wir im Sinne des Wartungsfalls erreichen wollten?	Validierung, Produktmanagement
Wissen wir, was wir geändert haben?	Konfigurationsmanagement
Wissen wir, was wir und wie wir es ausliefern werden?	Konfigurationsmanagement, Wartungsmanager, Produktmanagement
Wissen wir, ob es unter den spezifizierten Testbedingungen läuft?	Verifikation, Validierung
Wissen wir, ob alles, was bisher funktioniert hat, weiterhin funktioniert?	Verifikation, Qualitätsmanagement
Wissen wir, ob es unter nicht getesteten Betriebsbedingungen ausreichend wenig Fehler geben wird?	Qualitätsmanagement
Wissen wir, ob (auch) in Zukunft Fehler effizient analysiert und behoben werden können?	Qualitätsmanagement, Wartungsmanager

Tab. 6–1 *Fragen und Antworten, die zu wichtigen Wartungsrollen führen*

Lassen Sie uns nun als Nächstes die wichtigsten Rollen in einem Wartungsteam anschauen.

Wartungsmanager

Der Wartungsmanager ist der Kopf des Wartungsteams. Als solcher ist er für die Planung der Arbeiten, die Kosten und Organisation zuständig. Dazu gehört u.a. das Schaffen der Transparenz bzgl. der Arbeiten und Kosten, sicherstellen, dass der Wartungsprozess reibungslos läuft, das Pflegen einer aktiven Kommunikation mit den Partnern (Service, Produktmanagement etc.), die Priorisierung und Planung der Änderungen und der daraus resultierenden Nachbesserungen, beauftragen und coachen der Wartungsmitarbeiter, Controlling und Qualitätssicherung der Durchführung, sicherstellen der notwendigen Dokumentation sowie die Planung von Schulungen.

Wartungsingenieur/-mitarbeiter

Dem Wartungsmitarbeiter wird die vielseitigste Tätigkeit in der Wartung zuteil. Er setzt die verschiedenen Wartungsaufträge größtenteils um. Angefangen bei den

Korrekturen (korrektive und präventive Wartung), die zunächst eine klare Analyse und Reproduktion verlangen. Anschließend wird die Korrektur durchgeführt und ausgiebig getestet. Des Weiteren ist er für die adaptive Wartung zuständig und kommt so mit der Einsatzumgebung der Software, z. B. COTS-Komponenten wie Betriebssystem und Hardware, in Kontakt. Das nächste Thema betrifft die perfektionierende Wartung und eröffnet eine riesige Welt, in der alle Codeverbesserungsmaßnahmen vom Refactoring bis zum Reengineering zum Tragen kommen. Zu guter Letzt unterstützt er die Supportorganisation und den Kunden (»third level support«) bei aktuellen Problemen.

Testmanager/Verifizierer

Der Testmanager ist zum einen zuständig für die Planung und Durchführung der Tests und zum anderen Herr über den Testraum.

Mit geeigneten Methoden (s. Abschnitt 12.3) stellt er die ausreichende und angepasste Prüfung der Systemänderungen sicher. Dabei kommt einem umfangreichen und möglichst automatisierten Regressionstest eine Schlüsselrolle zu. Dank dieses Tests kann er sicherstellen, dass nicht nur der aktuelle Fehler behoben wurde, sondern auch dass alles Bisherige immer noch einwandfrei läuft. Des Weiteren stellt er mit entsprechenden Simulatoren und Testsystemen geeignete Abbilder von Echtanlagen zur Verfügung und ist um deren Aktualität besorgt.

Seine Rolle ist auch wichtig, um dort, wo dies nötig ist, das Vieraugenprinzip zu wahren. So soll kein Wartungsmitarbeiter den Systemtest für seine eigenen Korrekturen sowohl durchführen als auch freigeben.

Konfigurationsmanager

Die sorgfältige Verwaltung aller Softwareelemente und Dokumente ist eine Schlüsselfunktion in der Wartung und muss zwingend beherrscht werden. Diese Aufgabe wird vom Konfigurationsmanager wahrgenommen. Im Wesentlichen sorgt er für bewusste und klar nachvollziehbare Änderungen am bestehenden System sowie für das gezielte Erzeugen von neuen Releases u. a. für verschiedene Kunden oder Plattformen. Dazu stehen ihm die Mittel des Konfigurationsmanagements, des Änderungsmanagements sowie des Build-Managements zur Verfügung (s. Abschnitt 6.3).

Qualitätsmanager

Vielleicht mögen Sie denken: Weshalb braucht es in der Wartung einen Qualitätsmanager? Ist dies des Guten nicht zu viel? Diese Aufgabe könnte doch der Wartungsmanager gleich mit erledigen.

Die klare Antwort ist: Nein! In der Wartung hat die Qualitätssicherung eine große Bedeutung – Fehler, die hier begangen werden, haben unmittelbar Auswirkungen beim Kunden. Abgesehen von den enormen Fehlleistungskosten, die man hier schneller erzeugen kann, als einem lieb ist, tut man gut daran, den möglichen Imageschaden nicht zu unterschätzen.

Allzu schnell wird auch in der Wartung unter Druck nur der Code geändert, aber die Dokumentation nicht nachgezogen, ein Prozessschritt »ausnahmsweise« ausgelassen, ein Fehler geflickt, aber unzureichend getestet und vieles mehr. All das, was ein Wartungsmitarbeiter seinen Entwicklerkollegen vorwirft, wiederholt er oft in bester Manier selbst.

Damit dem nicht so ist, ist der Qualitätsmanager gefordert. Zudem berät er den Wartungsmanager bei der Prozessgestaltung. Damit er seine Aufgabe optimal wahrnehmen kann, sollte er eine möglichst große Unabhängigkeit genießen.

Je nachdem, wie gravierend die Eingriffe einzelner Wartungsfälle in den Code sind, kann es sinnvoll sein, dass der Qualitätsmanager und der Wartungsmanager Unterstützung durch einen Systemingenieur oder Architekturverantwortlichen erhalten (um Änderungen konform zu machen, die Degeneration zu überwachen und ihr entgegenzuwirken etc.).

Produktmanager

Der Produktmanager trägt im Rahmen des allgemeinen Wartungsprozesses die größte Verantwortung. Er muss entscheiden, welchen Weg die weitere Evolution des Produkts nehmen soll, und er muss dafür sorgen, dass die Anforderungen und Probleme der Anwender geordnet in die Wartung einfließen. Er ist der Entscheider im Change Control Board und muss die Finanzierung der Wartung organisieren und steuern.

Validierer

Die Validierung ist keine allgemein zwingend notwendige Tätigkeit, wird aber für viele Bereiche, für die Software entwickelt wird, in den entsprechend geltenden Normen zwingend vorgeschrieben. Sie ist in jedem Fall empfehlenswert (vgl. auch Abschnitt 12.1.3).

Der Validierer muss zu Händen der unternehmerisch Verantwortlichen, oft vertreten durch Produktmanagement und Leitung der Entwicklungs- bzw. Wartungsorganisation, feststellen, ob das fertiggestellte Produkt den Systemanforderungen gerecht wird. Dazu plant und entwirft er in Zusammenarbeit mit dem Verifizierer die System- und Regressionstests und erstellt nach Abschluss der Tests einen Validierungsbericht. Er greift auf Unterstützung und Informationen durch Qualitätsmanagement und Verifizierung zurück.

Diese Aufzählung der Rollen in der Wartung erhebt keinen Anspruch auf Vollständigkeit. Sie soll lediglich verdeutlichen, dass es in der Wartung, genauso wie in der Entwicklung, klare Rollen gibt, die es wahrzunehmen und zu besetzen gilt.

6.2.2 Aufbauorganisation – permanente Organisation oder Projektorganisation?

Die erste Frage in Hinblick auf die Aufbauorganisation ist, ob wir eine permanente Organisation oder eine Projektorganisation wählen wollen. Ist Wartung ein Projekt – und wenn nicht: Worin liegt der Unterschied?

Wir haben schon von einigen Leuten, die die Rolle eines Wartungsprojektleiters oder eine ähnliche Rolle innehatten, gehört, dass sie sich gar nicht richtig als Projektleiter fühlen. Wenn man sie fragt, woran das liegt, hört man: »Mir ist nicht klar, was ich erreichen soll«, »Ich habe keinen klaren Prozess so wie in der Entwicklung (V-Model, RUP, XP etc.), entsprechend keine klaren Meilensteine, die es zu vollbringen gilt« etc. Woran liegt das? Dieses Unwohlsein mit der Aufgabe hat aus unserer Sicht zwei Gründe.

Erstens: Oft fehlen den Betreffenden die begrifflichen Grundlagen, eine gewisse Terminologie oder generell eine Übersicht über das Thema Wartung, das kaum im Buchladen oder im Weiterbildungskatalog vertreten ist.

Der zweite und wohl wichtigere Grund für diese unklare Situation liegt im Wort Projektleiter. Ein Projektleiter ist für ein Projekt verantwortlich. Was genau ist ein Projekt? Ein Projekt ist nach DIN 69901 ein im Wesentlichen einmaliges Vorhaben, bei dem innerhalb einer definierten Zeitspanne ein definiertes Ziel erreicht werden soll. Dazu gehört u.a. eine befristete Organisation. Trifft dies so auf die Wartung zu?

Natürlich ist die Wartung eines einzelnen Release zeitlich begrenzt, nämlich von der ersten Benutzung bis zur Stilllegung. Allerdings wird man kaum für jedes einzelne zu wartende Release eines Systems eine eigene Wartungsorganisation ins Leben rufen, sondern vielmehr dem Wartungsteam die Verantwortung aller sich in der Wartung befindenden Releases eines Systems übertragen. Somit bleibt die Wartungsorganisation über die Lebensdauer eines einzelnen zu wartenden Release bestehen. Das heißt, die Wartungsorganisation lebt vom ersten Einsatz des ersten Release bis zur Stilllegung des letzten Release. Diese Zeitspanne lässt sich aber kaum vorhersagen und hat mit der Definition in einem Projekt wenig zu tun – schließlich ist alles irgendwann vergänglich.

Es ist auch zu beachten, dass sich sowohl das Sach- wie auch das Fachwissen in der Wartungsorganisation langsam herausbilden. Es ist allein schon im Hinblick darauf sinnvoll, in der Wartungsorganisation eine möglichst hohe Kontinuität zu erreichen, wie wir gleich noch sehen werden.

Ein weiterer Unterschied liegt in der Finanzierung. Ein Projekt erhält ein klares Budget, um die definierten Leistungsmerkmale im vorgegebenen Zeitrahmen umzusetzen. Die Wartung hingegen lebt so lange, wie das entsprechende System lebt, daher erfolgt deren Finanzierung typischerweise pro Geschäftsjahr.

Es sprechen also viele Gründe dagegen, Wartung in Projektform zu organisieren. Warum könnte man trotzdem auf die Idee kommen? Ein Grund ist die fehlende Planbarkeit in der Wartung – Wartung ist sehr stark von äußeren Ereignissen gesteuert. Eine permanente Organisation kann da schon einmal eine ganze Weile nicht ausgelastet sein. Dies spricht klar gegen eine permanente Organisation, wenn man die folgenden Punkte nicht auf seiner Seite hat:

- Man braucht bei den einzelnen Wartungsfällen eine gewisse Flexibilität in Hinblick auf die Bearbeitungszeit, damit man die Arbeitslast über die Zeit verteilen kann.
- Die Wartungsfälle müssen mit einer ausreichend hohen Rate eingehen und statistisch ein einigermaßen ausgeglichenes Arbeitsaufkommen erzeugen.
- Die Wartungsorganisation muss so organisiert sein, dass sie die oberen beiden günstigen Umstände tatsächlich nutzen kann.

Darüber hinaus ist der Prozess, mit dem ein einzelner Wartungsfall bearbeitet werden muss, letztendlich ein adaptierter Entwicklungsprozess – wie wir ja im vorangegangenen Kapitel beleuchtet haben. Der einzelne Wartungsfall könnte im Prinzip also als ein eigenständiges Projekt angesehen werden – je nach Größe des Eingriffs als »Mikro-«, »Mini-« oder normales Projekt.

Diese Ansicht ist gar nicht falsch. Das ist auch der Grund, warum größere Wartungsfälle wieder auf die Entwicklungslinie eingespeist werden sollten (vgl. Kap. 5). Für kleinere und für triviale Wartungsfälle wäre es aber unverhältnismäßig viel Aufwand, jeweils eine neue Organisation aufzustellen und die Finanzierung auf Basis des Einzelfalls sicherzustellen. Diesen Ansatz muss man für die Bearbeitung der großen Mehrheit der Wartungsfälle als nicht praktikabel ansehen. Die Frage nach der richtigen Aufbauorganisation kann an diesem Punkt also offensichtlich in ein kleines Dilemma führen, wenn man nicht genug Wartungsfälle hat, damit sich eine permanente Wartungsorganisation direkt anbietet. Abschnitt 6.2.3 wird uns aus diesem Dilemma ein Stück weit herausführen.

6.2.3 Formen der Aufbauorganisation

Im Wesentlichen bieten sich zwei verschiedene Möglichkeiten der Aufbauorganisation an, aus denen auch sinnvolle Mischformen abgeleitet werden können:

- Entwicklung als Wartungsteam
- Eigenes Wartungsteam

Wir stellen diese Möglichkeiten kurz vor und gehen auf ihre Vor- und Nachteile ein.

Entwicklung als Wartungsteam

Die Entwicklungsorganisation kann gleichzeitig als Wartungsteam eingesetzt werden. Dies ist denkbar, da die Entwicklungstätigkeiten mit den Wartungsaktivitäten eine enge Verknüpfung haben.

Wählen wir diese Organisationsform, dann nimmt die Entwicklungsmannschaft zusätzlich die Wartungsaufgaben wahr.

Vorteile:

- Die Entwickler kennen das System am besten, entsprechend effizient können sie Wartungsaktivitäten ausführen.
- Die Wartungskosten bleiben tendenziell tief, da kein unnötiger Überbau vorhanden ist. Die Organisation »atmet« sozusagen, je nachdem wo die Leute gerade gebraucht werden.
- Die Entwickler haben ein besseres Verständnis für die Anforderungen an die Wartbarkeit und berücksichtigen diese eher.
- Da jeder Entwickler auch Wartungsmitarbeiter ist, entfällt die Entscheidung: »Wer darf entwickeln?«, »Wer muss warten?«.

Nachteile:

- Die Termineinhaltung der Entwicklungsprojekte wird durch das Teilen der Ressourcen mit Wartungsaktivitäten stark gefährdet. Schließlich sind Fehler im Feld unplanbar und haben die höchste Priorität.
- Typischerweise fehlt ein klarer Ansprechpartner zum Thema Wartung (*single point of entry* für den Service oder den Kunden).
- Die Systematik der Wartung (Wartungsprozess, Wartungswissen etc.) fehlt.
- Es besteht die Gefahr, dass die Entwickler zu viel Zeit mit der Perfektionierung des Produkts verbringen.
- Die Einsicht, Änderungen in der Wartung zu dokumentieren, ist klein – schließlich hat man ja alles im Kopf.

Natürlich ist diese Form der Organisation nur möglich, solange es noch eine Entwicklung gibt. Sobald das Produkt nur noch Wartung erfährt, erübrigt sich diese Möglichkeit. Man trifft diese Form der Wartung häufig in kleineren Umfeldern an.

Eigenes Wartungsteam

In dieser Organisationsvariante besteht sowohl ein eigenes Entwicklungsteam als auch ein separaten Wartungsteam.

Vorteile:

- Es gibt eine klare Zuständigkeit für sämtliche Belange an die Wartung eines Produkts.
- Entsprechend gibt es klare Wartungsprozesse, Wartungsmetriken und detaillierte Kostenkontrolle.

- Die Entwicklung kann sich voll und ganz auf die Projekte konzentrieren und wird nicht durch Wartungsbelange gestört.
- Es entsteht eine spezifische Wartungsinfrastruktur und so etwas wie Wartungswissen. Dies führt i.d.R. zu Anforderungen an die Entwicklung bzgl. Wartbarkeit und schlussendlich zu einem besseren Produkt.

Nachteile:

- Ein eigenes Wartungsteam hat eine feste Größe. Das Wartungsvolumen hingegen kann, je nach Problemen im Feld, stark schwanken. Dadurch entstehen sogenannte »Eh-da-Kosten«, verursacht durch Wartungsmitarbeiter, die eben »eh da« sind.
- Die Wartungsmitarbeiter kennen das System weniger gut als die Entwickler. Dadurch entsteht eine Ineffizienz bzw. es ist ein Lernaufwand nötig. Das schlägt insbesondere auf die Entwicklung zurück, da diese nun Entwicklungsdokumente in deutlich höherer Qualität erstellen muss.
- In bestimmten Wartungssituationen ist trotzdem die Unterstützung durch die Entwickler nötig. Dadurch entsteht ein zusätzlicher Kommunikationsaufwand.

Rein aus Wartungssicht betrachtet ist diese Organisationsform nahezu ideal. Da ein eigenes Team dieser Form eine gewisse Größe aufweist, trifft man sie vor allem in großen Organisationen an oder wenn keine Entwicklungsmannschaft mehr vorhanden ist.

Der größte Gewinn eines separaten Wartungsteams liegt in seiner Beständigkeit. Wie wir schon oft beobachten durften, entsteht in solchen Teams, quasi von alleine, spezielles Wartungswissen. Dies zeigt sich beispielsweise in Form von nützlichen Skripten, zusätzlichen Diagnosewerkzeugen oder speziellen Abläufen. Dieser Effekt ist vielleicht ein wenig mit dem eines Biotops vergleichbar (von griech. bios = Leben und topos = Ort). Zu Beginn sind von außen nur Wasser und Pflanzen zu sehen. Sich selbst überlassen, entsteht aber plötzlich reges Leben, von Kaulquappen über Frösche bis hin zu Libellen.

Wahrscheinlich ist die Zielgerichtetheit sämtlicher Tätigkeiten und Gedanken des gesamten Teams auf die Wartung dafür verantwortlich.

> Die Organisation »eigenes Wartungsteam« ist diejenige Aufbauorganisation, die sich voll und ganz des Themas der Wartung annimmt. Dadurch begünstigt sie in besonderem Maße das Entstehen von Wartungswissen.

Mischform

Die Mischform besteht darin, dass man einen Wartungsmanager benennt, der zu 100 % Wartung betreibt. Dabei wird er bei der Umsetzung (Codeanpassungen etc.) von der Entwicklung unterstützt.

Vorteile:

- Es gibt eine klare Anlaufstelle für sämtliche Wartungsbelange.
- Der Wartungsmanager kann alle organisatorischen Tätigkeiten erledigen (Planung, Budget, Kontierung, Auswertungen, Dokumentation etc.).
- Es entsteht kein »Eh-da«-Effekt (Standkosten).
- Der Wartungsmanager kann erste Vorabklärungen zu einzelnen Wartungsfällen treffen. Dadurch wird die Entwicklung weniger belastet. Trotzdem hat man auf die optimalen Systemkenntnisse der Entwicklung Zugriff.

Nachteile:

- Die Systematik der Wartung (Wartungsprozess etc.) ist nicht optimal.
- Die Entwicklung kann bei akuten Wartungsfällen trotzdem zu ungünstigen Zeitpunkten belastet werden, wenn auch weniger wie bei der ersten Organisationsform.
- Die Stellvertretung ist nicht einfach zu regeln, da sich im Normalfall alles auf den Wartungsmanager konzentriert.

Wenn die Wartungstätigkeit wegen der Applikation ein sehr breites Wissen verlangt (sehr viele verschiedene Spezialitäten oder enormer Umfang der Applikation) und das Wartungsbudget nur ein minimales Team zulässt, drängt sich diese Organisationsform auf. Dies geht aber nur, solange noch eine Entwicklungsmannschaft vorhanden ist. Zudem ist es wichtig, dass der Wartungsmanager in diesem Falle ein Allrounder ist. Er sollte sowohl ein Händchen für die administrativen Dinge haben wie auch die Entwicklung beim Fehlerbeheben tatkräftig unterstützen können.

Lassen Sie uns zum Schluss auf die Erkenntnis aus dem vorangegangenen Abschnitt zurückkommen, dass eine Wartungsorganisation von Natur aus keine Projektorganisation ist. Lassen Sie uns diese Erkenntnis in Bezug zu den drei Grundformen der Aufbauorganisation für die Wartung stellen:

Der langfristige Charakter der Wartungsorganisation passt natürlich sehr gut zu der Grundform »eigenes Wartungsteam«. Er passt ebenfalls recht gut zu der »Mischform«, hingegen sehr schlecht zu der Form »Entwicklung als Wartungsteam«. Hier haben wir auf der einen Seite eine klassische Projektorganisation mit temporärem Charakter. Auf der anderen Seite soll dasselbe Team eine Aufgabe mit langfristigem Charakter wahrnehmen. Hier sind Spannungen abzusehen – in der Regel auf Kosten der Wartung.

Zusammenfassend kann man zu den verschiedenen Aufbauorganisationen sagen, dass es nicht die allein seligmachende Organisationsform gibt. Diese hängt immer von der Situation ab.

Es kann durchaus sein, dass man mit einem kleineren Projekt startet und sich entsprechend für die Aufbauorganisation »Entwicklung als Wartungsteam« entscheidet. Lange anhaltender Erfolg kann zu einem enormen Wachstum sowohl in der Entwicklung wie auch in der Wartung führen. Wegen des Gesetzes der »Invarianten Arbeitsrate« (s. Abschnitt 4.2) ist dann generell eine größere organisatorische Anpassung notwendig, so auch in der Wartung. Dies kann beispielsweise zu der neuen Aufbauorganisation »eigenes Wartungsteam« führen.

Dank Abschnitt 6.2.2 und obiger Hinweise zu den einzelnen Vor- und Nachteilen sollte es Ihnen möglich sein, die richtige Grundform für Ihre aktuelle Situation zu finden.

Eine gute Wartungsorganisation (die sich auch in einem guten Prozess niederschlägt) ist kein Selbstzweck, sondern gibt den Beteiligten Sicherheit und die Rahmenbedingungen für befriedigende Arbeit. Sie sollte dazu beitragen, dass eine sinnvolle Arbeitsweise zur selbstverständlichen Routine wird, dass also eine Kultur entsteht. Jede Organisation, die das leistet, ist sinnvoll und gut.

6.3 Konfigurationsmanagement in der Wartung

Wie bereits mehrfach erwähnt, ist das Konfigurationsmanagement eine wesentliche Stütze jedes Entwicklungsprozesses und jedes Eingriffes, der bleibende Änderungen an einem System zum Ergebnis hat, und sollte in einem eigenen, unterstützenden Prozess organisiert sein.

Lassen Sie uns kurz in Erinnerung rufen, was Konfigurationsmanagement aus Sicht der Softwareentwicklung bedeutet. Dazu stellen wir nochmals einige Begriffe vor, die für ein Verständnis unerlässlich sind.

Anschließend betrachten wir das Konfigurationsmanagement aus dem Blickwinkel der Softwarewartung. Hier gilt es, einige Anpassungen vorzunehmen, damit das Konfigurationsmanagement unsere Wartungstätigkeiten unterstützt.

Das Thema Konfigurationsmanagement ist sehr umfangreich und kann hier nur kurz angerissen werden. Für einen vertieften Einblick seien [Whi00], [Sne05] und [Pop08] empfohlen.

6.3.1 Zweck und Begriffe des Konfigurationsmanagements

Was ist eigentlich Software-Konfigurationsmanagement? Dazu folgende knappe Definition von [Tic99]:

> Das Software-Konfigurationsmanagement ist die Disziplin zur Verfolgung und Steuerung der Evolution von Software. Es ist unerlässlich für die Entwicklung und Pflege großer, langlebiger Softwaresysteme.

Wenn wir im vorliegenden Buch von Konfigurationsmanagement reden, dann meinen wir damit das in der obigen Definition Beschriebene.

Selbstverständlich gibt es auch einen anderen Aspekt von Konfigurationsmanagement. Dieser stellt sich die Frage, was man wo in welcher Zusammenstellung ausgeliefert hat. Hier ist also ein Konfigurationsmanagement gemeint, das mehr an einer Inventarisierung orientiert ist und vollständige Systeme im Blick hat, nicht nur die Software (siehe dazu die Norm [ISO10007]). Dieser Aspekt von Konfigurationsmanagement kann auch für die Wartung nützlich sein, etwa für Fragen bei Update, Upgrade, Migration – was muss wie häufig ersetzt werden etc. Wir wollen ihn hier aber nicht weiter thematisieren.

Zurück zu »unserem« Konfigurationsmanagement. Um »Verfolgung und Steuerung der Evolution von Software« kontrollieren zu können, müssen wird uns mit zentralen Bestandteilen, Ideen und Techniken bekannt machen.

Konfigurationselemente

Welche Artefakte sind eigentlich im Rahmen des Konfigurationsmanagements zu betrachten? Es sind üblicherweise die Elemente, die für eine spätere Nachvollziehbarkeit und Reproduzierbarkeit der Softwarestände von Bedeutung sind. Dies ist vor allem in der Wartung extrem wichtig. Zu den betrachteten Elementen gehören Anforderungsdokumente, Entwurfsdokumentation, Quellcode, Modelle, Testfälle und Testdaten, Release-Notes, Dokumente, Datenbankdefinitionen, ggf. auch Projektpläne. Nicht selten werden auch die Werkzeuge, die für die Bearbeitung der Elemente nötig sind, unter Konfigurationsmanagement gestellt. Dies bietet sich gerade bei langlebigen, technischen Systemen an.

Versionsverwaltung

Welche Entwicklungsgeschichte (Entstehung, Veränderungen) haben die Konfigurationselemente? Hierfür bedarf es einer Versionskontrolle. Mit einer Versionsverwaltung können unterschiedliche Lebenslinien des Produkts und seiner Elemente verwaltet werden. Zur eindeutigen Identifizierung der Elemente wird zum Elementnamen eine Versionsnummer geführt. Generell sollte sich der Aufbau der Versionsnummer am Softwarestand und weniger an der Systemstruktur orientieren. Sneed [Sne05] empfiehlt beispielsweise folgenden Aufbau:

Release-Nummer.Upgrade-Nummer.Bugfix-Nummer.Build-Nr.

Die saubere Versionenstruktur ist besonders für die Fehlerbehebung wichtig. Nur so lassen sich betroffene Elementversionen ausfindig machen. Die Veränderungsgeschichte der Elemente lässt sich durch »Traceverbindungen« zu Änderungsaufträgen in Beziehungen setzen und damit nachvollziehbar machen. Über alle Elemente in ihren Versionen lassen sich Schnitte bilden, die unter einem eigenständigen Bezeichner geführt werden können (»REL-1-ALPHA«).

Build-Management

Das Build-Management hilft bei der automatischen Erzeugung des Systems/Produkts inkl. seiner Dokumente. Eine Erzeugung umfasst die Sammlung aller Elemente in bestimmten Versionen. Diese wird im eigentlichen Sinne als »Konfiguration« bezeichnet. Das Zusammenstellen ist meist über Regeln gesteuert. Builds werden heutzutage häufig täglich (»nightly-builds«) oder wöchentlich (»weekly-builds«) durchgeführt. Wie der Deckel zum Topf, so gehört zum Konfigurationsmanagement eine automatisierte Build-Umgebung.

Änderungsmanagement

Das Änderungsmanagement regelt die Fortentwicklung des Produkts, indem es vor allem die Änderungswünsche an das Produkt sowie deren Abwicklung überwacht. Durch das Änderungsmanagement wird der Lebenszyklus aller Änderungswünsche über die Schritte Entstehen, Bewerten, Realisieren, Testen und Abnehmen hinweg überwacht. Das Thema Änderungsmanagement wurde schon ausführlich in Kapitel 5 behandelt.

Release-Management

Das Release-Management beschäftigt sich mit der Bündelung von Anforderungen für ein Produkt, der Zeitplanung für die Herstellung und letztendlich für die Auslieferung eines fertigen Systems. Zu einer Auslieferung gehören oft auch Informationen zur nötigen Hardware und zum erforderlichen Betriebssystem sowie zu den belieferten Anwendern. Über ausgelieferte Releases wird der Kontakt mit den Anwendern gesteuert.

Für ein Release werden üblicherweise alle aktuellen Konfigurationselementstände unter einem gemeinsamen Bezeichner geführt (»label«) und aus der so erzeugten Konfiguration dann die Software erstellt.

Interne, d.h. nicht an den Anwender ausgelieferte, »Releases« mit einem »soliden Stand«, aber nicht zwangsläufig vollständig, werden oft auch Baselevel genannt. Dieses sind meist fixierte Konfigurationen, die dem Test oder der Integration übergeben werden, um die »Reife« des Produkts und seiner Teile zu überprüfen.

6.3.2 Konfigurationsmanagement im Kontext der Softwarewartung

Was sollten wir nun beim Konfigurationsmanagement im Kontext der Softwarewartung beachten? Das Wichtigste überhaupt ist die Tatsache, dass das Konfigurationsmanagement als Basis für viele andere Tätigkeiten dient und, zumindest in den wesentlichsten Aspekten, schlichtweg beherrscht werden muss (Nachbesserungen, Reproduzierbarkeit, parallele Releases im Feld etc.).

Dazu kommt, dass bereits in der Entwicklung ein Konfigurationsmanagement eingesetzt werden muss (bereits die Entwicklung einer größeren Software ist ohne Konfigurationsmanagement schwer vorstellbar). Bei der Ausgestaltung des Konfigurationsmanagements für die Entwicklung darf nicht übersehen werden, dass die Basis, die dabei für das Konfigurationsmanagement gelegt wurde, auch für die Wartung brauchbar sein muss. Ein nachträgliches Installieren einer neuen Konfigurationsmanagementlösung am Ende der Entwicklung bzw. zu Beginn der Wartung ist nur mit großem Aufwand und erheblichen Mehrkosten möglich.

Das Konfigurationsmanagement sieht sich dabei einigen Aufgabenstellungen gegenüber, die typisch für die Wartung sind:

- Lieferfähigkeit ist für das Konfigurationsmanagement in der Wartung einer der wichtigsten Aspekte: Es muss zu jedem Zeitpunkt sichergestellt sein, dass innerhalb einer (vom Produkt abhängigen) bestimmten Frist eine lieferfähige Version erzeugt werden kann.
- Individuelle Nachbesserungen müssen einzeln ausgebracht und anschließend in einem konsolidierten Release breit ausgerollt werden können: Man behebt Fehler A1 nur für Anwender/Anlage A, dito mit B1 und B. Irgendwann muss man ein Release zusammenstellen, in dem A1 und B1 etc. gelöst sind, und dieses Release kommt wieder auf alle Anlagen bzw. zu allen Anwendern.

Wie wir in Abschnitt 5.1 bereits gesehen haben, ist eine Systematik beim Auftrennen der Entwicklungslinien wichtig. Die Hauptlinie ist der zentrale Entwicklungsast. Auf ihm leben die einzelnen eingeplanten Major-Releases (V1.0, V2.0 ...). Nach der Fixierung und Auslieferung eines Major-Release wird auf dem Hauptast am nächsten Release gearbeitet.

Um nun Fehlerkorrekturen für das ausgelieferte Major-Release V1.0 durchführen zu können, muss für dieses Release ein eigener Wartungsast erzeugt werden. In diesem Wartungsast werden die Fehlerkorrekturen – z. B. für einen Not-Patch – durchgeführt. Wichtig ist, dass auf diesem Ast weiterhin schnell ein ausführbares System und letztendlich auch eine Auslieferung erzeugt werden kann. Der Wartungsast muss schließlich die Lieferfähigkeit sicherstellen.

Jedes Wartungs-Release, das an einen Anwender ausgeliefert wird, muss wiederum entsprechend eindeutig bezeichnet sein (»REL-V1.1«), um eine spätere Reproduktion sicherzustellen. Heutige Versionsmanagementwerkzeuge können die aktuellen Versionen aller Elemente unter einem gemeinsamen Bezeichner (»label«) zusammenfassen. Dies ist auch dann wichtig, wenn es zu »individuellen« Fehlerkorrekturen für einen einzelnen Anwender kommt (»REL-V1.1-KUNDE_XY«).

Korrekturen auf dem Wartungsast müssen kontrolliert in das nächste Major-Release übernommen werden, d. h., die Veränderungen, die auf der Wartungslinie auf Basis Major-Release V1.0 durchgeführt wurden, müssen auf der Hauptlinie für das eingeplante Folge-Major-Release V2.0 nachgeführt werden. Schließlich erwartet der Anwender, dass einmal korrigierte Fehler nicht im neuen Major-Release wieder erscheinen. Ein solches Zusammenführen von Elementversionen, z. B. die Übernahme von Korrekturen in den Entwicklungsast, darf nur durch Codeverantwortliche durchgeführt werden.

Großflächige Wartungsarbeiten (Migrationen, Sanierungen, Restrukturierungen der Software) müssen immer in einem eigenständigen Entwicklungsast durchgeführt werden und später in den Hauptast übernommen werden.

Aus Sicht der Wartung müssen wir uns merken:

> Die Erstentwicklung muss das Konfigurationsmanagement so auslegen, dass später mehrere Releases parallel verwaltet werden können, sonst ist keine effiziente Wartung möglich.
>
> Dazu gehört eine entsprechend zu wählende Ablagestruktur und vor allem ein Schema für Versionsnummern der Elemente sowie ein Namenschema für die Konfigurationen.

Abschließend zwei kleine, aber wichtige Hinweise, die oft vergessen werden:

- Ältere Releases sollten archiviert werden: Dazu gehört nicht nur der Quellcode, sondern auch die Werkzeuge, das Betriebssystem, Compiler, Build-Skripte etc. und – ja, sogar die Hardware.
- Eine regelmäßige Datensicherung entsprechender Repositories der Konfigurations- und Versionsverwaltung ist natürlich Pflicht.

6.4 Qualitätsmanagement in der Wartung

Das Erste, was den meisten von uns beim Stichwort Qualität in den Sinn kommt, sind die Norm ISO 9001 und das berühmte Dreieck, das aus Termin, Kosten und Qualität gebildet wird. Bohrt man tiefer, wird das Bild schnell diffus. Deswegen hier ein kurzer Überblick über das Thema Qualität, selbst wenn gute Literatur zu diesem Thema ausreichend vorhanden ist. Zudem wollen wir auf die Verknüpfung zum Thema Wartung eingehen.

6.4.1 Was ist Qualität?

Rein heuristisch betrachtet stellt Qualität heute bei der Software ein sehr schlecht kontrolliertes Leistungsmerkmal dar. Software unterscheidet sich in dieser Hinsicht von den meisten Industrieprodukten. Wenn man es polemisch formulieren wollte, könnte man behaupten, die Sorge um die Qualität werde ausgegrenzt, indem die Entwicklung die Qualitätssicherung in einen eigenen unterstützenden Prozess abschiebt. Während mahnende Stimmen fordern, dass die Rolle eines Qualitätsverantwortlichen nur mit erfahrenen Projektleitern besetzt werden darf und hierarchisch über dem Verantwortlichen der Leistung erbringenden Organisation angesiedelt sein muss oder zumindest ebenbürtig, werden viel zu viele unerfahrene, schlecht ausgebildete oder schlecht motivierte Mitarbeiter zu Qualitätsverantwortlichen erklärt.

Das kann sich nur eine Branche leisten, die so schnelllebig ist, dass einem der Ruf vom letzten Murks, den man in die Welt gesetzt hat, nicht lange anhaftet. Softwarequalität heute heißt, dass die Fehlleistungskosten oftmals 8–10 % des Umsatzes betragen (vgl. [SchSe04])!

Wo Software einen langen Lebenszyklus hat oder haben soll, wird mangelnde Qualität sowohl einer der größten Kostentreiber als auch ein Haupthindernis dabei sein, die Software den sich im Laufe der Zeit ändernden Anwenderbedürfnissen adäquat anzupassen. Wenn wir Software für einen langen Lebenszyklus entwickeln, weiterentwickeln oder warten wollen, müssen wir deshalb aus der Herde der Mainstream-Softwareproduktion ausscheren und einsame, neue Wege beschreiten: Wir müssen die Qualität unserer Software tatsächlich sichern, und das am besten sinnvoll organisiert, jenseits von ISO9001-Zertifikaten und Proforma-Qualitätsmanagern.

Was gilt es zu sichern? Nun, Qualität lässt sich ganz trocken in sechs Themenkreise gliedern (vgl. [ISO9126]):

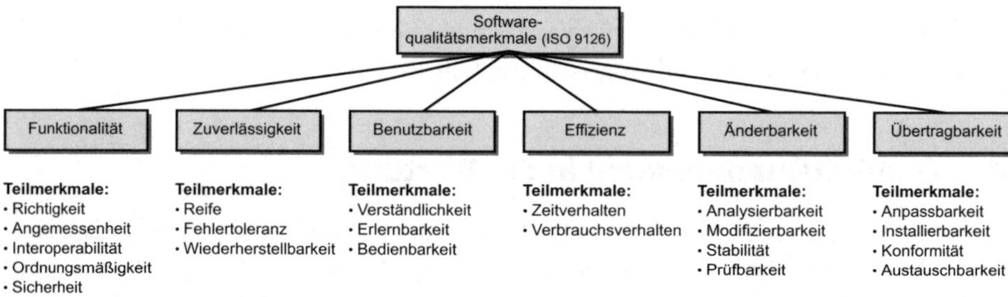

Abb. 6–5 *Softwarequalitätsmerkmale nach [ISO9126]*

Damit haben wir differenziert, aber noch nichts erklärt. Was »gute« Qualität ist, darüber lässt sich trefflich streiten. Wenn wir den heuristischen Ansatz wieder aufnehmen, können wir sagen, dass wir die Qualität eines Betrachtungsgegenstands immer dann als gering ansehen, wenn eine Erwartung an eines der sechs aufgeführten Merkmale nicht erfüllt wurde. Erwartungen andererseits kann man in Anforderungen formulieren, und die sechs genannten Merkmale lassen sich, manche mehr, manche weniger gut, mittels Anforderungen beschreiben. Das Problem »Qualität« lässt sich also auf folgende Punkte reduzieren:

- Neben den rein funktionalen Anforderungen sollte man auch noch Anforderungen aus den anderen fünf Themenkreisen aufnehmen.
- Mangelnde Qualität lässt sich dann dadurch fassen, dass eine Anforderung aus einem der obigen sechs Themenkreise nicht erfüllt wurde – dass also ein Fehler festgestellt wird (es ist bspw. auch ein Fehler, wenn eine Software nicht effizient genug läuft).
- Qualitätssicherung besteht dann darin zu verhindern, dass die Software mit inakzeptablen bzw. inakzeptabel vielen Fehlern ausgeliefert wird.

Dieses Ziel könnte man theoretisch erreichen, indem man einfach testet, bis kein Fehler mehr in der Software ist (manche Entwicklungsorganisationen scheinen diesen Ansatz tatsächlich zu wählen). In den meisten Fällen wäre das aber sehr ineffizient und sogar ineffektiv. Der deutlich bessere Ansatz besteht darin, so zu arbeiten, dass möglichst wenige Fehler entstehen. Tests sollten nur sehr eingeschränkt dazu eingesetzt werden, eine Software »fehlerfrei« zu machen – sie können nie eine volle Überdeckung erreichen und setzen am teuersten Punkt an, dann, wenn schon alles geschrieben ist.

> Qualität sichern heißt in erster Linie, Fehler zu vermeiden. Tests, insbesondere Systemtests, sollen Fehler nicht (nur) finden, um sie beheben zu können, sondern vor allem, um den Erfolg der Fehlervermeidung abschätzen zu können.

Qualitätssicherung wird damit zu einem klassischen Steuerungsproblem, das in der Regel durch einen Regelkreis beherrscht wird. Qualitätssicherung wird dementsprechend als unterstützender Prozess organisiert, der diesen Regelkreis ausführt. Das größte Problem der Qualitätssicherung ist dabei, dass Qualitätssicherung selbsthemmend ist:

- Wenn viele Fehler den Weg bis zum Anwender der Software finden, ist der Bedarf an Qualitätssicherung offensichtlich.
- Wenn kein Fehler auftritt, ist nicht klar, ob dies das Verdienst der Qualitätssicherung oder das Verdienst der Entwicklung ist. Im Zweifelsfall wird der Lorbeer an die Entwicklung gehen.

Die Qualitätssicherung hat in der Folge nur dann eine greifbare Rechtfertigung für ihre Existenz, wenn sie ineffektiv erscheint. Dies führt zu den vielen unerquicklichen Erscheinungen rund um Qualitätssicherung in der Software, die wir alle kennen. Eine der auffälligsten davon ist, dass sich Qualitätssicherung vielerorts darauf beschränkt, Berichte mit Statistiken über mehr oder weniger zufällig gewählte Messgrößen zu füllen.

6.4.2 Regelkreis der Qualitätssicherung

Wie uns Abschnitt 6.4.1 gezeigt hat, bedeutet Qualitätssicherung im Wesentlichen Fehlervermeidung, und diese sollte mithilfe eines Regelkreises gesteuert werden. In der Softwareentwicklung stehen drei Möglichkeiten zur Verfügung, einen Regelkreis zur Qualitätssicherung zu etablieren. In der Wartung können die gleichen Regelkreise verwendet werden, ihre Bedeutung und Anwendung verändern sich aber. Halten wir zunächst die drei Regelkreise der Qualitätssicherung in der Softwareentwicklung fest:

- Regelkreis der Validierung
- Regelkreis der Verifikation
- Regelkreis des Qualitätsmanagements

Regelkreis der Validierung

- *Aktor:* Durch die Anwendung geeigneter Entwicklungsprozesse sollen Fehler so gut wie möglich vermieden werden.
- *Sensor:* Durch den Systemtest sollen verbliebene inakzeptable Fehler entdeckt werden.
- *Steuerung:* Im Systemtest nicht erfolgreich bestandene Testfälle müssen analysiert und einer Lösung zugeführt werden, indem das weitere Vorgehen auf Prozessebene festgelegt wird (Nachentwicklung, Akzeptanz des Fehlers etc.).
- *Iteration:* Der Systemtest wird so oft wiederholt, bis alle Testfälle erfolgreich bestanden werden oder die verbleibenden Fehler akzeptiert werden.

Die Iterationen erfolgen hier erst, wenn die Entwicklung eigentlich abgeschlossen ist. Gravierende Änderungen an der Software werden dadurch erschwert. Die Steuerungsmaßnahmen können sehr teuer werden.

Regelkreis der Verifikation

Unabhängig davon, welches Entwicklungsprozessmodell wir verwenden, gibt es in der Regel Prozessschritte oder sogar Prozessphasen. Für manche davon ist es sinnvoll zu prüfen, ob sie erfolgreich abgeschlossen wurden, bevor wir zum nächsten Prozessschritt bzw. zur nächsten Prozessphase weitergehen. Diese Prüfung wird als Verifikation bezeichnet. Die Verifikation prüft einzelne Arbeitsergebnisse darauf, ob sie inhaltlich korrekt sind, soweit das auf Grundlage der vorhandenen Information möglich ist, und ob sie mit den vorgesehenen Arbeitstechniken erstellt wurden. Beispiele dafür sind das Review von Anforderungsspezifikationen, die Prüfung von Code auf Einhaltung der Codierrichtlinien oder die Prüfung, ob alle erforderlichen Rollen in die Erstellung oder Prüfung eines Arbeitsergebnisses einbezogen wurden (Hat der Architekt zugestimmt? Kann der Konfigurationsmanager damit leben? Etc.).

- *Aktor:* Durch die Anwendung geeigneter Arbeitstechniken sollen Fehler so gut wie möglich vermieden werden.
- *Sensor:* Durch Reviews, Prüfungen und Tests sollen verbliebene inakzeptable Fehler entdeckt werden.
- *Steuerung:* Ein Prozessschritt wird erfolgreich abgeschlossen, indem der Output, der vom Prozessschritt erwartet wird, als korrekt akzeptiert wird. Kann die Durchführung eines Prozessschritts nicht erfolgreich verifiziert werden, müssen die identifizierten Fehler durch Nacharbeit behoben werden. Dafür muss die Arbeitsmethodik festgelegt werden.

- *Iteration:* Der Verifikationsschritt wird so oft wiederholt, bis keine Fehler mehr erkannt werden können oder alle verbleibenden Fehler akzeptiert und dokumentiert werden.

Die Iterationen erfolgen hier zu einem Zeitpunkt, an dem viele der entdeckten Fehler noch keine greifbaren Auswirkungen haben. Die Versuchung ist groß voranzuschreiten, ohne sich mit der Behebung der Fehler »aufzuhalten«. Die Anforderungen an den Output einzelner Prozessschritte werden selten klar beschrieben. Ob Arbeitstechniken und Hilfsmittel zur Erstellung des Outputs geeignet gewählt werden, hängt von der Fach- und Sachkompetenz der Entwickler und des Qualitätsverantwortlichen ab. Wenn der Qualitätsverantwortliche in dieser Hinsicht nicht urteilsfähig ist, müssen die Entwickler aktiv an der Qualitätssicherung mitwirken.

Regelkreis des Qualitätsmanagements

- *Aktor:* Durch die Wahl geeigneter Qualitätssicherungsmaßnahmen (Vorgaben betreffend Prozessen, Arbeitstechniken, Testmethoden etc.) sollen Fehler so gut wie möglich vermieden werden.
- *Sensor:* Ein Qualitätssicherungsbericht beurteilt den Erfolg der Qualitätssicherungsmaßnahmen.
- *Steuerung:* Bei Bedarf werden die Qualitätssicherungsmaßnahmen angepasst.
- *Iteration:* Zu festgelegten Zeitpunkten wird ein Qualitätssicherungsbericht erstellt.

Diese Regelkreise verknüpfen die Eigenschaften der Systemkomponenten der Software mit den Qualitätsmerkmalen, die wir in Abschnitt 6.4.1 beschrieben haben (s. Abb. 6–6 bzw. [Bal95]). Aktorik und Sensorik werden durch die Maßnahmen zur Qualitätssicherung verkörpert. Entsprechend werden die Maßnahmen zur Qualitätssicherung [IS09126] unterschieden in:

- Konstruktive Maßnahmen: Das sind diejenigen, die die Aktorik der Regelkreise darstellen.
- Analytische Maßnahmen: Das sind diejenigen, die die Sensorik der Regelkreise darstellen.

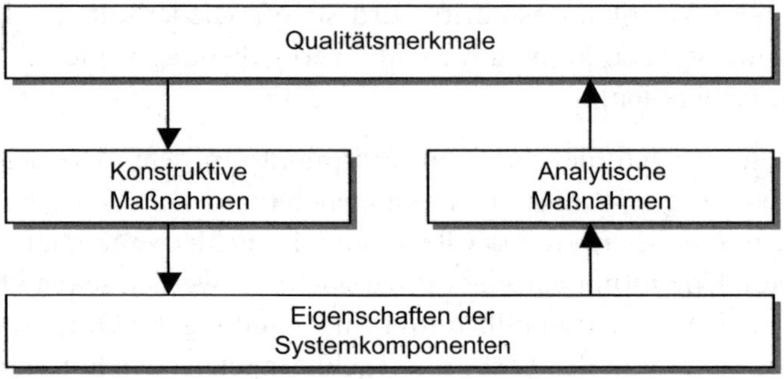

Abb. 6–6 *Produktqualität durch konstruktive und analytische Maßnahmen*

Die konstruktiven Maßnahmen sind vielfältig und reichen von der Wahl eines geeigneten Prozessmodells über die Wahl von Programmiersprachen und Arbeitsmitteln wie z. B. Entwicklungsumgebungen bis zum Verbot bestimmter Codekonstrukte. Hier muss jeweils mithilfe der einschlägigen Fachliteratur ein individueller Zugang gefunden werden.

Als analytische Maßnahmen stehen zur Verfügung (vgl. Abb. 6–7):

- Analysieren, also das Betrachten der Software mit dem Ziel, Auffälligkeiten oder Unregelmäßigkeiten zu finden.
- Verifizieren, also den Nachweis erbringen, dass etwas der Sache nach korrekt ist.
- Testen, also das Ausführen der Software mit dem Ziel, Fehler zu finden.

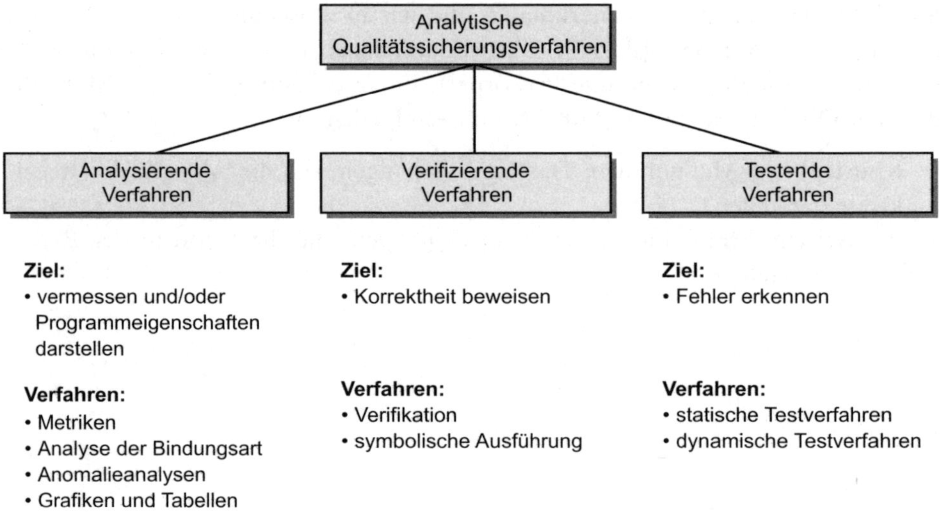

Abb. 6–7 *Analytische Qualiätssicherungsverfahren*

Im weiteren Verlauf des Buches werden wir sowohl auf die analysierenden wie auch testenden Verfahren eingehen. Die verifizierenden Verfahren hingegen werden wir in diesem Buch nicht weiter besprechen.

6.4.3 Auswahl der Maßnahmen in der Wartung

Qualitätssicherung in der Wartung unterscheidet sich von der Qualitätssicherung in der Entwicklung. Der augenfälligste Unterschied ist, dass in der Wartung die Qualität über die verschiedenen beteiligten Prozesse hinweg gesichert werden muss (Weiterentwicklung, allgemeiner Wartungsprozess, spezieller Wartungsprozess, Supportprozess). Da Qualitätssicherung in der Regel als unterstützender Prozess eingerichtet wird, muss klar sein, welcher Prozess jeweils von welchem Qualitätssicherungsprozess unterstützt wird und wie dies aufeinander abgestimmt wird.

Vor allem wird in der Regel die Qualitätssicherung der (Weiter-)Entwicklung einen großen Einfluss auf die Qualitätssicherung der Wartung ausüben, da viele Entscheidungen (Programmiersprachen, Codierrichtlinien, Entwicklungsumgebungen etc.) bereits getroffen wurden und die Wartung zumeist nur unter hohen Kosten von den Entscheidungen der Entwicklung abweichen kann. Die Wartung tritt in dieser Hinsicht einmal mehr das Erbe der Entwicklung an und muss dies an den aktuellen Anforderungen ausrichten.

Andererseits hat die Wartung gegenüber der Entwicklung einen großen Vorteil. Da auf der Lebenslinie der Wartung keine großen Projekte durchgeführt werden, sind die Zyklen für den Regelkreis des Qualitätsmanagements deutlich kürzer. In Kombination mit der Tatsache, dass die Aufbauorganisation einer Wartungsorganisation vergleichsweise stabil ist, bietet sich dadurch die Möglichkeit, die konstruktiven Maßnahmen der Qualitätssicherung schneller und konsequenter zu optimieren.

Erfolgreiche Qualitätssicherung sollte mit den bisher gezeigten Ansätzen eigentlich keine Hexerei sein. Nur leider lauern noch einige Fußangeln auf unseren Qualitätsverantwortlichen. Die wichtigste ist die überraschende Beschränktheit der Mittel: [ISO9126] hält fest, dass analytische Maßnahmen heute nur für die Qualitätsmerkmale Funktionalität, Zuverlässigkeit und Änderbarkeit bekannt sind. Und als wäre dies nicht unangenehm genug, können wir in [Bal95] eine weitere schlechte Kunde vernehmen: »Ein generelles Problem besteht darin, dass die Zusammenhänge zwischen Qualitätsmerkmalen, Komponenteneigenschaften und analytischen Maßnahmen noch nicht ausreichend bekannt sind.«

Wie misst man die Qualität dann einfach und möglichst objektiv? Nun, wenigstens ein paar ganz einfache, hemdsärmelige Werkzeuge stehen uns zur Verfügung: In den meisten Wartungsorganisationen kann ohne großen Aufwand ermittelt werden, wie viele Fehler der Software je Zeiteinheit, z. B. je Quartal, von Anwendern gemeldet werden. Auf Grundlage dieser Restfehlerrate lassen sich sinnvolle Messgrößen für die globale Wirksamkeit der konstruktiven und der analytischen Maßnahmen ableiten (s. auch Abschnitt 9.2):

- Analytische Maßnahmen:

  Quotient (Fehler, im Feld gefunden) / (Fehler, durch Fehlersuche gefunden)

  Dieser Quotient zeigt uns, wie gut unsere analytischen Maßnahmen sind. Ist der Quotient zu groß, müssen geeignete Maßnahmen gefunden werden, um die Fehlersuche erfolgreicher zu gestalten.

- Analytische Maßnahmen:

  Korrelation (Fehler / 1000 NLOC, im Feld gefunden) /
  (Fehler / 1000 NLOC, durch Fehlersuche gefunden)

  Falls eine hohe Korrelation besteht, hat die Fehlersuche zugleich einen hohen Wert als Prognoseinstrument. Es kann dann frühzeitig erkannt werden, ob die Software im momentanen Zustand bei den Anwendern Akzeptanz finden wird.

- Konstruktive Maßnahmen:

  Quotient (Fehler gefunden) / (Anzahl akzeptable Fehler)

  Dieser Quotient sagt uns, ob die konstruktiven Maßnahmen ausreichend effektiv waren. Ist der Quotient größer 1, dann ist das Produkt mehr oder weniger unbrauchbar und ebenso das bei der Entwicklung bzw. Wartung eingesetzte Qualitätsmanagement. Ist der Quotient sehr klein, dann ist es sogar denkbar, dass wir mit der Qualitätssicherung übertreiben und Potenzial für Einsparungen haben.

Die Frage, welche Änderungen in der Folge dieser Messungen an den Qualitätssicherungsmaßnahmen vorgenommen werden sollen, muss der Qualitätsverantwortliche dann aufgrund seiner Fach- und Sachkompetenz treffen. Durch all diese Unwägbarkeiten sollten folgende Faustregeln als Leitschnur dienen:

- Bestimmen Sie Ihre Ziele und richten Sie Ihre Maßnahmen, insbesondere die analytischen, an diesen Zielen aus.
- Betreiben Sie im Bereich Qualitätssicherung keine Folklore, nur weil es jeder tut. Das verschlingt unnötig Geld, ohne einen Gegenwert zu liefern. Nutzen Sie das Geld stattdessen, um diejenigen Maßnahmen zu finanzieren, bei denen Sie den größten Effekt vermuten.
- Qualitätssicherungsmaßnahmen, die im Zusammenhang mit Ihrem Wartungsauftrag kein erkennbares Motiv haben, sind aus einem weiteren Grund schädlich: Sie können einen gefährlich falschen Eindruck von der Sachlage erzeugen.

6.5 Dokumentation in der Wartung

Neben dem Konfigurationsmanagement und der Qualitätssicherung ist die Dokumentation das dritte Thema, das über die Lebenslinie der (Weiter-)Entwicklung und die Lebenslinie der Wartung hinweg gut koordiniert sein muss. Fast alles, was in den Abschnitten 6.3 und 6.4 über die gegenseitigen Abhängigkeiten festgestellt wurde, gilt auch für die Dokumentation. Auch in der Dokumentation tritt die Wartung das Erbe der Entwicklung an und muss sich auf dieser Grundlage an den aktuellen Bedürfnissen orientieren.

Die Wartung hat zwei unterschiedliche Blickwinkel, unter denen sie die Dokumentation betrachtet. Einerseits stellt sich die Frage, welche Dokumente uns bei den Tätigkeiten rund um die Wartung unterstützen können. Diese Dokumente müssen von der Wartung bei den (Weiter-)Entwicklungsprojekten eingefordert werden, indem wir entsprechende Wartbarkeitsanforderungen definieren. In der Wartung müssen diese Dokumente selbstverständlich gepflegt und aktuell gehalten werden.

Andererseits stellt sich die Frage, welche Dokumente durch die Wartung im Lauf der Wartungstätigkeiten zusätzlich erstellt oder angepasst werden müssen.

Beiden Blickwinkeln gemein ist die Tatsache, dass Dokumentation ein Artefakt ist wie Code, und dass der wesentliche Teil der Dokumentation mit dem Produkt (nicht Projekt!) mitwachsen muss. Das Vorgehen betreffend der Dokumentation muss deshalb über die verschiedenen Lebenslinien hinweg koordiniert und einem Konfigurationsmanagement unterstellt werden. Gegenüber dem Code hat die Dokumentation allerdings den Nachteil, dass es auch Dokumentation gibt, die rein projektbezogen ist. Dies ist die eigentliche Schwierigkeit beim Umgang mit Dokumentation: Es muss nicht nur mit brauchbarem Ergebnis darüber entschieden werden, welche Dokumentation in welcher Form erstellt werden soll, es muss zudem immer entschieden werden, ob die Dokumentation projekt- oder produktbezogen erstellt werden soll. Da ein großer Teil der Dokumentation im Rahmen von Projekten entsteht, ist die Klärung der letzten Frage nicht immer unstrittig und teils auch mit politischen Aspekten behaftet, spätestens wenn die Finanzierung der Dokumentationsaufwände sichergestellt werden muss.

Fragen rund um die Dokumentation sollten deshalb immer vom Produktmanagement geklärt und verantwortet werden.

> Die Dokumentation muss mit dem Produkt mitwachsen – daran ist sowohl die (Weiter-)Entwicklung wie auch die Wartung beteiligt.

Welche Dokumente uns bei den Tätigkeiten rund um die Wartung unterstützen können, hängt von den Wartbarkeitsanforderungen ab, die wir an die Software stellen, und von den Arbeitstechniken, die in der Wartung angewendet werden sollen. Dies lässt sich also bereits auf Grundlage der Systemanforderungen, des Wartungsplans und der Qualitätspläne für Entwicklung und Wartung bestimmen. Die Bedeutung der Qualitätssicherungspläne in dieser Hinsicht sollte nicht unterschätzt werden.

Welche Dokumente durch die Wartung im Lauf der Wartungstätigkeiten erstellt oder angepasst werden müssen, hängt dagegen stärker davon ab, wie die Kundendokumentation gestaltet ist. Selbstverständlich haben auch Weiterentwicklungsprojekte und die Wartung selber hier berechtigte Interessen.

In einer einigermaßen gut funktionierenden Organisation ist es nicht besonders schwierig, diese Interessen herauszufinden und damit klar zu identifizieren, wie die Wartung die Dokumentation nachführen sollte. Trotzdem ist der Stand der Dokumentation nach Wartungseingriffen oft schlecht. Dies liegt ganz besonders daran, dass Wartungseingriffe nicht so konsequent mit der Erstellung von Dokumentation verknüpft werden, wie dies bei der (Weiter-)Entwicklung der Fall ist. Hemmend wirkt dabei die Tatsache, dass meistens keine neuen Dokumente erstellt werden sollen, sondern bestehende Dokumentation geändert werden muss. Außerdem muss je nach Wartungsfall ein völlig anderes Spektrum an Dokumenten (und anderer Dokumentation) angepasst werden. Es fällt deshalb auf der einen Seite nicht dramatisch auf, wenn die Dokumentation nicht nachgeführt wird (es existieren ja alle erforderlichen Dokumente, nur eben leider veraltet), und auf der anderen Seite ist es für die meisten Wartungsmitarbeiter deutlich anspruchsvoller, ein bestehendes Dokument erfolgreich zu ändern, als ein neues Dokument zu erstellen. Die Motivation zu diesen Tätigkeiten ist also vergleichsweise gering.

Der einzige Ausweg aus dieser Situation besteht darin, die Dokumentation fest im speziellen Wartungsprozess zu verankern. Die Frage, wie Dokumentation nachgeführt oder neu erstellt werden soll, muss fester Bestandteil der Auswirkungsabschätzungen und der abschließenden Tests sein.

6.6 Zusammenfassung

Wir kennen nun weitere Aspekte des Wartungsprozesses:

- den spezifischen Wartungsprozess und seine Ablauforganisation,
- die Aufbauorganisation der Wartung sowie
- die Rollen und ihre Aufgaben in der Wartung.

Wir haben über den speziellen Wartungsprozess Folgendes gelernt:

- Er ist eine geeignet zugeschnittene Form von Entwicklungsprozess.
- Er greift auf dieselben unterstützenden Prozesse zu wie der Entwicklungsprozess.

Wir haben die unterstützenden Prozesse identifiziert, die über alle Tätigkeitsbereiche hinweg koordiniert werden müssen (insbesondere Entwicklung und Wartung):

- Konfigurationsmanagement
- Qualitätsmanagement
- Dokumentation

Wir wissen vom Konfigurationsmanagement in der Wartung, dass

- diese Disziplin zwingend beherrscht werden muss,
- es die Lieferfähigkeit sicherstellt und
- damit mehr wie nur Code verwaltet wird.

Wir haben über das Qualitätsmanagement in der Wartung gelernt, dass

- neben der rein funktionalen Anforderung fünf weitere Themenkreise zu beachten sind,
- Qualitätsmanagement in erster Linie heißt: Fehler zu vermeiden,
- Qualität nicht in ein Produkt hinein getestet werden kann und
- Qualitätssicherung konstruktive und analytische Maßnahmen kennt.

Wir beachten zum Thema Dokumentation Folgendes:

- Die Dokumentation wächst mit dem Produkt mit.
- Dazu leisten sowohl die (Weiter-)Entwicklung wie die Wartung ihre Beiträge.
- Die Dokumentation muss entsprechend von Beginn an so ausgelegt werden.

7 Wissen – Bedeutung in der Wartung

In einem wissensintensiven Umfeld, wie der Softwarewartung, sind die Mitarbeiter und ihr Wissen der wichtigste Faktor. Schlussendlich sind sie es, die tagtäglich die Systeme pflegen und in Schwung halten. Entsprechend beschäftigen wir uns in diesem Kapitel mit den verschiedenen Facetten des »Produktionsmittels« Wissen.

Wartung genießt meist einen wenig attraktiven Ruf. Daher beginnen wir mit der Frage: Wie können wir trotz des negativen Rufes der Softwarewartung gute – sprich wissende – Mitarbeiter gewinnen und ein leistungsfähiges Wartungsteam aufbauen?

Anschließend wollen wir das Thema Wissen genauer betrachten. Schließlich ist dies der wichtigste Schlüssel zu hoher Produktivität.

Zum Schluss gehen wir auf einen Wissenstransfer spezieller Art ein und zeigen konkret, wie man dank einer Retrospektive oder *lessons learned* das Wissen aus der eigenen Organisation für die eigenen Zwecke nutzen kann.

7.1 Wissen aufbauen heißt Mitarbeiter aufbauen

Informatik im Allgemeinen und Wartung im Speziellen ist ein reines »People's Business«. In diesem Geschäft braucht es praktisch keine Investitionen, denn man benötigt weder einen großartigen Maschinenpark noch Ländereien oder dergleichen. Einige Büroräumlichkeiten, einen Kommunikationsanschluss und etwas Hardware genügen als Infrastruktur vollkommen. Umso entscheidender sind aber die Mitarbeiter und ihr Wissen, denn diese verhelfen zu einer reibungslosen Wartung – was schließlich unser Ziel ist.

Tom DeMarco hat schon vor vielen Jahren gezeigt [DeLi99], welch enorme Produktivitätsunterschiede in der Informatik zwischen guten und schwachen Mitarbeitern liegen können. Sicher konnten Sie selbst schon beobachten, dass es Wartungsmitarbeiter gibt, die den Fehler oft innerhalb weniger Stunden finden, während andere eine Woche und mehr benötigen – vorausgesetzt sie finden ihn überhaupt.

Über die zunehmende Bedeutung der Wartung haben wir in Kapitel 1 bereits gesprochen. Dabei geht es genauso um die Sicherung der Investitionen in ein Produkt wie um die Senkung der Wartungs- und damit Produktlebenszykluskosten. Um diese Ziele erreichen zu können, müssen wir die Wartung ernsthaft betreiben. Dazu ist es unerlässlich, die besten Mitarbeiter zu engagieren.

Unglücklicherweise wird Wartung oft als unattraktiv wahrgenommen und gilt als das »Sibirien der Informatik«. Schließlich hat man es nicht selten mit veralteten Systemen und ebenso alten Programmiersprachen zu tun. Zudem wird im Gegensatz zur Entwicklung eher renoviert als kreiert.

Vor diesem Hintergrund tragen viele Manager das ihre dazu bei, was häufig noch schwerer wiegt und den Ruf der Wartung unnötig ramponiert. So werden beispielsweise ausrangierte Softwareentwickler kurz vor ihrem Ruhestand in der Wartung deponiert, genauso wie Mitarbeiter mit ungenügenden Leistungen in die Wartung »strafversetzt« werden. Dass zudem solche Chefs ihre Wartungsmannschaft für ihre Leistungen vor versammelter Mannschaft nie loben und somit die wohlverdiente Wertschätzung ausbleibt, überrascht niemanden. Da wundert es nicht, dass sich teilweise Wartungsleute wie Mitarbeiter zweiter Klasse fühlen.

Diese Handlungen haben Signalwirkung über das Wartungsteam hinaus und zementieren den schlechten Ruf der Wartung. Wie soll man unter diesen Umständen eine gut funktionierende Wartung aufbauen können?

Bevor wir uns dieser Frage konkret widmen, lassen Sie uns kurz das Thema Motivation anschauen. Vielleicht hilft uns dies ein Stück weiter, schließlich wollen wir trotz obiger Umstände gute Leute für die Wartung gewinnen.

Motivation, also der innere Beweggrund, ist sehr individuell und situationsabhängig. Daher ist es schwierig, allgemeingültige Rezepte bereitzuhalten, wie man die dringend gesuchten Mitarbeiter für die Wartung motivieren könnte.

Hingegen gibt es Einflussfaktoren und Rahmenbedingungen, die bei allen Mitarbeitern Ärger, Frust oder Resignation auslösen können und somit demotivieren. Zumindest diese Demotivatoren sollten möglichst gering gehalten und abgestellt werden. Dies sind u.a.:

- Zu starre Hierarchien
- Fehlende, klare Aufgabe
- Fehlendes, konkretes Ziel
- Keine Einflussnahme auf die Arbeit
- Langweilige Arbeit
- Ständige Überlastung
- Fehlende Anerkennung
- Niedrige Gehälter

Nun aber zurück zu unserem Vorhaben, trotz des schlechten Rufes ein erfolgreiches Wartungsteam aufzubauen. Unserer Erfahrung nach kann man dies mit folgenden drei Schritten erreichen:

- Voraussetzungen schaffen
- Vorbilder gewinnen
- Nachhaltigkeit sicherstellen

7.1.1 Voraussetzungen schaffen

Als Erstes gilt es, die Voraussetzungen zu schaffen. Dazu gehört es, das Ziel und die Aufgabe klar zu definieren, um anschließend die entsprechende Organisation aufzubauen – ganz nach dem Motto: *structure follows strategy* – also Struktur, sprich Organisation, folgt der Strategie.

Das Ziel muss lauten, eine Organisation aufzubauen, die für die Wartung aller Softwaresysteme nach Übergabe in den Betrieb zuständig ist. Dabei soll sie sich der vier Wartungsaufgaben korrektive, präventive, adaptive sowie perfektionierende Wartung annehmen und zusätzlich die nachgelagerte Supportorganisation unterstützen. Des Weiteren sollen die Aufwände für diese fünf Tätigkeiten separat erfasst werden, um die Kostentransparenz sicherstellen zu können. Zudem gibt das Produktmanagement anhand einer Wartungsroadmap (s. Abschnitt 8.3.3) die Wartungszyklen vor.

Sind Sie sich über das Ziel und die Aufgaben einig, gilt es, eine entsprechende Organisation aufzubauen. Die verschiedenen Möglichkeiten dazu haben wir bereits in Abschnitt 6.1 besprochen.

Voraussetzungen schaffen heißt also nicht, im Geheimen »ein bisschen Wartung« betreiben zu wollen, sondern es muss ein klarer Unternehmensentscheid her: »Ja, wir wollen ernsthaft Wartung betreiben!«

Dazu gehört eine klare Aufgabe und eine sichtbare, eigene Organisation. Beides ist entsprechend zu kommunizieren.

7.1.2 Vorbilder gewinnen

Mit der neu zu bildenden Organisation entsteht ein sichtbares Zeichen nach außen, das eine klare Zustimmung der Firma zum Thema Wartung ist. Dieser klare Entscheid für die Wartung ist eine wichtige Voraussetzung für unser nächstes Vorhaben: Vorbilder zu gewinnen!

Die Vorbilder sollen als Zugpferde dienen, schließlich will jeder mit erfolgreichen Leuten zusammenarbeiten! Wie aber kriegt man solche guten Leute. Dazu empfehlen wir folgendes Vorgehen:

- Karrierepfad für Schlüsselrollen
- Generalisten und Qualitätstypen als Wartungsmitarbeiter
- Letzter Kick

Karrierepfad für Schlüsselrollen

Verleihen Sie der Wartung mehr Bedeutung, indem Karrierepfade von Schlüsselrollen, wie die eines Projektleiters oder Systemarchitekten, über die Wartung führen müssen.

So könnte man zum Beispiel von einem »Projektleiter auf Bewährung« verlangen, dass er nach Abschluss seines ersten Entwicklungsprojektes sein Release als Wartungsmanager weiter betreuen muss, bevor er ein nächstes Projekt übernehmen darf. Dies hat etliche Vorteile! Zu allererst hat es Vorbildwirkung. Der Projektleiter steht sichtbar zu »seinem Release« und schiebt es nach Entwicklungsabschluss nicht einfach in der Prozesskette eine Stufe weiter, um sich Neuem zu widmen. Da dieser Schritt zum Wartungsmanager von Beginn an geplant und kommuniziert wurde, ist der Projektleiter schon während der (Weiter-)Entwicklung interessiert, ein möglichst wartungsfreundliches und gut getestetes System abzuliefern – schließlich wird er seine Früchte ernten (vgl. Abschnitt 8.4.4). Im Weiteren lernt der Projektleiter sein System von einer neuen Seite kennen. Diese Erfahrungen werden ihm bei seinem nächsten Projekt von Nutzen sein. Zu guter Letzt kann er sich vom hektischen und termingesteuerten Alltag etwas zurückziehen, liegt der Fokus in der Wartung doch eher auf der Qualitätsseite. Ein analoges Vorgehen ist für den Systemarchitekten und weitere Schlüsselrollen denkbar.

Das heißt also: Gilt die Wartung als Treppe auf der Karriereleiter von Schlüsselrollen, verliert sie schnell ihren allzu schlechten Ruf. Dies macht es einfacher, gute Leute zu gewinnen. Ein solches Vorgehen muss natürlich vom gesamten Unternehmen, inklusive der Personalabteilung, getragen und umgesetzt werden!

Generalisten und Qualitätstypen als Wartungsmitarbeiter

Nachdem wir dank dem Modell »Karrierepfad für Schlüsselrollen« unseren Wartungsmanager und Systemarchitekten gefunden haben, suchen wir für unser Team Wartungsmitarbeiter. Wie können wir in diesem Falle vorgehen?

Sicher haben Sie auch schon festgestellt, dass es unterschiedliche Typen von Entwicklern gibt. Es gibt solche, die alles für die Termineinhaltung tun, und solche, die großen Wert auf die Qualität ihrer Arbeit legen – mehr oder weniger ungeachtet der Termine. Des Weiteren gibt es Generalisten mit einer guten Systemübersicht und wiederum Spezialisten mit Detailkenntnissen einzelner Systemteile.

All diese verschiedenen Typen sind in ihren Handlungsweisen mehr oder weniger gefangen und können ihre Vorliebe für den Termin oder die Qualität bzw. die Systemübersicht oder das Detail kaum ändern – zumindest wären sie dabei nicht glücklich.

Da Entwicklungsprojekte permanent unter großem Termindruck stehen, sind hier vor allem die Termin-Typen (T-Typen) sehr gefragt. Qualitäts-Typen (Q-Typen) hingegen fühlen sich in solchen Umgebungen eher unwohl. Ständig sitzt einem der Projektleiter im Nacken und wünscht die termingerechte Abarbeitung der zugeordneten Arbeitspakete. Ähnlich verhält es sich mit den Generalisten (G-Typen), die in großen Entwicklungsprojekten nur ungern einzelne Arbeitspakete irgendeines Moduls umsetzen wollen, ohne die gesamten Zusammenhänge zu kennen. Dies wiederum stört den Spezialisten (S-Typen) gar nicht, der gerne für einen Teilaspekt des Gesamtsystems verantwortlich zeichnet und so sein »privates Gärtchen« pflegen kann.

Genau diese unterschiedlichen Vorlieben können wir uns bei der Suche nach geeigneten Wartungsmitarbeitern zunutze machen. Wir bieten ihnen einen Job an, der ihrem Naturell entspricht – im Gegensatz zur Entwicklung.

Betrachtet man das Stellenprofil eines Wartungsmitarbeiters, stellt man schnell fest, dass Generalisten (G-Typen) gut zu gebrauchen sind. Die Anforderungen sind nämlich hoch. Einerseits muss er ausreichendes Fachwissen über die Applikation und Domäne besitzen, andererseits genügend Software-Engineering-Kenntnisse, um Codeanpassungen sicher durchführen zu können. Zusätzlich muss er kommunikativ sein, schließlich pflegt er viele Kontakte, sei es bei der Unterstützung des Supports, dem Abstimmen der adaptiven Wartung mit dem Produktmanagement oder beim Suchen sporadisch auftretender Fehler beim Kunden, um nur einige Beispiele zu nennen. Ein Wartungsmitarbeiter ist aber auch Entwickler, Tester oder manchmal Detektiv, beispielsweise wenn es die Absicht des Urhebers aus dem Code herauszulesen gilt. Übrigens: Genau diese Vielseitigkeit macht einen Wartungsmitarbeiter für weitere Aufgaben und Karriereschritte im Unternehmen interessant!

Neben den G-Typen sind aber auch die Q-Typen sehr gefragt. Abgesehen von Instandhaltungsproblemen, also schweren Mängeln, die unverzüglich zu beheben sind, steht der Termindruck weniger im Vordergrund. Vielmehr gilt es, Codeänderungen bedacht zu tätigen. Schließlich soll nicht nur die Codeanpassung ihre Wirkung zeigen, sondern das Bisherige in allen Fällen weiterhin einwandfrei funktionieren.

Das heißt also: In der Wartung können wir den Generalisten (G-Typen) sowie den Qualitätstypen (Q-Typen) eine Aufgabe bieten, die ihrem Naturell entspricht. Idealerweise findet man für die Wartung GQ-Typen, die also beide Eigenschaften vereinen. Zudem ist die Wartung eine gute Basis für weitere Karriereschritte.

Letzter Kick

Wir haben nun gesehen, wie wir den Schlüsselrollen einerseits und den Wartungsmitarbeitern andererseits eine interessante Perspektive in der Wartung bieten können. Trotzdem kann es vorkommen, dass einzelne Mitarbeiter noch einen letzten Kick brauchen, um den Schritt in die Wartungsmannschaft zu tun. In diesem Fall hilft ein »Positiv-Gespräch«.

Hier geht es im Wesentlichen darum, individuelle Bedürfnisse ausfindig zu machen und entsprechend zu befriedigen. Diese können sehr vielseitig sein, so wie wir Menschen dies auch sind. Beispiele dafür sind: Status in Form einer spezifischen Rolle oder Aufgabe, das Wecken des Pioniergeistes, schließlich kann man nicht häufig von der ersten Stunde an eine neue Organisation mit aufbauen, Wertschätzung, denn nicht jeder Mitarbeiter hat einen Vorgesetzten, der ihn auch lobt, eine interessante Arbeit, in der er mehr Systemzusammenhänge kennenlernt als bei der Arbeit in einem reinen Entwicklungsprojekt, oder einfach nur ein angemessener Lohn.

Da es hier um sehr individuelle Bedürfnisse geht, hilft nur ein offenes Gespräch.

7.1.3 Nachhaltigkeit sicherstellen

Sobald man die ersten Topleute hat, gilt es zu zeigen, was man mit einem guten Wartungsteam alles bewegen kann. So könnte man den schon lange vor sich her geschobenen Berg ungelöster Trouble-Reports konsequent und zügig abarbeiten. Des Weiteren bietet es sich an, schon lange bekannte Probleme auf Kundenanlagen richtig zu lösen, anstatt wie bisher mit einem Trostpflaster zuzukleben. Oder man stabilisiert das System weiter, indem man beispielsweise auch die letzten, hartnäckigen Deadlocks entfernt, und siehe da, plötzlich läuft die Anlage tagelang ohne jeden Absturz – um nur einige Beispiele zu nennen. Solche Taten helfen, das Eis zu brechen, und mit der neuen Anerkennung der Wartung entwickelt sich eine Sogwirkung. Plötzlich melden sich die Leute freiwillig und wollen gerne Teil eines solchen Teams sein. Erfolg macht eben attraktiv!

> Vorbilder helfen beim Aufbau eines schlagkräftigen Wartungsteams und sorgen für eine Sogwirkung.

Klugerweise ruht man sich auf diesen ersten Erfolgen nicht aus, sondern führt den soeben gewonnenen Schwung weiter. Als Erstes gilt es, mit passenden Prozessen für etwas Ordnung und Nachhaltigkeit zu sorgen (s. Kap. 5 und 6). Natürlich helfen in der Anfangsphase Elan und Flexibilität enorm, langfristig freuen sich die Mitarbeiter aber sicher über ein geordnetes Arbeiten. Die neu zu etablierenden Prozesse sollten sowohl im Wartungsteam intern wie auch an den Schnittstellen zu den anderen Teams (Produktmanagement, Entwicklung, Supportorganisation etc.) greifen.

Anschließend können Metriken (s. Kap. 9) eingeführt werden, um die eigenen Tätigkeiten und Prozesse weiter zu optimieren. Auch dies trägt zur Nachhaltigkeit bei. Zudem lassen sich dadurch die eigenen Leistungen und Fortschritte sichtbar machen. So wie die Entwickler ihre Projektabschlüsse feiern können, so können die Wartungsmitarbeiter dank der Metriken andere Ziele anvisieren und feiern. Beispielsweise wenn man nur noch 30 offene Trouble-Reports hat oder wenn man zum ersten Mal alle offenen Trouble Reports durchschnittlich in 15 Tagen gelöst hat.

Eine weitere Möglichkeit, eigene Leistungen zu reflektieren und zu würdigen, bieten Jahresrückblicke an. Hier werden die verschiedenen Tätigkeiten, die man im vergangenen Jahr geleistet hat, zusammengefasst und gewürdigt, analog zu Projektrückblicken oder Post-mortem-Analysen in der Entwicklung (mehr dazu in Abschnitt 7.3).

7.2 Umgang mit Wissen

Nachdem wir wissende Mitarbeiter gewonnen und ein leistungsfähiges Team aufgebaut haben, wollen wir uns ganz allgemein mit dem Thema Wissen beschäftigen. Schließlich genügt es nicht, gute Mitarbeiter einzustellen – wir müssen vielmehr ihr Wissen bewusst pflegen. Konkret heißt das: etwaige Lücken feststellen und schließen.

Dazu wollen wir uns zunächst den Wert von Wissen bewusster machen, anschließend lernen wir das Wissensinventar kennen und zum Schluss gehen wir auf Möglichkeiten des Wissensaufbaus sowie -transfers ein.

Diese Themen sind zwar nicht wartungsspezifisch, sondern gelten generell für Wissensarbeiter aller Art, also auch für Informatiker und somit Wartungsmitarbeiter. Trotzdem wollen wir einige Gedanken dazu vermitteln, da sie aus unserer Sicht zu wenig beachtet werden und gerade im Wartungsumfeld wichtige Impulse setzen können.

Peter Drucker, ein Pionier der modernen Managementlehre, hat bereits 1968(!) folgenden Satz geschrieben: »Wissensarbeit produktiv zu machen ist die große Managementaufgabe dieses Jahrhunderts, so wie es die große Aufgabe des vergangenen Jahrhunderts war, manuelle Arbeit produktiv zu machen.« Später bezeichnete er die Produktivität der Wissensarbeiter als entscheidenden Wettbewerbsfaktor in der Weltwirtschaft.

Was damals sehr visionär schien, ist heute zwar seit Langem bekannt – und trotzdem, was unternehmen wir, um die Arbeit unserer Wissensarbeiter effektiver zu gestalten? Setzen wir uns im Alltag gebührend mit diesem Thema auseinander oder verschieben wir es immer wieder auf eine ruhige Minute, die einfach nie kommt?

Bevor wir das Thema Wissen ausführlicher betrachten, sollten wir uns zuerst fragen: »Was genau ist Wissen?« Dazu gibt es leider nicht *die* eine Definition, sondern etliche verschiedene. Aus dieser Vielfalt haben wir folgende Formulierung gewählt:

> Wissen ist behaltene, mit Erfahrungskontext getränkte Information.

Leider ist diese Form von Information für sich alleine betrachtet völlig nutzlos. Der wahre Charakter von Wissen steckt eigentlich im Wort selbst, denn Wissen ist ein substantiviertes Verb. Es hat also mit einer Tätigkeit zu tun. Wissen kann man nicht einmal erwerben und anschließend ewig besitzen. Wissen muss man tagtäglich anwenden, sonst zerrinnt es zusehends. Schließlich hat schon Johann Wolfgang Goethe gesagt:

»Es ist nicht genug zu wissen – man muss es auch anwenden;
es ist nicht genug zu wollen – man muss es auch tun.«

Wir haben gesehen, dass ein bewusster Umgang mit Wissen lohnenswert ist. Darum schauen wir uns im Weiteren folgende Themen an:

- Wert von Wissen: Worin genau liegt für uns der Wert von Wissen?
- Wissensinventar: Welches Wissen haben wir, welches fehlt uns?
- Wissensaufbau und -transfer: Wie können wir Wissenslücken schließen?

7.2.1 Wert von Wissen

Lassen Sie uns zu Beginn das Wissen unserer Mitarbeiter gedanklich als einen Unternehmenswert betrachten und ihn konsequenterweise in der Bilanz aktivieren. Angenommen einer Ihrer besten Mitarbeiter, eben ein Wissensträger, verlässt Ihr Unternehmen und hinterlässt eine große Lücke. Dies ist für Ihr Team ein großer Verlust. Konsequenterweise müssten nun die Vermögenswerte in Ihrer Bilanz des Wissens abnehmen. Anschließend stellen Sie einen neuen, jungen Mitarbeiter ein. Dadurch nimmt der Vermögenswert des Wissens zwar wieder zu, aber nicht so viel, wie Sie verloren hatten. Indem Sie diesen neuen Mitarbeiter laufend aus- und weiterbilden, investieren Sie in sein Wissen und erhöhen damit Ihren Vermögenswert wieder. Natürlich ist dieser Wissensaufbau mit Aufwand verbunden.

Diese Überlegung sollte uns lediglich für den Wert von Wissen sensibilisieren. Wie wir in der Einleitung bereits gesehen haben, stellt Wissen für sich alleine genommen keinen Wert dar. Der Wert entsteht erst mit der *Anwendung* des Wissens.

Dazu ein einfaches Beispiel: Früher kannte man in der Landwirtschaft die Fruchtfolge nicht und baute Jahr für Jahr dasselbe Getreide an. Dies führte zu nährstoffarmen Böden und entsprechend knappen Erträgen. Später führte man die Dreifelderwirtschaft ein. Im jährlichen Wechsel bestellte man je ein Feld mit Wintergetreide und eines mit Sommergetreide. Das dritte Feld nutzte man ackerbaulich nicht und ließ es brachliegen oder es diente als Viehweide. Die Dreifelderwirtschaft bedeutete gegenüber früheren Anbaumethoden einen deutlich höheren Ertrag.

Was heißt das nun für uns in der Softwarewartung? Auch hier wollen wir durch richtig angewendetes Wissen produktiver werden.

Während ein unerfahrener Mitarbeiter Tage benötigt, um einen Fehler in unserem drei Millionen Lines of Code umfassenden System zu finden, braucht ein erfahrener oder eben wissender Mitarbeiter nur Stunden.

> Wissen richtig angewendet führt zu einer höheren Produktivität.

Lassen Sie uns diesen Merksatz noch etwas vertiefen. Interessant wäre zu wissen, welches Wissen die Produktivität erhöht. Dafür ist allerdings der Begriff »Wissen« zu allgemein. Deshalb fragen wir uns, welche »Arten« von Wissen in einem Unternehmen vorkommen. Genau diese Frage kann uns die Wissensbilanz beantworten.

Eine Wissensbilanz ist ein Instrument zur gezielten Darstellung und Entwicklung des Unternehmenswertes »Wissen«. Ein verbreitetes Modell, eine Wissensbilanz darzustellen, unterscheidet folgende drei Kategorien (nachfolgend mit Beispielen hinterlegt):

- Humankapital: Fähigkeiten der Mitarbeiter
- Strukturkapital: Prozesse, Patente oder Unternehmenskultur
- Beziehungskapital: Kundenbeziehung oder Image

Nachdem wir nun die verschiedenen Wissenskategorien kennen, wollen wir prüfen, welche die Produktivität erhöht.

Investiert man in die Fähigkeiten der Mitarbeiter (Humankapital), macht sich dies durch eine erhöhte Produktivität bemerkbar (vgl. Beispiel Fehlersuche). Genauso verhält es sich, wenn man die Prozesse optimiert (Strukturkapital), denn so können die Wartungsfälle geordnet und effizient abgewickelt werden. Gepflegte Kundenbeziehungen (Beziehungskapital) hingegen führen nicht zwingend zu einer höheren Produktivität, können aber beispielsweise die Fehlleistungskosten minimieren, wenn zum Beispiel Ihr System Probleme bereitet. In diesem Falle dürfen Sie mit einer höheren Toleranz des Kunden gegenüber Ihnen und Ihrem Missgeschick rechnen.

Somit lohnt es sich, alle drei Kategorien der Wissensbilanz zu betrachten und zu optimieren. Entweder erhöhen sie die Produktivität oder reduzieren die Fehlleistungskosten. Mehr zu den Themen Produktivitätssteigerung und Fehlleistungskosten finden Sie in Abschnitt 8.4.

7.2.2 Wissensinventar

Wir haben gesehen: Die Fähigkeiten der Mitarbeiter, genauso wie die Qualität unserer Prozesse, können die Produktivität positiv beeinflussen. Daher wollen wir diese für uns interessanten Werte noch etwas vertiefen.

Mittels des Wissensinventars möchten wir als Nächstes herausfinden, welche Fähigkeiten in unserer Mannschaft wie gut und häufig vertreten sind, um etwaige Lücken feststellen zu können. Diese Lücken gilt es anschließend, gezielt zu schließen, um so in Summe die Fähigkeiten unserer Mitarbeiter zu verbessern und schlussendlich die Produktivität der Wartungsorganisation zu steigern.

Als Erstes wollen wir ein Wissensinventar erstellen. Dies erreichen wir mit folgenden zwei Schritten:

- Identifizieren der relevanten Wissensgebiete
- Bestandsaufnahme des vorhandenen Wissens

Identifizieren von Wissensgebieten

Als Erstes wollen wir herausfinden, welche Wissensgebiete nötig sind, um die langfristige Wartung unserer Systeme sicherstellen zu können. Da diese relevanten Wissengebiete von Ihrem System und Umfeld abhängen, können wir hier keine allgemeingültige Liste zur Verfügung stellen. Allerdings können wir Hinweise geben, wie man die für das eigene System relevanten Themen finden kann.

Es steht stets die Frage im Vordergrund, welches Wissen für den Geschäftserfolg besonders entscheidend ist. Dazu betrachten wir folgende vier Kategorien:

- Domänenwissen
- Prozesswissen
- Systemwissen
- Technologiewissen

Erstellen Sie sich dazu ruhig eine Liste – ausnahmsweise eine, die sich lohnt. Tragen Sie die vier Kategorien ein und suchen Sie die für Ihr Umfeld relevanten Subthemen zu diesen Kategorien. Vermerken Sie dazu in Ihrer Liste, wie wichtig jedes einzelne Wissensgebiet für Ihren Geschäftserfolg ist. Benutzen Sie dafür die Ziffern 1 bis 3. 1 steht für: wichtiges Wissen – schwer ersetzbar und 3 für: einfach neu zu beschaffendes bzw. aufzubauendes Wissen (s. Abb. 7–1).

Domänenwissen:
Unter einer Anwendungsdomäne, verkürzt Domäne, versteht man in der Informatik ein abgrenzbares Problemfeld des täglichen Lebens bzw. einen bestimmten Einsatzbereich für Computersysteme. Domänen stellen typischerweise sehr spezielle Anforderungen an ein technisches System, das zur Bewältigung der domänenspezifischen Aufgaben eingesetzt werden muss.

Das Domänenwissen hängt also davon ab, welches Problemfeld Sie mit Ihrem System lösen. Steuert Ihr System den Eisenbahnverkehr, brauchen Sie zur erfolgreichen Implementierung und Wartung zwingend Wissen über das Eisenbahnfahren. Genauso verhält es sich, wenn Sie mit Ihrem System Versicherungsprodukte abbilden oder den Telefonverkehr vermitteln wollen. Sie brauchen in diesen Fällen Wissen über die Versicherungsbranche bzw. die Telekommunikationsindustrie.

Schreiben Sie in Ihrer Liste dazu unter der Kategorie Domänenwissen die für Ihr System wichtigen Subthemen auf (s. Abb. 7–1).

Prozesswissen:
Das Thema Prozesse haben wir bereits in Kapitel 5 behandelt. Auch diese können unternehmensspezifisch oder sogar produktspezifisch sein. Beispiele dafür sind Abläufe, wie Kunden einen Systemfehler melden oder wie Sie nach der Fehlerbehebung Ihr System neu bilden und ausliefern.

Auch in der Wartung ist es wichtig, dass Sie über effiziente und eingespielte Prozesse verfügen. Dazu ist es nötig, dass Ihre Organisation über Mitarbeiter verfügt, die diese Wartungsprozesse kennen und leben und bei Bedarf weiterentwickeln können.

Überlegen Sie sich, welche Prozesse speziell für Ihren Geschäftserfolg wichtig sind, und halten Sie diese in Ihrer Liste fest.

Systemwissen:
Mit dem Systemwissen sind die Detailkenntnisse über Ihr Softwaresystem gemeint. Hier können Sie sich fragen, wie weitverbreitet die Kenntnisse über den Aufbau der Grundarchitektur oder das Zusammenspiel der einzelnen Module in Ihrem Wartungsteam verankert sind.

Am einfachsten halten Sie in Ihrer Wissensinventarliste die einzelnen Systemteile oder Module fest.

Technologiewissen:
Zum Schluss betrachten wir das für unser System relevante Technologiewissen. Angefangen bei Betriebssystemen, Programmiersprachen, verschiedenen IT-Protokollen bis hin zu Datenbanken.

Halten Sie auch hier die verschiedenen, für Ihr System wichtigen Technologiegebiete fest.

Wissensinventar

	Wichtigkeit	Hauptwissensträger	Wissenstiefe	Stellvertreter	Bemerkungen
Domänenwissen					
Stellwerk SIMIS-W	1				
Fahrpläne	2				
...					
Prozesswissen					
CENELEC Norm	1				
RUP	2				
...					
Systemwissen					
Basissystem Merkur	1				
Automatikfunktion	3				
...					
Technologiewissen					
VMS 7.3.2.	1				
MySQL 5.0	2				
...					

Abb. 7–1 *Wissensinventar (Teil 1)*

Wie Sie in Ihrer Liste die Wichtigkeit einzelner Wissensgebiete einstufen, hängt von der Möglichkeit ab, wie einfach Sie dieses Wissen wieder ersetzen oder aufbauen können. So können Sie typischerweise Technologie- oder Domänenwissen auf dem Arbeitsmarkt einfacher beschaffen als Prozess- oder Systemwissen. Sämtliche Themen auf Ihrer Liste, die Sie auf dem Markt nur schwer oder gar nicht beschaffen können, müssen Sie selber aufbauen und erneuern. Entsprechend wichtig sind sie einzustufen.

Bestandsaufnahme des Wissens

Wir haben nun eine Liste mit allen für unser System relevanten Wissengebieten. Diese sind geordnet nach den vier Themen Domänen-, Prozess-, System- sowie Technologiewissen und mit der dazugehörigen Wichtigkeit bewertet.

Diese Liste dient uns für den nächsten Schritt: nämlich die eigentliche Inventur, also die Bestandsaufnahme des in unserer Wartungsorganisation vorhandenen Wissens.

In diesem zweiten Schritt geht es darum festzustellen, welches dieser Wissensgebiete wie oft, aber auch wie gut (qualitativ) besetzt ist. Das Ziel dieser Übung ist es schlussendlich zu erkennen, wo aktuelle sowie zukunftsnahe Lücken vorhanden sind. Dazu ergänzen wir jedes Wissengebiet in unserer Liste um den Hauptwissensträger, seine Wissenstiefe und den oder die Stellvertreter (s. Abb. 7–2). Schreiben Sie dabei konkrete Namen in die Liste.

Das Wichtigste dabei ist absolute Ehrlichkeit, denn nur die schonungslose Transparenz lässt die richtigen, weiteren Schlüsse zu. Es nützt Ihnen nichts, wenn Sie in der Liste überall Stellvertreter aufführen, nur damit die Liste möglichst vollständig erscheint. Spätestens wenn Ihr Hauptwissensträger im Urlaub oder krankheitshalber länger abwesend ist, sind Sie auf einen *echten* Stellvertreter angewiesen. Murphy lässt grüßen.

Beim Ausfüllen werden Sie Wissensgebiete identifizieren, die sehr gut abgedeckt sind, wie beispielsweise die Kenntnisse einer Programmiersprache. Sie werden aber auch andere Gebiete finden, die nur durch eine Person oder sogar gar nicht vertreten sind.

Zudem mag es auch Gebiete geben, die aktuell bestens besetzt sind, aber wegen bevorstehendem Ruhestand bald eine Lücke eröffnen. Vermerken Sie auch dies in Ihrer Liste. Je nach Wissensgebiet kann es schnell ein bis zwei Jahre dauern, einen gleichwertigen Ersatz zu finden und würdig aufzubauen.

Was kann man nun aus dem Wissensinventar erkennen? Zum einen erkennen wir sofort die Wissensgebiete, die durch keinen echten Stellvertreter abgesichert sind (vgl. Abb. 7–2: CENELEC Norm, Automatikfunktion, MySQL 5.0). Ebenso finden wir schnell die Wissensgebiete, über die wir ungenügende Kenntnisse haben (Wissenstiefe = 2). In unserem Beispiel wären dies: CENELEC Norm und Automatikfunktion. Da die Softwarekomponente Automatikfunktion durch eine neue Komponente abgelöst werden soll, stellen hier die fehlende Wissenstiefe sowie der fehlende Stellvertreter ein untergeordnetes Problem dar. Im Weiteren wird einem die Abhängigkeit von einzelnen Mitarbeitern deutlich offenbart. In unserem Falle ist die Abhängigkeit von Herrn Meier frappant. Sobald Herr Huber seinen Ruhestand antritt, wird die Situation sogar noch prekärer. Dieses Phänomen der »Universalgenies« ist in der Wartung häufig sehr ausgeprägt. Dazu gleich mehr.

Wissensinventar

	Wichtigkeit	Hauptwissensträger	Wissenstiefe	Stellvertreter	Bemerkungen
Domänenwissen					
Stellwerk SIMIS-W	1	Meier	1	Huber	
Fahrpläne	2	Meier	1	Huber, Müller	
...					
Prozesswissen					
CENELEC Norm	1	Meier	2	–	Wissenstiefe unbedingt verbessern
RUP	2	Huber	1	Meier	Huber geht in 1 Jahr in den Ruhestand
...					
Systemwissen					
Basissystem Merkur	1	Müller	1	Huber	
Automatikfunktion	3	Huber	2	–	Funktion wird durch neue abgelöst
...					
Technologiewissen					
VMS 7.3.2.	1	Müller	1	Scherrer	
MySQL 5.0	2	Scherrer	1	–	Wissensaufbau mit Müller geplant
...					

Abb. 7–2 *Wissensinventar (Teil 2)*

Wir fassen kurz zusammen: Um ein Wissensinventar erstellen zu können, identifizieren Sie als Erstes die für Ihr System wichtigen Wissensgebiete betreffend Domäne, Systemteile, Technologie und Prozesse. Dazu erstellen Sie sich eine Liste. Anschließend prüfend Sie, welches dieser Wissensgebiete durch Ihre Mitarbeiter wie oft vertreten ist. Nennen Sie dabei mindestens einen Hauptwissensträger und – soweit vorhanden – einen echten Stellvertreter.

Es ist nicht nötig, dass Sie diese Liste wöchentlich aktualisieren. Dies soll vielmehr ein Hilfsmittel sein, um herauszufinden, wie es um das Wissen in Ihrem Wartungsteam steht und wo Sie anpacken müssen.

Das Ganze klingt vielleicht simpel. Wie J.W. Goethe gesagt hat: »Man muss es aber tun!«

Universalgenies und Gurus

Zum Schluss noch einige Worte zum Phänomen »Universalgenies«. Hat man nur ein kleines Wartungsteam zur Verfügung, führt die Abdeckung der vier Wissensgebiete durch Hauptwissensträger plus Stellvertreter automatisch zu Mehrfachnennungen. In diesem Falle sind die Möglichkeiten limitiert, trotzdem ist das volle Bewusstsein der Situation wichtig. Hat man hingegen ein größeres Wartungsteam oder die Entwicklung zur Hilfe, sollte die Verteilung schon ausgewogener sein. Und trotzdem kommt es auch in diesen Fällen häufig zur Konzentration von Themen auf ganz wenige Mitarbeiter.

Oft ergibt sich dies schleichend über die Zeit. Zu Beginn ist man sich dieser Situation gar nicht bewusst, mit der Zeit ist es aber pure Bequemlichkeit, entsprechende Gegenmaßnahmen einzuleiten, und lässt echte Führung vermissen. Über diese selbst gezüchteten »Gurus« sollte man sich zumindest nicht beklagen.

Das Problem mit den »Gurus« ist nicht nur die ungenügende Stellvertretung während ihrer Abwesenheiten, sondern vielmehr die Produktivitätsbeschränkung! Gerade weil sie für so viele Themen zuständig sind und nur sie diese eine Aufgabe lösen können, werden sie häufig zum Flaschenhals.

Nebenbei: Wir sollten zwischen echten »Gurus«, also wirklichen Wissensträgern, und »Möchtegern-Gurus« unterscheiden. Während echte »Gurus« ihr Wissen gerne weitergeben und andere bei ihrem Wissenserwerb unterstützen, verweigern »Möchtegern-Gurus« den Wissenstransfer. Häufig wollen sie damit ihren Status zementieren und sich wichtiger und unabdinglicher machen, als sie sind.

Das Wissensinventar hat uns unsere Wissenslücken und Abhängigkeiten aufgezeigt. Um diese gezielt zu reduzieren, müssen wir unser Wissen im Team verbreitern. Daher schließt sich an die Phase der Wissensinventur die Umsetzungsstufe, also der Wissensaufbau und -transfer, an.

7.2.3 Wissensaufbau und -transfer

Wissen ist eine beschränkende Größe. Das für unser System relevante Wartungswissen kann man nicht einfach kaufen oder herbeizaubern, sondern man muss es sich systematisch erarbeiten. Will man die Produktivität in der Wartung hochhalten, gilt es, das Wissen in der gesamten Mannschaft breit abzustützen und sich nicht von wenigen Wissensträgern abhängig zu machen. Daher sind der Wissensaufbau sowie Wissenstransfer eine wichtige Führungsaufgabe.

Zu Beginn wollen wir am Beispiel der Einarbeitung eines neuen Mitarbeiters zeigen, wie zeitintensiv und teuer der Wissensaufbau ist. Dazu schauen wir uns Abbildung 7–3 an:

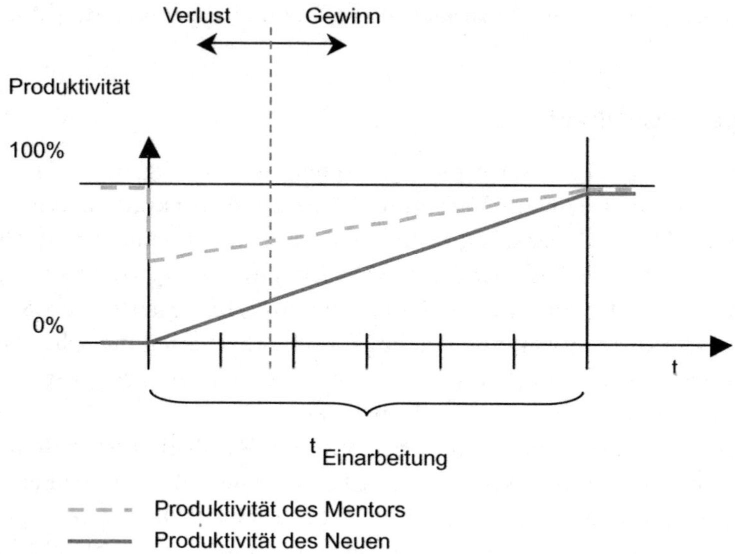

***Abb. 7–3** Wissensaufbau*

Ein neuer Mitarbeiter direkt von der Hochschule ist zu Beginn unproduktiv (hier dunkelgrau dargestellt). Dank der Unterstützung eines erfahrenen Mentors (hellgrau gestrichelt dargestellt) kann er nach und nach das für die Arbeit nötige Wissen aufbauen und wird so kontinuierlich leistungsfähiger. Der erfahrene Mentor hingegen ist durch diesen Wissenstransfer zunächst weniger effektiv. Mit jedem weiteren Fortschritt seines Schützlings findet er aber wieder zurück zur vollen Produktivität. Somit leisten zu Beginn der Einarbeitungsphase die beiden Mitarbeiter zusammen deutlich weniger wie der erfahrene Mentor zuvor alleine. Erst mit der Zeit ergeben sich zusammen wenigstens 100 %, und man hat gegenüber der Zeit vor der Anstellung des neuen Mitarbeiters keinen Verlust mehr. Danach macht sich die zusätzliche Kraft immer mehr bemerkbar, und schließlich steigt die gesamte Produktivität auf die vollen 200 %. Anmerkung: Der Einfachheit halber haben wir den (Glücks-)Fall unterstellt, dass der neue Mitarbeiter nach der Einarbeitungsphase bereits die Produktivität seines erfahreneren Mentors erreicht.

Wie lange diese Einarbeitungsphase dauert, hängt von den Vorkenntnissen des Mitarbeiters und der Komplexität der neuen Arbeit ab. Typischerweise dauert aber die Einarbeitungszeit in die Wartung eines Systems länger als die in die Entwicklung und kann schnell sechs Monate betragen – schließlich kann man mit der bloßen Kenntnis einer Programmiersprache in der Wartung eines großen, komplexen Systems noch nicht viel erreichen.

Fazit

Der Mitarbeiteraufbau ist teuer, wirkt sich nicht sofort aus und muss als Investition angesehen werden (s. Abschnitt 7.2.1). Daher kommt der richtigen Mitarbeiterwahl eine hohe Bedeutung zu. Zudem sollte man speziell in der Wartung, wegen der sehr hohen Einarbeitungszeit, auf eine geringe Fluktuation achten.

Der Wissensaustausch und -aufbau ist nicht nur bei Neueinstellungen erforderlich, sondern auch beim Aufbau von Stellvertretern oder ganz allgemein bei der Wissensverbreitung. Deshalb schauen wir uns einige Möglichkeiten dazu an:

- Reviews
- Entwickler starten in der Wartung
- Mentorprinzip
- Wissensübergabe
- Wissensdatenbank

Reviews

Reviews dienen in erster Linie der Fehlererkennung. Einige Review-Methoden (s. Abschnitt 12.3.2) eignen sich aber auch hervorragend dafür, Wissensaustausch zu betreiben. Es sind immer die Methoden, in denen die Menschen direkt miteinander einen Sachverhalt konkret besprechen und diskutieren. Dazu gehören u.a. die Methode von Michael Fagan ([Fag76], [Fag86]), die Pair Inspection oder der Walkthrough [LuLi07].

Dies setzt allerdings eine offene Kultur voraus, in der man unvoreingenommen den eigenen Code mit anderen teilen und besprechen möchte. Unterschätzen Sie diese kulturelle Hürde nicht.

Beachten Sie zudem, dass die Zeit in sauber durchgeführte Reviews hervorragend investiert ist und nie als falsches Argument missbraucht werden sollte, um es nicht zu tun.

Entwickler starten in der Wartung

Entwickler kennen oft nur Teilaspekte eines Systems, diese dafür in der Tiefe. Eine gute Möglichkeit, wie solche Mitarbeiter einen besseren Überblick über ein großes System gewinnen können, ist die Arbeit im Wartungsteam. Dies kann durchaus im Rotationsverfahren geschehen.

Durch das Beheben der verschiedensten Fehlermeldungen kommen sie mit allen möglichen Systemteilen in Kontakt und gewinnen so eine gute Übersicht. Dabei müssen sie sich zwangsläufig mit allen Teilen des Systems beschäftigen und durch einen Großteil des Codes navigieren. Bei den System- bzw. Regressionstests für die Fehlerbehebung lernen sie zudem die Domänensicht kennen – etwas, das nicht jeder Entwickler kennt. Als Teil des Wartungsteams sehen sie zudem die konkreten Auswirkungen von guten und schlechten Fehlermeldungen und tragen später als Entwickler hoffentlich ihren Teil zu einer besseren Wartbarkeit bei.

Diese Rotation von der Entwicklung ins Wartungsteam und später wieder zurück in die Entwicklung stellt nicht nur einen sinnvollen Wissenstransfer dar, sondern fördert auch die Zusammenarbeit und das gegenseitige Verständnis. Allerdings ist der Aufwand dafür nicht zu unterschätzen.

Mentorprinzip

Neuen Mitarbeitern wird in ihrer ersten Zeit ein erfahrener Mitarbeiter, eben ein Mentor, zur Seite gestellt. Dieser führt seinen Schützling in die Arbeit ein und steht ihm mit Rat und Tat zur Seite. Das Hauptziel besteht darin, durch Wissenstransfer den neuen Mitarbeiter möglichst schnell produktiv werden zu lassen (vgl. auch Abb. 7–3).

Wissensübergabe

Wenn beispielsweise langjährige, sehr erfahrene Mitarbeiter in den Ruhestand treten, bietet sich eine geplante Wissensübergabe an. Als Erstes definiert man dazu einen Wissensempfänger und informiert diesen selbstverständlich über das Vorhaben. Als Nächstes wird der Wissensspender teilweise von seinen aktuellen Pflichten befreit, um sich voll und ganz der Wissensübergabe widmen zu können. Dabei übernimmt der Wissensempfänger mehr und mehr die Aufgaben des in Rente gehenden Mitarbeiters.

Nicht selten ist vieles, was der Wissensspender weitergeben möchte, nicht oder ungenügend dokumentiert. Daher bietet es sich an, dass der Wissensempfänger sein neu erworbenes Wissen gleich niederschreibt – im Sinne der perfektionierenden Wartung.

Diese sehr teure und zeitintensive Maßnahme empfiehlt sich vor allem beim Abgang absoluter Schlüsselfiguren. Was Sie hingegen bei jedem Mitarbeiterwechsel tun sollten, ist ein bewusster Wissenstransfer-Workshop.

Wissensdatenbank

Klassischen Wissensdatenbanken stehen wir im Umfeld der Wartung etwas kritisch gegenüber. In solchen Datenbanken werden typischerweise sämtliche Mitarbeiter und ihre Wissengebiete erfasst und allen zugänglich gemacht – also eine Art internes Telefonbuch »wer-weiß-was«. Solche Informationen werden in der Regel von den Informatikern selten genutzt und veralten relativ schnell.

Wissensdatenbanken können allenfalls Sinn machen, wenn man über einige Standorte hinweg zusammenarbeitet. Sie müssen aber moderiert und gepflegt werden und klare Kategorien und Spielregeln unterliegen.

Unter Informatikern sind hingegen Wikis sehr beliebt. Mit diesen Inter- oder Intranetplattformen können sehr einfach Erfahrungen und Informationen ausgetauscht, erweitert oder abgeändert werden. Sie sind auf alle Fälle zu empfehlen.

Will man zudem erreichen, dass jeder weiß, wer welches Wissen hat, eignen sich unserer Meinung nach *social events* viel besser. Schaffen Sie also Gelegenheiten, bei denen sich Ihre Teammitglieder regelmäßig treffen können – sie sprechen automatisch auch über die Arbeit. Solche Anlässe können die simple Kaffeeecke sein – stellen Sie dazu einfach den Kaffee gratis zur Verfügung –, ein Feierabendbier, ein gemeinsamer Ausflug, ein Weihnachtsessen und so weiter.

All diese Ansätze klingen vielleicht einfach und nach wenig Neuem, aber wie so oft: Wichtig ist, dass man es anpackt.

Das gesamte Thema rund um das Wissensmanagement ist sehr umfassend und lädt zu weiterer Vertiefung ein. Es ist noch ein junges Gebiet und wird erst seit den 90er-Jahren erforscht. Es umfasst die aktive Auseinandersetzung mit sämtlichen Aspekten von Wissenserarbeitung, Wissenssammlung, Wissensverwaltung und Wissensweitergabe.

In diesem Abschnitt wollten wir lediglich zeigen, was man unserer Meinung nach auch mit kleineren Teams aus diesem Bereich wissen und anwenden sollte. Mit größeren Mannschaften kann eine weitere Vertiefung hilfreich sein.

7.3 Retrospektive

Im vorangegangenen Abschnitt haben wir uns mit verschiedenen Möglichkeiten des Wissenstransfers auseinandergesetzt. Dabei ging es im Wesentlichen darum, das Wissen von einer Person auf eine andere zu übertragen. Eine etwas andere Form des Wissenstransfers bzw. des Lernens stellt die Retrospektive dar. Hier geht es darum, als Kollektiv vergangene Leistungen kritisch zu hinterfragen und mögliche Verbesserungen ausfindig zu machen.

Die Softwareentwicklung, genauso wie die Wartung, findet in einem hektischen und schnelllebigen Umfeld statt. Dabei vergessen wir vor lauter Betriebsamkeit oft, darüber nachzudenken, ob wir die Dinge optimal erledigen. So sägen wir, im übertragenen Sinne, lieber mit der stumpfen Säge weiter, statt kurz innezuhalten, um die Säge zu schärfen. Dies, obwohl wir bei jedem nachfolgenden Baum davon einen Nutzen hätten. Würden wir hin und wieder kurz innehalten, auf das Vergangene zurückblicken und daraus entsprechende Verbesserungen ableiten, könnten wir für unser Tun bessere Wege finden.

Genau dies erreicht man auf eine systematische Art und Weise mit einer Retrospektive – auch Post-mortem-Analyse [Ker03], Rückblicksklausur oder »*lessons learned*«-Sitzung genannt.

> Das Ziel der Retrospektive ist es, aus den Erfahrungen zu lernen – egal ob aus positiven oder negativen.

Die Ziele einer Retrospektive werden erreicht durch:

- Ermittlung, Verarbeitung und Dokumentation der positiven und negativen Erfahrungen
- Gemeinsames Erkennen eventueller Fehler
- Lernen aus den Fehlern, indem Verbesserungsmaßnahmen definiert werden

Dabei blickt man während einer Sitzung gemeinsam kritisch auf das vergangene Geschäftsjahr zurück und prüft, welche Dinge gut funktioniert haben und unbedingt beibehalten werden sollten und welche Dinge es zu verbessern gilt. Der große Vorteil solcher Sitzungen ist der vollumfängliche Rückblick, d.h., man nutzt dazu nicht nur die Prozess- und Produktmetriken (vgl. Kap. 9), sondern auch das intensive Gespräch und berücksichtigt somit auch die weichen Faktoren der Zusammenarbeit.

Heutzutage hat sich dieses Ritual am Ende eines Entwicklungsprojektes bereits mehr oder weniger etabliert, nicht aber so im Wartungsumfeld! Dabei kann die Wartung genauso viel von einer Retrospektive profitieren wie die Entwicklung. Auch hier gilt es, die Prozesse ständig zu hinterfragen, Schwachstellen zu finden und zu verbessern (vgl. 8. Gesetz der Softwareevolution, Abschnitt 4.2.1).

Der Zeitpunkt der Retrospektive ergibt sich in Entwicklungsprojekten ganz natürlich und findet entsprechend als Abschluss eines Projektes statt. Im Falle der Wartung, die ja kein Projekt ist (vgl. Abschnitt 6.2), ergibt sich dieser daher nicht automatisch. Hier bietet sich dafür der Geschäftsjahresabschluss an. Zum einen stehen hier diverse Zahlen und Auswertungen, die für die Retrospektive interessant sind, zur Verfügung. Zum anderen ist es eine tolle Gelegenheit, einmal im Jahr die Erfolge der Wartung sichtbar zu machen und zu feiern.

7.3.1 Themen und Teilnehmerkreis

Als Erstes möchten wir die Themen bestimmen, die an einer Retrospektive diskutiert werden sollten. Wie in Abschnitt 1.4 dargestellt, ist unser Handeln in der Wartung im Wesentlichen von folgenden drei Faktoren geprägt:

- Prozesse
- Technologie
- Menschen

Es bietet sich daher an, diese drei Faktoren jährlich einmal kritisch zu beleuchten.

Im Bereich der *Prozesse* und Abläufe sollten wir unsere Arbeitsweise kritisch überprüfen. Dazu könnten wir uns fragen, wo die Dinge ins Stocken geraten sind oder wo sie effizienter durchgeführt werden könnten. Gab es Situationen, in denen unklar war, wer zuständig ist oder wie etwas abzuwickeln ist. Nutzen Sie diese Informationen, um Ihre Prozesse stetig weiter zu optimieren.

Beim Thema *Technologie* und Werkzeuge prüfen wir, ob wir die richtigen Mittel einsetzen, um effizient und schnell Fehler finden und beheben zu können. Möglicherweise verwenden wir veraltete, ungeeignete oder auch zu viele Werkzeuge. Auch hier gilt es, gegebenenfalls gegenzusteuern.

Beim Punkt *Menschen* geht es im Wesentlichen um die Zusammenarbeit, also um weiche Faktoren. Hier stehen Fragen im Vordergrund wie: Waren immer alle gewillt, am gleichen Strick zu ziehen? Gab es Misstöne, die zu lange nicht ausgeräumt wurden? Wurden Probleme sachlich und lösungsorientiert angegangen oder mussten zuerst immer zwischenmenschliche Befindlichkeiten geglättet werden?

Der ideale Teilnehmerkreis für eine Retrospektive-Sitzung lässt sich aus den Interessengruppen bestimmen. Dabei hat es sich bewährt, folgende zwei Sichten zu berücksichtigen.

Zum einen geht es um die gesamtheitliche Sicht von außen, also das Zusammenspiel von Produktmanagement, Entwicklung, Wartung und Support. Entsprechend sollten Vertreter dieser Organisationen teilnehmen (vgl. Abschnitt 5.3).

Zum anderen geht es um die Sicht nach innen, also ins Wartungsteam hinein. Demzufolge sollten die verschiedenen Rollen eines Wartungsteams vertreten sein, wie Wartungsmanager, Qualitätsmanager, Konfigurationsmanager, Wartungsmitarbeiter oder Tester (vgl. Abschnitt 6.2).

Da der Fokus dieser beiden Gruppen sehr unterschiedlich ist, empfehlen wir, zwei separate Sitzungen durchzuführen. Trotzdem bleiben die zu beleuchtenden Themenkreise für beide Sitzungen dieselben.

7.3.2 Ablauf einer Retrospektive

Nachdem die Themen und Teilnehmer bestimmt sind, legen wir als Nächstes den Ablauf der Retrospektive fest. Dazu gibt es verschiedene Vorgehensweisen. Viele Anregungen finden Sie im Buch von Kerth [Ker03]. Wir beschreiben hier einen möglichen Ansatz, wie wir solche Treffen durchführen:

Vorbereitung Retrospektive-Sitzung:

1. Regeln vorstellen
2. Zahlen, Daten, Fakten (ZDF)
3. Reflektion des vergangenen Geschäftsjahres
4. Verbesserungen suchen
5. Zusammenfassung und Abschluss inkl. Termin für die Nacharbeiten

Vorbereitung

Um die Retrospektive-Sitzung effizient durchführen zu können, ist es unerlässlich, dass sich die Teilnehmer darauf vorbereiten. Dazu überlegt sich jeder Teilnehmer im Vorfeld drei bis fünf Punkte, die aus seiner Sicht im vergangenen Wartungsjahr sehr gut verlaufen sind. Diese Punkte orientieren sich immer an den Themen: Prozesse, Technologie und Zusammenarbeit. Genauso überlegt sich jeder drei bis fünf weitere Punkte, die aus seiner Sicht schlecht verlaufen sind. Diese gesammelten Punkte bringen alle zur Sitzung mit.

Retrospektive-Sitzung

In dieser Sitzung werden sowohl positive wie auch negative Erlebnisse angesprochen und ausgetauscht. Dazu ist ein offenes und lösungsorientiertes Klima nötig. Die Spielregeln sollen genau dazu beitragen. Diese Regeln sind:

- Nur »Ich-Botschaften«, also eigene Wahrnehmung ausdrücken
- Aussprechen lassen und zuhören

Es geht also darum, niemanden zu verletzen, die Punkte offen und ehrlich anzusprechen und Verbesserungen für die Zukunft zu suchen – und nicht um Recht oder Unrecht. Ziel der Sitzung ist es, gemeinsam etwas zu lernen.

Als Nächstes folgt zur Einstimmung das Thema Zahlen, Daten, Fakten (ZDF) über die im vergangenen Geschäftsjahr erbrachte Arbeit. Dank entsprechender Metriken können Werte wie Einhaltung des Budgets, Anzahl geöffneter und geschlossener Fehlermeldungen im vergangenen Jahr oder durchschnittliche Abarbeitungszeit von Fehlermeldungen, um nur einige wenige zu nennen, präsentiert werden. Diese Werte lassen Vergleiche mit anderen Jahren zu und eröffnen so schnell Fragen wie: Wieso konnten wir dieses Jahr weniger Fehlermeldungen schließen als letztes Jahr? Oder wieso hatten wir dieses Jahr viel mehr Fehler als letztes Jahr?

Ziel ist es also, zu Beginn einige Fakten vorzulegen, die später zur Diskussion beitragen können.

Nach der Einstimmung durch ZDF wollen wir das vergangene Geschäftsjahr reflektieren. Dazu wenden wir uns den vorbereiteten Fragen über die jeweils drei bis fünf guten und weniger guten Punkte zu. Diese werden im Plenum kurz vorgestellt und an einer Pinnwand gruppiert. Damit wollen wir Folgendes erreichen: Zum einen wollen wir uns bewusst werden, was bereits gut läuft und wir unbedingt beibehalten wollen. Zum anderen suchen wir für die anschließende Diskussion Ereignisse, die es zu verbessern gilt.

Im nächsten Schritt werden Verbesserungen gesucht, indem wir gemeinsam im Plenum die zu verbessernden Situationen beleuchten. Dabei hilft es, diese Situationen an den Themen Prozesse, Technologie und Zusammenarbeit zu spiegeln. Wir fragen uns also bei jeder Situation, wie eines oder mehrere dieser Themen verbessert werden können. Anschließend halten wir entsprechende Maßnahmen fest.

Zum Schluss werden die Ergebnisse der Retrospektive zusammengetragen und die positiven Punkte, an denen man festhalten will, in Erinnerung gerufen. Eine kleine Feier zum Abschluss eines hoffentlich gelungenen Wartungsjahres würde sich im Anschluss an die Retrospektive anbieten, ganz nach dem Motto: »Work hard, party hard!«

Nacharbeit

In der Nacharbeit geht es um zwei Dinge: Erstens sollen die Ergebnisse der Sitzung dokumentiert werden. Dazu gehören die Metriken über das vergangene Wartungsjahr (ZDF), die positiven Punkte, die wir beibehalten wollen, genauso wie die Verbesserungsmaßnahmen mit Verantwortlichen und Umsetzungsterminen. Zweitens müssen diese Verbesserungsmaßnahmen nun auch tatsächlich umgesetzt werden, denn nur so entfalten sie ihre Wirkung! Stellen Sie dies sicher, damit Sie nicht nach einem Jahr, bei der nächsten Retrospektive, im alten Protokoll unerledigte Verbesserungsmaßnahmen vorfinden.

Vom Zeitaufwand her können Sie grob mit einem Tag als Vorbereitung, einem halben Tag für die Sitzung und einem weiteren Tag für die Nacharbeit rechnen.

Die Retrospektive ist also unsere Feedback-Schleife, um unsere Vorgehensweise (Prozesse, Technologie, Zusammenarbeit) systematisch verbessern zu können. Dabei helfen nicht nur die harten Metriken (ZDF), sondern auch die offene Diskussion über die Zusammenarbeit. Zudem bietet sie eine gute Gelegenheit, Erfolge zu feiern.

7.4 Zusammenfassung

Wir wissen, wie wir ein schlagkräftiges Wartungsteam aufbauen können:

- Voraussetzungen schaffen durch klare Ziele und Aufgaben
- Vorbilder als Zugpferde gewinnen
- Nachhaltigkeit sicherstellen

Außerdem ist uns bekannt:

- Wissen entfaltet den Nutzen nur mit dem Anwenden.
- Wissen richtig angewendet, erhöht die Produktivität oder erspart Fehlleistungskosten.

Das Wissensinventar:

- Es stellt das vorhandene Teamwissen den für uns wichtigen Wissensgebieten gegenüber.
- Diese Wissensgebiete sind Domänen-, Prozess-, System- und Technologiewissen.
- Es deckt Wissenslücken sowie Abhängigkeiten von einzelnen Mitarbeitern auf.

Wir kennen zudem Möglichkeiten für den Wissenstransfer und -aufbau:

- Reviews
- Entwickler starten in der Wartung
- Mentorprinzip
- Wissensübergabe
- Wissensdatenbank

Wir kennen von der jährlichen Retrospektive in der Wartung:

- das Ziel: die Verbesserung der Arbeitsabläufe und der Zusammenarbeit
- die zu beleuchtenden Themen: Prozesse, Technologie und Menschen (Softfaktoren)
- die Unterscheidung zwischen den internen Belangen des Wartungsteams und den Belangen aller an der Wartung beteiligten Organisationen
- das Vorgehen insgesamt (Vorbereitung, Sitzung, Nacharbeit), aber auch die einzelnen Schritte während der Retrospektive-Sitzung:
  - Regeln bekannt machen
  - Zahlen, Daten, Fakten (ZDF) vorstellen
  - Reflektion des vergangenen Geschäftsjahres
  - Verbesserungen suchen
  - Zusammenfassung und Abschluss

8 Wartungskosten

Haben Sie von Ihrem Chef auch schon Vorwürfe gehört wie: »Wartung ist das Bermuda-Dreieck der Softwareindustrie – da verschwindet einfach Geld.« Nicht, dass das angenehm wäre, aber fairerweise muss man zugeben, dass Entwicklungsprojekte eher nach den Regeln der Projektmanagementkunst geplant und verfolgt werden als Wartungsvorhaben. Spätestens jedoch, wenn Sie von Ihrem Chef gefragt werden, ob eigentlich Sie die Wartungskosten im Griff haben oder die Wartungskosten Sie, sollten Sie sich mit diesem Thema intensiver auseinandersetzen. Und genau das wollen wir in diesem Kapitel tun.

Wie die Einleitung schon andeutet, werden zum einen Wartungskosten nicht so systematisch erfasst und überwacht wie Entwicklungskosten, und zum anderen sind sie eher unbeliebt, da sie nicht als Investition, sondern als reine Kosten verstanden werden.

In diesem Kapitel wollen wir deshalb das Thema der Wartungskosten genauer ergründen. Dazu fragen wir uns zunächst, wie die verschiedenen Wartungstätigkeiten finanziert werden können. Anschließend versuchen wir etwas mehr Transparenz über die Wartungskosten zu erlangen und wollen wissen, wie viel wir wofür ausgeben. Dazu nehmen wir die Sicht des Controllers ein. Danach beschäftigen wir uns mit der Frage nach der Prognose und wollen wissen, wie wir die Wartungskosten für das nächste Geschäftsjahr bestimmen und beeinflussen können. Zum Schluss geht es um die Kostensenkung. Anhand einiger typischer Situationen aus dem Wartungsalltag wollen wir zeigen, wie wir die Produktivität in der Wartung verbessern und die Fehlleistungskosten reduzieren können.

Obwohl wir aus globaler Sicht auf grobe Schätzungen der Wartungskosten für kommende Geschäftsjahre eingehen, verzichten wir bewusst auf die Beschreibung der klassischen Schätzverfahren, die eher für Softwareerweiterungen als für die Wartung benötigt werden. Dazu verweisen wir auf die entsprechende Literatur. Die bekanntesten Verfahren dazu sind die parametrischen Modelle, wie das Constructive Cost Model (COCOMO und COCOMO II) von Harry Boehm [Boe81, BoAbBr01] oder die Function-Point-Analyse [PoBo05]. Darüber hinaus wird häufig die Expertenschätzungen, z. B. nach der Delphi Methode [Häd02], angewendet.

8.1 Finanzierungsmöglichkeiten für die Wartung

Als Erstes schauen wir uns die Finanzierung der Wartung an. Dazu betrachten wir die uns bekannten fünf Wartungstätigkeiten einzeln (korrektive, präventive, adaptive und perfektionierende Wartung sowie Support).

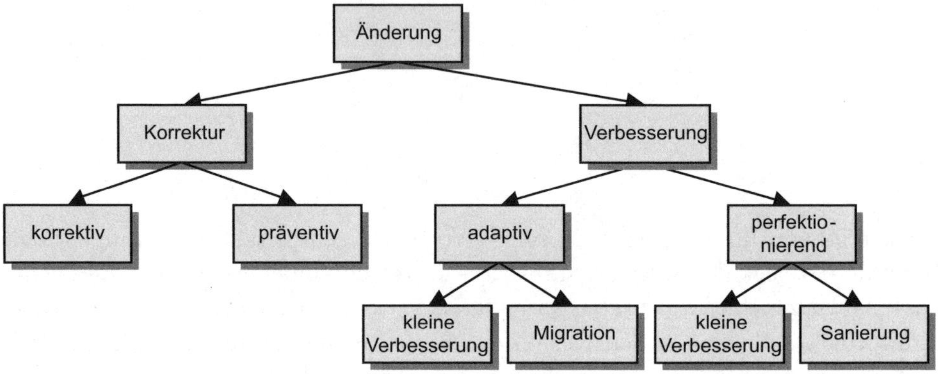

Abb. 8–1 *Wartungstätigkeiten*

Korrektive Wartung

In der korrektiven Wartung beheben wir Fehler, also Abweichungen von einer gültigen Spezifikation. Diese Aufwände gehören zu den Fehlerkosten. Solange die Gewährleistungsfrist läuft, sind die Korrekturen Sache des Herstellers. Daher müssen die Kosten für die Gewährleistungsphase bereits im Verkaufspreis berücksichtigt werden.

Dabei spielt die Qualität des Produkts eine entscheidende Rolle. Wie bereits in Abschnitt 3.2 dargestellt, beginnt die Wartung in der Entwicklung. Entweder investiert man bereits während der Entwicklung in die Produktqualität und profitiert später bei der Gewährleistung von weniger Korrekturen. Oder man hält die Kosten für qualitätssichernde Maßnahmen während der Entwicklung bewusst tief und nimmt dafür während der Gewährleistung mehr Fehler in Kauf. Der kostenmäßige Unterschied dieser beiden Varianten ist schwer vorhersagbar, allerdings akzeptiert man im zweiten Fall einen Imageverlust.

Nach Ablauf der Gewährleistungsphase kann die Behebung weiterer Mängel Gegenstand eines Wartungsvertrages sein.

Präventive Wartung

Hier gilt dasselbe Vorgehen wie bei Fehlern der korrektiven Wartung. Während der Gewährleistungsfrist gilt die kostenlose Behebung durch den Hersteller. Danach kann die weitere Beseitigung präventiv gefundener Mängel Gegenstand eines Wartungsvertrages sein.

Adaptive Wartung

Die adaptive Wartung verlangt eine Anpassung der Software an ein sich veränderndes Umfeld. Diese kleineren Anpassungen werden typischerweise im Rahmen der Werterhaltung durch einen Wartungsvertrag oder auch direkt vom Kunden abgegolten.

Ein spezielles Vorhaben im Rahmen der adaptiven Wartung ist die Migration, wie beispielsweise ein Betriebssystem- oder Programmiersprachenwechsel. Solche Vorhaben übersteigen die Möglichkeiten des Wartungsprozesses und werden daher als eigenständige Projekte durchgeführt. Die Finanzierung dieser Aktivitäten ist nicht einfach. Natürlich kann man versuchen, zumindest einen Teil des Aufwands dem Kunden zu verkaufen, schließlich ist die damit verbundene Werterhaltung und Zukunftssicherung auch in seinem Sinne. Trotzdem kommt der Lieferant um eine Teilfinanzierung kaum herum.

Perfektionierende Wartung

Um die Wartbarkeit langfristig sicherzustellen, muss die Software reorganisiert, strukturell verbessert oder nachdokumentiert werden. Diese Maßnahmen gehören zur perfektionierenden Wartung und somit zum Reengineering (s. Kap. 11). Obwohl sie die Wartungskosten langfristig senken, ist es unwahrscheinlich, dass der Kunde die entsprechenden Aufwände bezahlt. Schließlich ist der Kunde primär an Funktionalität und weniger an Wartbarkeit interessiert.

Somit bleibt die Frage der Finanzierung der perfektionierenden Wartung. Da in erster Linie der Hersteller von einem aufgeräumten Code und somit niedrigeren Wartungskosten profitiert, ist die Finanzierung seine Sache. Geschickterweise bildet man für solche Vorhaben eine Rücklage, beispielsweise gedeckt durch einen Zuschlag auf die Wartungskosten – ähnlich der vorgezogenen Entsorgungsgebühr (VEG).

Wie wir in Kapitel 5 gesehen haben, können im Rahmen des Wartungsprozesses nur kleinere Reengineering-Anpassungen umgesetzt werden. Größere Vorhaben, wie eine Sanierung, müssen in separaten Entwicklungsprojekten angegangen werden.

Sanierungsvorhaben werden nicht aus Spaß an der Sache durchgeführt, sondern müssen wirtschaftlichen Überlegungen standhalten. So muss zu Beginn feststehen, um wie viel sich die jährlichen Wartungskosten dank einer möglichen Sanierung reduzieren. Diese werden dann über die zu erwartende Lebensdauer des Systems, höchstens aber fünf Jahre, hochgerechnet und den kalkulierten Sanierungskosten gegenübergestellt.

Support

Aus Sicht des Produkts bietet ein Hersteller seinen Kunden üblicherweise eine Serviceleistung an, die mittels Service Level Agreements (SLAs) klar geregelt ist. Diese beinhaltet u.a. schnelle Hilfe im Falle von Störungen oder auch präventive Vorsorgetätigkeiten. Die Supporteinheit (Level 2) ist wiederum auf die Unterstützung des Wartungsteams (Level 3) angewiesen. Zum einen müssen im Falle der Instandhaltung des Systems, also der Behebung schwerer Mängel, sofort Patches zur Verfügung gestellt werden. Zum anderen unterstützt das Wartungsteam die Supportorganisation bei der Fehlereingrenzung sowie Fehlersuche.

Im Falle der Instandhaltung ist der Aufwand des Wartungsteams bereits durch die Gewährleistung bzw. einen Wartungsvertrag abgedeckt (s. korrektive Wartung). Hingegen muss das Supportteam für die Unterstützung durch die Wartungsorganisation aufkommen bzw. diese Aufwände in den SLAs mit berücksichtigen und ihren Kunden in Rechnung stellen.

Tabelle 8–1 fasst die verschiedenen Wartungstätigkeiten und deren Finanzierung nochmals zusammen.

Wartungstätigkeit	Zusatzinformation	Finanzierung	Budget-verantwortung
korrektive Wartung	–	1. Gewährleistung 2. Wartungsvertrag	Wartungsmanager
präventive Wartung	–	1. Gewährleistung 2. Wartungsvertrag	Wartungsmanager
adaptive Wartung	kleine Verbesserung	1. Wartungsvertrag (Werterhaltung) 2. direkte Kunden-finanzierung	Wartungsmanager
adaptive Wartung	Migration	Kundenfinanzierung und Eigenmittel	Projektleiter
perfekt. Wartung	kleine Verbesserung	Hersteller durch Eigenmittel bzw. »VEG«	Wartungsmanager
perfekt. Wartung	Sanierungsprojekt	Kundenfinanzierung und Eigenmittel	Projektleiter
Support	–	Service Level Agreements	Supportleiter

Tab. 8–1 *Finanzierung der Wartung*

Das Produktmanagement hat die Aufgabe, die Mittel aus den Wartungsverträgen und Service Level Agreements beim Vertrieb einzufordern und den entsprechenden Leistungserbringern (Wartungsmanager, Projektleiter und Supportleiter) zur Verfügung zu stellen.

8.2 Kostenblöcke in der Wartung

Wir kennen nun die Möglichkeiten der Finanzierung unserer Wartungsaktivitäten. Als Nächstes wollen wir mehr Transparenz über unsere Wartungskosten erlangen und wollen wissen, wofür wir wie viel ausgeben. Dazu nehmen wir die Sicht des Controllers ein. Um diesem Thema auf die Spur zu kommen, nehmen wir uns als Erstes unsere Buchhaltung vom vergangenen Geschäftsjahr vor und schauen uns den Betriebsabrechnungsbogen (BAB) genauer an. Dieser gibt uns Auskunft über unsere Ausgaben, aufgeschlüsselt nach den Kostenarten. In IT-Abteilungen, das gilt sowohl für die Entwicklung wie für die Wartung, kann man alle Kostenarten im Wesentlichen auf folgende fünf Posten zusammenfassen:

- Personalkosten
- Softwarekosten
- Hardwarekosten
- Raumkosten
- Sonstige Kosten

Im Folgenden sprechen wir diese Punkte einzeln durch und prüfen anschließend die Posten auf ein mögliches Sparpotenzial.

Personalkosten

Die Personalkosten machen, zumindest in den westlichen Ländern, sicherlich den Löwenanteil der Wartungskosten aus. Sie bestehen im Wesentlichen aus den Löhnen sowie den Lohnnebenkosten. Somit geben wir in der Softwarewartung am meisten Geld für die Löhne und damit das Personal aus. Die Softwareindustrie im Allgemeinen und die Softwarewartung im Speziellen sind ganz klar ein People's Business. Daher ist es immer wieder umso erstaunlicher, dass diesem Umstand zu wenig Rechnung getragen wird (vgl. Abschnitt 7.1). Softwareentwicklung und -wartung sind ein komplexes Zusammenspiel verschiedenster Rollen, vom Wartungsmanager über den Softwareentwickler bis zum Konfigurationsmanager, die alle mit entsprechenden Spezialisten besetzt sein müssen; und wie überall, wo es um Fachleute geht, sei es in der Unternehmensberatung oder eben der Softwareindustrie, kosten diese entsprechend Geld.

Softwarekosten

Die Softwarekosten werden im Wesentlichen durch drei Hauptgruppen verursacht, nämlich die Bürosysteme, die Kommunikationssysteme und die Wartungswerkzeuge. Die Bürosysteme umfassen im Wesentlichen Text-, Tabellen-, Präsentations-, Terminverwaltungs- und weitere Büroprogramme. Zu den Kommunikationssystemen zählen Internet-, E-Mail-, Fax- und Telefonapplikationen, die zunehmend direkt vom Arbeitsplatzrechner aufgerufen werden können. Zu guter Letzt benötigen wir die Wartungswerkzeuge, deren es sehr viele und manchmal auch zu viele gibt und die daher auch den größten Anteil an den Softwarekosten ausmachen. Nachfolgend sind die meisten dieser Programme erwähnt, ohne den Eindruck erwecken zu wollen, dass man immer alle benötigt. Zu den Wartungswerkzeugen zählen wir u.a. Programme für Quellcodeverwaltung, Änderungsmanagement, Fehlermanagement, Compiler, Debugger, Profiler, Quellcodebrowser, Refactoring, Anforderungsmanagement, Testfallmanagement, Regressionstest, Metriken und Projektplanung. Diese Aufzählung ist nicht vollständig, vermittelt aber die Vielfalt an Werkzeugen, mit der wir es in der Wartung zu tun haben.

Hardwarekosten

Die Hardwarekosten setzen sich vor allem aus den Arbeitsplatzrechnern, Testrechnern, diversen Servern sowie Netzwerkkomponenten zusammen. Somit bestimmt im Wesentlichen die Anzahl der Rechner die Kosten. Etwas schwieriger stellt sich die Situation bei den Testrechnern dar, denn je nach System kann die Testinfrastruktur stark variieren. Der Umfang der Testinfrastruktur wird durch die Größe des Systems, die Anzahl der Schnittstellen zu weiteren Applikationen und die damit verbundenen Simulatoren sowie durch die Anzahl Varianten im Feld, die zur schnellen Fehlerbehebung im Labor nachgebildet sein müssen, bestimmt. Schließlich ist es ein Unterschied, ob wir ein simples Buchhaltungsprogramm auf einem Rechner testen wollen oder ein Stellwerksystem für die Eisenbahn und deswegen einen halben Bahnhof nachbauen müssen. In solchen speziellen Fällen kann es schnell teuer werden, besonders wenn man wegen der Testinfrastruktur zusätzliche Räume benötigt.

Raumkosten

Die Raumkosten machen einen relativ geringen Anteil an den Wartungskosten aus. Wer nun aber denkt, er könne hier sparen, indem er die Entwickler auf engstem Raum zusammenpfercht, hat die Rechnung ohne den Wirt gemacht. Wie Tom DeMarco schon 1987 in seinem Buch Peopleware [DeLi99] detailliert beschrieben hat, braucht es ein Mindestmaß an Platz, um eine optimale Produktivität zu erreichen. Er schlägt deshalb vor, dass einem Team von vier Mitarbeitern mindestens ein Raum von 40 Quadratmetern zur Verfügung steht, um effektiv arbeiten zu können. Neben den Büroräumlichkeiten sind zusätzlich Sitzungszimmer für Reviews, Teamsitzungen und dergleichen erforderlich.

Sonstige Kosten

Die sonstigen Kosten umfassen vielerlei, angefangen bei Büchern und Zeitschriften über Schulung bis Büromaterial. Will man hier sparen, bleibt einem nichts anderes übrig, als Posten für Posten durchzugehen und auf deren Notwendigkeit zu überprüfen.

Kostenersparnis

Nachdem wir uns die Zusammensetzung der Wartungskosten genau angeschaut haben, stellen wir uns als Nächstes die Frage, wie wir hier Kosten sparen können. Die einfachste und wohl fantasieloseste Lösung wäre eine generelle Kürzung jedes Postens (um sagen wir mal 10 %). Dies zeugt von einer derartigen Hilflosigkeit, dass sich jeder weitere Kommentar erübrigt.

Eine andere Möglichkeit wäre das Sparen beim größten Posten, also den Personalkosten. Auch dies ist problematisch. Wir haben gesehen, dass Softwarewartung ein People's Business ist, und daher brauchen wir die Besten. Zum anderen sind wir mit den Löhnen dem Markt ausgesetzt und stehen bei allzu schlechter Bezahlung bald alleine da.

Die Softwarekosten können wir am ehesten durch preiswertere Open-Source-Programme beeinflussen, sofern passende vorhanden sind.

Die Hardware wurde seit jeher nur noch billiger und macht nicht mehr den großen Anteil an den Wartungskosten aus. Hat man trotzdem eine rechnerintensive Testumgebung, kann man Programme einsetzen, die komplette Rechner virtualisieren. Diese Programme täuschen dem Anwender vor, dass ihm mehrere Maschinen mit gleichen oder unterschiedlichen Betriebssystemen gleichzeitig zur Verfügung stehen, obwohl physikalisch nur ein Rechner vorhanden ist. Damit lassen sich speziell im Testraum, aber auch ganz generell, die Anzahl der Rechner und somit die Hardwarekosten weiter reduzieren.

Des Weiteren sind da noch die Raumkosten, die ebenfalls nur marginal beeinflusst werden können. Entweder indem man die preiswerteren Räumlichkeiten auf dem Lande bezieht oder die Bürofläche pro Entwickler einschränkt. Dies geht aber nur bis zu dem Punkt, an dem die Motivation sowie Produktivität noch nicht tangiert wird.

Zu guter Letzt gibt es noch die sonstigen Kosten. Will man hier sparen, bleibt einem, wie bereits erwähnt, nichts anderes übrig, als Posten für Posten durchzugehen und auf deren Notwendigkeit zu überprüfen.

Wir haben nun die fünf wichtigsten Kostenarten aus Sicht des Controllers einzeln besprochen und versucht, mögliche Sparpotenziale aufzuzeigen. Prüfen Sie nun Ihre Posten auf mögliche Sparpotenziale, erwarten Sie aber keine Wunder, denn der Rahmen der Möglichkeiten ist, wie wir gesehen haben, relativ gering. Trotzdem hat diese Übung einen Sinn, denn Sie erhalten so eine erste Transparenz über Ihre Kosten und ein Gefühl für die einzelnen Posten.

Um aber in der Softwarewartung Kosten sparen zu können, müssen wir uns offensichtlich andere Wege suchen.

8.3 Vorhersage der Wartungskosten

In diesem Abschnitt interessiert uns die Frage nach der Prognose der Wartungskosten für das kommende Geschäftsjahr. Wir wollen wissen, wie wir diese bestimmen und beeinflussen können. Dazu nehmen wir den Blickwinkel des Produktmanagers ein und betrachten den gesamten Lebenszyklus unseres Systems (vgl. Abschnitt 3.1).

Wir vergleichen zunächst den Entwicklungs- mit dem Wartungsaufwand und fragen uns, ob sich diese beiden in ein Verhältnis setzen lassen. Anschließend versuchen wir, die Wartungskosten konkreter vorhersagen zu können, und zum Schluss schauen wir uns den Lebenszyklus eines Systems detaillierter an und führen die Wartungsroadmap ein.

8.3.1 Entwicklungs- versus Wartungsaufwand

Zelkowitz, Shaw und Gannon haben 1979 in ihrem Buch [ZeShGa79] richtig bemerkt, dass viele Projekte nur gerade die Aufwände für die Erstellung der ersten Version beachten und dabei die nachfolgenden Wartungsaufwände vergessen. Betrachtet man aber die Lebenszykluskosten einer Software von der Wiege bis zur Bahre, so müssen diese Aufwände ebenfalls berücksichtigt werden. Dazu haben sie in ihrem Buch eine Grafik veröffentlicht (s. Abb. 8–2), die den Aufwand für die Erstentwicklung im Verhältnis zum restlichen Aufwand während des gesamten Lebenszyklus darstellt.

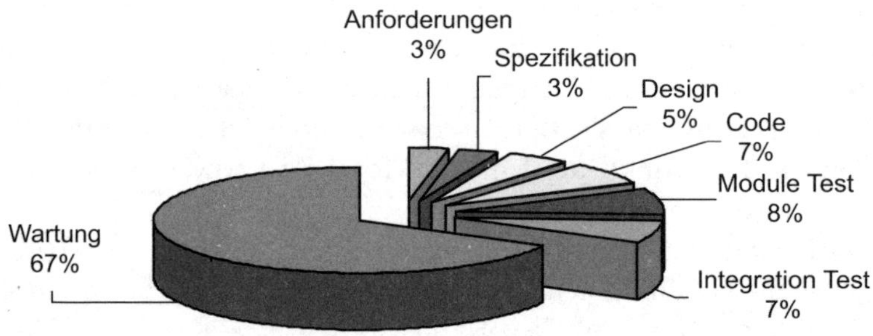

***Abb. 8–2** Aufwände über den Lebenszyklus*

Diese Grafik sagt grundsätzlich aus, dass die Erstellung der ersten Version 1/3 der Lebenszykluskosten ausmacht und die Wartung die restlichen 2/3, wobei die Autoren in die Wartung, im Gegensatz zu unserer Ansicht, Erweiterungen einbeziehen. Ansonsten machen sie in ihrem Buch nahezu keine weiteren Angaben zur Grafik sowie deren Hintergründe.

Da man diese Grafik immer wieder antrifft, wollen wir sie etwas detaillierter betrachten. Was besagt diese Grafik denn genau?

Sie könnte zum Beispiel aussagen, dass wir nach der Erstellung der ersten Version den doppelten Betrag für den restlichen Lebenszyklus dieses Produkts einstellen sollen. Wenn wir das tatsächlich machen wollten, wäre die Anschlussfrage nach dem Zeitraum, über welchen sich die Wartungsphase von 2/3 des Gesamtaufwands erstreckt. Von welchem Zeitraum sprechen wir da? Von zwei Jahren, acht Jahren oder gar 20 Jahren? Wie viele Versionen beinhaltet denn dieser restliche Lebenszyklus? Zwei, neun oder gar 15 Versionen? Was ist, wenn das Produkt nach der zweiten Version eingestampft wird – stimmt dann obige Grafik auch noch?

Genau diese Fragen offenbaren die eigentliche Schwäche der Grafik. Es wird nämlich der fixe Aufwand für die erste Version ins Verhältnis zum variablen Aufwand der gesamten restlichen Lebensdauer gesetzt, der je nach System sehr unterschiedlich ausfallen kann.

Alles in allem hinterlässt die Grafik unserer Meinung nach zu viele Fragen und Interpretationsmöglichkeiten. Daher werden wir im weiteren Verlauf dieses Buches auf sie keinen Bezug mehr nehmen. In der Praxis interessieren außerdem typischerweise die anfallenden Wartungskosten für das nächste Geschäftsjahr. Dabei ist die obige Gegenüberstellung wenig hilfreich.

8.3.2 Kalkulation der Wartungskosten

Als Wartungsmanager kommt man mindestens einmal im Jahr in die Verlegenheit, die Wartungskosten für das kommende Geschäftsjahr zu prognostizieren. Im einfachsten Falle schaut man auf das vergangene Jahr zurück und übernimmt leicht adaptiert die entsprechenden Werte. Gibt es solche Werte noch nicht oder möchte man diese etwas bewusster herleiten, mögen folgende Methoden eine Hilfe sein.

Um den jährlichen Wartungsaufwand bestimmen zu können, hat sich in der Praxis als erste rudimentäre Möglichkeit folgende Faustformel etabliert: Man nimmt dafür einfach einen bestimmten Prozentwert des Entwicklungsaufwands. In der Praxis rechnet man für die Wartung typischerweise mit jährlich 15 % der Entwicklungskosten [Sne04]. Als erster Ansatz ist diese Faustformel gar nicht so schlecht.

Eine weitere Faustformel, die es erlaubt, den jährlichen Wartungsaufwand auf einfache Weise zu bestimmen, hat Barry W. Boehm 1981 [Boe81] vorgeschlagen. Dazu hat er sein Schätzverfahren (Constructive Cost Model – COCOMO) für Wartungskosten verallgemeinert. Es basiert ebenfalls auf den ursprünglichen Entwickungsaufwänden:

$$\text{AME} = \text{ACT} \times \text{SDT}$$

AME: Annual Maintenance Effort (jährlicher Wartungsaufwand in Mannmonaten)
ACT: Annual Change Traffic (jährliche Änderungsrate des Quellcodes in %)
SDT: Software Development Time (Entwicklungsaufwand für Erstentwicklung in Mannmonaten)

Beispiel: Die zu wartende Software benötigte einen Entwicklungsaufwand von 240 Mannmonaten, und man rechnet im kommenden Jahr mit Codeänderungen im Umfang von ca. 10 %. Daraus ergibt sich für das kommende Jahr ein Wartungsaufwand von 10 % × 240MM, also 24 Mannmonaten.

Mit obigen beiden Methoden haben wir den Wartungsaufwand jeweils direkt aus dem Entwicklungsaufwand abgeleitet. Mit der nun folgenden Methode berechnen wir den Wartungsaufwand aufgrund der zu erwartenden Anzahl Fehler sowie dem Aufwand pro Fehler. Aber alles der Reihe nach.

Als Erstes berechnen wir die Fehlerdichte im alten Release. Dazu teilen wir die Anzahl gefundener Fehler im alten Release durch die Anzahl geänderter Zeilen Code im alten Release:

Fehlerdichte = # Fehler / # geänderte Zeilen Code

Als Nächstes berechnen wir die zu erwartende Anzahl Fehler im neuen Release. Dazu multiplizieren wir die soeben kalkulierte Fehlerdichte mit der Anzahl geänderter Zeilen Code im neuen Release:

zu erwartende Fehler = # geänderte Zeilen × Fehlerdichte

Zum Schluss multiplizieren wir die Anzahl zu erwartender Fehler im neuen Release mit dem durchschnittlichen Aufwand pro Fehler. Diesen erhalten wir, indem wir den auf diese Tätigkeiten gebuchten Aufwand in Personentagen durch die Anzahl behobener Fehler teilen.

Fehlerbehebungsaufwand = # zu erwartende Fehler × ∅ Aufwand pro Fehler

Zugegeben, dieser Ansatz ist etwas vereinfacht und setzt einige Dinge voraus. So zum Beispiel wird angenommen, dass die Fehlerdichte in beiden Versionen gleich groß ist oder die Qualität bzw. Testabdeckung in beiden Releases vergleichbar ist.

Berechnung des zukünftigen Wartungsaufwands

Zur Verdeutlichung schauen wir uns zwei Beispiele dazu an:

Beispiel 1:

Angenommen, wir haben im alten Release 300 Fehler gefunden und 150.000 LOC erstellt bzw. geändert.

Daraus berechnet sich die Fehlerdichte wie folgt:
300 / 150.000 = 0,002

Im nächsten Schritt berechnen wir die Anzahl erwarteter Fehler im neuen Release, in dem wir 100.000 LOC geändert haben.
100.000 × 0,002 = 200

Zum Schluss multiplizieren wir die 200 zu erwartenden Fehler mit dem durchschnittlichen Aufwand, einen Fehler zu beheben. Im alten Release haben wir 300 Fehler gefunden und dafür 600 Personentage benötigt.
200 x (600 / 300) = 400 Personentage.

Beispiel 2:

Nun wollen wir dasselbe Beispiel nochmals heranziehen, diesmal aber zusätzlich die Testabdeckung berücksichtigen. Wir haben wiederum im alten Release 300 Fehler gefunden, eine absolute Größe von 2 Mio. LOC und eine Testabdeckung von 50 %. Die Fehlerdichte beträgt nun:
300 / (2.000.000 × (1 – 0,5)) = 0,0003

Im zweiten Schritt berechnen wir die Anzahl erwarteter Fehler im neuen Release, das absolut 2.1 Mio. LOC besitzt und dieselbe Testabdeckung von 50 % aufweist:
2.100.000 × (1 – 0,5) × 0,0003 = 315

Zum Schluss multiplizieren wir wieder die 315 zu erwartenden Fehler mit dem durchschnittlichen Aufwand, einen Fehler zu beheben.
315 x (600 / 300) = 630 Personentage

Um den Einfluss der Testabdeckung besser zu verdeutlichen, können wir im neuen Release die Testabdeckung auf 70 % verbessern. Eingesetzt in obiges Beispiel würde dies zu 189 zu erwartenden Fehlern und einem Wartungsaufwand von 378 Personentagen führen.

Dies verdeutlicht den Zusammenhang zwischen Testqualität und Wartungskosten (s. auch [Sne00]).

Trotzdem sind es richtige und wertvolle Überlegungen, die sich beliebig verfeinern und verbessern lassen. Im Folgenden wollen wir unseren Ansatz verbessern, indem wir zusätzlich die Testabdeckung berücksichtigen. Wir gehen davon aus, dass die gefundenen Fehler nur im nicht getesteten Code aufgetreten sind. Die Fehlerdichte in den nicht durch Tests abgedeckten Teilen des alten Release ließe sich nun wie folgt berechnen:

Fehlerdichte = # Fehler / (Größe × (1 – Testabdeckung))

Im zweiten Schritt berechnen wir wieder die zu erwartende Anzahl Fehler im neuen Release und berücksichtigen dabei die Größe sowie Testabdeckung des neuen Release.

zu erwartende Fehler = Größe × (1 – Testabdeckung) × Fehlerdichte des alten Release

Zum Schluss multiplizieren wir wieder die Anzahl zu erwartender Fehler im neuen Release mit dem durchschnittlichen Aufwand pro Fehler.

Fehlerbehebungsaufwand = # zu erwartende Fehler × ∅ Aufwand pro Fehler

Zu beiden Berechnungsmethoden finden Sie je ein Beispiel im Kasten »Berechnung des zukünftigen Wartungsaufwands« auf Seite 156.

Mit dieser letzten Methode haben wir lediglich den Fehlerbehebungsaufwand und noch nicht den gesamten Wartungsaufwand berechnet (s. Abb. 8–3). Die adaptiven sowie die perfektionierenden Wartungstätigkeiten unterliegen immer Verbesserungsanträgen und werden somit separat geschätzt. Dafür sind keine Berechnungsmethoden in obigem Sinne vorgesehen.

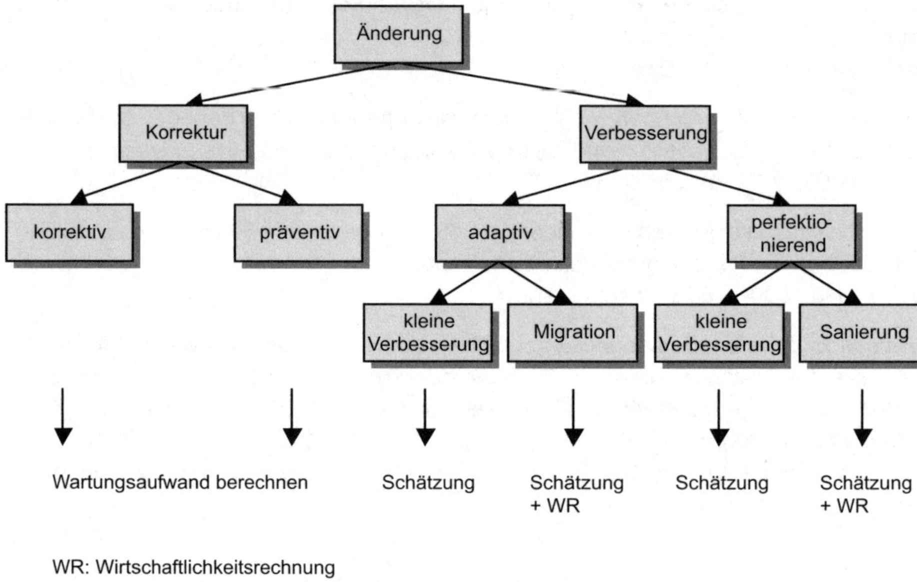

Abb. 8–3 *Wartungsaufwandsberechnung nach Wartungstätigkeit*

Die Migration wird im Wesentlichen wie ein Erweiterungsprojekt behandelt und entsprechend abgeschätzt. Zusätzlich sollte man aber einen Businessplan erstellen, der die Wirtschaftlichkeit dieses Vorhabens nachweist. Kann beispielsweise mit der Migration die Lebensdauer des Systems nicht wesentlich verlängert oder können keine neuen Kunden gewonnen werden, müsste man das Vorhaben hinterfragen.

Dieselben wirtschaftlichen Überlegungen (WR) gilt es, wie in Abschnitt 8.1 dargestellt, auch im Falle eines Sanierungsprojektes anzustellen.

8.3.3 Wartungsroadmap

Obige Methoden bieten eine gute Möglichkeit, schnell einen Eindruck über den kommenden Wartungsaufwand zu erhalten. Die Schwäche all dieser Berechnungen liegt aber in der fehlenden Berücksichtigung von Sondersituationen und von gleichzeitig im Feld befindlichen Releases.

Will man den Einfluss von Sondereffekten, wie Abkündigungsdauer, Anzahl parallel gepflegter Plattformen oder Sonderlösungen, auf die Wartungskosten in einem versionsbezogenen Umfeld besser verstehen, bietet sich die Wartungsroadmap an. Bevor Sie sich nun fragen, was denn das ist, lassen Sie uns diese zusammen erarbeiten.

Als Basis für die Wartungsroadmap dient eine Entwicklungs- oder Produktroadmap. Diese ergänzen wir mit den Versionen unseres Systems im Feld und der Dauer, in der wir es warten wollen. Dazu folgendes Beispiel:

Im Jahr 01 entwickeln wir die erste Version (V1.0). Natürlich befindet sich zu diesem Zeitpunkt noch keine Version im Feld und somit in der Wartung. Im Jahr 02 geht die fertig entwickelte Version 1.0 über in die Wartung, und zwar in diesem Beispiel für zwei Jahre. Gleichzeitig starten wir mit einer neuen Entwicklung, der Version 2.0 – und so weiter (s. Abb. 8–4).

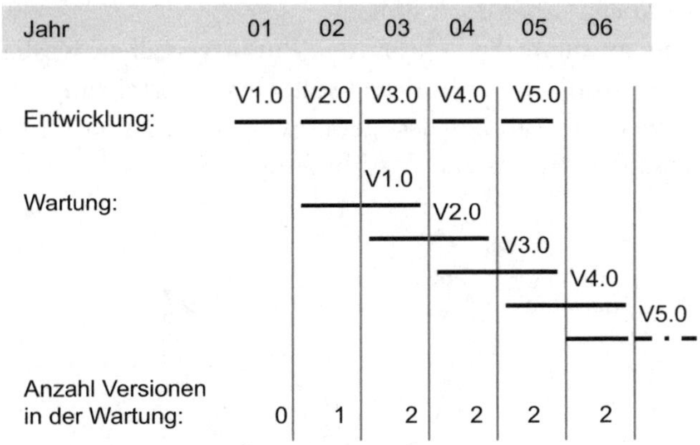

Abb. 8–4 Wartungsroadmap

Anhand dieser Darstellung zeigen wir, wie die Wartungskosten von folgenden Themen beeinflusst werden:

- Abkündigungsdauer
- Anzahl Plattformen
- Sonderlösungen

Außerdem können wir damit die Wartungskosten für kommende Jahre genauer bestimmen.

Abkündigungsdauer

Zunächst zur Abkündigungsstrategie: Im obigen Beispiel (s. Abb. 8–4) sind wir davon ausgegangen, dass wir jedes Jahr ein neues Release unseres Produkts erstellen und es maximal zwei Jahre im Feld einsetzen. Anschließend wird das Release abgekündigt und nicht mehr unterstützt. Wie man aus der untersten Zeile in Abbildung 8–4 (Anzahl Versionen in der Wartung) einfach ablesen kann, befinden sich ab dem Jahr 03 jeweils zwei Releases gleichzeitig in der Wartung. Würden wir nun unseren Kunden eine Unterstützung im Feld von drei, statt lediglich zwei Jahren gewähren, führte dies zu drei gleichzeitig zu wartenden Versionen. Bei einer Abkündigungsdauer von vier Jahren wären entsprechend vier Versionen gleichzeitig in der Wartung und so weiter – probieren Sie es selbst aus. Die Wartungsaufwände und somit die Kosten werden direkt durch die Anzahl »aktiver« Releases getrieben.

Wollen wir die Wartungsaufwände in den Griff bekommen, müssen wir als Erstes *überhaupt* eine Abkündigungsdauer für unser Produkt festlegen. Denn über diese steuern wir direkt die Anzahl Releases, die sich gleichzeitig in der Wartung befinden, und somit das Wartungsaufkommen. Der Wartungsaufwand ist bei zwei gleichzeitig in der Wartung befindlichen Versionen zwar nicht doppelt so hoch wie bei nur einer, wegen den verschiedenen Synergieeffekten (Prozesse, Organisation, Wissen etc.) aber doch höher.

Lassen Sie uns an dieser Stelle kurz den Punkt vertiefen, weshalb man *überhaupt* eine Abkündigungsdauer festlegen soll. Unsere Erfahrung hat gezeigt, dass dies noch lange nicht überall bewusst getan wird, damit aber sehr viel zu gewinnen ist. Dazu schauen wir uns zuerst Abbildung 8–5 an.

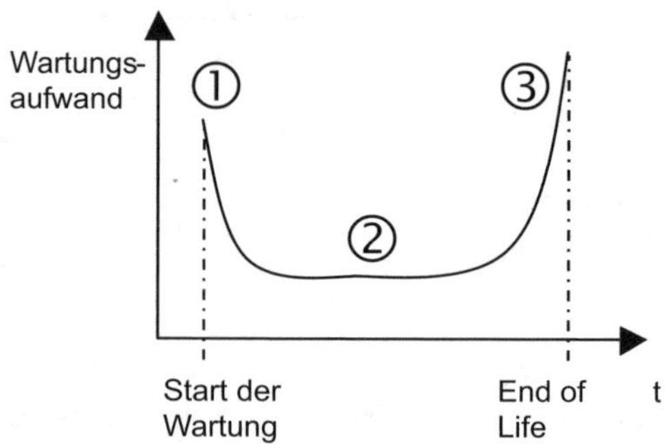

Abb. 8–5 *Wartungsaufwand und Lebenszyklus*

Abbildung 8–5 zeigt den Wartungsaufwand für ein Release ab Inbetriebnahme (Zeitpunkt: Start der Wartung) bis zum Lebensende (Zeitpunkt: End of Life). In dieser Zeit durchlebt ein Softwarerelease drei Phasen. Beim Start der Wartung ist das Wartungsaufkommen und somit der Aufwand hoch (Punkt 1), da das Release noch einige Kinderkrankheiten aufweist. Später, wenn die Kinderkrankheiten überwunden sind, wird es reifer und der Wartungsaufwand sinkt (Punkt 2). Gegen Schluss (Punkt 3) steigt er wieder an, nicht weil plötzlich viele Fehler auftreten, sondern aus anderen Gründen. Zum einen nimmt die Entropie im System mehr und mehr zu, was zu aufwendigeren Fehlerbehebungen führt, und zum anderen nimmt die Qualität ab (s. a. Abschnitt 4.2 – Gesetze II und VII). Außerdem handelt es sich bei Problemen, die spät im Lebenszyklus auftauchen, entweder um Dinge, die vernachlässigbar sind, es lief ja bisher auch, oder um Dinge, die grundsätzliche Grenzen des Systems betreffen und entsprechend komplex und aufwendig zu beheben sind.

Was hat das nun alles mit der Abkündigung eines Release zu tun? Wie Abbildung 8–5 gezeigt hat, gibt es eine optimale Phase mit geringem Wartungsaufwand, bevor dieser dann merklich ansteigt. Mit einer bewussten Abkündigung wählt man den Zeitpunkt aus, zu welchem man diesen Kurvenverlauf verlässt. Würde man keine Abkündigungsdauer festgelegen, wird gemäß Abbildung 8–5 die Wartung eines Release immer teuerer. Schließlich so teuer, dass man oft die Flucht nach vorne ergreift und dem Kunden die nächsthöhere Version schenkt. Dies ist zwar tatsächlich billiger, als weiterhin die Wartung des alten Release wahrzunehmen, aber sicherlich wäre es ökonomischer, das Release abzukündigen und die nächsthöhere Version zu verkaufen.

Achtung: Um Abkündigungen für den Kunden attraktiv zu machen, muss die neue Version unbedingt abwärtskompatibel zur Vorgängerversion sein.

Abkündigungsstrategie bewusst festlegen.

Anzahl Plattformen

Als Nächstes schauen wir uns die Auswirkungen an, die von der Anzahl gleichzeitig zu unterstützender Plattformen herrühren. Wiederum tragen wir in die Wartungsroadmap sowohl die Entwicklungs- als auch die daraus folgenden Wartungsvorhaben ein. Abbildung 8–6 verdeutlicht die Konsequenzen für die Wartung, wenn unser Produkt sowohl auf der Plattform A als auch B verfügbar sein soll.

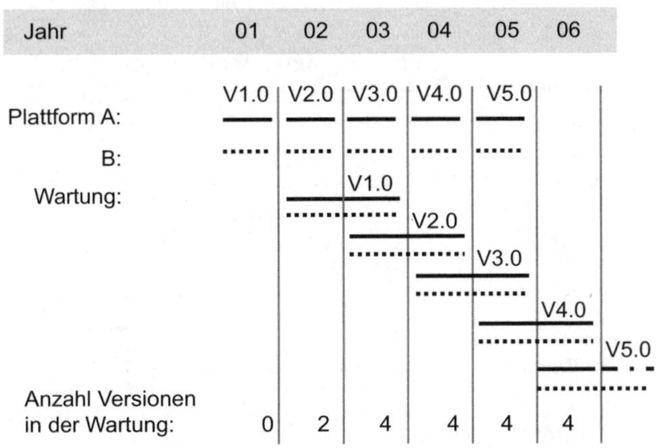

***Abb. 8–6** Wartungsroadmap mit zwei Plattformen*

Auch in diesem Beispiel gehen wir von einer Entwicklungszeit von einem Jahr und einer Wartungsdauer von zwei Jahren aus. Aus der untersten Zeile in Abbildung 8–6 können wir sofort ablesen, dass sich die gleichzeitig in der Wartung befindenden Releases durch die beiden Plattformen verdoppelt haben. Damit ist der Wartungsaufwand zwar nicht zweimal so groß wie mit einer Plattform, aber es entsteht trotzdem ein Mehraufwand. Dieser Mehraufwand ist aber größer als der Mehraufwand, hervorgerufen durch mehrere gleichzeitige Versionen im Feld. Denken Sie nur zum Beispiel an all die Tests, die Sie nach jeder Nachbesserung auf beiden Plattformen wiederholen müssen, oder an Fehlerbilder, die je nach Plattform unterschiedlich sein können, wie zum Beispiel Probleme mit Sicherheitspatches oder dem Multitasking. Zudem müssen Sie das Know-how und die Toolketten jederzeit für beide Plattformen vorhalten, um nur einige Beispiele zu nennen.

Anzahl gleichzeitig unterstützter Plattformen minimieren.

Sonderlösungen

Zum Schluss schauen wir uns die Auswirkungen einer Sonderlösung auf die Wartung an. Stolz verkündet der Vertrieb, er habe soeben unser Produkt ein weiteres Mal verkauft. Allerdings sei eine kleine Entwicklungsanpassung notwendig. Die Abklärungen der Entwicklung haben aber nur einen geringen Zusatzaufwand ergeben. Wie wir inzwischen wissen, ist dies aber nur die halbe Wahrheit. Deswegen schauen wir uns auch dazu die entsprechende Wartungsroadmap an und berücksichtigen dabei den Wartungsaspekt und somit den gesamten Lebenszyklus (vgl. Abb. 8–7).

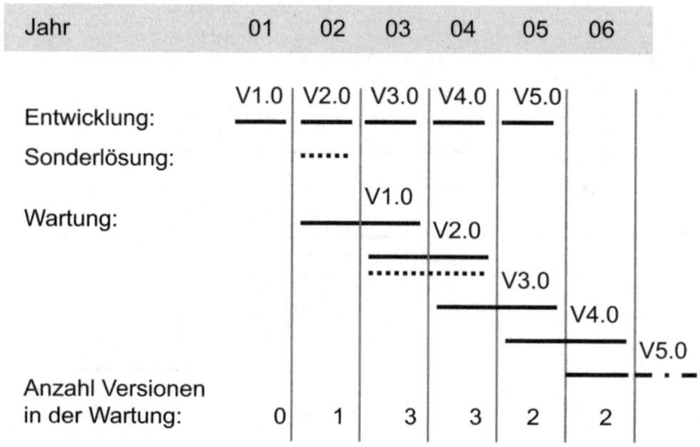

***Abb. 8–7** Wartungsroadmap mit Sonderlösung*

Wie die Wartungsroadmap augenfällig zeigt, führt diese Sonderlösung zu einem zusätzlichen Release in der Wartung – in diesem Falle für die Dauer von zwei Jahren. Später wird die Sonderlösung in die V3.0 überführt, oder sie lebt als eigenständige Sonderlösung weiter. Obwohl die zusätzliche Wartung dieser Sonderversion einen geringeren Aufwand bedeutet, als dies für eine einzige Version nötig wäre, führt sie eben doch zu einem Mehraufwand. Solche Sonderfälle schafft man sich aus Systemsicht nicht nur durch Kundenanpassungen im Code, sondern auch durch spezielle Hardwarekonstellationen, wie andere Rechnertypen oder spezielle Netzwerkkomponenten, um nur einige zu nennen. Unangenehmerweise haben diese zudem Auswirkungen auf das Ersatzteillager bzw. die Ersatzteilpflicht.

Sonderlösungen einschränken.

Aus den drei Fällen – Abkündigungsdauer, Anzahl Plattformen sowie Sonderlösungen – haben die Autoren nachfolgende Formel hergeleitet, mit der die Anzahl sich gleichzeitig in der Wartung befindende Versionen und somit das Wartungsaufkommen einfach berechnet werden kann:

$$AVW = AD \times AP + SL$$

AVW: Anzahl Versionen in der Wartung
AD: Abkündigungsdauer
AP: Anzahl Plattformen
SL: Anzahl Sonderlösungen

Prognose

Zum Schluss wollen wir mittels der Wartungsroadmap zeigen, wie man das Wartungsaufkommen und somit die Wartungskosten der nächsten Jahre genauer bestimmen kann. Allzu häufig übernimmt man die Wartungskosten des laufenden Jahres zur Bestimmung des nächsten Wartungsbudgets. Bleiben sämtliche Parameter des Umfelds gleich oder ähnlich, mag das einigermaßen zutreffen. Sobald aber Veränderungen anstehen, trifft dies nicht mehr zu. Eine typische Veränderung ist das Erscheinen neuer Produktversionen in unregelmäßigen Abständen im Gegensatz zum jährlichen Takt, den wir in unseren Beispielen bisher unterstellt haben. Genau diesen Einfluss wollen wir nun besprechen und eine bessere Prognosemöglichkeit aufzeigen.

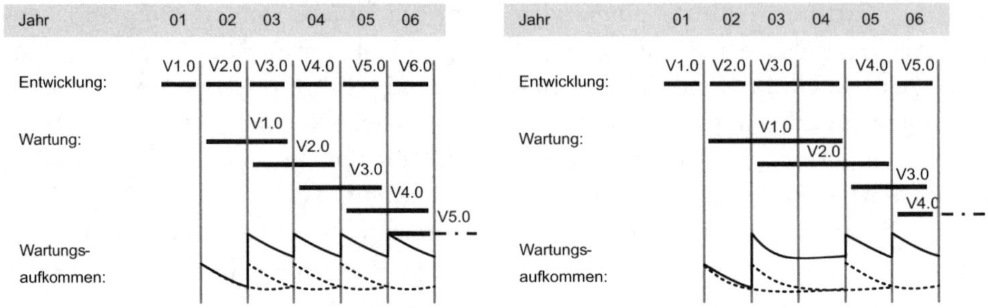

Abb. 8–8 *Wartungsroadmap für Prognose*

Wie wir in Abbildung 8–5 gesehen haben, ist der Wartungsaufwand bei der Einführung einer neuen Version zunächst hoch, sinkt dann ab, bevor er gegen Ende des Lebenszyklus wieder zunimmt. Genau diese Kurve wollen wir nun in unsere Wartungsroadmap für jede einzelne Version übernehmen. In Abbildung 8–8 sehen wir in der linken Grafik unsere bekannte Wartungsroadmap, diesmal ergänzt mit den Kurven des Wartungsaufkommens für jede Version. Zusätzlich wurde das Wartungsaufkommen in einer einzigen Kurve zusammengefasst, die den Gesamtwartungsaufwand widerspiegelt. Da in diesem Beispiel regelmäßig neue Versionen erzeugt werden und diese immer für zwei Jahre in der Wartung verweilen, ist das jährliche Wartungsaufkommen immer wieder dasselbe. In diesem Falle kann man von einem auf das nächste Geschäftsjahr schließen. Verändert man aber den Takt, in dem neue Versionen erscheinen (vgl. Abb. 8–8, rechte Grafik), verändert sich das gesamte Wartungsaufkommen. Obwohl die Wartungsdauer der Versionen 1.0 und 2.0 bewusst auf drei Jahre gestreckt wurden, damit immer gleichzeitig die letzten beiden Versionen im Feld sind, sinkt das Wartungsaufkommen im Jahre 04. Der Grund liegt darin, dass im Jahr 04 keine neue Version ins Feld kommt und somit keine neuen Kinderkrankheiten. In diesem Falle kann man nicht vom Wartungsbudget 03 auf das Budget des Jahres 04 schließen. Der Takt neuer Versionen beeinflusst also das Wartungsaufkommen und somit die Wartungskosten.

> Wollen Sie für sich eine gute Prognose des zukünftigen Wartungsaufkommens erstellen, so legen Sie sich mit Ihren eigenen Daten eine möglichst genaue Wartungsroadmap an.

Für die Prognose der Wartung ist es entscheidend, den gesamten Lebenszyklus zu betrachten. Erst so offenbart sich der Gesamtaufwand der Wartung im Vergleich zur Entwicklung. Mit der Faustformel, die von einem jährlichen Wartungsaufwand von 15 % der Entwicklung ausgeht, hat man ein einfaches Instrument für eine erste Prognose zur Hand.

Will man den Wartungsaufwand der nächsten Jahre genauer prognostizieren und visualisieren, bietet sich eine Wartungsroadmap an. Damit lässt sich die eigene Wartungssituation bildlich darstellen und offenbart gleichzeitig mögliche Sparpotenziale. Sie unterstützt bei folgenden Themen:

- Abkündigungsdauer festlegen
- Anzahl Plattformen bewusst wählen und ggf. einschränken
- Sonderlösungen auch in Hinblick auf zukünftige Wartung betrachten
- Prognose des Wartungsaufkommens

8.4 Wartungskosten positiv beeinflussen

Als Nächstes fragen wir uns, wie wir die Wartungskosten positiv beeinflussen können. Mit der Wartungsroadmap haben wir bereits drei Ansätze kennengelernt (Abkündigungsdauer, Anzahl Plattformen und Sonderlösungen). Hier wollen wir weitere Möglichkeiten zur Reduktion der Wartungskosten aufzeigen. Dazu haben wir zwei Hebel: Entweder verbessern wir unsere Produktivität in der Wartung oder wir verringern unsere Fehlleistungskosten (s. Kasten unten).

Wartung ist People's Business – es müssen also Menschen miteinander agieren und Hand in Hand optimal zusammenarbeiten. Dazu braucht es ein klares Bild in Form eines gemeinsamen Prozesses, wer wann für was zuständig ist. Genau in diesem Zusammenspiel und den damit verbundenen Abläufen und Prozessen steckt einiges an Konflikt- und somit Sparpotenzial. Dies nicht zuletzt, weil Wartungsvorhaben häufig nicht mit derselben Systematik wie Entwicklungsprojekte abgewickelt werden.

Fehlleistung versus Produktivität

Fehlleistungskosten sind die aufgrund von Qualitätsabweichungen auftretenden Kosten zur Wiederherstellung der Qualitätsanforderungen. Sie entstehen beispielsweise, wenn Tätigkeiten unnötigerweise oder wider besseres Wissen mehrmals gemacht werden. Es sind Mehrkosten, die oftmals 8–10 % des Umsatzes betragen [SchSe04]!

Ein kurzes Beispiel zu den Fehlleistungskosten: Angenommen einem Gast wird in einem Restaurant fälschlicherweise ein Gericht serviert, das er nicht bestellt hat. Natürlich wird das Restaurant dem Gast das ursprünglich gewünschte Menü nachreichen, was zu Fehlleistungskosten führt.

Eine *Produktivitätssteigerung* liegt dagegen vor, wenn eine Steigerung der Produktmenge pro Zeit oder aber eine Verringerung der zur Produktion benötigten Ressourcen erfolgt.

Auch dazu ein kleines Beispiel: Der Koch in unsrem Restaurant hat 4 Herdplatten zur Verfügung, um Schnitzel zu braten. In Spitzenzeiten kommt es immer wieder zu Engpässen. Um die Produktivität zu steigern, wird dem Koch ein weiterer Herd mit 4 Platten hingestellt, sodass er nun 8 Platten gleichzeitig bedienen kann. Da mit den gleichen Ressourcen (einem Koch) mehr produziert werden kann (mehr Schnitzel), konnte die Produktivität gesteigert werden.

In diesem Abschnitt wollen wir einige Schlüsselsituationen aus dem Wartungsalltag anschauen, die größeren Einfluss auf die Wartungskosten haben können. Meistert man solche Situationen intuitiv erfolgreich, nimmt man häufig nicht wahr, dass eine wichtige Entscheidung richtig angegangen wurde. Hat man dagegen ungeschickt agiert, wird man von den negativen Folgen oft überrascht.

Nachfolgende Situationen wollen wir gemeinsam anschauen und dabei immer die Aspekte der Fehlleistungskosten sowie Produktivitätssteigerungsmöglichkeiten im Hinterkopf behalten:

- Gemeinsames Verständnis
- Schrittweises Vorgehen
- Folgekosten aus der Entwicklung
- Übergang Entwicklung Wartung
- It's not a bug, it's a feature
- Einfluss von COTS

8.4.1 Gemeinsames Verständnis

Ausgangslage: Die Tat ist vollbracht und das neu entwickelte System konnte erfolgreich dem Kunden übergeben werden. Nun folgt die Wartungsphase. Der Auftraggeber, sei das der externe Kunde oder das interne Produktmanagement, ist gerne bereit, dafür einen Wartungsvertrag abzuschließen. Bei näherer Betrachtung stellt man aber häufig fest, dass das gemeinsame Verständnis dafür fehlt. Dem Auftraggeber erscheinen typischerweise die Wartungskosten viel zu hoch. Kein Wunder, wenn er die damit verbundene Leistung nur mit reiner Fehlerbehebung (vgl. Abschnitt 2.3) in Verbindung bringt. Wir hingegen verstehen darunter deutlich mehr (korrektive, präventive, adaptive und perfektionierende Wartung sowie Support), und schon ist das Missverständnis perfekt. Noch schlechter ist es, wenn ein Wartungsvertrag bereits abgeschlossen wurde und man sich erst während der Ausführung über die zu erbringende Leistung streitet.

Lösungsansatz: Um dieses mögliche Missverständnis zu umgehen, sollte man als Erstes mit dem Auftraggeber des Wartungsauftrages ein gemeinsames Verständnis über die zu verrichtenden Tätigkeiten erlangen. In diesem Gespräch können wir dem Auftraggeber einerseits die ganze Bandbreite von der Fehlerbehebung bis zur perfektionierenden Wartung aufzeigen und andererseits klären, welche dieser Tätigkeiten er von uns durchgeführt haben möchte. Möglicherweise verzichtet der Auftraggeber dann *bewusst* auf die eine oder andere Leistung, und somit ist eine entsprechende Preisanpassung für beide Seiten in Ordnung. Vielleicht war aber dem Auftraggeber das gesamte Spektrum unserer Tätigkeiten bisher nicht bewusst, und er ist gerne bereit, die dafür anfallenden Wartungskosten zu übernehmen.

Fazit

Als Erstes gilt es, zu einem gemeinsamen und klaren Verständnis über die zu erbringende Leistung zu kommen und die Wartungskosten entsprechend anzupassen.

> Missverständnisse sind eine Ursache für Fehlleistungskosten.

8.4.2 Schrittweises Vorgehen

Ausgangslage: Aussagen wie: »Die sicherste und billigste Wartung ist keine Wartung!« sind zugegebenermaßen etwas provokativ, aber wie so oft hat auch diese einen Kern Wahrheit. Damit ist natürlich nicht gemeint, einfach die Hände in den Schoß zu legen und das System sich selber zu überlassen – dass dieser Weg nicht zum Ziel führt, haben wir in Abschnitt 2.1.2 *(lack of movement)* gesehen. Es geht vielmehr darum, dass wir hin und wieder etwas zu technikverliebt möglichst schnell auf die neusten Betriebssysteme, Programmierumgebungen, Datenbanken und Middleware-Komponenten umsteigen wollen. Die Erfahrung lehrt uns aber, dass wir uns mit solch scheinbar harmlosen Änderungen häufig Folgeprobleme einhandeln.

Lösungsansatz: Entscheidungen, ob man in einem älteren und somit bewährten System bestimmte Komponenten auf eine neuere Version umstellt, sollen *bewusst* gefällt werden. Es gilt also, sorgfältig abzuwägen, welche Risiken dem Nutzen gegenüberstehen. Wir sollten uns Fragen stellen, wie: »Ist dieser Upgrade tatsächlich nötig?«, »Verkaufen wir deswegen ein System mehr?«, »Wirkt sich das für den Kunden positiv aus?«, »Befindet sich das System bereits am Ende des Lebenszyklus, und es wäre besser, nach dem Motto ›*never touch a running system*‹ zu handeln?«.

Bei dieser Betrachtung ist es wichtig, dass man sich möglichst alle Konsequenzen überlegt. Häufig erfordert der Umstieg einer Komponente im System, dass noch weitere Komponenten als Folge davon ebenfalls gewechselt werden müssen.

Um Risiken zu minimieren, sollten außerdem nicht allzu viele Änderungen miteinander vorgenommen werden, sondern Schritt für Schritt.

Dieses Vorgehen mag trivial klingen, aber schon zu oft wurde ein Versionswechsel angestoßen, ohne die gesamten Folgen zu bedenken.

> Änderungen müssen Schritt für Schritt und mit Augenmaß und einem Blick fürs Wirtschaftliche durchgeführt werden, ansonsten sind Fehlleistungskosten, zum Beispiel in Form von Rückbau, zu erwarten.

8.4.3 Folgekosten aus der Entwicklung

Ausgangslage: Steht man mit der Entwicklung seines Systems in Konkurrenz zu Mitbewerbern, spielen die Erstellungskosten eine wichtige Rolle. Unter diesen Umständen wird allzu gerne nur entwickelt, was einen unmittelbaren Kundennutzen darstellt. Wenn die geschätzten Aufwände höher sind als der Preis, den der Kunde zu bezahlen bereit ist, wird zudem »Design-to-cost« betrieben. Unter diesen beiden Einflüssen entfallen bereits oft während der Angebotsphase für die spätere Wartung wichtige Leistungsmerkmale.

Bei der anschließenden Entwicklung geht es dann im gleichen Stile weiter. Softwareprojekte stehen immer unter hohem Kosten- und Termindruck. Daher ist es wenig verwunderlich, wenn man sich auf das Nötigste konzentriert und notfalls vermeintlich »weniger wichtige« Anforderungen dem Termindruck opfert oder sich nicht die nötige Zeit nimmt, von Beginn an eine einfach erweiterbare Architektur zu erstellen.

Der Nutzen von Themen wie gute Architektur, erweiterbares Design, übersichtlicher Code, automatisierte Regressionstests, adäquate Dokumentation oder gute Diagnosemöglichkeiten macht sich hauptsächlich erst in den nachfolgenden Versionen bemerkbar. Unter dem ständigen Termin- und Kostendruck werden solche Anforderungen dann allzu schnell geopfert. Mit den entsprechenden Folgen. Beispielsweise führt eine fehlende oder ungenügende Diagnosemöglichkeit später unweigerlich zu einem erhöhten Wartungsaufwand – ganz abgesehen vom Imageschaden, den man erleiden kann, wenn man nicht in der Lage ist, Fehler prompt zu lokalisieren und zu beheben.

Diese Grundsteine kann man nur beim ersten Mal legen und kaum nachholen.

Lösungsansatz: Die wichtigste Frage, die man sich beantworten muss, ist die nach der erwarteten Lebensdauer des Systems (vgl. Abschnitt 3.1). Hat man einen langen Lebenszyklus im Visier, lohnt es sich, die erste Version mit eigenen Investitionen zu unterstützen, um folgende Ziele zu erreichen:

- hohe Qualität, zugunsten der Wartung (vgl. Abschnitt 3.2),
- Entwicklung spezieller Feature, die später die Wartung erleichtern (Diagnosemöglichkeiten etc.)

Dieses investierte Geld spart man später in der Wartung doppelt und dreifach ein (s. Abb. 8–9). Der Anwalt dieses Vorgehens ist das Produktmanagement, das solche Wirtschaftlichkeitsbetrachtungen anstellen muss.

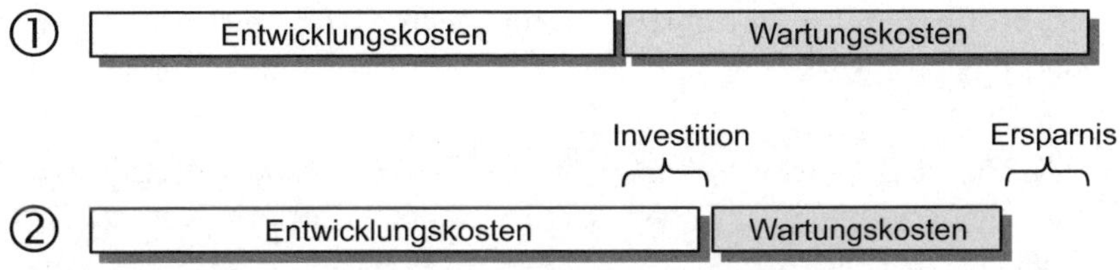

Abb. 8–9 *Wartungskosten entstehen in der Entwicklung*

> Es ist wichtig, in der Erstentwicklung die Basis für eine effiziente Wartung zu legen – eine lange Lebensdauer vorausgesetzt. Die hohe Qualität von Beginn an beugt Fehlleistungskosten vor, spezielle Leistungsmerkmale erleichtern die Wartung und wirken produktivitätssteigernd.

8.4.4 Übergang Entwicklung – Wartung

Ausgangslage: Wie in Kapitel 5 besprochen, kann ein unorganisierter Übergang von der Entwicklung zur Wartung die Wartungskosten erheblich beeinflussen. Typischerweise wird das Entwicklungsprojekt kostenmäßig sehr gut verfolgt. Zusätzlich erhält der Projektleiter bei Erfolg häufig eine Prämie. Da der Erfolg eines Projektes bezüglich Kosten und Termin einfach zu messen ist, hingegen bezüglich der Qualität schwieriger, beschränkt man sich bei seiner Zielsetzung auf die ersten beiden Ziele. Will der Projektleiter sein Projekt erfolgreich abschließen, versucht er auf Teufel komm raus, die Kosten und den Termin im Griff zu halten und möglichst rasch sein Werk dem Betrieb und somit der Wartung zu übergeben. Dies geschieht oft unter Einbuße der Qualität, deren Verlust man in der Hitze des Gefechtes nicht so offensichtlich wahrnimmt, ganz im Gegensatz zu einer Kosten- oder Terminüberschreitung. Ist das Projekt dem Betrieb und somit der Wartung übergeben, werden die Projekttätigkeiten eingestellt und Projektkonten geschlossen. Dass unter diesen Umständen nicht selten der »Grüne-Banane-Effekt« eintritt – das Produkt reift, einer Banane gleich, beim Kunden – überrascht niemanden. Die Folgen sind schnell beschrieben. In der Wartung fallen damit unnötig viele Fehler an, die anschließend zulasten der Wartungskosten und nicht mehr der Projektkosten behoben werden müssen. Werden zudem die Wartungskosten ungenügend verfolgt, stellt man am Jahresende lediglich fest, dass die Wartungskosten wieder hoch, vielleicht sogar zu hoch waren, nicht aber weshalb.

Lösungsansatz: Was ist zu tun? Zum einen muss der Übergang (Weiter-)Entwicklung – Wartung sauber geregelt werden. Dies kann beispielsweise mit einer Abnahme durch die Wartungsmannschaft mittels Übernahmetest geschehen. Zum anderen könnte man das Verursacherprinzip anwenden (s. Abschnitt 7.1.2), indem man den Projektleiter anschließend zum Wartungsmanager ernennt. Im guten Fall kann er so von seiner guten Grundlage, die er im Entwicklungsprojekt gelegt hat, profitieren. Im schlechten Fall hingegen darf er ausbaden, was er sich eingebrockt hat.

> Aus der Vogelperspektive betrachtet, kann das Denken in Abschnitten (Entwicklung, Wartung) und das daraus folgende Teiloptimieren zu Fehlleistungskosten führen.

8.4.5 It's not a bug, it's a feature

Ausgangslage: Ein wichtiger Faktor, der die Wartungskosten beeinflusst, ist die saubere Abgrenzung zwischen Fehlern und Erweiterungswünschen. Wahrscheinlich denken Sie nun, dass dies nicht so schwierig sein kann. Ist dem wirklich so? Der Grund für diese Abgrenzung ist klar: Zwar sind beides Änderungswünsche, Fehler werden aber als Gewährleistungskosten betrachtet, die wir selbst zu übernehmen haben, zusätzliche Funktionen hingegen können wir uns vom Kunden extra bezahlen lassen.

Hier einige Situationen, wie es zu diesen Änderungswünschen kommen kann:

- *Unklare Anforderungen:* Der Kunde bemerkt, typischerweise kurz nach der Inbetriebnahme einer neuen Version, beim Benutzen seines Systems ein für ihn unerwartetes Systemverhalten und meldet dies – als Fehler. Um zu beurteilen, ob dies nun wirklich ein Fehler oder ein vereinbartes Verhalten ist, ziehen Sie als Lieferant natürlich das Pflichtenheft zurate und überprüfen den ursprünglichen Kundenwunsch. Leider kommt es in solchen Fällen nicht selten vor, dass entweder dieses Dokument nicht existiert oder »ausgerechnet« diesen Sachverhalt unscharf beschreibt. Als Lieferant würden Sie liebend gerne argumentieren: »*It's not a bug, it's a feature*« – was in der Regel der Kunde nicht goutiert.
- *Adaptive Wartung vs. Erweiterung:* Hier handelt es sich um Veränderungen des Umfeldes, die entweder der adaptiven Wartung angelastet werden können oder eben neue Anforderungen in Form von Erweiterungen darstellen.
- *Wünsche per Zuruf:* Als letzter Grund für obige Schwierigkeiten seien hier noch die Änderungswünsche per Zuruf genannt. Sei es der Servicetechniker, ein undisziplinierter Produktmanager oder gar der Kunde selbst, den man per Zufall getroffen hat und der dann sozusagen per Zuruf Änderungswünsche formuliert. Diese klingen in etwa so: »Ich habe nie verstanden, dass …« oder: »Wieso verhält sich das System eigentlich …« Nicht selten fühlen sich Entwickler, die solches zu hören bekommen, durch falsch verstandene Kundennähe angespornt, dies sofort umzusetzen. Natürlich ohne Rücksprache mit dem Produktmanagement.

Lösungsansatz: In der Tat können diese Situationen oft nicht Schwarz oder Weiß betrachtet werden, sondern befinden sich schnell in der Grauzone. In solchen Fällen hilft in erster Linie eine gute, partnerschaftliche Beziehung, die man sich bereits während der Entwicklung mit offener Information erarbeitet hat.

Sobald Sie mit dem Kunden in der Diskussion über Fehler oder Feature stecken, können Sie nur noch verlieren – entweder bezahlen Sie ungerechtfertigter Weise, aber aus Mangel an Beweisen, oder Sie hinterlassen beim Kunden ungute Gefühle. Beides ist Ihnen nicht dienlich. Im Folgenden sind ein paar Lösungsansätze aufgeführt, um wenig Anlass für diese unerwünschten Diskussionen zu geben:

- *Unklare Anforderungen:* Diese missliche Situation kann man sich meist ersparen, indem man sich die Zeit nimmt, eine saubere und ausführliche Anforderungsspezifikation zu erstellen und vom Kunden abnehmen zu lassen. Sie mögen sich nun fragen, was das mit der Wartung zu tun hat, schließlich ist die unsaubere Spezifikation ein Problem der Entwicklung. Bedenken Sie einfach, dass zu diesem Zeitpunkt die Konten des entsprechenden Entwicklungsprojektes bereits geschlossen sind (s. auch Abschnitt 8.4.4).
- *Adaptive Wartung vs. Erweiterung:* Zur Vorbeugung von unklaren Situationen dient hier ein klarer Wartungsvertrag (s. auch Abschnitt 8.4.1).
- *Wünsche per Zuruf:* Das korrekte Vorgehen ist eine saubere Abklärung, ob der Änderungswunsch bereits als Anforderung formuliert wurde und von solch einer als Fehler abweicht oder ob er eben eine mögliche neue Erweiterung darstellt.

So oder so, alle Änderungswünsche, ob Fehler oder Erweiterung, sind mit einem Änderungsmanagement zu bearbeiten. Sie werden also sauber erfasst (Fehler als Trouble-Report und Erweiterungen als Change Request) und ihre Umsetzung (ob überhaupt, in welchem Release, Kosten/Nutzen etc.) in einem Change Control Board gemeinsam entschieden und ggf. realisiert (vgl. Abschnitt 5.3).

> Durch Wachsamkeit für diese Themen und sofortiges Handeln im Problemfall können diese Fehlleistungskosten gering gehalten werden.

8.4.6 Einfluss von COTS

Ausgangslage: Was für die Entwicklung gut ist, muss für die Wartung noch lange nicht gut sein. So oder ähnlich könnte man den Gebrauch von *commercial-off-the-shelf* (COTS)-Produkten in der Softwareentwicklung zusammenfassen. Dies mag auf den ersten Blick erstaunen. Dank eingekaufter Produkte, die bereits getestet und (ausreichend) dokumentiert sind, sollte man doch nicht nur effizienter entwickeln, sondern auch bei der Wartung Kosten einsparen können. Dass dem a priori nicht so ist, wollen wir uns zusammen anschauen:

Möchte man COTS-verwenden, muss man als Erstes ein geeignetes Produkt evaluieren und verschiedene Tests mit dem einen oder anderen Produkt der Wahl durchführen. Hat man sich schließlich für ein Produkt entschieden, gilt es, dieses in die eigene Applikation zu integrieren. Um unnötige Abhängigkeiten zu vermeiden, kapselt man typischerweise die COTS-Komponente durch einen entsprechenden Wrapper-Code. Bei den anschließenden Systemtests stellt man nach längerer Suche fest, dass die COTS-Komponente Fehler hat – schließlich ist es ja auch nur Software. Eigentlich wäre die Sache nun so weit erledigt, könnte man meinen.

Damit ist es aber bei Weitem nicht getan, denn die COTS-Produkte haben ebenfalls einen Lebenszyklus – und zwar einen *eigenen*. Beispielsweise könnte es in der Zwischenzeit eine nächsthöhere Version unserer COTS-Komponente geben. Unglücklicherweise wurde damit gleich auch der Support der von uns verwendeten Version abgekündigt. Des Weiteren läuft die neue Version zu allem Übel nur noch auf dem neusten Betriebssystem, auf das wir erst in einigen Monaten umstellen wollten. Oder die Herstellerfirma unseres COTS-Produkts ging in der Zwischenzeit Konkurs. Oder die Herstellerfirma wurde aufgekauft und hat nun eine neue Strategie, die mit der unsrigen unverträglich ist. Der Möglichkeiten gibt es viele und sie potenzieren sich mit jedem zusätzlichen COTS-Produkt.

Wird ein COTS-Produkt aktualisiert oder ersetzt, beginnt das ganze Spiel wieder von vorne – Evaluation, Analyse der Auswirkungen auf das Gesamtsystem, Wrapper anpassen etc. Die Auswirkungen von COTS auf die Wartung und die verschiedenen Abhängigkeiten haben Reifer et al. in ihrem Artikel genau beschrieben [RBBC03].

COTS führt also durch die vielen eigenen Lebenszyklen dazu, dass sich die eigene Software schneller an die sich verändernde Umgebung anpassen muss, um dem *lack of movement* entgegenzuwirken.

Lösungsansatz: Wie wir eben gesehen haben, ergeben sich durch die Verwendung von COTS nicht nur erhebliche Aufwände, man schafft sich auch enorme Abhängigkeiten, die, je länger ein System lebt, umso schwerwiegender werden. Dabei steigen die Abhängigkeiten durch die Anzahl verwendeter COTS-Produkte um ein Vielfaches. Wie Paracelsus schon gesagt hat – die Dosis macht das Gift.

Prüfen Sie als Erstes, welches Einsparpotenzial ein Zukauf gegenüber einer Eigenentwicklung hat. Oftmals nutzt man nur die Hälfte eines gekauften Produkts. Entsprechend müsste man auch nur diese Hälfte selbst entwickeln. Als Nächstes prüfen Sie die möglichen Abhängigkeiten und damit verbundenen Risiken. Beispielsweise wie entscheidend ist es, dass Sie über den Quellcode verfügen und so unabhängig vom Lieferanten sind. Oder wie stark ist die eine zugekaufte Komponente von anderen abhängig und verursacht durch ihre Änderung weitere Änderungen an anderen Komponenten.

Aus Sicht der Wartung langlebiger Produkte gilt: Nur so viel COTS wie nötig und nicht wie möglich verwenden.

> Die Verwendung von COTS-kann schnell von einer vermeintlichen Produktivitätssteigerung in Fehlleistungskosten umschlagen.

8.5 Outsourcing und Offshoring in der Wartung

Am Ende dieses Kapitels über Wartungskosten wollen wir die Themen Outsourcing und Offshoring besprechen, denn der Hauptgrund dafür sind die im Ausland günstigeren Rahmenbedingungen, insbesondere bei den Arbeitskosten. Weitere Gründe für die Auslagerung sind fehlende Ressourcen, Konzentration auf die Kernkompetenzen oder Präsenz im Markt vor Ort.

Bevor wir aber diese Diskussion aufnehmen, sollten wir zuerst diese beiden Begriffe genauer definieren.

8.5.1 Begriffe

Allzu oft werden die verschiedenen Begriffe rund um Outsourcing und Offshoring ungenau benutzt oder sogar gleichwertig verwendet. Um dem vorzubeugen, schauen wir uns als Erstes die verschiedenen Begriffe genauer an.

Das *Outsourcing* (Abkürzung für Outside Ressource Using) bezeichnet die Auslagerung von Prozessen und Funktionen an ein externes Unternehmen im In- oder Ausland. Es werden also bisher intern erbrachte Leistungen neu von einer Drittfirma fremdbezogen. Mittels Verträgen und Service Level Agreements werden die Dauer und der Inhalt der fremdbezogenen Leistungen festgehalten. In der Regel werden Bereiche, die nicht als Kernkompetenz angesehen werden, ausgelagert. Daher sind vom Outsourcing typischerweise Dienstleistungen wie IT-Betrieb oder Callcenter betroffen. Des Weiteren kann man zwischen externem und internem Outsourcing sowie Insourcing unterscheiden.

Von *externem Outsourcing* spricht man, wenn der Dienstleister nicht nur rechtlich, sondern auch finanziell vom auslagernden Unternehmen unabhängig ist, also beispielsweise nicht demselben Konzern angehört.

Internes Outsourcing (captive Outsourcing; captive = konzerneigen) liegt vor, wenn die Leistung zwar innerhalb eines finanziell abhängigen Verbundes erbracht wird, aber zumindest rechtliche Unabhängigkeit vorliegt (z. B. Leistungserbringung durch eine IT-Tochter).

Unter *Insourcing* versteht man die Wiedereingliederung von zuvor ausgelagerten Prozessen und Funktionen in das ursprüngliche Unternehmen.

Der Begriff *Offshoring* bezeichnet ebenfalls eine Form der Verlagerung unternehmerischer Funktionen und Prozesse, allerdings immer ins Ausland. Dabei kann es sich sowohl um eine Verlagerung von Aktivitäten an ein ausländisches Fremdunternehmen als auch um eine Gründung eines Tochterunternehmens oder eines Joint Ventures im Ausland handeln. Des Weiteren kann man zwischen Farshoring, Nearshoring und Onshoring unterscheiden.

Mit *Farshoring* ist die Verlagerung in weit entfernte Länder gemeint – aus Sicht von Europa hauptsächlich Amerika oder Asien. Damit sind zudem oft erhebliche kulturelle Unterschiede verbunden.

Unter *Nearshoring* versteht man hingegen die Verlagerung in benachbarte Länder. Aus Sicht der deutschsprachigen Nationen sind damit typischerweise die Länder der EU-Osterweiterung gemeint.

Mit *Onshoring* ist die Auslagerung von Teilen der Produktion innerhalb des Herkunftslandes, meist nahe beim Auftraggeber, gemeint. Insbesondere Großkunden (z. B. Autofabriken) bestehen häufig auf der räumlichen Nähe.

8.5.2 Outsourcing und Offshoring allgemein

Bevor Sie sich blindlings in das »Abenteuer Offshoring« stürzen, gilt es, eine genaue Analyse über die Zielsetzung dieses Projektes anzustellen und sich klarzumachen, was mit diesem Projekt überhaupt erreicht werden soll. Dabei müssen grundlegende Schlüsselfragen bereits im Vorfeld geklärt werden. Nur dann verspricht das geplante Offshoring-Projekt Erfolg.

Offshoring-Aktivitäten lassen sich nach denselben Regeln auswählen, die auch für den externen Bezug von lokalen IT-Dienstleistungen gelten: Die Dienstleistungen sollten nicht Teil des Kerngeschäfts sein, und die Durchführung der Dienstleistungen sollte wenig unternehmensspezifisches Wissen erfordern (Plagiate lassen grüßen).

Zudem ist der Faktor Distanz nicht zu unterschätzen.

> Distanz umfasst im Offshoring nicht nur die räumliche, sondern auch die kulturelle, sprachliche, zeitliche oder technische Entfernung.

Je nach Zielland bestehen unterschiedlich weite Distanzen. So liegt beispielsweise Litauen, bezogen auf alle obigen Kriterien, Deutschland deutlich näher als z. B. China.

Aus Sicht der Risikominimierung sind daher vor allem jene Aktivitäten offshore-tauglich, bei denen eine Distanz zwischen Anwender und Dienstleister kaum eine Rolle spielt und daher die genannten Risiken kaum auftreten. Solche Tätigkeiten sind beispielsweise:

- Die Überwachung von technischen Komponenten, die auch bisher schon »remote«, also aus der Entfernung erfolgte
- Die Übernahme von klar definierten, stabilen Aufgabestellungen in der Softwareentwicklung

Motivation: Kostenvorteil

Die Motivation für Outsourcing und Offshoring kann im Wesentlichen in folgende vier Gruppen unterteilt werden:

- Kostenorientierte Verlagerung (Kostenvorteil)
- Fachwissen erwerben (Fachkräfte)
- Erschließung neuer Märkte (Markt-Know-how, Kundenbedürfnisse)
- Qualität des Standorts (unternehmensfreundliche Rahmenbedingungen)

Dabei ist das Hauptmotiv mit Abstand der Kostenvorteil. Die Gründe für den Kostenvorteil sind aber beim Outsourcing andere als beim Offshoring.

Beim Outsourcing werden in der Regel Dienstleistungen, die nicht zur Kernkompetenz zählen, an externe Unternehmen ausgelagert. Dabei entsteht der Kostenvorteil vor allem durch Skaleneffekte und eine höhere Produktivität des externen Spezialisten.

Beim Offshoring hingegen entsteht der Kostenvorteil hauptsächlich durch die niedrigen Lohnkosten. Lassen Sie sich aber durch niedrige Stundensätze alleine nicht verführen. Es hat sich gezeigt, dass das Einsparpotenzial realistisch bei 15 % bis 20 % liegt – nicht mehr, da mit dem Offshoring spezifische Zusatzkosten einhergehen, die im Vorfeld oft nicht bedacht werden, die das vermeintliche Einsparpotenzial aber erheblich mindern. Besonders in den ersten Jahren wird das gesamte Sparpotenzial noch nicht voll ausgeschöpft, da die nötige Erfahrung fehlt.

Zu den häufigsten und kostspieligsten Risiken beim Offshoring zählen die richtige Auswahl des Partners, die Vertragsgestaltung, das Überführen der Prozesse ins Ausland, die oftmals hohe Fluktuation im Ausland, Kosten durch den Abbau der heimischen Belegschaft (Sozialpläne, Abfindungen etc.) und Produktivitätseinbußen, bedingt durch kulturelle Unterschiede.

Als Alternative zum Offshoring aus Kostengründen können Sie auch konsequent auf die Fitness Ihrer Mitarbeiter setzen, denn der Produktivitätsunterschied zwischen guten und schwachen Mitarbeitern kann schnell den Faktor drei betragen, wie wir in Kapitel 7 bereits gesehen haben.

Fazit

Durch ein reines Vergleichen von lokalen Stundensätzen mit Offshore-Stundensätzen wird man der Situation bei Weitem nicht gerecht.

Voraussetzungen

Mindestens nachfolgende Voraussetzungen müssen erfüllt sein, um erfolgreich Offshoring starten zu können:

- Stabile Prozesse als Basis für das Offshoring
- Anpassung der eigenen Arbeitsweise
- Absicht einer langen Partnerschaft

Eine der wichtigsten Voraussetzungen für ein erfolgreiches Offshoring ist die Beherrschung der aktuellen Situation durch etablierte Prozesse. Unterliegen Sie nie dem Irrglauben, dass Sie das Problem einer ungenügend funktionierenden Zusammenarbeit innerhalb einer Abteilung oder zwischen mehren Abteilungen, beispielsweise zwischen der Entwicklung, der Wartung und dem Support, lösen, indem Sie z. B. die Wartung »offshoren«. Im Gegenteil: Wegen der Distanz wird die Situation noch vertrackter!

Eine weitere Voraussetzung ist die Anpassung der eigenen Arbeitsweise an die neue Situation. Plötzlich sind lokal keine Entwickler mehr gefragt, sondern Betreuer für die externen Kollegen, die deren Arbeit vorbereiten und anschließend wieder entgegennehmen, überprüfen und ins Gesamtsystem überführen. Es findet also lokal eine Verlagerung der bisherigen Aufgaben Richtung Arbeitsvorbereitung (AVOR) und Betreuung statt. Dabei betreut ein lokaler Mitarbeiter zwei bis vier externe Kollegen. Dieser Schritt weg vom Entwickler in Richtung Betreuer stellt einen kulturellen Wandel dar und kann auch zu Abgängen von bisherigen Entwicklern führen, die nicht bereit sind, diesen Schritt zu gehen.

Eine weitere, wesentliche Voraussetzung ist die Absicht einer langen Partnerschaft und ein entsprechendes Vertrauensverhältnis. Ohne die lange Partnerschaft erreicht man den gewünschten Kostenvorteil nicht. Offshoring lohnt sich also für Kurzprojekte alleine nicht.

8.5.3 Outsourcing und Offshoring im Kontext der Wartung

Als Nächstes wollen wir uns ganz konkret fragen, was Offshoring im Kontext der Softwarewartung bedeutet. Welche Tätigkeiten lassen sich hier auslagern?

Wir haben bereits gesehen, dass generell solche Arbeiten als Offshore-Kandidaten infrage kommen, die nicht Teil des Kerngeschäftes sind und wenig unternehmensspezifisches Wissen erfordern. Zudem sollte keine lokale Präsenz nötig sein und eine klar definierte, stabile Aufgabenstellung vorliegen.

Wir unterscheiden dabei drei Klassen von Offshore-Tauglichkeit (s. Tab. 8–2):

- Die Klasse der offshore-untauglichen Aktivitäten, die im Stammland (z. B. Deutschland) verbleiben sollten (Anforderungsanalyse, zum Teil Design und Architektur)
- Die Klasse der bedingt offshore-tauglichen Aktivitäten, die in Nearshore-Länder in Osteuropa verlagert werden können (bedingt Design und Architektur, Anpassung und/oder Entwicklung, zum Teil Wartung)
- Die Klasse der offshore-tauglichen Aktivitäten, die nearshore oder farshore verlagert werden können (bedingt Wartung, Betrieb)

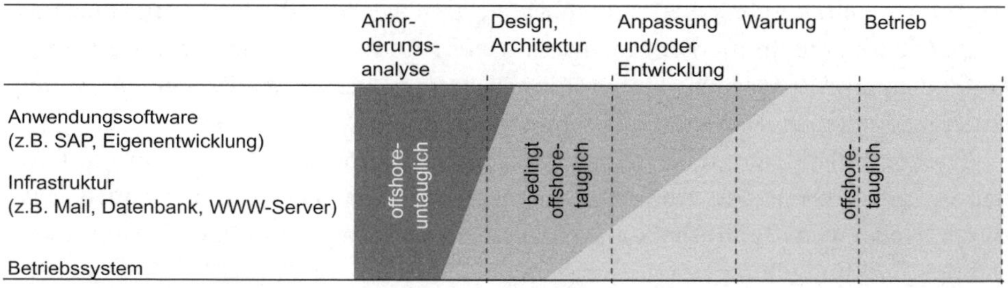

Tab. 8–2 *Offshore-Tauglichkeit*

Wie aus Tabelle 8–2 ersichtlich, gibt es bei höherwertigen IT-Dienstleistungen auf der Ebene der Anwendungsentwicklung weniger Aktivitäten, die bedingungslos offshore verlagert werden können [Com05].

Aus Sicht der Wartung bieten sich folgende Tätigkeiten für eine Offshore-Auslagerung an:

- Wartung nach Einstellung der Entwicklung
- Migration
- Sanierung

Wartung nach Einstellung der Entwicklung

Wie wir in Kapitel 5 gesehen haben, befindet sich die Softwarewartung in einem regen Zusammenspiel mit den beiden Lebenslinien Entwicklung und Support. Diese enge Verknüpfung ist sicherlich keine ideale Basis für ein Offshoring der Wartung.

Hat ein Produkt aber einmal den Punkt im Lebenszyklus erreicht, an dem die Weiterentwicklung eingestellt wird und das Produkt lediglich noch Wartung erfährt, bietet sich ein Offshoring wieder an. Ab diesem Zeitpunkt findet zumindest keine Interaktion mit der Entwicklung mehr statt, und die Aufgabenstellung präsentiert sich isolierter und damit klarer abgegrenzt. Ab hier ist kein gleichzeitiger Nachbau von Fehlerbehebungen in der Entwicklungslinie und der Wartung mehr nötig.

Migration bzw. Sanierung

Sowohl Migrationsprojekte wie auch Sanierungsaufgaben bieten sich für ein Offshoring an. Zum einen stellen sie klar abgegrenzte Themen dar, die wenig Interaktion mit dem Kunden verlangen, da der Funktionsumfang jeweils unberührt bleibt. Zum anderen umfassen solche Projekte oft ein ansprechendes Volumen, das nötig ist, um von den möglichen Kostenvorteilen zu profitieren.

Soll nach der Migration bzw. Sanierung die Software wieder lokal weiterentwickelt werden, ist in beiden Fällen auf eine laufende Qualitätssicherung zu achten. Dazu sollten zuerst klare Regeln definiert werden (Architekturgrundsätze, Codierrichtlinien, Inline-Dokumentation etc.) und diese während dem Projekt laufend überprüft werden. Dabei können entsprechende Werkzeuge zur Unterstützung eingesetzt werden (s. Abschnitt 10.6).

Dies empfiehlt sich, da es leider vorkommen kann, dass der Offshoring-Partner versucht, versteckte Abhängigkeiten zu schaffen. Dies kann beispielsweise durch neue, eigene Bibliotheken, kyrillische Inline-Kommentare, eigene undurchsichtige Buildumgebungen etc. geschehen.

Zudem sollte man bei der Rückgabe der Software vom Offshoring-Partner an die eigene Mannschaft eine Lernphase/Wissensübergabe mit einplanen, um einen reibungslosen Übergang sicherzustellen.

Zum Schluss kann man sagen, dass die Wartung auf Stufe der Anwendersoftwareentwicklung nicht bedingungslos offshore-tauglich ist. Es eignen sich vor allem Systeme, die auf das Ende ihres Lebenszyklus zusteuern und keine Weiterentwicklung mehr erfahren. Diese Situation bietet zudem die Chance, die eigene Mannschaft von Altlasten zu entbinden und für die Erstellung eines neuen Ablöseprodukts einzusetzen.

8.6 Zusammenfassung

Wir wissen nun, wie sich die verschiedenen Wartungstätigkeiten finanzieren:

- Korrektive und präventive Wartung unterliegt der Gewährleistung bzw. ist Teil eines Wartungsvertrages.
- Adaptive Wartung ist als Werterhaltung Teil eines Wartungsvertrages.
- Perfektionierende Wartung muss selbst finanziert werden oder über eine sogenannte vorgezogene Entsorgungsgebühr (VEG).
- Die Supporttätigkeit des Wartungsteams ist Teil des Service Level Agreement.

Wir kennen nun die Kosten und möglichen Sparpotenziale aus Controllersicht:

- Personalkosten
- Softwarekosten
- Hardwarekosten
- Raumkosten
- Sonstige Kosten

Wir kennen die Kosten und möglichen Sparpotenziale aus Produktmanagementsicht:

- Die Erstentwicklung macht ca. 1/3 der Lebenszykluskosten einer Software aus.
- Die jährlichen Wartungskosten machen ca. 15 % der Entwicklungskosten aus.

- Eine Wartungsroadmap vermittelt einen guten Überblick über das zukünftige Wartungsaufkommen und mögliche Sparpotenziale:
  - Es ist wichtig, eine Abkündigungsdauer einzuführen und festzulegen.
  - Die Anzahl Plattformen muss bewusst gewählt und ggf. eingeschränkt werden.
  - Sonderlösungen haben Auswirkungen auf die zukünftigen Wartungsaufwände.
- Die Wartungsaufwände sind aus Sicht eines einzelnen Release vor allem zu Beginn und gegen Lebensende teuer.

Wir kennen Schlüsselsituationen aus dem Wartungsalltag, um die Produktivität zu verbessern bzw. Fehlleistungskosten zu mindern:

- Ein klares, gemeinsame Verständnis zwischen dem Wartungsteam und dem Auftraggeber über die Wartungstätigkeiten vermeidet Missverständnisse und Folgekosten.
- Anpassungen des Systems an die veränderte Umgebung sollten mit Augenmaß und einem Blick fürs Wirtschaftliche getätigt werden. Also nur so viel wie nötig.
- Die künftigen Wartungskosten werden maßgeblich mit der Erstentwicklung bestimmt.
- Der Übergang eines Systems von der Entwicklung zur Wartung ist sauber zu regeln.
- It's not a bug, it's a feature. Eine saubere Anforderungsspezifikation sowie eine gute Kundenbeziehung können mögliche Probleme gering halten.
- Aus Sicht der Wartung sollte man die Anzahl verwendeter COTS-Produkte klein halten.

Wir kennen vom Outsourcing und Offshoring

- die Begriffe: internes und externes Outsourcing bzw. Insourcing
- die Begriffe: Far-, Near- und Onshoring als Subkategorien des Offshoring
- die Offshoring-Kandidaten aus Sicht der Wartung: Wartung nach Einstellung der Entwicklung sowie Migrations- und Sanierungsprojekte

Teil III

Techniken der Softwarewartung

»Du weißt nicht, wo der Fehler genau liegt.
Du verstehst weder die Architektur noch den Code.
Du suchst und weißt nicht, welche Zeile verändern.
Geschweige, welche Auswirkung dies haben mag.
Du testest ohne Ende.
Und fragst dich, was das bringt.
Aber es geht weiter. Immer weiter.«

9 Metriken

Zur Einstimmung in die Thematik Metriken wollen wir das Kapitel mit einer kleinen Analogie aus dem realen Leben beginnen. Stellen Sie sich vor, Ihr Arzt hat Ihnen eine Diät nahegelegt, da Ihr Body-Mass-Index (s. Kasten unten) aus dem Ruder gelaufen ist. Er hat Sie vor gesundheitlichen Spätfolgen (Diabetes etc.) gewarnt, falls Sie Ihr Gewicht nicht in den Griff bekommen. Also betrachten Sie nüchtern die Fakten:

- Derzeit nehmen Sie jährlich im Schnitt 1,5 kg zu. Diese Werte kennen Sie aus Ihrer Erfahrung der vergangenen Jahre.
- Weiterhin belegen umfangreiche Studien: Je höher der Body-Mass-Index, desto höher die Wahrscheinlichkeit gesundheitlicher Schäden im Alter, vor allem Diabetes.

Sie kommen zum Schluss: Diät machen ist sinnvoll!

Der Body-Mass-Index

Übergewicht ist ein weltweit zunehmendes Problem. Der Body-Mass-Index (BMI) ist eine Maßzahl, die dazu verwendet wird, auf diesbezügliche Probleme hinzuweisen. Er berechnet sich wie folgt:

BMI = Körpergewicht (kg) / Größe (m)^2

Machen wir gleich ein kleines Beispiel dazu: Nehmen wir einen 1,80 m großen Mann, der 90 kg wiegt: So ist sein Body-Mass-Index = 90 kg / (1,8 m x 1,8 m) = 27,77. Was heißt das nun?

Es gibt verschiedene Wertebereiche, die einem sagen, ob man Untergewicht, Normalgewicht oder eben Übergewicht hat.

Nachstehend die Gewichtsklassifikation bei Erwachsenen anhand des BMI (nach WHO, 2000 EK IV):

Kategorie	BMI (kg/m^2)
Untergewicht	< 18,5
Normalgewicht	18,5 – < 25
Übergewicht	25 – < 30
Adipositas	> 30

Als Hauptmaßnahme verordnen Sie sich eine kalorienbewusstere Ernährung und tauschen zusätzlich Ihre Couch gegen das Fahrrad. Um den Fortschritt zu kontrollieren, stehen Sie nun täglich auf der Waage. Ihre Hoffnung ist groß, dass die Diät wirkt. Um die erhoffte Gewichtsveränderung über die Zeit beobachten zu können, führen Sie ein Messprotokoll, in dem Sie täglich die Messergebnisse festhalten. Das Protokoll legen Sie als Fortschrittkontrolle in regelmäßigen Abständen Ihrem Arzt vor. Nach einiger Zeit machen sich Ihr konsequenter Verzicht auf Schokolade und die täglichen Fahrradtouren tatsächlich bezahlt: Sie wiegen täglich weniger, und der BMI entwickelt sich in Richtung Normalgewicht. Ihre gemeinsamen Schätzungen mit dem Arzt haben ergeben, dass Sie irgendwann im sechsten Monat der Diät wieder einen normalen BMI erreicht haben sollten. Und in der Tat, so passiert es.

Aber Sie kennen das: Da gibt es diesen Jojo-Effekt. Sie entscheiden sich, nicht in alte Gewohnheiten zurückzufallen, und auch Ihr Arzt empfiehlt Ihnen, fortan weiter auf Ihr Gewicht zu achten. Entsprechend steigen Sie artig weiterhin auf die Waage.

Sie fragen sich, was diese kleine Geschichte soll? Im Prinzip geht es darum, dass Sie eine Situation verbessern möchten (Übergewicht). Dazu setzen Sie sich ein entsprechendes Ziel (BMI < 25) und ergreifen passende Maßnahmen (Diät, Bewegung), um dieses Ziel zu erreichen. Durch regelmäßiges Kontrollieren (Waage) prüfen Sie, ob die eingeleiteten Maßnahmen zum gewünschten Effekt führen.

Genau das brauchen wir auch für die Softwarewartung, und dabei helfen uns die Metriken.

9.1 Was sind Metriken?

Wenn wir eine Eigenschaft eines Objekts kurz und klar beschreiben wollen, eignet sich dafür am besten eine Zahl. Beschreibungen wie »Fritz ist ziemlich schwer« oder »Fritz ist schwerer als Max« haben nicht dieselbe präzise und prägnante Aussagekraft wie »Fritz wiegt 110 kg«. Zudem ist eine Zahl vergleichbar.

Das Wort Metrik stammt aus dem griechischen und heißt so viel wie »Zählung« oder »Messung«. In der Informatik wird es als Maßzahl für viele Eigenschaften von Software verwendet. Die Norm definiert Metrik wie folgt [IEEE1061]:

> Eine Softwarequalitätsmetrik ist eine Funktion, die eine Softwareeinheit in einen Zahlenwert abbildet. Dieser berechnete Wert ist interpretierbar als der Erfüllungsgrad einer Qualitätseigenschaft der Softwareeinheit.

Einzelne Messwerte können in Form absoluter Zahlen oder relativ zu anderen Zahlen und mehrere Messwerte als Zahlenreihe dargestellt werden.

Die Interpretation als absolute Werte ist in der Regel sehr schwierig. Dazu bräuchte man standardisierte Erfahrungswerte, wie man sie z. B. aus der Medizin kennt. Hier weiß man aus Erfahrung, dass eine Temperatur von 39 Grad Celsius auf Fieber schließen lässt, während eine Temperatur von 37 Grad Celsius als Normaltemperatur gewertet werden kann.

Hat man aber bereits Erfahrungswerte über das eigene System, so lassen sich diese gut miteinander vergleichen.

Bei fehlenden Standardwerten bieten sich relative Werte an. Beispielweise sagt die absolute Zahl des Wartungsbudgets von 500.000 € wenig, da der Vergleich fehlt. Hingegen hilft der Bezug zum gesamten Entwicklungsbudget und somit die Aussage, dass die Wartung 15 % des F&E-Budgets ausmacht.

Eine weitere Möglichkeit, die ohne Standardwerte auskommt, sind Zahlenreihen. Indem man bestimmte Messungen mehrmals wiederholt und die gewonnenen Messwerte als Zahlenreihe darstellt, lassen sich schnell Trends erkennen. Diese Größenänderungen sind relativ und daher von absoluten Werten unabhängig.

Das Ziel eines Metrikprogramms ist es, mittels Metriken Qualitätsmerkmale z. B. des Wartungsprozesses oder Softwareprodukts zu messen, Schlussfolgerungen zu ziehen und durch Managemententscheidungen entsprechende Verbesserungsmaßnahmen einzuleiten (s. Abb. 9–1). In diesem Regelkreis sind die Metriken unsere Sensoren.

Somit unterstützt uns das Messen beim Verstehen, Vorhersagen, Steuern und Verbessern unseres Wartungsprozesses oder Softwareprodukts, genau wie vom 8. Gesetz der Softwareevolution gewünscht (s. Abschnitt 4.2).

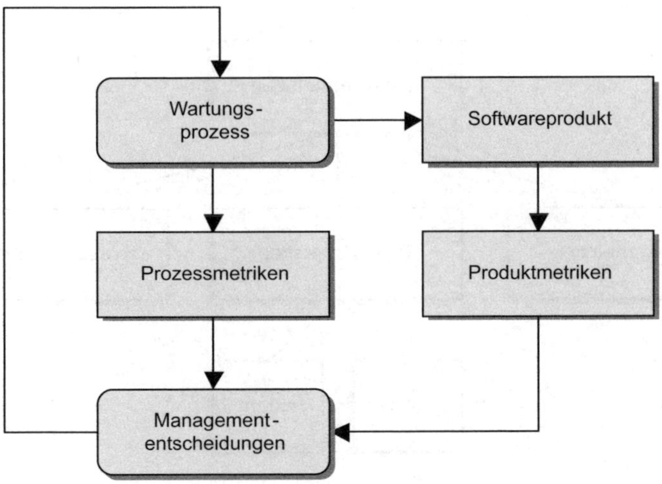

Abb. 9–1 *Metriken als Teil des Regelkreises*

Zur Erinnerung: In Abschnitt 6.4 haben wir drei unterschiedliche Gruppen von analytischen Qualitätssicherungsverfahren kennengelernt: analysierende, verifizierende und testende Verfahren. Die Metriken gehören zu den analysierenden Verfahren und verfolgen das Ziel, Programmeigenschaften zu vermessen. Diese Vermessungen, beispielsweise der strukturellen Komplexität, der Programmlänge oder des Grads der Kommentierung, führen zu quantitativen Werten, die wiederum einen Quervergleich mit bisherigen oder auch allgemein dokumentierten Maßzahlen erlauben. Abweichungen von Erfahrungswerten deuten auf eine Anomalie hin, die es anschließend genauer zu untersuchen gilt.

9.1.1 Was wir vermessen können

Fenton und Pfleeger [FePf96] haben die Softwaremetriken in drei Bereiche unterteilt (s. auch Abb. 9–2):

- Prozessmetriken
- Produktmetriken
- Ressourcenmetriken

Für unsere Betrachtung im Rahmen der Softwarewartung konzentrieren wir uns auf die beiden Bereiche Prozess- und Produktmetriken.

Die Prozessmetriken ermöglichen uns, quantitative Aussagen über unsere Prozesse zu machen, indem wir Eigenschaften des Prozesses messen. Dabei betrachten Prozessmetriken Dinge wie die Produktivität, Kostenverteilung oder Dauer von Arbeitsschritten. Sie geben also Rückmeldung zum Prozess, in unserem Falle Wartungsprozess, und erlauben dadurch, diesen gezielt zu optimieren.

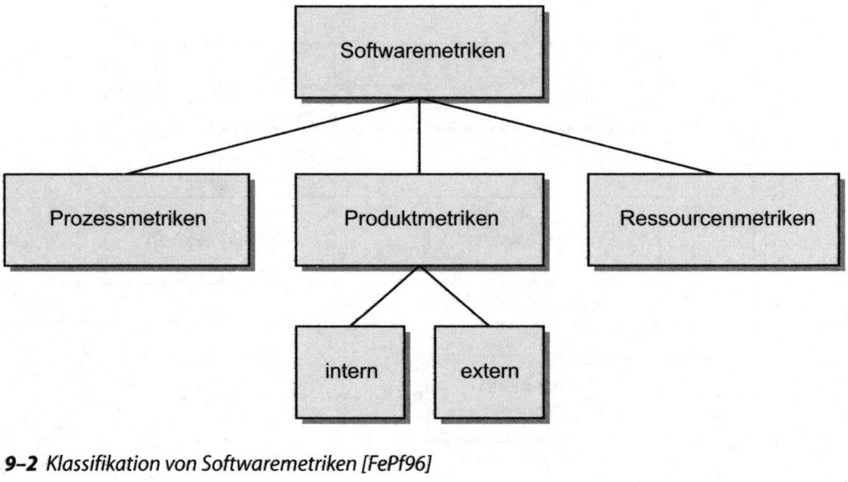

Abb. 9–2 *Klassifikation von Softwaremetriken [FePf96]*

Die Produktmetriken hingegen quantifizieren Eigenschaften der Software selbst. Sie beziehen sich auf die für einen Benutzer spürbaren externen Softwareprodukteigenschaften. Mit externen Eigenschaften sind Eigenschaften wie beispielsweise Benutzbarkeit, Performance oder Funktionalität gemeint. Allgemein betrachtet handelt es sich um die bereits in Abschnitt 6.4 erwähnten Softwarequalitätseigenschaften (Änderbarkeit, Funktionalität, Zuverlässigkeit, Benutzbarkeit, Effizienz und Übertragbarkeit).

Oft ist es unmöglich, diese externen Qualitätsmerkmale eines Softwareprodukts direkt zu messen. Als Ausweg müssen wir stattdessen interne Eigenschaften messen und darauf bauen, dass es eine Beziehung zwischen diesen internen und den gewünschten externen Eigenschaften gibt. Interne Eigenschaften lassen sich einfach an Größe, Struktur oder Komplexität unserer Software ausmachen. Maße für die internen Produkteigenschaften werden als interne Produktmetriken bezeichnet. Im Idealfall sollte es eine starke und nachweisliche Beziehung zwischen den internen und externen Eigenschaften geben.

Bevor wir einige Metriken im Detail vorstellen, schauen wir, wie man eigentlich das richtige Maß findet.

9.1.2 Wie wir das richtige Maß finden

Bleiben wir für einen Moment bei der kleinen Geschichte von oben: Überlegen wir uns zunächst zum Thema Gesundheit und BMI, was wir alles wissen: Offenbar gibt es einen Zusammenhang zwischen unserem gesundheitlichen Zustand und dem BMI. Zwar sind Körpergröße und -gewicht sicher nicht die einzigen Einflussgrößen auf unseren Gesundheitszustand, aber es sind signifikante Einflussgrößen.

Das Bestimmen des BMI fällt uns leicht: Er setzt sich aus Körpergröße und -gewicht zusammen. Wir kennen die einzusetzenden Maße (m, kg) und wissen sie zu messen (Maßband, Waage). Wir wissen auch, dass sich unser Gesundheitszustand verbessern lässt, indem wir unseren BMI reduzieren. Dieses wiederum bedeutet: wachsen oder abnehmen! Leider können wir nur einen dieser Faktoren beeinflussen. Obwohl wir weitere »interne« Eigenschaften messen könnten, wie Blutdruck oder Körpertemperatur, genügt es für unsere Zwecke, unsere Größe und unser Gewicht zu messen. Daraus bestimmen wir den BMI und schließen dann auf die »externe« Eigenschaft »Gesundheitszustand«.

Wie können wir das nun in die Welt der Softwarewartung übertragen? Hier müssen wir ebenso überlegen:

- Was will ich erreichen?
- Was messe ich?
- Womit messe ich?
- usw.

Wenn Sie ein Maß suchen, sollten Sie nicht einfach schauen, was alles gemessen werden kann und anschließend fragen, wofür diese vielen Zahlen nun gut sein könnten. Vielmehr sollten Sie sich von Beginn an darüber im Klaren sein, dass das, was Sie messen, einen Zusammenhang mit Ihren Zielen haben muss. Ihre Ziele bestimmen die Eigenschaften, die Sie beobachten müssen.

Basili und Weiß haben bereits 1984 mit dem *Goal-Question-Metric-Approach* (GQM) ein Konzept entwickelt, wie man die geeignete Metrik aus den Zielen ableiten kann. Der Ansatz umfasst folgende sechs Schritte:

1. Definiere die für ein Produkt oder eine Organisation relevanten Ziele (Goals)
2. Leite aus jedem Ziel Fragen ab, die geklärt werden müssen, um überprüfen zu können, ob das Ziel erreicht ist (Questions)
3. Lege für jede Frage Metriken fest, die dazu beitragen, die Antworten auf die Fragen zu finden (Metrics)

Anschließend folgen noch die Schritte:

4. Entwerfe einen Mechanismus, der die Messung und Datensammlung der im Schritt 3 festgelegten Maße ermöglicht
5. Validiere die Messwerte
6. Interpretiere die Messergebnisse

Lassen Sie uns dazu ein kleines Beispiel machen. Unser Ziel ist es, die Kundenzufriedenheit zu verbessern. Dazu stellen wir uns folgende Fragen:

- Wie viele Probleme treten beim Kunden auf?
- Wie lange dauert die Problembehandlung?
- Wo haben wir Engpässe?

Für jede dieser Fragen suchen wir anschließend passende Metriken (s. Abb. 9–3). Vielleicht könnten wir uns zur Kundenzufriedenheit noch andere Fragen vorstellen und weitere Metriken finden. Anschließend müssen wir gemäß den Schritten 4–6 des GQM-Ansatzes die Messwerte zu den Metriken erfassen, validieren und interpretieren. Dabei beinhaltet der letzte Schritt auch die Überprüfung, ob die jeweilige Metrik eine starke Korrelation zu unserem Ziel hat.

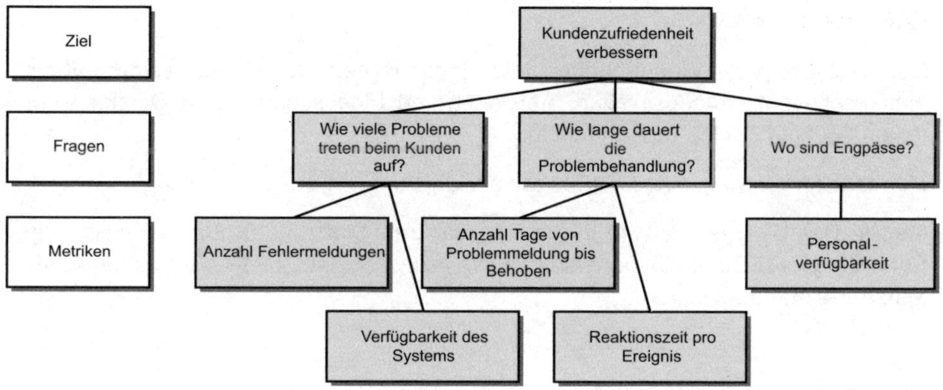

Abb. 9–3 *Beispiel Goal-Question-Metric*

Fazit

Der GQM-Ansatz hilft uns, zielgerichtete Metriken zu finden, und verhindert das Erheben von irrelevanten und unsinnig vielen Daten, ist aber mit einigem Aufwand verbunden.

9.1.3 Was ein gutes Maß ausmacht

Zum Schluss wollen wir uns noch kurz überlegen, wann ein Maß ein gutes Maß ist. Dazu gibt es unterschiedliche Anforderungen an ein Maß, wobei Aussagekraft und Sinnhaltigkeit sicherlich die zentralen Punkte sind. Einfach gesprochen: Hat das, was wir messen, überhaupt einen Einfluss auf die zu beobachtende Eigenschaft und haben wir verstanden, wie stark das Messergebnis und die Eigenschaft überhaupt korrelieren (führt z. B. die »Verdopplung der Komplexität« zu einer »Verdopplung der Wartungskosten«)?

Natürlich sind auch andere Anforderungen wichtig: So sollte eine Messung ökonomisch, also möglichst automatisch durchführbar oder zuverlässig sein. Balzert [Bal95] führt folgende Gütekriterien für Metriken auf:

- Objektivität: unabhängig vom Messenden
- Validität (Messtauglichkeit): Das Maß misst tatsächlich das, was es vorgibt, zu messen.
- Zuverlässigkeit: Wiederholung liefert gleiche Ergebnisse.
- Nützlichkeit: Erfüllung praktischer Bedürfnisse
- Normierung: Es gibt eine Skala für die Messergebnisse.
- Ökonomie: mit vertretbaren Kosten messbar
- Vergleichbarkeit: mit anderen Maßen vergleichbar

Maß, Messen, Metrik

Maß: Abbildung von einem beobachteten (empirischen) Beziehungssystem auf ein numerisches Beziehungssystem. Abbildung von Eigenschaften von Objekten der realen Welt auf Zahlen oder Symbole.

Messen: Anwendung eines Maßes auf ein Objekt.

Metrik: Das Wort Metrik wird in der Informatik als Maßzahl für Eigenschaften von Software gebraucht. Im Gegensatz dazu ist es in der Mathematik als axiomatisches Maß für Abstände definiert.

9.2 Prozessmetriken: Prozesse verbessern

Das Ziel der Prozessverbesserung ist zum einen die Reduktion der Fehlleistungskosten und zum anderen die Erhöhung der Produktivität (s. Abschnitt 8.4). Um diese beiden Ziele erreichen zu können, brauchen wir Sensoren, die uns Auskunft über den Zustand unserer Prozesse geben.

Genau dies leisten die Prozessmetriken. Sie erlauben uns Rückschlüsse über die Effektivität unserer Prozesse und geben uns dadurch Anhaltspunkte für Verbesserungsmöglichkeiten.

Wie wir noch sehen werden, geben uns diese Anhaltspunkte eher Hinweise als klare und eindeutige Anweisungen, wie und wo die Prozesse verbessert werden könnten. Wollen wir aufgrund dieser Hinweise unsere Prozesse optimieren, ist es umso wichtiger, dass wir eine klar definierte Basis haben. Wir brauchen also einen dokumentierten und wiederholbaren Prozess. Nur so können wir Prozessverbesserungen vornehmen und anschließend überprüfen, ob diese den gewünschten Effekt hatten. Häufig ist diese fehlende Voraussetzung der Grund für das Scheitern eines Metrikprogramms.

Basis für die Einführung von Prozessmetriken ist ein dokumentierter und wiederholbarer Wartungsprozess

9.2.1 Prozessverbesserungen erreichen

Das Hauptziel der Prozessmetriken ist die Verbesserung des Wartungsprozesses. Leider gibt es nicht eine einzelne Kennzahl, die auf einen Blick sagt, ob wir effizient Wartung betreiben oder nicht. Vielmehr gilt es aufgrund verschiedener Metriken, diverse Facetten unseres Wartungsprozesses zu beleuchten und zu verbessern.

Dazu sehen wir uns am besten ein Beispiel an. Wir wollen wissen, wie effizient wir Fehlermeldungen abarbeiten. Dazu messen wir z. B. einen Monat lang, wie viele neue Fehlermeldungen eröffnet wurden und wie viele wir in dieser Zeit schließen konnten. Daraufhin stellen wir fest, dass wir mehr Fehlermeldungen öffnen als schließen. Diese Aussage lässt nun verschiedene Schlüsse und mögliche Verbesserungsvarianten zu:

- Ausreißer
- Zu wenig Ressourcen
- Ungenügende Produktivität
- Ungenügende Qualität

Im einfachsten Falle war es ein einzelner Ausreißer. Um diese Möglichkeit zu überprüfen, führen wir die Messreihe über die nächsten Monate weiter oder vergleichen mit bisherigen Werten.

Eine weitere Möglichkeit besteht darin, dass zu wenig Wartungsmitarbeiter Fehlerbehebung betrieben haben. Um dies überprüfen zu können, brauchen wir folgende beiden Angaben: den durchschnittlichen Aufwand für die Behebung eines einzelnen Fehlers sowie die aufgelaufenen Stunden zur Fehlerbehebung im letzten Monat. Daraus können wir schnell ableiten, ob genügend oder zu wenig Mitarbeiter Fehler behoben haben.

Die Messung könnte aber auch auf ein unproduktives Verhalten hindeuten. In dem Falle müssten wir den Ablauf einer einzelnen Fehlermeldung genau verfolgen und uns Schritt für Schritt fragen, wo der Flaschenhals liegt. Eventuell haben wir unnötige Prozessschritte, zu viele beteiligte Parteien oder zu wenig effiziente Mittel der Fehlereingrenzung, um einige Möglichkeiten aufzuzählen.

Schlussendlich könnte es aber auch an der ungenügenden Qualität des Produkts liegen, das überdurchschnittlich viele Fehler im Feld offenbart. Um hier Abhilfe zu schaffen, müssten entsprechende qualitätsverbessernde Maßnahmen in der Entwicklung eingeleitet werden.

Wie Sie sehen, kann eine einzelne Messung (Effizienz der Abarbeitung von Fehlermeldungen) verschiedene Interpretationen zulassen (Ausreißer, zu wenig Ressourcen, ungenügende Produktivität, ungenügende Qualität). Diese müssen bewertet und nach und nach ausgeräumt werden. Dank weiterer Messungen kann jeweils der Erfolg der Maßnahmen überprüft werden.

9.2.2 Beispiele von Prozessmetriken

In diesem Abschnitt möchten wir einige Prozessmetriken konkret vorstellen. Sie sollen als Anregung dienen, die eine oder andere davon auszuprobieren. Wie so oft ist auch hier weniger mehr – sammeln Sie lieber mit einigen wenigen Metriken erste Erfahrungen. Tun Sie dies dafür konsequent.

Nach wie vor wollen wir unseren Wartungsprozess besser verstehen lernen und optimieren. Dazu fragen wir uns, welche Ziele das Produktmanagement bzw. der Wartungsmanager an ihre Prozesse stellen. Sicherlich liegen die Schwerpunkte in der effizienten Abarbeitung von Fehlermeldungen und Änderungen. Deshalb suchen wir Prozessmetriken, die uns dazu Auskunft geben können. Wir gehen dabei nach dem GQM-Modell vor: Zunächst legen wir ein Ziel fest, stellen anschließend die entsprechenden Fragen und leiten daraus die Metriken ab.

Dazu einige Beispiele. Ähnliche und weitere finden Sie u.a. im Buch von Harry Sneed [Sne05].

Unser erstes Ziel ist eine schnelle und preiswerte Fehlerbehebung (korrektive und präventive Wartung). Dazu stellen wir uns folgende Fragen:

- Wie viele Fehlermeldungen gibt es?
- Wie häufig treten Fehler auf?
- Wie lange dauert die Behebung eines Fehlers?
- Wie effizient werden Fehlermeldungen gelöst?
- Wie viel kostet die Fehlerbehebung?

Die Anzahl der Fehlermeldungen lässt sich dank unserer systematischen Erfassung im Fehlerverwaltungswerkzeug leicht ermitteln.

Um festzustellen, wie häufig Fehler auftreten, setzen wir die gemeldeten Fehler ins Verhältnis zur Zeit:

$$\frac{\text{Anzahl Fehlermeldungen}}{\text{Betriebstage}}$$

Um die Frage nach der Behebungsdauer eines Fehlers zu beantworten, schauen wir, wann eine Fehlermeldung erstellt und wann sie geschlossen wurde. Zum besseren Vergleich von Release zu Release oder Geschäftsjahr zu Geschäftsjahr bilden wir den jeweiligen Durchschnitt. Diese Metrik ist außerdem hilfreich, um aufzeigen zu können, dass wir Service Level Agreements (SLA) einhalten, denn häufig werden darin Reaktionszeiten festgelegt (Fehler binnen n Tagen analysiert oder Fehler binnen n Tagen behoben).

Die Effizienz der Abarbeitung von Fehlermeldungen lässt sich wie folgt ermitteln:

$$\frac{\text{Anzahl geschlossene Fehlermeldungen}}{\text{Zeit}}$$

Wollen wir hingegen wissen, ob wir effizient genug sind bzw. genügend Leute haben, um das anstehende Aufkommen an Fehlermeldungen zu behandeln, messen wir dies wie folgt:

$$\frac{\text{Anzahl neu geöffnete Fehlermeldungen / Zeit}}{\text{Anzahl geschlossene Fehlermeldungen}}$$

Voraussetzung zur Beantwortung der Frage nach den Kosten einer Fehlerbehebung ist die Erfassung der vollständigen Aufwände (Analyse, Codierung, Test, Build etc.). Auch hier können zum besseren Vergleich entsprechende Mittelwerte gebildet werden.

Das nächste Ziel gilt der schnellen und preiswerten Anpassung unseres Systems (adaptive und perfektionierende Wartung). Dazu stellen wir uns Fragen, wie:

- Wie oft ist eine Anpassung des Systems nötig?
- Wie häufig treten Anpassungen auf?
- Wie lange dauert eine Anpassung?
- Was kostet eine Anpassung?

Um diese Fragen zu beantworten, können wir uns einfach der beiden obigen Metriken bedienen. Der Unterschied liegt nur in der Kategorie: Anstelle der Fehlermeldungen werten wir einfach die entsprechenden Verbesserungsmeldungen aus. Achtung, diese Anpassungen beinhalten keine Weiterentwicklungsanträge.

Ein weiteres Ziel ist die stetige und günstige Erweiterung (Weiterentwicklung) des Systems. Hierzu stellen wir uns folgende Fragen:

- Wie viele Weiterentwicklungsanträge werden gestellt?
- Welchen Größenzuwachs erfährt das System?
- Was kostet eine neue Funktion?
- Wie lange dauert es, ein neues Release zu erstellen?

Dank der systematischen Erfassung der Weiterentwicklungsanträge lässt sich diese Zahl einfach ermitteln. Für einen einfacheren Vergleich kann man diese Zahl in Bezug zum jeweiligen Release setzen und erhält so die Anzahl Weiterentwicklungsanträge/Release.

Die Frage nach dem Wachstum lässt sich durch eine Messung des Systems vor und nach der Erweiterung beantworten.

$$\frac{\text{Größe des neuen Release} - \text{Größe des alten Release}}{\text{Größe des alten Release}}$$

Dabei können wir die Größe entweder durch die Anzahl Codezeilen, Anzahl Anweisungen, Function Points oder Testfälle ausdrücken. Gemäß Kapitel 3 beträgt der Zuwachs von E-Typ-Systemen mehr als 10 %. Zudem haben wir erfahren, dass ein großer Zuwachs eine höhere Gefahr einer Degeneration des Codes mit sich bringt. Dieser Indikator sollte uns dazu veranlassen, entsprechende Code-Hygiene-Maßnahmen mit zu planen.

Teilen wir das absolute Wachstum eines Release durch die Anzahl Erweiterungsanträge, so erhalten wir zusätzlich den mittleren Zuwachs pro Antrag.

Eine vereinfachte Möglichkeit, die mittleren Kosten pro neue Funktion zu ermitteln, besteht darin, die Gesamtkosten des Release durch die Anzahl neuer Funktionen zu teilen. Genauere Zahlen erhalten wir, wenn wir die konkreten Aufwände gegen jede neue Funktion verbuchen – was sicher zu empfehlen ist.

Um die Erstellungsdauer eines Release zu messen, vergleichen wir einfach die Inbetriebnahmedaten des aktuellen sowie des Vorgänger-Release miteinander.

Wie Sie sehen, sind der Fantasie keine Grenzen gesetzt, und so können Sie diese Liste nach eigenen Bedürfnissen und Ideen ergänzen. Versuchen Sie es selbst und beginnen Sie erste Metriken zu sammeln und auszuwerten. Mit der Zeit erhalten Sie auf diese Weise eigene Erfahrungs- und Vergleichswerte.

9.3 Produktmetriken: Produktzerfall im Fokus

Softwaresysteme haben die Tendenz, durch jede Änderung komplexer und umfangreicher zu werden. Dadurch verringert sich die Verständlichkeit des Codes und damit auch seine Wartbarkeit. Produktmetriken helfen uns, gewisse interne Eigenschaften des Produkts zu vermessen. Sie unterstützen bei folgenden Vorhaben:

- Feststellen von Degenerationen (*ignorant surgery* lässt grüßen)
- Überwachen des Fortschritts von Sanierungsmaßnahmen

Genau wie bei den Prozessmetriken helfen auch hier Zeitreihen von Messungen mehr wie einzelne Messungen mit absoluten Werten. Schließlich sind sie es, die uns Trendentwicklungen von beispielsweise Code- oder Komplexitätszuwachs aufzeigen können.

Wie messen wir nun diese internen Eigenschaften? In der Regel wird der Quellcode vermessen. Metriken lassen sich jedoch auch auf abstrakteren Artefakten, wie Entwurfsdokumentationen oder Architekturmodellen, anwenden. Hier müssen Sie immer genau schauen, welches Artefakt zum Vermessen verwendet werden kann. Strukturelemente wie Modul, Komponente oder Subsystem lassen sich oftmals gar nicht direkt aus dem Quellcode ablesen, sodass hier zusätzliche Beschreibungstechniken (Architekturbeschreibungen) oder Konventionen (Verzeichnisnamen und Paketnamen) nötig sind.

Beachten Sie auch, dass Metriken für objektorientierte Programme sich nicht sinnvoll anwenden lassen, wenn die eingesetzte Sprache gar keine objektorientierten Strukturierungsmittel unterstützt. Gleiches gilt auch umgekehrt. Aus diesem Grund unterteilen wir die Produktmetriken in konventionelle und objektorientierte Metriken (s. Abb. 9–4).

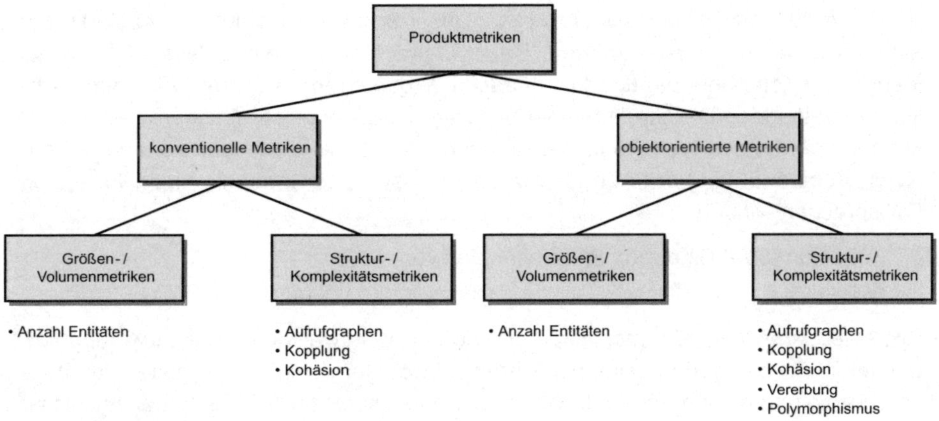

Abb. 9–4 *Produktmetrikarten*

Objektorientierte und konventionelle Metriken haben gemein, dass sie Größen bzw. Volumen sowie Struktur- bzw. Komplexitätseigenschaften betrachten. Größen- und Volumenmetriken zählen dabei im Wesentlichen Entitäten des Betrachtungsgegenstands: Anzahl Zeilen pro Prozedur, Anzahl Zeilen pro Modul, Anzahl Prozeduren pro Modul, Anzahl Methoden pro Klasse und so weiter. Struktur- und Komplexitätsmetriken hingegen wollen vor allem Aussagen über die Struktur der Software machen. Dabei betrachten sie Eigenschaften des Kontrollflusses oder versuchen, die Komplexität und Kohäsion zu erfassen (Abb. 9–5). Im Falle der objektorientierten Metriken gibt es noch weitere spezielle Strukturmerkmale objektorientierter Software zu berücksichtigen. Hierzu gehören vor allem die Vererbungshierarchie und die Beziehungen zwischen Objekten.

Komplexität, was ist das?

Bevor wir weitere Metriken diskutieren, wollen wir uns kurz dem Begriff der Komplexität widmen. Dieser Begriff lässt ja bekanntlich bei Managern die Alarmglocken schrillen.

Zur Abgrenzung: Unter Komplexität verstehen wir in unserem Kontext Folgendes *nicht:*

NP-Vorständigkeitstheorien, Laufzeit-, Speicher- und Kommunikationskomplexität. Das sind alles spannende Themen der theoretischen Informatik. Sie helfen uns aber bei unseren Fragestellungen nur eingeschränkt weiter.

Die Norm [IEEE610] definiert Komplexität wie folgt: »The degree to which a system or component has a design or implementation that is difficult to understand or verify.«

Diese Definition ist uns etwas zu vage. Unser Begriff der Komplexität basiert mehr auf den Ideen der Systemtheorie. Daher betrachten wir ein Softwaresystem als Menge von Komponenten (Module, Klassen, Prozeduren) und ihrem Zusammenwirken untereinander. Die Struktur einer Software ist dabei umso ausgeprägter, je stärker der interne Zusammenhalt einer Komponente ist und je weniger die unterschiedlichen Komponenten voneinander wissen müssen (also abhängig sind). Im ersten Fall sprechen wir von

- Kohäsion (oder Bindung), im zweiten Fall von
- Kopplung.

Systeme, deren Komponenten eine hohe Kohäsion aufweisen und deren Komponenten untereinander gering gekoppelt sind, sind weniger komplex. Sie gelten damit als hochwertig und wartungsfreundlich. Komponenten solcher Systeme haben meist klar festgelegte fachliche oder technische Verantwortlichkeiten. Betrachten wir dazu folgende Abbildung:

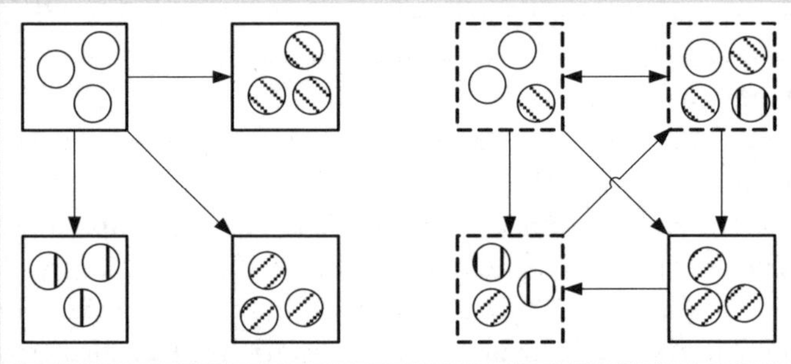

Links sehen wir ein System mit hoher Kohäsion und geringer Kopplung, rechts hingegen ist die Kohäsion geringer und damit auch die Kopplung höher.

Unter einer komplexen Software verstehen wir somit eine schwach ausgeprägte Struktur einer Software, die sich vor allem durch eine starke Vernetzung der Komponenten untereinander manifestiert.

Metriken können uns helfen, solche Formen von Komplexität aufzudecken. Sie reichen aber oftmals nicht aus, um wirklich zu erkennen, was die eigentlichen Ursachen der Komplexität sind, und ob sie gut oder schädlich ist. Das nächste Kapitel beschreibt hierzu weitere Instrumente.

Aber glauben Sie uns: Mit Sicherheit ist Ihr System komplex, wenn Sie eine Komponente nehmen und diese nicht ohne eine weitere Komponente, ohne eine weitere Komponente, … verstehen.

Als Nächstes betrachten wir einige prominente Beispiele von Metriken. Unsere Auflistung ist jedoch bei Weitem nicht vollständig. Eine umfassende Einführung finden Sie in [FePf96] und [LaMaDu06].

9.3.1 Größen-/Volumenmetriken (konventionell)

Beispiel: LOC/NOS – die Klassiker

Lines of Code (LOC) ist der Klassiker unter den Metriken und nach wie vor eines der am häufigsten benutzten Größenmaße. LOC misst die Anzahl der effektiven Codezeilen (ohne Leer- und Kommentarzeilen). Die Metrik ist stark abhängig von der verwendeten Programmiersprache und vom Programmierstil. Außerdem berücksichtigt LOC normalerweise nicht mehrere Anweisungen in einer Codezeile. Darum sollte ein aussagekräftigeres Maß wie das der Anzahl ausführbarer Anweisungen (*number of statements* – NOS) verwendet werden.

Bewertung: LOC und NOS haben einen Zusammenhang mit externen Softwareeigenschaften wie Wartbarkeit und Testbarkeit, da der Aufwand für Tests oder die Einarbeitung mit der Größe eines Moduls wächst. Vorteil dieser Metriken ist deren einfache Messbarkeit sowie deren starke Korrelation mit anderen Maßen wie Halstead oder McCabe. Nachteil dieser einfachen Metriken ist allerdings, dass der Umfang einzelner Anweisungen und deren Ablaufstrukturen nicht berücksichtigt werden.

Beispiel: Halstead – noch ein Klassiker

Eine andere sehr oft verwendete Größenmetrik ist die Halstead-Metrik, die ebenfalls den zu erwartenden Wartungs- und Testaufwand ausdrückt. Halstead hat 1977 [Hal77] eine Anzahl von Metriken vorgeschlagen, bei der Operationen (Operationen kennzeichnen Aktionen) und Operanden (Operanden kennzeichnen Daten) des Quellcodes gezählt werden. Aus diesen Basisgrößen lassen sich weitere Größen bestimmen, mit denen sich Aussagen zur »Schwierigkeit des Programmverstehens«, der »Länge des Programms« oder zum »Umfang des Programms« machen lassen, die durch folgende drei Formeln berechnet werden:

Schwierigkeit: $D = (\eta_1 \times N_2) / 2\eta_2$
Länge: $L = N_1 + N_2$
Volumen: $V = L \times \log_2(\eta_1 + \eta_2)$

wobei N_1 und N_2 die Gesamtzahl der verwendeten Operatoren und Operanden, η_1 und η_2 die Anzahl unterschiedlicher Operatoren und Operanden bezeichnen.

Für eine Messung zählt man die unterschiedlichen und insgesamt auftretenden Operatoren und Operanden und setzt deren Ergebnisse in obige drei Formeln ein. Vorteil dieses Maßes ist, dass auch komplizierte Ausdrücke berücksichtigt werden und – wie es auch sein sollte – viele verschiedene Variablen einen hohen Beitrag liefern. Darüber hinaus korreliert dieses Maß stark mit der Häufigkeit von Programmierfehlern und ist auf jede Programmiersprache anwendbar.

Bewertung: Halstead-Metriken sind einfach zu ermitteln und für alle Programmiersprachen anwendbar. Jedoch behandeln sie ausschließlich den Implementierungsaspekt und berücksichtigen nicht die Ablauf- und Aufbaustruktur eines Programms. Das Volumen von Funktionen sollte dabei zwischen 20 und 1000 liegen und für ein Modul (z. B. ein Ada Package oder eine C-Datei) 8000 nicht überschreiten.

9.3.2 Struktur-/Komplexitätsmetriken (konventionell)

Beispiel: zyklomatische Komplexität nach McCabe

Die McCabe-Metrik [McC76] misst die logische Struktur eines Programms (Funktion, Prozedur oder Stück Code) und gehört neben der Halstead-Metrik zu den am häufigsten verwendeten Softwaremetriken. McCabe vertritt den Standpunkt, dass die Programmkomplexitat von der Anzahl der Hauptwege im dazugehörigen Kontrollflussgraphen abhängt.

Zunächst wird der Kontrollflussgraph für das zu messende Programm ermittelt, wobei Anweisungen durch Knoten und der Kontrollfluss zwischen den Anweisungen als Kanten dargestellt werden. Betrachten wir dazu die Beispiele in Abbildung 9–5. Im ersten Beispiel werden einfach zwei Anweisungen sequenziell ausgeführt. Beispiel 2 zeigt eine if-then-else-Anweisung, Beispiel 3 eine for-Schleife.

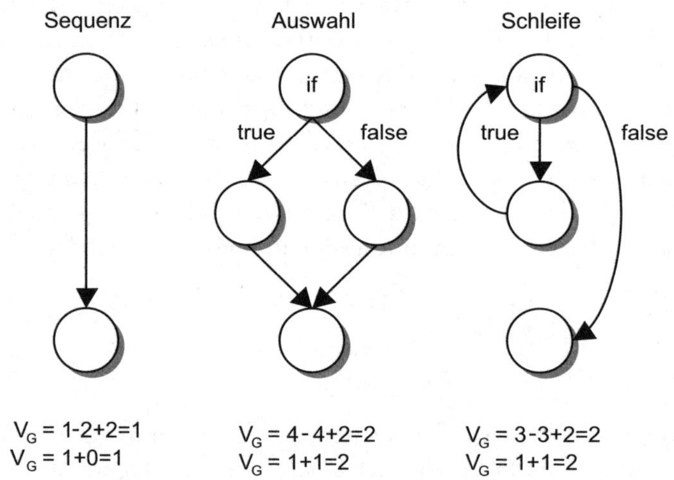

Abb. 9–5 *Beispiele für die zyklomatische Komplexität*

Anhand des Kontrollflussgraphen wird die sogenannte zyklomatische Zahl V_G errechnet, wobei V_G nichts anderes als die Anzahl der unabhängigen Programmpfade ist.

$$V_G = e - n + 2p$$

Die Anzahl der Kanten im Graphen wird dabei mit e *(edge)*, die Anzahl der Knoten im Graphen mit n *(nodes)* und die Anzahl der verbundenen Komponenten (Funktionen/Prozeduren) mit p *(connected components)* bezeichnet. Unter einer verbundenen Komponente versteht man einen einzelnen Kontrollflussgraphen; besteht ein Programm aus mehreren Prozeduren, so wird jede Prozedur als eigener Kontrollflussgraph dargestellt.

Besitzt ein Programm nur einen Ein- und Ausstieg, kann dieses Maß auf sehr einfache Weise berechnet werden:

$V_G = 1 +$ Anzahl der Binärverzweigungen

In der Praxis bedeutet dies, dass man lediglich Verzweigungselemente wie if, for, while etc. zählen und 1 addieren muss. Nicht zuletzt macht dieses einfache Messen die Metrik beliebt.

Machen wir kurz noch ein weiteres Beispiel (Abb. 9–6). Gezeigt wird der Kontrollflussgraph G einer Funktion F. Hier ist $V_G = 3$, da $e_G = 7$, $n_G = 6$, und $p_G = 1$, also $V_G = 7 - 6 + 2 = 3$.

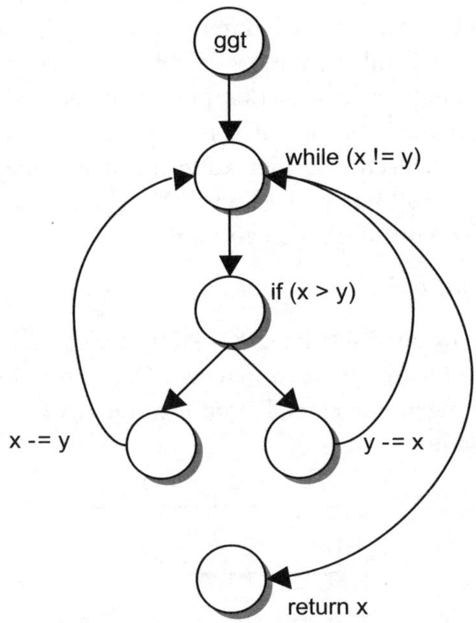

Abb. 9–6 *Zyklomatische Komplexität einer Funktion F*

Bewertung: Die McCabe-Metrik ist ein Maß für den Wartungs- und Testaufwand, wobei V_G die minimale Anzahl an Testfällen angibt, um jeden Pfad mindestens einmal zu durchlaufen. Als Faustregel gelten folgende Werte:

V_G: Komplexität, Risiko
1–10: einfaches Programm, geringes Risiko
11–20: komplexes Programm, mittleres Risiko
21–50: komplexes Programm, hohes Risiko
> 50: untestbar, extrem hohes Risiko

Die McCabe-Metrik lässt sich für Strukturbeschränkungen verwenden, indem etwa ein V_G von maximal 15 pro Prozedur gefordert wird. Eine Ausnahme bilden hier Prozeduren mit vielen Case-Anweisungen. Diese können schnell länger sein, ohne komplex zu wirken. Daher darf hier der V_G ruhig höher sein. Aus Sicht der Wartung sollten die Funktionen/Komponenten mit höchster zyklomatischer Komplexität angegangen werden.

Wesentlicher Vorteil bei diesem Verfahren ist, dass V_G recht einfach zu messen ist. Unterschiedliche Studien haben belegt, dass der V_G und die Verständlichkeit einer Funktion korrelieren.

Der Nachteil beim McCabe-Maß liegt darin, dass nur das Programmgerüst – also der Ablaufgraph – berücksichtigt wird. Die Komplexität einzelner Anweisungen, der Einfluss langer Sequenzen sowie die Schachtelungstiefe von Schleifen gehen nicht ein. Programme, die stark datenorientiert arbeiten, lassen sich nicht betrachten. Kritiker wie TomDe Marco [DeM97] bemerken zu Recht, dass das McCabe-Maß in Wirklichkeit eine verkappte Größenmetrik darstellt, mit dem sich gar keine Komplexität betrachten lässt. Für objektorientierte Programme eignet sich die Metrik schlecht, da hier aufgrund der geringen statischen Kontrollflusskomplexität diese Metrik blind wird ($V_G = 1$). V_G kennt natürlich nicht das dynamische Binden von Methoden zu Laufzeit.

Beispiel: Fan-in/Fan-out von Komponenten

Mithilfe der Fan-in/Fan-out-Metriken [YoCo79] lassen sich einfache Aussagen über die Kopplung von Komponenten machen. Der Fan dokumentiert dabei die Anzahl Aufrufbeziehungen einzelner Komponenten (Module, Prozeduren) und damit ihre Abhängigkeiten.

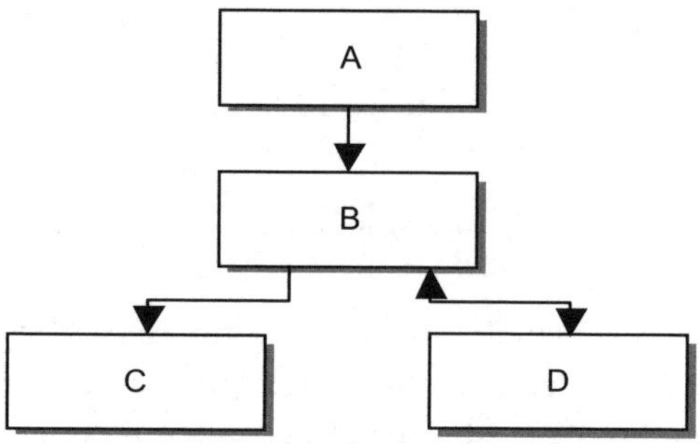

Abb. 9–7 *Fan-in/Fan-out*

Je höher der Fan-out, desto stärker ist die Komponente abhängig von anderen Komponenten. In Abbildung 9–7 ist der Fan-in (B) = 2 und Fan-out (B) = 2. Sonderfälle sind Fan-in (A) = 0 und Fan-out (C) = 0. Ein hoher Fan-out ist somit ein Indikator für eine hohe Kopplung.

Da alleine die Aufrufbeziehung ohne den Datenfluss nicht ausreichend Aussagekraft in Bezug auf Kopplung hat, wurde die Fan-in/Fan-out-Metrik von [HeKa81] um solche Aspekte erweitert (Parameter, Zugriff auf gemeinsame Datenstrukturen). Sie schlagen für die Komplexität einer einzelnen Komponente folgende Berechnungsformel vor:

$$\textit{Komplexität} = L \times (\textit{Fan-in} \times \textit{Fan-out})^2$$

wobei L die Länge der Komponente in LOC oder NOS sein kann.

Bewertung: Da Strukturdiagramme recht früh in den ersten Entwurfsphasen verfügbar sind, lassen sich Fan-in und Fan-out frühzeitig berechnen. Während ein hoher Fan-in auf eine geringe Kohäsion hindeutet, gilt ein hoher Fan-out als Indikator für eine hohe Kopplung. Laut [FePf96] wurde die Vorhersagekraft des Maßes anhand der Änderungsdaten der Entwicklung des Unix-Betriebssystems validiert. Tatsächlich hatten Module, die von den Wartungsentwicklern als Quelle vieler Probleme bekannt waren, auch einen hohen Messwert für ihren Informationsfluss. Somit kann Fan-in/Fan-out gut als Entwurfs- und Wartungsmetrik verwendet werden. Weist eine Komponente sowohl einen hohen Fan-in als auch einen hohen Fan-out auf, handelt es sich in der Regel um eine schlechte Modularisierung. Eine schlechte Modularisierung widerum führt immer zu einem Wartungsproblem.

Beispiel: Wartungsindex (Maintainability Index, MI)

Der Wartungsindex hat das Ziel, die Wartungsfreundlichkeit der Software anhand des Quellcodes zu bestimmen. Dabei führt der Wartungsindex die oben genannten Maße, wie LOC, Halstead und McCabe, in einer Formel zusammen, wobei der Einflussfaktor jeder Metrik durch einen Koeffizienten gesteuert wird. Diese Metrik entstand aus einer empirischen Studie von Coleman und Oman [OmHa92]. Für sie war der Zusammenhang jeder einzelnen Metrik (Halstead, McCabe und LOC) zur Wartbarkeit zu wenig stark. Trotzdem erkannten sie an, dass jede einzelne Metrik eine Abhängigkeit zur Wartbarkeit hat. So verknüpften sie diese Volumen- und Strukturmetriken zu einer neuen Metrik. Ihre Studien betrieben sie mit FORTRAN, C und Ada-Systemen.

Der Wartungsindex wird wie folgt berechnet:

$$MI = 171 - 5.2 \times ln(aveV) - 0.23 \times aveV_G - 16.2 \times ln\ (aveLOC) + 50 \times sin\ (sqrt(2.4 \times perCM))$$

Wobei jeder Ausdruck wie folgt definiert ist:

aveV: durchschnittlicher Halstead-Umfang pro Modul
$aveV_G$: durchschnittliche zyklomatische Komplexität pro Modul
aveLOC: durchschnittliche LOC pro Modul
perCM: durchschnittlicher Prozentsatz an Kommentarzeilen pro Modul (optional)

Den Korrekturfaktor »perCM« sollte man weglassen, wenn

- im Kommentar nichts Sinnvolles steht,
- viele große Firmenheader im Code verwendet werden, die wenig Aussagen zum Code machen,
- große Codeabschnitte auskommentiert sind.

Die Bedeutung der berechneten Wartungsindexwerte ist wie folgt:

MI größer 85: gute Wartbarkeit
MI in [65, 85]: mittlere Wartbarkeit
MI kleiner 65: schwierige Wartbarkeit

Sollte der MI wesentlich kleiner als 65 sein, sollte man in Betracht ziehen, den Code neu zu implementieren. Um die Gesamtwartbarkeit der Software zu bewerten, bieten sich der Mittelwert und Maximalwert aller MI an.

Bewertung: Coleman und Oman konnten in Untersuchungen die Nützlichkeit des MI nachweisen. Die oben gezeigten Koeffizienten sind Erfahrungswerte von [Col92]. Sie sollten für Ihre Zwecke angepasst werden. Eine Vorgehensweise ist in [CoLoOm95] beschrieben. Der MI eignet sich gut, um die Wartbarkeit der Software initial festzustellen und anschließend periodisch zu überwachen. Ebenso können mithilfe des MI Wartungsaktivitäten gesteuert werden, indem riskante Module identifiziert und mittels Maßnahmen verbessert werden.

9.3.3 Größen-/Volumenmetriken (objektorientiert)

Wie eingangs erwähnt, wollen objektorientierte Metriken speziell die Eigenschaften von objektorientierten Systemen berücksichtigen. Die folgenden Metriken werden anhand der Abbildung 9–8 demonstriert. Die meisten dieser Metriken lassen sich sowohl auf der Designebene als auch auf der Codeebene verwenden.

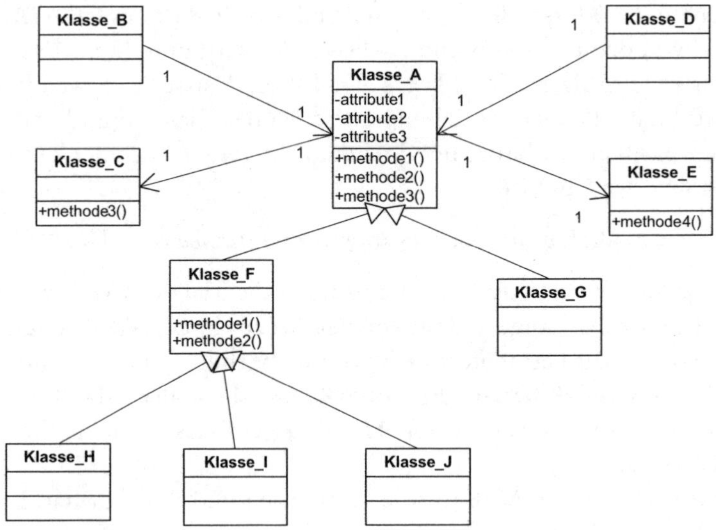

Abb. 9–8 *Klassendiagramm*

Beispiel: Anzahl der Attribute pro Klasse (number of attributes per class, NOA)

NOA zählt die Attribute einer Klasse. Für die Klasse A aus Abbildung 9–8 ist der NOA = 3.

Beispiel: Anzahl der Methoden pro Klasse (number of methods per class, NOM)

NOM zählt die Methoden einer Klasse. Für die Klasse A aus Abbildung 9–8 ist der NOM = 3.

Bewertung: NOA und NOM stehen im Zusammenhang mit Wartbarkeit und Testbarkeit, da der Aufwand für Tests oder die Einarbeitung mit der Größe eines Moduls wächst. Beide Werte lassen sich leicht ermitteln.

9.3.4 Struktur-/Komplexitätsmetriken (objektorientiert)

Beispiel: Kopplung zwischen Objekten (coupling between objects, CBO)

CBO ist ein Maß für die Beziehungen der Objekte untereinander, also ein Kopplungsmaß [ChKe94]. CBO misst die Anzahl der Klassen, die von der betrachteten Klasse aus gekoppelt sind. Zwei Klassen sind dann miteinander gekoppelt, wenn Methoden der einen Klasse Methoden oder Instanzvariablen der anderen Klasse aufrufen oder verwenden. CBO zählt die Klassen, die von der gemessenen Klasse benutzt werden, und diejenigen, die diese ihrerseits benutzen, ohne jedoch die Vererbungshierarchie zu berücksichtigen.

Bewertung: CBO macht eine Aussage zur Wiederverwendbarkeit und Testbarkeit. Je höher die Kopplung der Klassen untereinander ist, desto schwieriger ist es, die Klasse zu verstehen, und umso schwerer kann sie wieder verwendet und getestet werden. Im Klassendiagramm in Abbildung 9–8 ist der CBO (A) = 4 (weil die Klasse A von den Klassen B und D verwendet wird und ihrerseits die Klassen C und E verwendet). Der CBO (B) = 1 (weil B die Klasse A verwendet) und der CBO (F) = 0 (keine Benutzt-Beziehung zwischen der Klasse F und anderen Klassen). Gemäß Basili et al. [BaBrMe96] ist die Fehlerwahrscheinlichkeit umso größer, desto höher der CBO ist.

Beispiel: Tiefe des Vererbungsbaumes (depth inheritance tree, DIT)

DIT gehört zu den Vererbungsmaßen und misst die Tiefe des Vererbungsbaumes [ChKe94]. DIT ist die Länge des maximalen Weges in der Vererbungshierarchie von der Wurzel bis zur betrachteten Klasse. Im abgebildeten Klassendiagramm ist der DIT (A) = 0 (weil A bereits die Wurzelklasse darstellt), DIT (G) = 1 (G hat eine Vaterklasse, nämlich A) und DIT (H) = 2 (zwei Klassen von der Wurzelklasse A bis zur Klasse H).

Bewertung: DIT ist ein Maß für die Testbarkeit und Wartbarkeit. Eine Klasse gilt als umso komplexer, je mehr Vaterklassen existieren. Änderungen in Vaterklassen können sich leicht auf die betrachtete Klasse auswirken. Je höher der DIT, desto größer ist die Fehlerwahrscheinlichkeit.

Beispiel: Anzahl der Kinder (number of children, NOC)

NOC gehört ebenfalls zu den Vererbungsmaßen [ChKe94]. Die Metrik misst die Anzahl unmittelbarer Kinder einer Klasse. In obigem Klassendiagramm ist beispielsweise NOC (A) = 2 (A wird von den Klassen F und G erweitert), NOC (F) = 3 (die Klasse F wird durch die drei Klassen H, I und J erweitert) und NOC (B) = 0 (B hat keine Unterklassen).

Bewertung: NOC versucht die Fehlerfortpflanzung einer Klasse auf ihre Unterklassen zu bewerten. Denn je mehr Unterklassen existieren, desto höher ist der Grad an Wiederverwendung der betrachteten Klasse. NOC gibt einen Hinweis darauf, wie wichtig eine Klasse im Gesamtsystem ist und wie intensiv sie infolgedessen getestet werden muss. Untersuchungen von Basili et al. [BaBrMe96] haben ergeben, je größer der NOC, desto geringer ist die Fehlerwahrscheinlichkeit, mit Ausnahmen von GUI-Klassen.

Beispiel: Anzahl der durch eine Kindklasse überschriebenen Methoden (Number of methods overridden by a subclass, NMO)

Eine Kindklasse überschreibt eine Methode seiner Vaterklassen, wenn sie den gleichen Methodennamen und die gleiche Methodensignatur besitzt. Somit betrachtet NMO die Polymorphie. In Abbildung 9–8 hat die Klasse F einen NMO von 2.

Bewertung: NMO ist ein Maß für Wiederverwendbarkeit und Wartbarkeit. Ein hoher Wert deutet auf eine möglicherweise schlechte Vererbungsbeziehung hin.

Fazit

Wir haben einige konventionelle und objektorientierte Produktmetriken vorgestellt. Viele dieser Metriken haben sich im Laufe der Jahre bewährt und werden heute von Werkzeugen unterstützt. Wartungsindizes, wie der oben erwähnte Maintainability Index (MI) für konventionelle Systeme, sind uns für objektorientierte Systeme derzeit nicht bekannt. Es gibt einige wenige empirische Studien zum Thema Wartbarkeit von objektorientierten Systemen. So beispielsweise die Studie von Dagpinar und Jahnke [DaJa03]. Diese zeigt, dass Wartbarkeit von objektorientierten Systemen mit der Anzahl der Anweisungen, der Methoden und den direkt verwendeten Klassen (vereinfachte Variante des oben genannten CBO) korreliert, kaum bis gar nicht jedoch mit Eigenschaften wie Tiefe der Vererbungshierarchie, Stärke der Kohäsion und der Kopplung durch Wird-Verwendet-Beziehungen *(used-by)*.

Bei der Wahl der Metrik sollten Sie jedoch stets kritisch bleiben. Nicht jede Metrik hat eine genügende Relevanz für die Eigenschaften, die Sie prüfen möchten, obwohl sie zunächst einleuchtend scheint. Deshalb schauen Sie immer, ob Ihre Metrik folgende drei Anforderungen erfüllt:

1. Die interne Eigenschaft sollte »präzise« messbar sein.
2. Es muss eine Beziehung geben zwischen dem, was wir messen, und der Eigenschaft, über die wir eine Aussage machen wollen, in unserem Fall die Wartbarkeit.
3. Diese Beziehung sollte verstanden sein, am besten empirisch belegt und sollte sich durch eine Formel oder durch ein Modell beschreiben lassen.

So, nun bleibt nichts anderes übrig, als praktische Erfahrungen zu sammeln. Versuchen Sie es einfach mal.

9.4 Ein Kompass für die Wartung

In den vorherigen Abschnitten haben wir verschiedene Metriken kennengelernt. Damit diese so richtig greifen und Teil des Alltags werden, müssen sie jederzeit verfügbar sein. Um dies zu erreichen, sollten sie einerseits möglichst automatisch und regelmäßig angewandt werden und andererseits übersichtlich zur Verfügung stehen. Genau dies bietet das Wartungs-Dashboard an.

Ein solches Dashboard (dt. Armaturenbrett) gibt dem Betrachter jederzeit Auskunft über die verschiedensten Parameter der Wartung (s. Abb. 9–9). Dadurch, dass der Betrachter stets alle wesentlichen Parameter auf einen Blick sieht, kann er die Wartungsbelange optimal steuern. Beispielsweise kann er dank verschiedener Trendlinien sich abzeichnende Wartungsprobleme frühzeitig erkennen.

Natürlich interessieren beispielsweise den Produktmanager andere Parameter als den verantwortlichen Qualitätsmanager. Daher ist bei der Wahl der im Armaturenbrett vertretenen Metriken darauf zu achten, dass möglichst alle relevanten Rollen die für sie wichtigen Informationen sehen.

Im Wesentlichen wird sich der Produktmanager für Prozessmetriken und Kosten interessieren, während der verantwortliche Architekt die Produktmetriken im Fokus hat. Der Qualitätsmanager wird wohl von beiden ein bisschen sehen wollen und der Wartungsmanager alle plus Ressourcenmetriken, wie Mitarbeiterverfügbarkeit oder Anzahl Ausbildungstage.

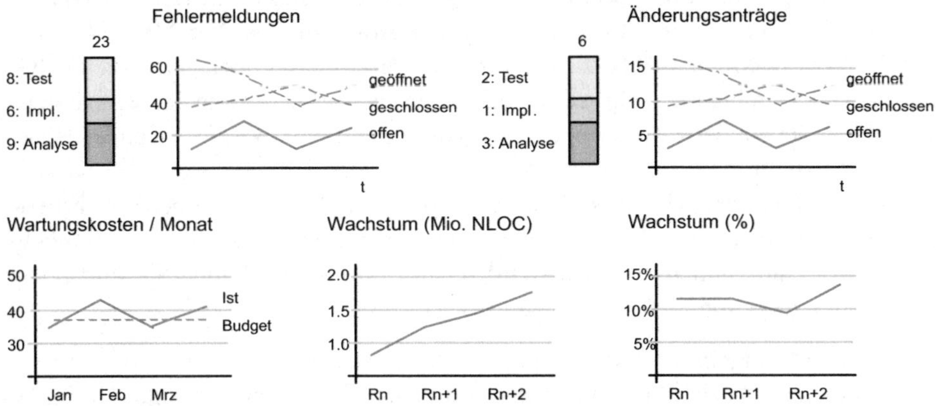

Abb. 9–9 *Wartungs-Dashboard*

Ein solches Wartungs-Dashboard ist sicherlich der Traum eines jeden Wartungs- und Produktmanagers. Wieso trifft man diese trotzdem in der Praxis kaum an? Sicherlich nicht, weil sie nicht etwa nützlich und hilfreich wären. Vielmehr liegt es am zusätzlichen Aufwand und der erforderlichen Disziplin!

Die Metriken müssen regelmäßig erfasst und aufbereitet werden. Obwohl dies größtenteils automatisiert geschieht, wie zum Beispiel bei den Produktmetriken, verbleiben manuelle Anteile. So fallen die Metriken in der Regel in unterschiedlichen Tools an (Fehlerverwaltungstool, Quellcode-Analysatoren etc.) und müssen in einer gemeinsamen Datenbasis zusammengetragen werden. Dabei sind sie auf ihre Validität zu überprüfen, da es vorkommen kann, dass besondere Umstände berücksichtigt werden müssen. Anschließend müssen sie aufbereitet, verdichtet und richtig interpretiert werden. Um keiner falschen Spur aufzusitzen, sollte man die Interpretation der Metriken im Gremium durchführen. Folgende Rollen sollten dabei unbedingt vertreten sein: Wartungsmanager, Produktmanager, Qualitätsmanager, verantwortlicher Architekt.

Das Ganze macht nur Sinn, wenn man es regelmäßig, kontinuierlich und ernsthaft betreibt. Dafür ist es notwendig, eine verantwortliche Person zu bestimmen, der man den dafür nötigen Aufwand zugesteht. Typischerweise fällt diese Aufgabe dem verantwortlichen Qualitätsmanager zu.

> Metriken sind ein sehr wertvolles Instrument, wenn man sie konsequent und ernsthaft anwendet.

9.5 Zusammenfassung

Wir wissen:

- Metriken sind Maßzahlen. Damit sind sie unsere Sensoren in einem Regelkreis.
- Metriken gehören zu den analysierenden Qualitätssicherungsverfahren.
- Sie haben das Ziel, Prozess- und Produkteigenschaften zu vermessen.

Wir unterscheiden:

- Prozessmetriken
- Produktmetriken
- Ressourcenmetriken

Wir wissen, dass

- die externen Eigenschaften oft nicht direkt gemessen werden können.
- Deshalb misst man interne Eigenschaften, die in Beziehung zu den externen stehen.

Um eigene Maße zu finden, verwenden wir den GQM-Ansatz, mit folgenden sechs Schritten:

- Relevantes Ziel definieren (Goal)
- Entsprechende Fragestellung ableiten (Question)
- Metrik für jede Frage festlegen (Metric)
- Messungen durchführen
- Messwerte validieren
- Messergebnisse interpretieren

Wir kennen verschiedene Prozessmetriken, wie z. B.:

- Anzahl von Fehler- bzw. Verbesserungsmeldungen
- Kosten von Fehler- bzw. Verbesserungsmeldungen
- Bearbeitungszeiten von Fehler- bzw. Verbesserungsmeldungen

Wir unterscheiden folgende Produktmetriken:

- Konventionelle Größen- und Volumenmetriken sowie Struktur- und Komplexitätsmetriken
- Objektorientierte Größen- und Volumenmetriken sowie Struktur- und Komplexitätsmetriken

Eine gute Metrik sollte mindestens folgende Eigenschaften aufweisen:

- Die interne Eigenschaft sollte »präzise« messbar sein.
- Es muss eine Beziehung geben zwischen dem, was wir messen, und der Eigenschaft, über die wir eine Aussage machen wollen. In unserem Fall die Wartbarkeit.
- Diese Beziehung sollte verstanden sein und sich durch eine Formel oder ein Modell beschreiben lassen.

Wir kennen

- den Aufbau und Nutzen eines Wartungs-Dashboards.

Wir wissen:

- Metriken sind sehr wertvoll, wenn man sie konsequent und ernsthaft anwendet.

10 Softwareanalyse und -visualisierung

Beginnen wollen wir dieses Kapitel mit einem Zeitungsartikel zum Thema Vorsorgeuntersuchung in der Medizin:

> »In der Medizin gilt die Früherkennung als oberstes Gebot. Ob Krebs,-, Herz- oder Rückenleiden, die Botschaft ist immer die gleiche: ›Je früher die Krankheit erkannt wird, umso grösser die Heilungschancen.‹ Aus diesem Grund unterziehen sich heute immer mehr Menschen einer Ganzkörper-Untersuchung mit Computer-Tomografie. Bei diesem Verfahren umkreist eine Röntgenröhre den Patienten und macht innerhalb weniger Minuten eine Vielzahl von Schnittbildern, die ein Computer zu einem räumlichen Bild des Körperinneren zusammenfügt. Herz, Lunge, Niere, Leber, Pankreas, Lymphknoten, Darm, Gebärmutter – kein Organ bleibt dem Computer-Tomografen verborgen. Im Idealfall lässt sich so bereits eine bestehende bösartige Krankheit so früh entdecken, dass eine Heilung noch möglich ist. Für die Medizin ist die Computer-Tomografie von unschätzbarem Wert. Jede Therapie beruht darauf, dass man eine korrekte Diagnose stellt. Wenn man weiss, wo der Tumor genau lokalisiert ist, lässt sich die Therapie besser planen.« (»Garantiert krebsfrei«, NZZ am Sonntag, 6.5.2007)

Sie fragen sich wieder, was hat das Ganze mit Softwarewartung zu tun? Nun ja, auch in der Softwarewartung ist es hilfreich zu verstehen, wo die Problemherde oder Schwachstellen in unserer Software zu finden sind. Nur so können wir die richtige Therapie einleiten. Therapien in der Softwarewartung sind meist einfache Korrekturen, können aber auch aufwendigere Sanierungen und Restrukturierungen sein. Im Rahmen der Softwarewartung brauchen wir somit ebenfalls Instrumente, die uns helfen, rasch ein Gesamtbild vom »Patienten« Software zu bekommen, um Probleme zu lokalisieren. Wir brauchen Instrumente, die aber auch noch begleitend während der Therapie verwendet werden können. In diesem Kapitel stellen wir Techniken und Ansätze vor, die bei der Softwarewartung helfen.

Zur Erinnerung: In Abschnitt 6.4 haben wir drei unterschiedliche Gruppen von analytischen Qualitätssicherungsverfahren kennengelernt: analysierende, verifizierende und testende Verfahren. Die in diesem Kapitel beschriebenen Methoden gehören zu den analysierenden Verfahren und verfolgen somit das Ziel, Programmeigenschaften darzustellen.

10.1 Programmverstehen

In Abschnitt 2.3 haben wir folgende Wartungsarbeiten kennengelernt: Instandhaltung, Fehlersuche und -korrektur (korrigierende Wartung), Anpassung an das veränderte Umfeld (adaptive Wartung), Fehlerprävention (präventive Wartung) und Verbesserung (perfektionierende Wartung). Eine Voraussetzung, um diese Wartungsarbeiten effektiv und effizient durchführen zu können, ist die werkzeugbasierte Unterstützung der Aufgaben Programmverstehen und Programmanpassung.

Mit Programmanpassen meinen wir den kontrollierten Einbau lokaler (Fehlerkorrekturen), aber auch großflächiger Änderungen in der Softwarestruktur (Sanieren/Restrukturieren) oder aber auch Migrationen. Da Programmverstehen eine zentrale Bedeutung für jegliche Anpassungen und Erweiterungen der Software hat, steht es in diesem Unterkapitel im Mittelpunkt.

10.1.1 Ziel des Programmverstehens

Mit Programmverstehen bezeichnet man allgemein den Vorgang des Wissenserwerbs über ein Softwaresystem. Es geht darum, ein Verständnis über die Software zu erlangen. Hier spielen Bestandteile und Eigenschaften der Software aus unterschiedlichen Wissensbereichen eine Rolle:

Bereich Domänen-Wissen:

- Fachliche Bestandteile der Software, abgebildet in Daten/Datenstrukturen, Geschäftsregeln und Funktionen
- Fachliche Einbettung der Software in die technischen sowie soziotechnischen Prozesse

Bereich Softwaresystem-Wissen:

- Architektur bestehend aus ihren Komponenten, Subsystemen, Modulen, Schichten sowie ihren Beziehungen zueinander
- Kenntnisse über die Aufgaben der Systembestandteile
- Qualitative Eigenschaften der Software, wie Verbrauchsverhalten, Zeitverhalten, Änderbarkeit, Übertragbarkeit etc.
- Kenntnis der Veränderung der Software über die Zeit (Evolution/Entwicklung)

Bereich Technologie-Wissen:

- Technische Bestandteile, wie die eingesetzte Middleware, Datenbank, Kommunikationsprotokolle, unterstützte Hardware und Betriebssysteme

10.1.2 Artefakte als Basis zum Programmverstehen

Um an das nötige Verständnis eines Programms zu gelangen, sollte man sich zunächst mit den zentralen Artefakten des Softwaresystems beschäftigen. Diese können sein:

- Dokumente (Spezifikationen, Anleitungen, Supportdokumente etc.)
- Modelle (Architekturmodelle, Entwurfsmodelle etc.)
- Quellcode (Module, Klassen, Datenstrukturen, Funktionen, Files, Versionen etc.)
- Datenbanktabellen
- Build- und Installationsskripte
- Konfigurationsskripte
- Testskripte/Testdaten
- Simulations- und Ausführungstraces, Log- und Protokolldateien
- Wiki, FAQs, Nutshells etc.

Da in den seltensten Fällen Dokumentation und Modelle mit der aktuellen Version des Softwaresystems übereinstimmen – schätzen Sie sich glücklich, falls das noch der Fall ist –, gilt fast immer der *Quellcode als die einzige zuverlässige Wissensquelle*. So wird der Quellcode zum zentralen Betrachtungsgegenstand beim Programmverstehen und gilt als dessen Basis. Das ist auch der Grund, wieso wir den Quellcode als schützenswertes Gut betrachten sollten, den es immer zu pflegen gilt.

Merken wir uns:

> **i** Code-Hygiene ist wichtig.

Jeder Entwickler, der unbekannte Teile einer Software abändern oder erweitern muss, sollte sich vorher mit der Software und den relevanten Stellen im Quellcode vertraut machen. Nun ist es für den Entwickler keine einfache Aufgabe, durch Millionen von Zeilen Code zu stöbern, um ausreichend Übersicht und Verständnis der Software zu erhalten. Stellen Sie sich vor, der Entwickler soll dann noch Schwachstellen erkennen und die somit eventuell nötigen Anpassungsarbeiten kontrolliert durchführen. Hier braucht er werkzeugbasierte Unterstützung.

Vor allem in der schwierigen, zeitraubenden (und damit kostenintensiven) Phase des Programmverstehens braucht der Entwickler geeignete Navigationshilfen und geeignete Repräsentationen des Quellcodes. Nur so kann Wartungsarbeit beschleunigt werden. Untersuchungen zeigen, dass der Anteil der Zeit, die zum Verstehen eines Programmteils im Rahmen einer Wartungsaufgabe aufgebracht wird, bis zu 50 % ausmachen kann [ZeShGa79].

> Schon mittelgroße Softwaresysteme lassen sich schlecht alleine auf Quellcodeebene verstehen, warten und weiterentwickeln. Architekturenanalysen und Softwarevisualisierung bieten hier Abhilfe, indem sie dem Entwickler geeignete Abstraktionen und kompakte Sichten bieten.

10.2 Softwarevisualisierung

Visualisierung ist allgemein die Aufbereitung von Informationen in eine gebrauchstaugliche Darstellung mit dem Ziel, die Ausgangsinformationen besser zu verstehen. Die Softwarevisualisierung beschäftigt sich mit der statischen oder animierten Darstellung von 2D- oder 3D-Informationen über Softwaresysteme. Die Informationen können dabei die Struktur [StBi99], die Größe [LaMaDu06], den historischen Verlauf oder das dynamische Verhalten [StBrPr97] des Systems beschreiben. Das Ziel der Softwarevisualisierung ist das Verstehen von Softwaresystemen (z. B. Aufbau und Morphologie) und Algorithmen (z. B. die Animation von Suchalgorithmen) sowie der Analyse von Softwaresystemen zur Entdeckung von Anomalien (z. B. durch Darstellung von Klassen mit (zu) hoher Kopplung).

Speziell im Rahmen der Softwarewartung helfen Visualisierungen dem Wartungsmitarbeiter, Eigenschaften der Software zu verstehen. Es geht dabei um statische, dynamische und evolutionäre Eigenschaften. Diese Begriffe werden nachfolgend eingeführt.

10.2.1 Möglichkeiten und Nutzen

Dargestellt wird Software meist durch die in der Entwicklung üblichen grafischen Beschreibungstechniken, wie etwa mit UML-Diagrammtypen. Verwendung finden aber auch ganz andersartige Darstellungsformen, so etwa 2D-Repräsentationen, wie Graphen, polymetrische Sichten, Tree-Maps, Disk-Maps oder 3D-Repräsentationen wie 3D-Graphen, Wolken oder künstliche Welten. Die Darstellung solcher Visualisierungen basiert auf komplexen Layoutalgorithmen, sodass übersichtliche Bilder entstehen. Für dynamische Aspekte der Software werden oftmals Animationen verwendet.

Abbildung 10–1 zeigt exemplarisch einen 2D-Graphen mit Knoten und Kanten in unterschiedlichen Darstellungsformen.

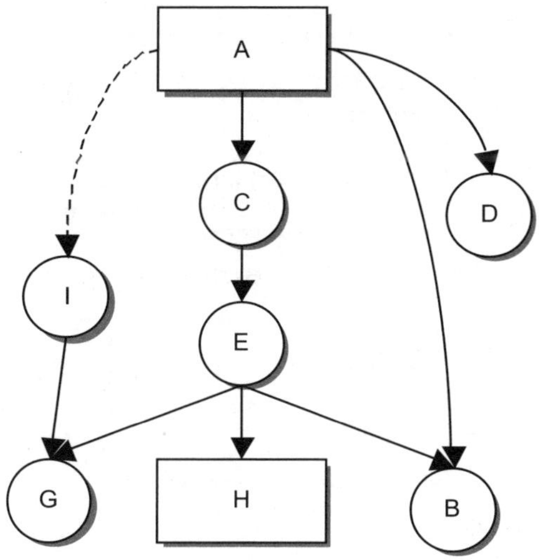

Abb. 10–1 *2D-Graph*

Visualisierungen haben einige positive Eigenschaften für das Programmverstehen: So bieten sie eine Vielfalt von Ausdrucksmitteln (Form, Farbe, Größe, Position, Ausrichtung, Textur usw.) im Vergleich zur rein textbasierten Repräsentation. Mit Visualisierung lässt sich ein höherer Informationsgehalt darstellen und eine bessere Informationsdichte erreichen. In Summe sind visuelle Informationen »menschengerechter« und daher ein gutes Kommunikationsmittel. Obwohl die positiven Eigenschaften beim Programmverstehen bekannt sind, ist die Softwarevisualisierung in der Entwicklung und Wartung noch bei Weitem nicht etabliert. So gibt es heute recht wenige Werkzeuge, die von Visualisierungstechniken zur Darstellung spezifischer Eigenschaften von Software Gebrauch machen. Und wenn, dann erfolgt das meist in Form von einfachen UML-Diagrammen. Der Einsatz von 3D-Repräsentationen ist weitestgehend noch Forschungsgegenstand, und ihr Nutzen wird noch diskutiert. Eine aktuelle Übersicht zum Bereich Softwarevisualisierungen findet sich in [Die07].

10.2.2 Beispiel: Polymetrische Sichten

Ein Beispiel von Softwarevisualisierung sind die polymetrischen Sichten [LaMaDu06]. Diese verbinden die Idee der Graphen mit den im vorherigen Kapitel vorgestellten Produktmetriken. Eine polymetrische Sicht ist eine zweidimensionale Darstellung von Knoten (Entitäten) und Kanten (Beziehungen), die verschiedene metrische Werte auf Attribute der Knoten und Kanten abbildet. So können gleichzeitig verschiedene Metriken auf die Größe, Position und Farbe eines Knotens oder auf die Stärke und Farbe einer Kante dargestellt werden (Abb. 10–2):

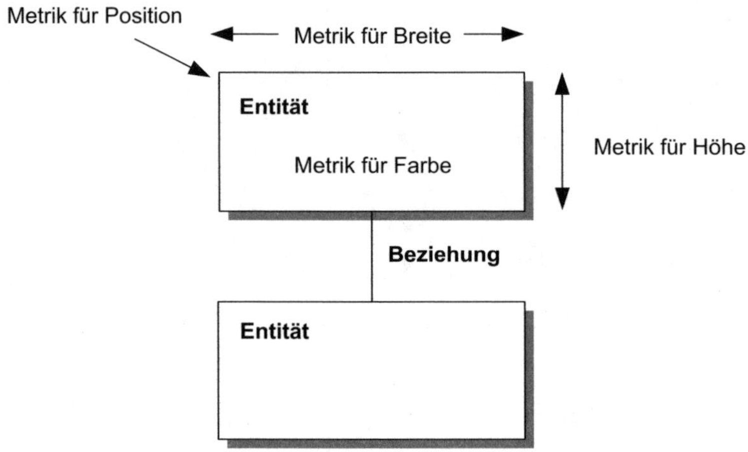

Abb. 10–2 *Polymetrische Sichten*

Solche polymetrische Sichten können für unterschiedliche Zwecke genutzt werden:

- Grobkörnige Sichten zur Beurteilung globaler Systemeigenschaften:
  - Übersicht des Systems in Bezug auf Größe, Komplexität und Struktur
  - Lokalisierung der wichtigsten Klassen und Vererbungshierarchien
  - Entdecken ungewöhnlicher Klassen und Methoden in Bezug auf Größe, Komplexität und Struktur. Diese Klassen sind typische Kandidaten für weitere Untersuchungen.
- Feinkörnige Sichten zur Beurteilung einzelner Softwareartefakte:
  - Verständnis der Implementierung von Klassen (Methodenaufrufe und Attributzugriffe) und Klassenhierarchien
  - Identifikation von Schlüsselmethoden einer Klasse
- Evolutionäre Sichten zur Beobachtung von Eigenschaften über die Zeit:
  - Verständnis der Evolution des Systems in Bezug auf Größe und Wachstumsrate
  - Verständnis, wann Klassen der Software hinzugeführt oder entfernt wurden
  - Verständnis, wie Klassen wachsen und schrumpfen

Anwendungsbeispiele zu den polymetrischen Sichten folgen später.

10.3 Softwareanalysetechniken

Im Rahmen der Softwarewartung sind drei Arten von Analysetechniken interessant: die statische Analyse, die dynamische Analyse und die evolutionäre Analyse. Diese Techniken bilden die Ausgangslage für eine Informationsgewinnung und damit auch für die Softwarevisualisierung und sind ein wichtiges Fundament in der Wartung.

10.3.1 Statische Analyse

Bei der statischen Analyse werden zentrale Artefakte der Software untersucht, ohne dass diese zur Ausführung kommen. Solche Artefakte können Architektur- und Entwurfsmodelle oder der Quellcode sein. Falls der Quellcode als Beschreibung herangezogen wird, können mit ihm Aussagen über tatsächliche Strukturen und Eigenschaften der Software getroffen werden. Möglich wird dies durch anspruchsvolle Kontrollfluss- und Datenflussanalysen. Statische Analysetechniken helfen bei vielen Wartungsaufgaben:

- Erstellung von Übersichtsbildern der Gesamtarchitektur
- Vergleich der geplanten und tatsächlichen Architektur (Differenzarchitektur)
- Abhängigkeitsanalysen zwischen Komponenten (Verwendungsbeziehungen, Aufrufgraphen etc.)
- Überprüfung von Entwurfs- und Codierregeln
- Redundanzanalyse zum Auffinden von Code-Klonen
- Einflussanalysen zum Abschätzen von Änderungsaufwänden
- Nachweis von Laufzeit-Fehlerfreiheit
- Auffinden von nicht erreichbarem Code
- Berechnen von Metriken
- Code-Slicing zur Isolation von Ablauffolgen

10.3.2 Dynamische Analyse

Bei der dynamischen Analyse werden Informationen aus der Beobachtung durch Programmausführung oder Simulation gewonnen. Mit ihr können typische Abläufe bzw. Sequenzen im System durchgespielt und aufgezeichnet werden, fokussierbar auf interessante Systemteile und -eigenschaften [Tsa96]. Im Rahmen der Softwarewartung helfen diese Techniken beim:

- Beobachten von Komponenteninteraktion und Komponentenzustände
- Beobachten von Ressourcenverwendung und -verbrauch (Laufzeitverhalten, Speicherbedarf, Skalierbarkeit, Auslastung etc.)
- Analyse der Codeüberdeckung
- Überwachen von Systemaufrufen
- Debuggen von Code

Je nach verwendeter Technik ist bei der dynamischen Analyse eine Instrumentierung der Software nötig, um die gewünschten Informationen zur Laufzeit extrahieren zu können.

10.3.3 Evolutionäre Analyse

Bei der evolutionären Analyse werden Informationen aus der Entwicklungsgeschichte der Software gewonnen. So wird die Veränderung des Quellcodes aufgrund von Fehlerentfernung, Erweiterungen usw. betrachtet. Diese Techniken helfen beim Verstehen von:

- Wachstumsentwicklung von Komponenten (Module, Klassen etc.)
- Veränderung struktureller Eigenschaften von Systemteilen
- Veränderung der Kopplung von Systemteilen
- Versionsabhängigkeiten

Mithilfe dieser Analysetechniken können die Artefakte der Architekturebene und Quellcodeebene genauer untersucht werden (s. Kasten).

Typische Artefakte der Analyseebenen

Architekturebene

- Komponenten
- Schichten
- Subsysteme
- Module

Codeebene

- Pakete
- Klassen
- Prozeduren
- Dateien

Im Folgenden werden Anwendungsbeispiele für die unterschiedlichen Ebenen gezeigt. Es werden hier nur grob die Ideen beschrieben, ohne auf spezielle Werkzeuge einzugehen.

10.4 Architekturanalyse

Die Softwarearchitektur spielt im Rahmen der Wartbarkeit eine zentrale Rolle, denn mit ihr lassen sich Komplexitätszuwächse kontrollieren. Zusätzlich ermöglicht Architektur eine Analyse und Bewertung von Änderungen (Einflussanalysen).

In Anlehnung an die Definition in der Norm [IEEE1471] ist Architektur die statische und dynamische Struktur eines Systems, definiert durch seine Komponenten (Subsysteme, Schichten, Module etc.) und deren Beziehungen untereinander (Import, Datenfluss, Kommunikation etc.) bzw. zu seiner Umgebung. Die Architekturanalyse basiert meist auf dem Quellcode eines Softwaresystems. In seltenen Fällen ist sie auch angereichert um dynamische Informationen (Hinweis:

Dynamische Informationen haben einen hohen Nutzwert, sind aber aufwendig in Erhebung und Auswertung).

10.4.1 Funktionsweise einer Architekturanalyse

Bei der Architekturanalyse geht man grob wie folgt vor (s. Abb. 10–3): Zunächst wird die Soll-Architektur mit ihren relevanten Elementen wie Subsystemen, Modulen und Schichten sowie den zulässigen und nicht zulässigen Beziehungen dieser Elemente untereinander beschrieben. Die Soll-Architektur basiert meist auf Anforderungen und vorgegebenen Entwurfsprinzipien. Anschließend werden den Elementen der Soll-Architektur die Elemente aus der aktuellen Codeebene (Packages, Klassen, Prozeduren, Dateien etc.) zugeordnet. Diese Zuordnung wird üblicherweise durch einen Satz Abbildungsregeln beschrieben. Da die Elemente der Architekturebene in der Regel keine Ausdrucksmittel des Quellcodes sind, helfen hier Konventionen (Namensgebung in Packages, Verzeichnisstrukturen), Informationen der Quellcodeelemente den Architekturelementen zuzuordnen. Basierend auf dieser Zuordnung lässt sich anschließend durch geeignete statische Analysetechniken aus dem Quellcode die tatsächliche Architektur – die Ist-Architektur – berechnen. So können Differenzen (Verletzungen etc.) gegenüber der Soll-Architektur ausgewiesen werden.

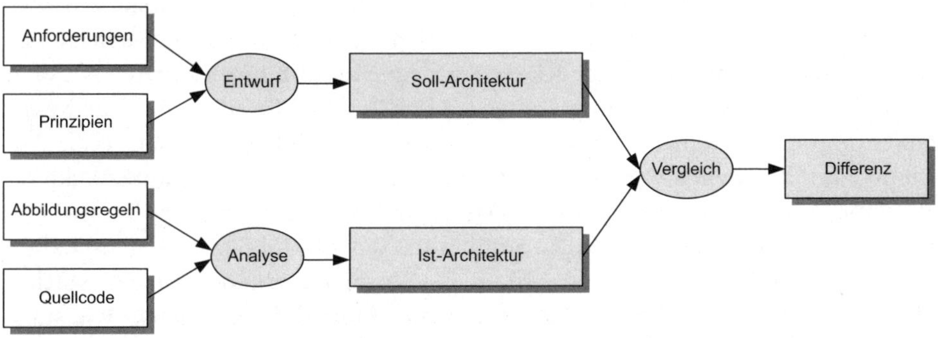

Abb. 10–3 *Vergleich Ist- und Soll-Architektur*

Dieses Verfahren hilft bei der Analyse und Visualisierung der tatsächlichen Architektur und damit dem Verstehen der großen Zusammenhänge der Software. Darüber hinaus kann die Einhaltung der Soll-Architektur durch periodische Prüfung von Architekturregeln bzw. Prinzipien (Architekturregelverletzungen, wie Schnittstellenverletzungen, Schichtenverletzung und zyklische Beziehungen) überwacht und gesteuert werden.

Werkzeuge für Architekturanalysen legen ihre Analyseresultate üblicherweise in einem Repository ab, sodass sie genauer analysiert und ausgewertet werden können. Ein Repository hilft auch, die Evolution der Software zu beobachten. Gerade im Rahmen von Umbauten über mehrere Releases hinweg ist das eine hilfreiche Unterstützung, um Veränderungen kontrollieren zu können. Hier spielen wieder Metriken eine Rolle.

Die Architekturanalyse ist ein Mittel, strukturelle Degeneration zu erkennen, dessen Nutzen umso größer ist, je früher mit der Analyse im Lebenszyklus der Software begonnen wird.

Es folgen einige Beispiele für typische Architekturanalysen, die mit heutigen Werkzeugen durchgeführt werden können. Wir beschränken uns dabei auf die statischen Architekturanalysen, da diese heute am besten von Werkzeugen unterstützt werden.

10.4.2 Beispiele statischer Architekturanalysen

Beispiel: Abhängigkeiten zwischen Modulen

Mit Beziehungsbildern wie in Abbildung 10–4 lassen sich Module und ihre Beziehungsgeflechte darstellen. Module können auf der Codeebene aus zahlreichen Klassen oder Prozeduren bestehen, die einem bestimmten Paket, Namensraum oder Verzeichnis angehören. In Abbildung 10–4 steht das Modul B mit den Modulen F, H, C und D in Beziehung. Diese Beziehungen können sich beispielsweise daraus ergeben haben, dass eine Klasse aus dem Modul B Eigenschaften aus dem Modul F verwendet. Beziehungskanten zwischen den Modulen sind mit Kennzahlen annotiert. Kennzahlen können wie hier Kopplungsmaße sein (vgl. Abschnitt 9.3). Zusätzlich wird die Stärke der Kopplung durch die Kantendicke repräsentiert. Was sehen wir dadurch? Das Modul B hat eine stärkere Verbindung zu Modul F als etwa zum Modul C. Somit nutzt das Modul B mehr Eigenschaften aus dem Modul F als aus dem Modul C. Worin besteht der Nutzen solcher Modulbeziehungsbilder? Sie helfen uns, einen Eindruck zu gewinnen, wie stark Module untereinander in Beziehung stehen. Wir haben in Abschnitt 9.3 gelernt (s. hierzu den Kasten auf S. 195/196), je stärker die Vernetzung der Module untereinander ist, desto schwerer wird es für uns, kontrolliert Veränderungen vorzunehmen.

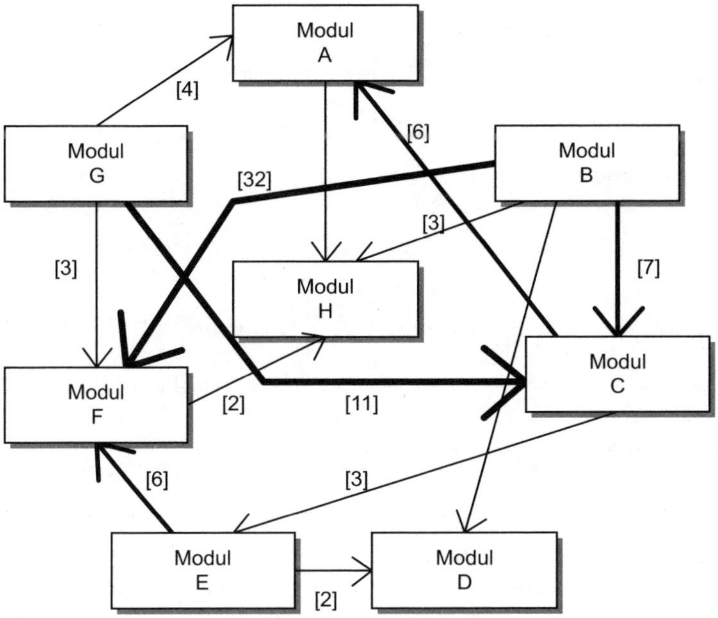

Abb. 10–4 *Modulbeziehungen inkl. Kopplungsgrade in den Kanten*

Beispiel: Abhängigkeiten zwischen Subsystemen

Subsysteme sind meist größere Einheiten, die eine gewisse Eigenständigkeit haben sollten. Somit wird es wichtig, dass es zwischen den Subsystemen wenige und klar definierte Abhängigkeiten gibt. Die Eigenständigkeit kann für den Test oder Betrieb bedeutsam sein.

Ein Subsystem setzt sich aus mehreren Modulen zusammen. Über die Modulbeziehungen lassen sich die Subsystembeziehungen ableiten. Eine solche Beziehung existiert immer dann, wenn die Beziehung zweier Module die Subsystemgrenze überschreitet. Solche Beziehungen können auch hier wieder mit Kopplungsgraden versehen werden und die Kopplung der Subsysteme ausdrücken.

Besonders unschön sind vor allem zyklische Abhängigkeiten zwischen Subsystemen. Zyklen verhindern die Eigenständigkeit eines Subsystems. Betrachten wir das Beispiel aus Abb. 10–5: Hier kann etwa das Subsystem B nicht mehr eigenständig getestet werden, da es Teile aus dem Subsystem F und F wiederum Teile aus A verwendet. Schlimmer noch: Durch die Abhängigkeit vom Subsystem A gibt es zusätzlich Abhängigkeiten zu den Subsystemen C, D und E.

Zyklen zwischen Subsystemen lassen sich durch Graphanalysen aufdecken und in Übersichtsbildern kenntlich machen. Zyklen sollten analysiert und beseitigt werden. Techniken dazu finden sich in [Fea05].

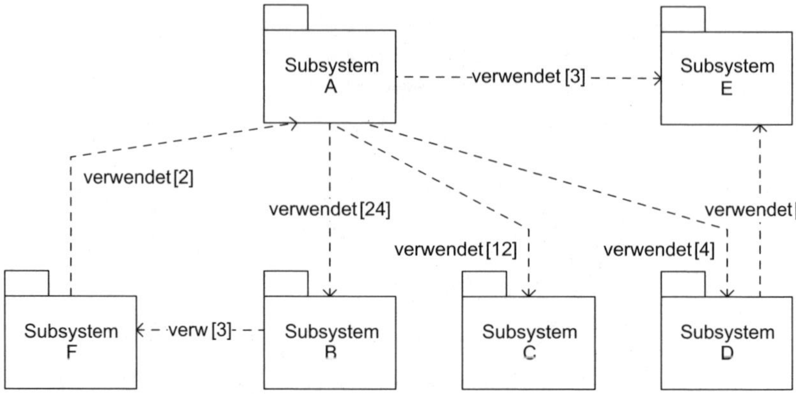

Abb. 10–5 *Abhängigkeiten zwischen Subsystemen*

Eine weitere Darstellungsform von Abhängigkeiten zwischen Subsystemen bietet die Dependency Structure Matrix (DSM) (s. Tab. 10–1) [San06]. In der Matrix können sowohl Kopplungsmaße als auch nicht zulässige Beziehungen zwischen Subsystemen dargestellt werden. Durch den Wert in einer Zelle der Matrix wird dokumentiert, dass ein Subsystem der Spalte ein Subsystem der Zeile verwendet. In Tabelle 10–1 verwendet also Subsystem A das Subsystem B. Illegale Beziehungen (einer Architekturregel widersprechende Beziehungen) sind in der Matrix schraffiert unterlegt (Subsystem F verwendet hier unerlaubterweise Subsystem A). Zusätzlich lassen Muster in der Belegung der Matrix Rückschlüsse zur Schichtung der Software zu. So ist eine Belegung unterhalb der diagonalen Trennlinie ein Hinweis darauf, dass es sich um eine geschichtete Architektur handelt.

verwendet	**Subsystem A**	**Subsystem B**	**Subsystem C**	**Subsystem D**	**Subsystem E**	**Subsystem F**
Subsystem A	A					2
Subsystem B	24	B				
Subsystem C	12		C			
Subsystem D	4			D		
Subsystem E	3			1	E	
Subsystem F		3				F

Tab. 10–1 *Dependency Structure Matrix*

Beispiel: Schichtverletzungen

In der Regel basiert ein Architekturentwurf auf einer Mehrschichtenarchitektur, in der eine horizontale Trennung der Schichten Benutzungsoberfläche, Applikationslogik und Datenhaltung und meist auch vertikale Schichten (sogenannte Säulen) über die Fachlichkeiten vorgegeben sind. Damit entstehen Restriktionen, wie Schichten untereinander in Beziehungen stehen dürfen. Speziell werden bestimmte Benutzt-Beziehungen zwischen zwei Schichten ausgeschlossen. Eine Schicht setzt sich aus mehreren Subsystemen zusammen. Schicht S1 benutzt S2 genau dann, wenn ein Subsystem Sub1 aus S1 ein Subsystem Sub2 aus S2 verwendet.

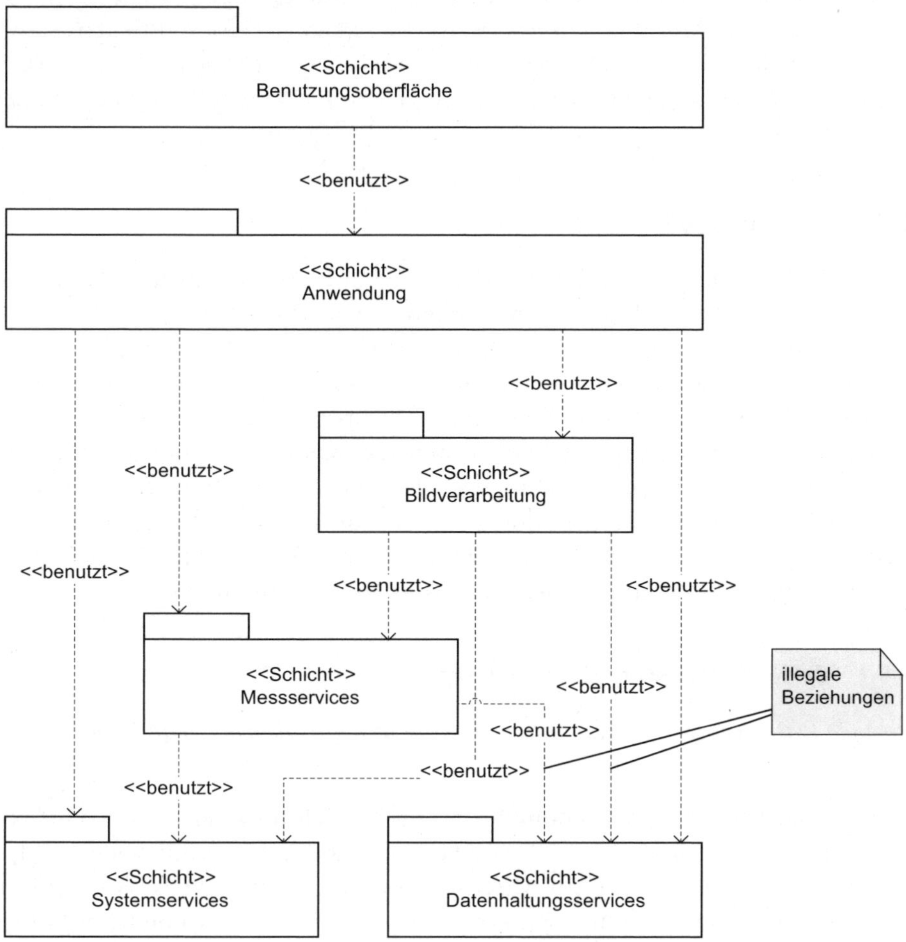

Abb. 10–6 *Schichtverletzung*

Bei der Analyse der Schichtenverletzung werden illegale Beziehungen zwischen zwei Schichten aufgedeckt und gekennzeichnet. In Abbildung 10–6 sind beispielweise diese nicht vom Entwurf her zulässigen Beziehungen zwischen der Schicht »Bildverarbeitung« und der Schicht »Datenhaltungsservices«, sowie zwischen der Schicht »Messservices« und der Schicht »Datenhaltungsservices« mit einem Kommentar versehen. Solche Beziehungen sollten analysiert und gegebenenfalls abgebaut werden.

Fazit

Die Architekturanalyse ist ein zentrales Hilfsmittel im Rahmen der Softwarewartung. Sie hilft, strukturelle Degenerationen zu erkennen. Die Architekturanalyse kann ad hoc oder als periodische Qualitätssicherungsmaßnahme verwendet werden (Architektursteuerung). Architekturanalyse kann darüber hinaus die Kommunikation zwischen Wartungsmitarbeitern, Softwarearchitekten und Entwicklern unterstützen. Mitunter kommt es zu interessanten »Aha«-Effekten, etwa dann, wenn die temporär akzeptierten Architekturverletzungen, die eigentlich durch einen Rückbauauftrag längst bereinigt worden sein sollten, noch immer vorhanden sind.

10.5 Codeanalyse

Codeanalysen helfen dabei, Eigenschaften der Software direkt auf der Ebene Quellcode zu verstehen. Wie wir oben schon angemerkt haben, ist Codehygiene wichtig. Wir geht man hier nun vor? Eine Möglichkeit besteht darin, dass Sie zunächst einmal versuchen, einen Eindruck vom Umfang des Systems zu gewinnen. Hier helfen Metriken und die polymetrischen Sichten. Sie sind gute Techniken bei der Suche nach Anomalien, wie hohe Volumen oder tiefe Vererbungen. Um spezifischere qualitative Eigenschaften auf Codeebene zu betrachten, helfen zusätzlich weitere Techniken wie die Klonerkennung oder eine Prüfung von Codierrichtlinien. Im Folgenden stellen wir einige typische Techniken, unterteilt nach statischen, dynamischen und evolutionären Analyseverfahren, vor.

10.5.1 Beispiele statischer Codeanalysen

Beispiel: Darstellung der Systemkomplexität mit grobkörnigen polymetrischen Sichten

Für Informationen zur Systemkomplexität lassen sich polymetrische Komplexitätssichten verwenden (s. Abb. 10–7). Diese Sicht basiert ausschließlich auf den implementierten Klassen der Software. Im Baum repräsentieren die Kanten eine Vererbungsbeziehung zwischen Klassen. Für die Breite eines Knotens wird hier die »Anzahl der Attribute einer Klasse« (*number of attributes,* NOA) und für die Länge das Maß »Anzahl der Methoden einer Klasse« (*number of methods,* NOM) verwendet. »Anzahl der Zeilen Code pro Klasse« (*weighted number of lines of code,* WLOC) wird durch den Grauton eines Knotens repräsentiert. Schlanke und lange Knoten haben somit wenige Attribute und viele Methoden. Große einzelne Knoten sind Klassen mit vielen Attributen und vielen Methoden. Solche Klassen sollten genauer analysiert werden (etwa mithilfe der Class Blueprints, siehe weiter unten), um erkennen zu können, ob die Klassen so sinnvoll strukturiert sind.

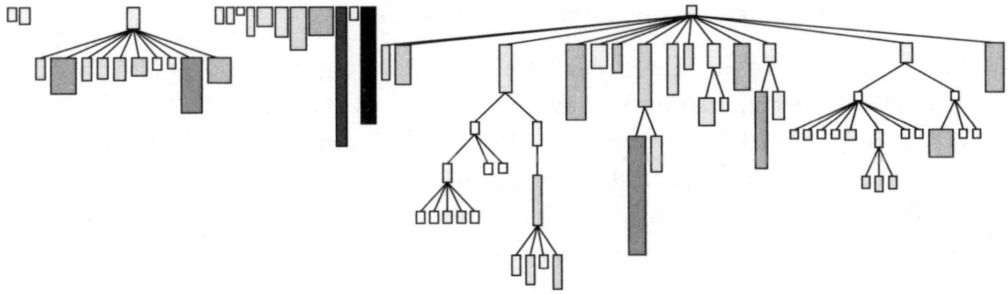

Abb. 10–7 *Polymetrische Ansicht der Systemkomplexität*

Wir sehen in Abbildung 10–7 im Wesentlichen zwei Vererbungsbäume, wobei der rechte Vererbungsbaum unsymmetrisch wirkt. Im mittleren Teil gibt es einige einzelne, teilweise sehr umfangreiche Klassen (dunkle Rechtecke).

Beispiel: Prüfen von Codierrichtlinien

Üblicherweise werden zu Beginn eines jeden Softwareprojekts die Codierregeln festgelegt. Gute Regeln können helfen, die Wartbarkeit der Software zu verbessern bzw. Fehler zu vermeiden. Nun helfen Codierregeln herzlich wenig, wenn kein Prüfinstrument existiert. Hier hilft der Code-Rule-Checker. Der Code-Rule-Checker analysiert den Quellcode und prüft, ob bestimmte Codierregeln eingehalten wurden. Mit solchen Regeln kann der Code auf Einhaltung zu verwendender Sprachmittel (kein Tasking, keine Generics, keine Float-Typen, keine compilerspezifischen Sprachmittel und Bibliotheken), gefährliche Schwachstellen (unvollständige Case-Anweisungen, leere Exceptionhandler, ignorierte Rückgabewerte, sicherheitskritische Sprachmittel) oder Einhaltung von Formatierungsregeln überprüft werden. Korrekt formatierter Code lässt sich auch generativ mithilfe von Pretty-Printern erzeugen.

Beispiel: Klonerkennung

Wiederverwendung von Code wird heute noch immer vielfach durch »Copy & Paste« und weniger durch ordentlichen Entwurf erreicht. Beim »Copy & Paste« kopiert der Programmierer Codefragmente (z. B. Funktionen, Datenstrukturen) – möglicherweise leicht modifiziert – an eine andere Stelle der Quellcodes. Solche kopierten Codefragmente werden als Klone bezeichnet. Was aus Sicht der Entwickler einfach und schnell geht, hat aber einen negativen Effekt: Durch diese Form von Wiederverwendung leidet die Wartbarkeit des Systems. So müssen Korrekturen (z. B. Fehlerkorrekturen) eventuell an vielen Stellen im Code nachgezogen werden. Da aber in den seltensten Fällen dokumentiert ist, wohin ein Stück Code kopiert wurde, werden Korrekturen lückenhaft bleiben. Untersuchungen haben gezeigt, dass bis zu 20 % des Codes Klone sind; teilweise sind solche Klone bis zu 200 Zeilen lang.

Es werden mehrere Typen von Klonen unterschieden:

- Typ 1: Exakte Kopie. Es erfolgt keine Veränderung an der Kopie (mit Ausnahme von Leerzeichen und Kommentaren).
- Typ 2: Kopie mit Umbenennungen. Das heißt, Namen von Variablen, Typen oder Prozeduren werden in der Kopie umbenannt.
- Typ 3: Kopie mit weiteren Modifikationen. Code der Kopie wird abgeändert, indem Anweisungen ergänzt oder entfernt werden.

```
private int pathDistance(Permutation path) {
    int result = 0;
    for (int i = 0; i < numNodes; i++) {
        int from = path.get(i);
        int to = path.get((i+1) % numNodes);
        result += distance[from][to];
    }
    return result;
}

private double pathAvgDistance(Permutation path) {
    int result = 0;
    for (int i = 0; i < numNodes; i++) {
        int from = path.get(i);
        int to = path.get((i+1) % numNodes);
        result += distance[from][to];
    }
    return (double) result / numNodes;
}
```

Abb. 10–8 *Geklonter Code*

Derzeit sind unterschiedliche Techniken bekannt, mit denen Klone im Quellcode aufgedeckt werden. Standardtechnik ist der zeilenweise Vergleich aller Codezeilen. Dazu werden die Codezeilen normalisiert, d.h., Kommentare, Tabs und Leerzeichen sowie uninteressante Codefragmente werden entfernt (else, or). Im Beispiel aus Abbildung 10–8 findet sich ein Klon. Hier basiert der Rumpf der Prozedur »pathAvgDistance« auf einer Kopie des Rumpfs vom »pathDistance«. Lediglich die Mittelwertberechnung in der Return-Anweisung stellt eine Veränderung dar.

Code-Klone lassen sich mithilfe von Scatterplots visualisieren. Scatterplots sind 2D-Graphen, bei denen je Achse der Inhalt einer Datei repräsentiert wird. Jeder Punkt in dem Graphen entspricht beispielsweise einer duplizierten Zeile (s. Abb. 10–9 oder [DeDuNi03]). Mit der Klonerkennung sollte schon frühzeitig in der Entwicklung begonnen werden. Einen Überblick zum Thema Klonerkennung finden Sie in [Kosch07].

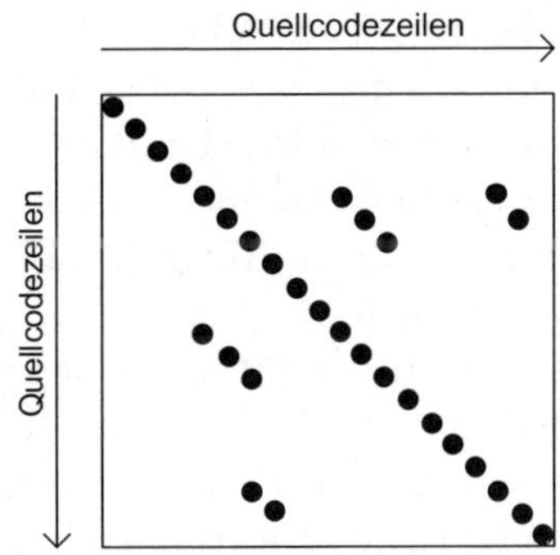

Abb. 10–9 *Darstellung von Code-Klone mittels Scatterplot*

Beispiel: Darstellung von Abhängigkeiten zwischen Prozeduren

Potenzielle Aufrufbeziehungen zwischen Prozeduren werden mittels Call- oder Callby-Graphen dargestellt. Der Call-Graph einer Prozedur P berechnet sich aus denen im Rumpf von P verwendeten Prozeduren. Für jede dieser Prozeduren wird wiederum berechnet, welche Prozeduren in diesen Rümpfen verwendet werden, usw. Die so gewonnenen Informationen lassen sich durch einen Graphen darstellen, wobei jede Aufrufbeziehung zwischen den Prozeduren (Knoten) eine Kante ist. Ein Call-Graph ist in Abbildung 10–10 zu sehen.

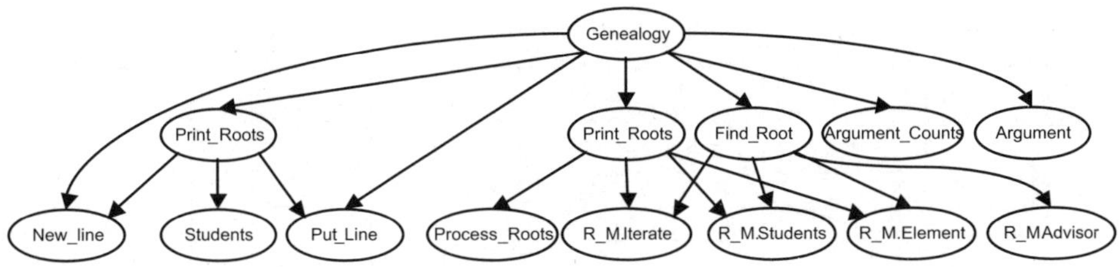

Abb. 10–10 *Call-Graph*

Der Callby-Graph geht von einer Prozedur P aus und dokumentiert alle Prozeduren, die P in ihrem Rumpf verwenden – also potenzielle Aufrufer. Für jede solcher Prozeduren wird wiederum geschaut, welche Prozeduren diese aufrufen usw. (s. Abb. 10–11).

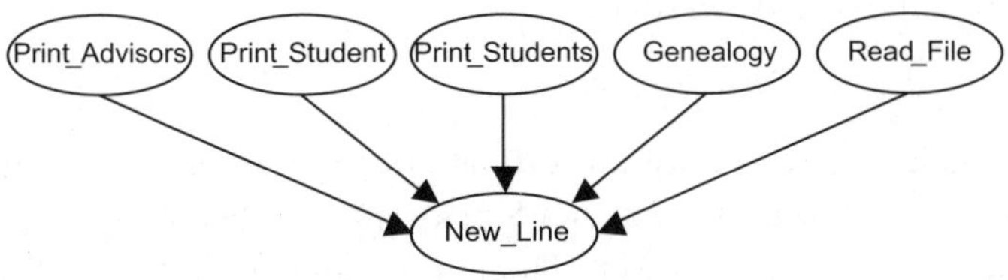

Abb. 10–11 *Callby-Graph*

Call- oder Callby-Graphen helfen bei der Analyse der Beziehungen von Modulen untereinander, da die Aufrufbeziehungen zwischen Prozeduren meist die Modulgrenzen überschreiten. Somit können solche Graphen ein Instrument sein, um die Kopplung zwischen Modulen genauer zu untersuchen.

Eine andere Darstellungsform von Aufrufgraphen basiert auf den Class Blueprints [LaMaDu06]. Es handelt sich hier um ein Beispiel der schon erwähnten feinkörnigen polymetrischen Sichten. Ein Class Blueprint ist eine Visualisierung der internen Struktur einer Klasse. Dabei wird die Klasse in fünf Bereiche zur Strukturierung von Methoden und Attributen unterteilt. Diese Bereiche sind »Initialisierung« (für die Initialisierungsmethoden und Konstruktoren), »Interface« (für die von außen verwendeten Methoden), »Implementierung« (für die intern verwendeten Methoden), »Zugriff« (für Get/Set-Methoden der Attribute) und »Attribute«. Knoten im Blueprint repräsentieren Methoden oder Attribute. Durch Farbwerte können diese um weitere semantische Informationen angereichert werden (abstrakte Methode, redefinierte Methode etc.). Knotengrößen können durch Codemetriken gesteuert werden. Bei Knoten für Methoden dokumentiert die Höhe die Anzahl der Zeilen, die Breite des Knoten die Anzahl der Aufrufe. Kanten zwischen den Knoten dokumentieren Aufrufbeziehungen. Abbildung 10–12 ist ein Beispiel eines Blueprints. An diesem Blueprint fällt etwa auf, dass zwei Attribute keine Get/Set-Methoden haben und direkt aus der Implementierungsschicht aufgerufen werden.

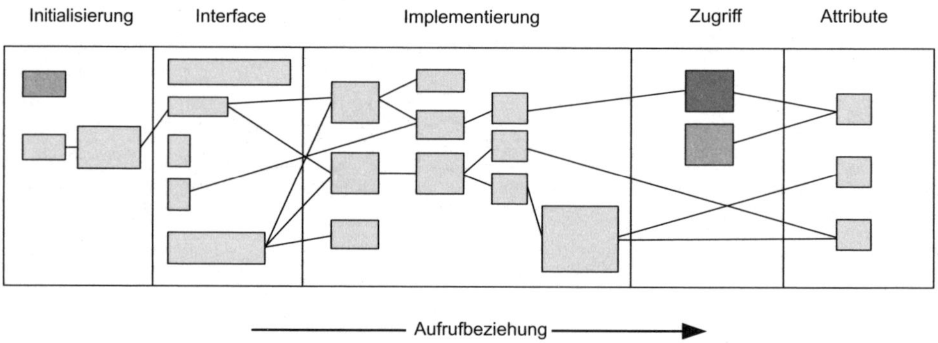

Abb. 10–12 *Class Blueprint*

Vererbungsbeziehungen zwischen Klassen können auch mittels hierarchischen Class Blueprints dargestellt werden.

Beispiel: Prüfen des Stackverbrauchs

Ein weiteres wichtiges Werkzeug im Rahmen der Softwarewartung kann ein statischer Stack-Analyser sein. Ein solcher Stack-Analyser berechnet den maximalen Stackverbrauch einer Applikation. Diese errechneten Werte helfen, entsprechende Stackgrößen festzulegen, und sorgen dafür, dass zur Laufzeit ausreichend

Stackplatz vorhanden ist. So läuft Ihre Applikation sicher, und es kommt zu keinen unerwarteten Programmbeendungen aufgrund eines geplatzten Stacks.

Beispiel: Verstehen von Änderungen mittels Code-Slicing

Mit dem Code-Slicing werden Anweisungen isoliert, die für bestimmte Programmzustände verantwortlich sind. Mit ihnen lassen sich beispielsweise Abhängigkeiten zwischen Ein- und Ausgaben von Prozeduren sowie potenzielle Seiteneffekte erkennen. Ein Slice kann berechnet werden, indem Anweisungen aus dem Codefragment entfernt werden, die keinen Einfluss auf die Belegung einer bestimmten Variable haben. Grundlage für das Code-Slicing sind Programm-Abhängigkeits-Graphen. Diese Graphen dokumentieren die Kontroll- und Datenabhängigkeit zwischen zwei Anweisungen (Knoten). Durch eine Erreichbarkeitsanalyse können Einflüsse auf bestimmte Variablen abgeleitet werden. Code-Slicing hilft verstehen, wie Programmzustände beeinflusst werden, etwa beim Suchen von Fehlern. Zusätzlich hilft die Technik auch beim Umbau gewachsener Programmteile, indem unabhängige Codeteile in eigenständige Prozeduren herausgelöst werden. Es existiert eine weitere Variante des Code-Slicing, die auf Laufzeitinformationen basiert und somit als dynamische Analyse klassifiziert werden kann. Einen Überblick zum Code-Slicing finden Sie in [HaHi01].

Beispiel: Navigation durch den Quellcode

Die Navigation durch den Quellcode ist vielleicht die Haupttätigkeit in der Wartung. Diese Aufgabe sollte möglichst gut unterstützt werden, damit sie effizient erfolgen kann. Werkzeuge helfen bei der Navigation entlang Verwendungsbeziehungen zwischen Packages, der Aufrufbeziehungen zwischen Funktionen, Verwendungs- und Definitionsbeziehungen von Typen/Klassen oder der Vererbungsbeziehungen zwischen Klassen. Wichtig sind vor allem auch Suchmöglichkeiten nach Funktionen, Packages und Typen bzw. Klassen. Navigationswerkzeuge sind für die Programmwartung unverzichtbar.

Beispiel: Fehlervermeidung durch symbolische Programmausführung

Die symbolische Programmausführung ist eine umfassende statische Analyse der Software. Dabei wird der Quellcode in ein algebraisches Modell überführt. Mögliche Fehler im Quellcode werden mithilfe einer Modellanalyse gefunden (durch Lösung von Gleichungssystemen). Die symbolische Programmausführung ist eine intelligente Form der Fehlersuche und Fehlervermeidung, denn die automatische Fehlererkennung reduziert Testkosten und verhindert langwieriges Debuggen des Programms. Diese Form der präventiven Wartung verhindert teure Probleme frühzeitig. Heutige Werkzeuge können folgende Fehler und Eigenschaften erkennen:

- Lesender Zugriff auf nicht initialisierte Variablen
- Array-Zugriffe außerhalb der Grenzen
- Undefinierte, arithmetische Operationen
- Division durch null

- Wertebereichsunter- und überschreitungen von Variablen
- Kritische Typkonvertierungen (etwa Float nach Integer)
- Konkurrenzprobleme
- Nicht terminierende Schleifen
- Toten Code

Nach einem Analyselauf werden Fragmente des Quellcodes klassifiziert dargestellt (Ok, Fehler, Warnung).

10.5.2 Beispiele dynamischer Codeanalysen

Beispiel: Ablaufverfolgung mit einem Debugger

Ein Debugger ermöglicht die Ablaufverfolgung eines Programms und ist ein Werkzeug zum Auffinden und Diagnostizieren von Fehlern, aber auch ein Instrument zum Programmverstehen. Ein Ablauf kann in einzelnen Schritten erfolgen bzw. fortlaufend mit der Möglichkeit, an definierten statischen Haltepunkten (Breakpoints) oder beim Eintreten bestimmter Ereignisse (Exceptions, Signale, Zuweisungen etc.) gestoppt zu werden. Neben der Ablaufverfolgung, die sich auf Ebene des Sourcecodes und/oder Assemblercodes durchführen und darstellen lässt, können Debugger Variablenbelegungen, Inhalt der Call-Stacks oder CPU-Register anzeigen und verändern. Moderne Debuggersysteme helfen zusätzlich, die Code- und Datenstrukturen grafisch darzustellen.

Beispiel: Ablaufverfolgung mit einem Profiler

Ein Profiler analysiert zur Ausführungszeit den Programmablauf sowie Zeitverbrauch auf Prozedurebene. Während der Programmausführung generiert ein Profiler eine Ausgabedatei, mit der nach der Ausführung das Programmverhalten analysiert und statistisch ausgewertet werden kann (Trace-Analyse, Laufzeitanalyse etc.). Bei Profilern gibt es üblicherweise unterschiedliche Qualitäten von Ausgaben:

- Ein Flat Profile dokumentiert, wie oft eine Funktion aufgerufen und wie viel Zeit verbraucht wurde. Eine solche Analyse eignet sich gut, um zu prüfen, welche Prozedur am meisten Zeit verbraucht hat.
- Der dynamische Aufruf-Graph zeigt für jede Prozedur, von welcher Prozedur sie wie oft aufgerufen wurde und welche sie selbst wie oft aufgerufen hat. Darüber hinaus wird abgeschätzt, wie viel Zeit in jeder aufgerufenen Prozedur verbracht wurde. Der Aufruf-Graph kann beim Eliminieren teurer Prozeduren helfen.
- Im Quellcode werden Anzahl der Ausführungen oder verbrauchte Zeiten für jede Codezeile gekennzeichnet.

Der annotierte Quellcode kann auch für Codeüberdeckungsanalysen verwendet werden. In Kombinationen mit Testfällen können die Stellen im Code bestimmt werden, an denen bestimmte Eigenschaften der Software implementiert wurden. Üblicherweise werden für solche Aufgaben eigenständige Code-Coverage-Werkzeuge verwendet. Diese basieren meist auf denselben Ideen wie Profiling-Werkzeuge.

10.5.3 Beispiele evolutionärer Codeanalysen

Beispiel: Darstellung der Systemevolution mit evolutionären polymetrischen Sichten

Um ein System zu verstehen, kann auch die evolutionäre Betrachtung interessant sein. Mit einer solchen Betrachtung wird die historische Entwicklung analysiert. Wir wissen, dass sich durch ein Verständnis der Vergangenheit Trends für die Zukunft ableiten lassen. Eine typische Frage kann die nach den am schnellsten wachsenden Stellen des Systems sein.

Mit der Evolutionsmatrix (s. Abb. 10–13) wird die Veränderung des Systems in Bezug auf seine Klassen zeitlich dargestellt. Jede Spalte repräsentiert eine Version der Software. Jede Zeile repräsentiert die Versionen derselben Klasse.

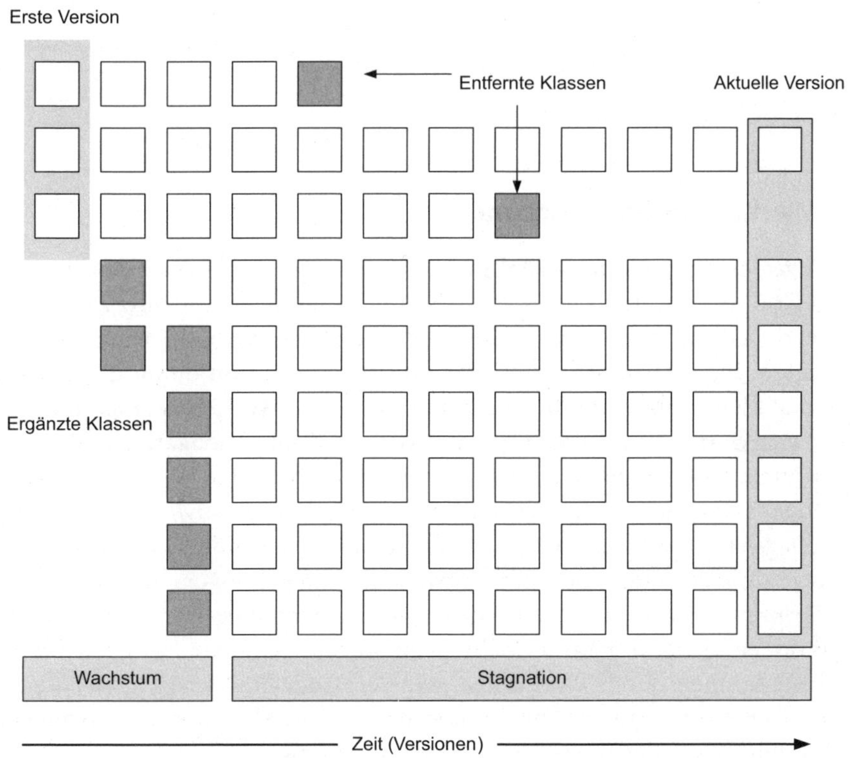

Abb. 10–13 *Evolutionsmatrix*

Die Entitäten können wiederum mit metrischen Werten belegt werden (NOM und NOA). Die Wachstumseigenschaften der Klassen lassen sich kategorisieren. Abbildung 10–14 zeigt einen Pulsar und eine Supernova. Mehr zur Evolutionsmatrix findet sich in [LaMaDu06]. Die Idee der Evolutionsmatrizen funktioniert auch bei Modulen oder Paketen.

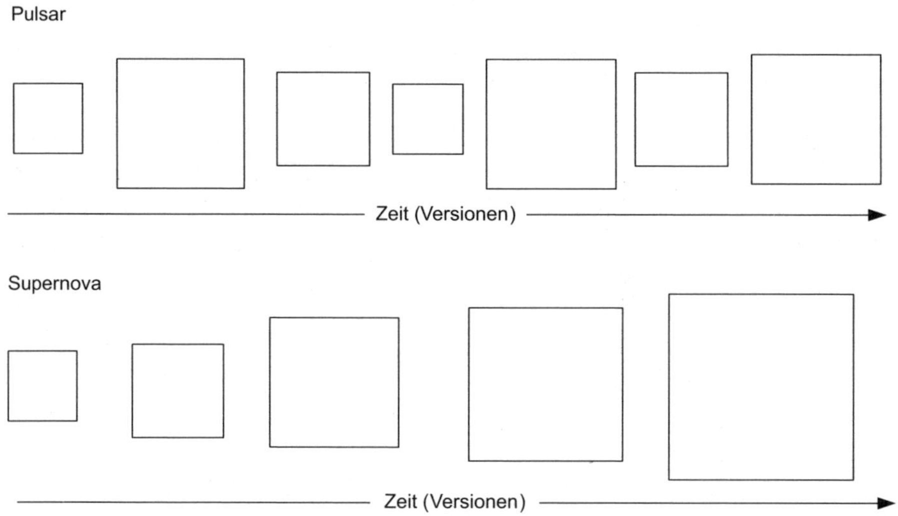

Abb. 10–14 *Pulsar und Supernova*

10.6 Werkzeugunterstützung

Werkzeuge für die Softwarevisualisierung können eingesetzt werden, um einen Entwickler direkt während der Softwareentwicklung oder -wartung zu unterstützen. Ziel dabei sind die automatische Entdeckung und Visualisierung von Qualitätsdefekten. Ein Nebeneffekt stellt die visuelle Navigation durch das Softwaresystem dar. Heute gibt es zahlreiche unterschiedliche Werkzeuge, die im Rahmen der Softwarewartung verwendet werden können. Code-Navigations-Werkzeuge, Pretty-Printer, Code-Rule-Checker, Profiler, Code-Coverage-Werkzeuge, Metrik-Werkzeuge, Debugger, Graph-Visualisierungs-Werkzeuge sowie auch Verifikations-Tools. Viele dieser Werkzeuge sind heute schon Bestandteil, sei es Out-of-the-Box oder als Add-ons, moderner Entwicklungsumgebungen. Meistens decken diese Werkzeuge jedoch nur die Codeebene ab, ohne eine Unterstützung durch Abstraktionen oder kompakte Sichten zu bieten. Kompakte Übersichten auf Codeebene können durch Werkzeuge, wie den CodeCrawler [Crawler], erzeugt werden. Der CodeCrawler basiert auf der freien Moose-Analyse-Umgebung [Moose]. Für diese Umgebung sind weitere Werkzeuge vorhanden.

Speziell für die Architekturebene sind seit einiger Zeit kommerzielle Architekturanalyse-Werkzeuge erhältlich. Bekannter sind der Sotoarc/Sotograph [Sotoarc], die Axivion-Bauhaus-Suite [Axivion] oder Lattix DSM [Lattix]. Diese Werkzeuge haben schon einen recht umfassenden Leistungsumfang bei Analyse, der Berechnung von Metriken sowie der Softwarevisualisierung erreicht. Sowohl die Bauhaus-Suite als auch der Sotoarc und seine Add-ons unterstützen auch codenahe Analysen, wie die Klonerkennung oder Toten-Code-Analysen. Diese Architekturanalyse-Werkzeuge helfen beim Management von Softwarearchitekturen.

Im Bereich der Softwarevisualisierung kann auch – falls die bestehenden Werkzeuge hier nicht ausreichen – auf spezielle Graph-Layoutprogramme zurückgegriffen werden. Bekannt sind z. B. Graph-Viz [GraphViz], aiSee [AiSee] oder Shrimp [Shrimp]. Codeanalyse-Ergebnisse müssen dann in entsprechende Graph-Beschreibungen transformiert werden. Auf Basis solcher Beschreibungen werden anschließend durch die Werkzeuge entsprechende Grafiken berechnet.

10.7 Zusammenfassung

Wir wissen nun:

- Programmverstehen ist der Vorgang des Wissenserwerbs über ein Softwaresystem und die Voraussetzung jeder Wartungsarbeit.
- Programmverstehen wird unterstützt durch Softwareanalysetechniken. Diese Techniken helfen beim Aufdecken von Fehlerquellen und Anomalien auf der Architekturebene oder der Ebene des Quellcodes.
- Informationen aus Softwareanalysen lassen sich mithilfe der Softwarevisualisierung darstellen.

Wir haben gelernt:

- Der Quellcode ist ein schützenswertes Gut. Aus diesem Grund ist die Codehygiene wichtig.
- Bereits mittelgroße Softwaresysteme lassen sich schlecht alleine auf Quellcodeebene verstehen, warten und weiterentwickeln.
- Der Nutzen von Architekturanalyse und Quellcodeanalyse ist umso größer, je früher mit der Analyse im Lebenszyklus der Software begonnen wird.
- Wartungsarbeiten müssen mit Werkzeugen unterstützt werden.

Wir kennen:

- drei Arten von Softwareanalysetechniken: dynamische, statische und evolutionäre Analyse. Diese Techniken sind sowohl für »Architekturanalyse« als auch »Quellcodeanalyse« einsetzbar.
  - Architekturanalysen helfen beim Aufdecken von strukturellen Degenerationen – mithilfe von Metriken oder Differenzarchitekturen. Beispiele sind Kopplungen zwischen Modulen oder zyklische Abhängigkeiten von Subsystemen.
  - Die Quellcodeanalysen helfen beim Aufdecken lokaler Probleme. Solche Probleme können Code-Klone sein, die Verletzung von Programmierrichtlinien oder auch die falsche Anwendung von Sprachmitteln.

11 Reengineering, Sanierung und Migration

In diesem Kapitel betrachten wir zwei Arten umfangreicher Umbauvorhaben, mit der die Zukunftsfähigkeit Ihrer Software wiederhergestellt werden kann: die Sanierung und die Migration.

Wenn Ihre Software an einen Punkt gekommen ist, an dem Erweiterung und Wartung immer aufwendiger und unkontrollierbarer geworden sind, werden Sie sich mit Fragen der Sanierung oder sogar der Ablösung der Software auseinandersetzen müssen. Unter Sanierung verstehen wir ein groß angelegtes Fitnessprogramm, durch das die Software sowohl fachlich als auch softwaretechnisch zukunftsfähig wird.

Wenn Ihre Software hingegen in der bestehenden Umgebung nicht überlebensfähig ist, weil beispielsweise Support von Hardware, Betriebssystem oder Datenbanken auslaufen, muss die Software auf alternative Technologien migriert werden. Migration bezeichnet die teilweise oder vollständige Überführung eines Softwaresystems in eine andere Zielumgebung. Eine Migration ist eine technische Transformation, bei der die Fachlichkeit idealerweise nicht verändert wird. Als spezielle Ausprägung der Migration gibt es die Ablösung und die Neuentwicklung. Im Rahmen der Softwarewartung betrachten wir diese jedoch nicht.

Sanierung und Migration sind große Wartungsvorhaben.

Zum Schutz vor späten, kostenintensiven Sanierungsmaßnahmen gehen wir zudem auf kontinuierliche, strukturelle Umbauten ein, sogenannte Refactorings. Sie haben das Ziel, die Weiterentwicklung und Wartbarkeit der Software durch entwicklungsbegleitende Maßnahmen sicherzustellen.

11.1 Begriffswelt des Reengineering

In diesem Abschnitt betrachten wir zunächst ein paar Begriffe, die im Kontext von Umbauvorhaben immer wieder auftauchen und deren Verständnis wichtig ist. Die folgenden Definitionen gehen auf [ChCr90] zurück.

11.1.1 Reverse Engineering

Ziel des Reverse Engineering ist es, nicht (mehr) vorhandenes Wissen über ein System zurückzugewinnen. Dabei handelt es sich meist um Wissen über den Aufbau des Systems, also um Entwurfs- oder Architekturwissen. Es kann sich aber auch um Wissen über Geschäftsregeln, also um Domänenwissen, handeln. Beim Reverse Engineering analysiert man die Software nach zentralen Elementen und ihren Beziehungen untereinander (s. Abb. 11–1). Somit gewonnenes Wissen wird dann auf einer abstrakteren Ebene dokumentiert (Entwurfs- und Architekturdiagramme, Interaktionsdiagramme, Datenmodelle und Geschäftsregeln). Derart dokumentiertes Wissen ist die Voraussetzung für alle größeren Wartungsmaßnahmen.

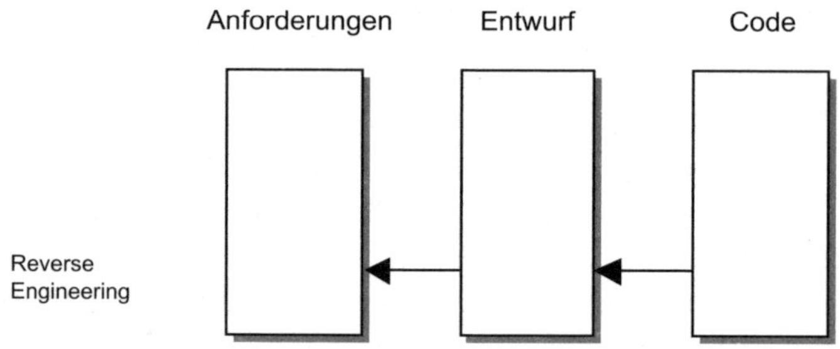

Abb. 11–1 *Reverse Engineering*

Typische Aufgaben beim Reverse Engineering sind die Identifikation, Erschließung und letztendlich die (Re-)Dokumentation von:

- fachlichen und technischen Komponenten und deren Zusammenspiel,
- fachlichen Regeln und fachlichen Daten sowie deren Orte der Verwendung,
- technischen Mechanismen (periodische Aufgaben, Kommunikation, Persistenz etc.) und
- Schnittstellen mit ihren Kommunikationsobjekten.

Techniken für das Reverse Engineering sind den in Kapitel 10 vorgestellten Techniken für Programmverstehen und Softwarevisualisierung sehr ähnlich.

11.1.2 Restrukturierung

Beim Restrukturieren werden Strukturen derselben Abstraktionsebene in eine andere Form transformiert (s. Abb. 11–2). Solche Transformationen sind semantikerhaltend, d.h., das extern sichtbare Verhalten der Software (Blackbox) wird nicht verändert. In den letzten Jahren hat sich als spezielle Art der Restrukturierung das Refactoring etabliert. Im Fokus des Refactoring steht meist die kontinuierliche Strukturverbesserung von Architektur oder Quellcode. Der Umbau der Software geschieht durch Folgen kleiner Transformationsschritte. Refactoring ist ein wichtiges Thema innerhalb der Softwarewartung, das wir später in diesem Kapitel noch genauer beleuchten werden.

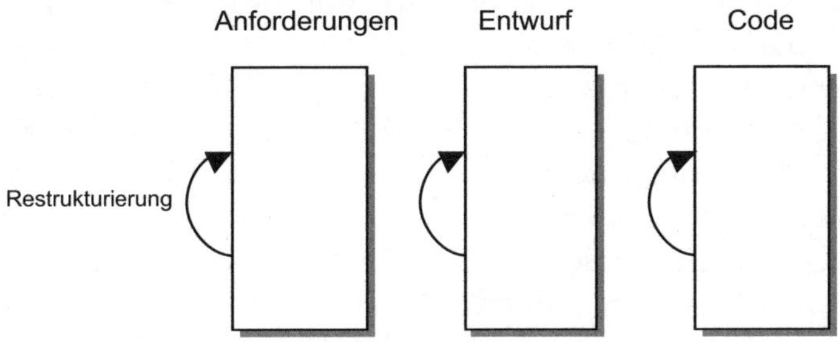

Abb. 11–2 *Restrukturierung*

11.1.3 Forward Engineering

Forward Engineering (s. Abb. 11–3) entspricht dem normalen Entwicklungsablauf, bei dem ausgehend von der Anforderungsspezifikation die Architektur und der Entwurf abgeleitet werden und auf dessen Basis die Software implementiert wird.

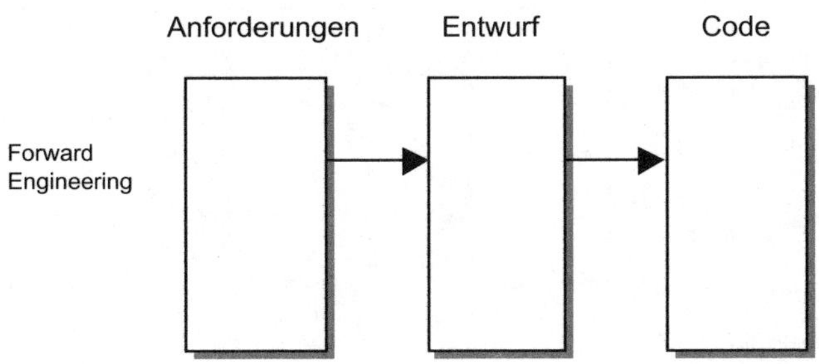

Abb. 11–3 *Forward Engineering*

11.1.4 Reengineering

Reengineering ist der Prozess der Überarbeitung eines Softwaresystems oder einzelner Teile davon. Fokus beim Reengineering ist meist die Verbesserung der Wartbarkeit und nicht funktionaler Eigenschaften. Die eigentliche fachliche Funktionalität wird hingegen nicht verändert. Der Begriff Reengineering ist eng mit der Wartung und einer möglichen Neuentwicklung verbunden. Das Reengineering steht quasi auf halbem Wege zwischen einer vollständigen Neuentwicklung über eine völlig neue Spezifikation und der Wartung.

Typische Ziele eines Reengineering sind:

- Verbesserung der Wiederverwendbarkeit von Komponenten
- Verbesserung der Trennung von Verantwortlichkeiten von Komponenten
- Einziehen klarer Schnittstellen
- Verbesserung der Testbarkeit
- Wechsel der Programmiersprache und/oder des Programmierstils (prozeduraler oder objektorientierter)
- Änderung des Architekturstils
- Änderung der Persistenzmechanismen
- Änderung des Integrationsstils oder der Datenformate
- Umsetzung sicherheitsrelevanter Anforderungen
- Verbesserung der Performance
- Abbau von Redundanzen

Beim Reengineering werden in der Regel die Schritte Bestandsanalyse, Reverse Engineering, Restrukturierung, Forward Engineering gemeinsam durchlaufen (s. Abb. 11–4), gefolgt von Test und Auslieferung. Dabei hilft die vorgelagerte Bestandsanalyse, relevante Artefakte und deren Qualität zu identifizieren.

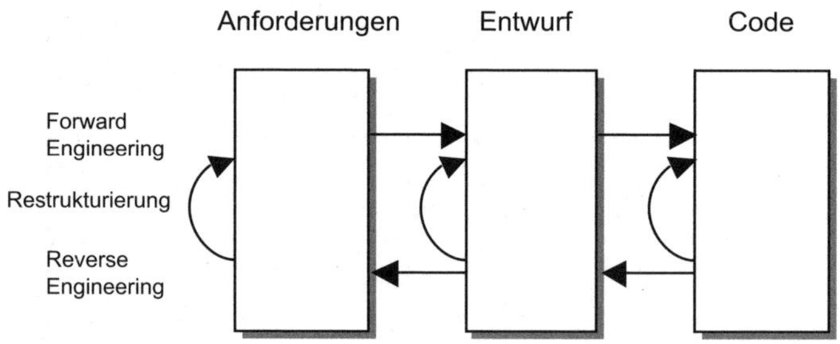

Abb. 11–4 *Reengineering*

11.2 Verbesserungen der Wartbarkeit mit Refactoring

»Refactoring ist der Prozess, ein Softwaresystem so zu verändern, dass das externe Verhalten nicht geändert wird, der Code aber eine bessere interne Struktur erhält« [Fow99].

Refactorings haben das Ziel, Entwurf und Code kontinuierlich im Rahmen der (Weiter-)Entwicklung zu verbessern, um Verständlichkeit, Wartbarkeit und Erweiterbarkeit zu sichern. Da Refactoring eine entwicklungsbegleitende Maßnahme ist, etabliert sich dieser Ansatz heute mehr und mehr als eine eigenständige Tätigkeit in der (Weiter-)Entwicklungsphase. Vermehrt lassen sich heute einfache, elementare Refactorings werkzeuggestützt automatisch oder semiautomatisch durchführen (durch Graph-Transformationen). Hierbei helfen Refactoring-Werkzeuge. Meist sind sie Bestandteil moderner Entwicklungsumgebungen. Werkzeuggestützt wird das Refactoring zu einer einfachen und günstigen Maßnahme, um Codehygiene zu betreiben. Ein zielgerichteter Einsatz von Refactorings kann einen Beitrag leisten, um dem fortschreitenden inneren Zerfall entgegenzuwirken, um so schlussendlich die Lebenserwartung einer Software zu erhöhen (vgl. Abschnitt 4.3).

11.2.1 Wann wird üblicherweise refactoriert?

Refactorings werden häufig als Reaktion auf sogenannte »Bad Smells« durchgeführt. Bad Smells bedeutet etwa so viel wie »Das riecht nach einem Problem« (Anomalie). Neben Smells auf der Codeebene gibt es auch Smells auf Architektur- und Entwurfsebene oder Datenbankebene. Sie entstehen meist durch die Verletzung anerkannter Entwurfsprinzipien, wie etwa die Trennung von Angelegenheiten (engl. *Separation of concerns*) [Par72], das Liskov'sche Substitionsprinzip [LiWi94] oder LawOfDemeter [LiHo89]. Bad Smells lassen sich durch Metriken (meist Größen-, Volumen- und Kopplungsmetriken) oder Analysetechniken (wie Klonerkennung, Zyklenerkennung, Code-Rule-Checks) aufdecken. Ansätze dazu haben wir schon in den Kapiteln 9 und 10 kennengelernt. Bad Smells werden schnellstmöglich beseitigt.

11.2.2 Tests als Sicherheitsnetz

Die Restrukturierung ist eine Folge kleiner, abgeschlossener Transformationsschritte, sogenannter Refactorings. Damit beim schrittweisen Umbau das funktionale Verhalten der Software nicht verändert wird, werden die Refactorings mithilfe von Testfällen (Unit Tests, aber auch Akzeptanz- und Funktionstests) abgesichert. Tests sind somit das Sicherheitsnetz bei allen strukturellen Umbauten und ein fundamentaler Bestandteil dieses Konzeptes.

Evolutionäre Entwicklungsprozesse wie RUP, XP, Scrum eignen sich besonders für die Idee des Refactoring. Bei diesen iterativen/inkrementellen und meist leichtgewichtigen Entwicklungsansätzen wird von einer kontinuierlichen Veränderung von Entwurf und Code ausgegangen. Softwareentwicklung wird als Lernprozess verstanden. Refactorings verschmelzen hier quasi Wartungs- und Entwicklungstätigkeiten. Wir können uns somit Folgendes merken:

> Refactorings sind kontinuierliche Restrukturierungsmaßnahmen. Sie haben das Ziel, die Produktivität bei zukünftigen Wartungs- und Erweiterungstätigkeiten zu verbessern. Damit sind sie als perfektionierende Wartung zu verstehen.

Kleine Warnung: Entwicklungsbegleitend lassen sich jedoch meist nur kleinere bzw. abgesicherte (z. B. automatisierbare) Refactorings durchführen. Hier lauert in gewisser Weise eine Gefahr, da nicht selten der Einfluss von Refactorings vorab nicht ausreichend analysiert wird (Auswirkungsanalyse) und somit unterschätzt wird. Die plötzlich ungewollt großen Refactorings haben schnell Einfluss auf die Architekturebene oder auf Persistenzmechanismen. Damit entsteht das Risiko, dass die Transformationen wegen längerer Umbaudauer, der nötigen arbeitsteiligen Transformationsschritte sowie mangelnder Abstimmung und Zielkontrolle versanden. Aus diesem Grund sollten große Refactorings stets sauber in das Entwicklungsrelease eingeplant und die Zielerreichung kontrolliert werden. Das Refactoring kann beispielsweise durch Umbauten im Rahmen eigenständiger Refactoring-Iterationen vorangetrieben werden. Zielgerichtete Restrukturierung lässt sich außerdem nur mit einer klaren Zielvorstellung, z. B. mithilfe einer definierten Soll-Architektur, erreichen. Metriken und Architekturüberwachung (vgl. Kapitel 9 und 10) sind für die Zielerreichungen unerlässliche Hilfen.

11.2.3 Exemplarische Bad Smells, Refactorings und Transformationen

Es folgt nun eine kompakte Auflistung von Bad Smells auf den Ebenen Architektur und Code sowie auf der Datenbankebene.

Typische Architektur-Smells (aus [RoLi04]):

- *Benutzungsgeflechte:* unbenutzte Klasse, baumartige Benutzungsgeflechte, Zyklen in Benutzungsgeflechten, Sichtbarkeit von Benutzungsgeflechten
- *Vererbungshierarchien:* Subklassen redefinieren keine Methoden, parallele Vererbungshierarchien, zu tiefe Vererbungshierarchien
- *Packages:* unbenutzte Packages, Zyklen zwischen Packages, zu kleine/zu große Packages
- *Subsysteme:* keine Subsysteme, Subsystem zu groß, zu viele Subsysteme, Zyklen zwischen Subsystemen
- *Schichten:* keine Schichten, Zyklen zwischen den Schichten

Die folgende Taxonomy der Code-Smells ist in [Män03] zu finden:

- *Die Aufbläher:* lange Methoden, große Klassen, lange Parameterlisten, Datenklumpen usw.
- *Der Objektorientierungs-Missbrauch:* Switch-Statements, temporäre Variablen, abgelehntes Erbe, alternative Klassen mit unterschiedlichen Interfaces
- *Die Veränderungsverhinderer:* divergente Änderungen, Shotgun Surgery, parallele Vererbungshierarchien
- *Die Überflüssigen:* faule Klassen, Datenklassen, doppelter Code, toter Code, spekulative Verallgemeinerung
- *Die Koppler:* Klassen- und Methodenneid, unangemessene Intimität, Nachrichten Ketten, Mann in der Mitte

Typische Datenbank-Smells (aus [AmSa06]):

- *Multizweckspalten:* Regelwerke bestimmen mit Daten aus anderen Tabellen die Bedeutung der Spalte (Spalte Datum, Regelwerk zur Prüfung, ob IstGeburtsdatum oder IstEinstellungDatum).
- *Multizwecktabellen:* Unterschiedliche Typen von Entitäten werden in derselben Tabelle abgelegt (Person und Firmen).
- *Redundante Daten:* Dieselben Daten werden in unterschiedlichen Tabellen oder Datenbanken abgelegt. Dies kann schnell zu Inkonsistenzen führen, weil Abstimmungen nicht konsequent über alle Ablagestellen durchgeführt werden (Kundenadressen in unterschiedlichen Tabellen bzw. Datenbanken).
- *Tabellen mit zu vielen Spalten:* Mangelnde Kohäsion, da unterschiedliche Entitäten in derselben Tabelle abgelegt werden (Kundentabelle beinhaltet neben zentralen Daten beispielsweise unterschiedliche Adressen).
- *Tabellen mit zu vielen Zeilen:* Tabellen sind allgemein zu groß, was negative Auswirkung auf die Datenbank-Performance haben kann. Tabellen können vertikal oder horizontal zerlegt werden.
- *Smarte Spalten:* Werte der Spalten codieren unterschiedliche Konzepte (die ersten vier Zeichen bedeuten das, die nächsten drei dies usw.).
- *Angst vor Veränderung:* Die Angst, am Schema etwas zu verändern, ist ein klares Indiz dafür, dass ein hohes technisches Risiko existiert. Refactoring ist hier angebracht, um das weiter ansteigende Risiko zu minimieren.

Wie werden wir nun die Bad Smells los?

Typische Refactorings auf Architekturebene:

- Komponenten durch Fassaden kapseln
- Verschieben von Klassen
- Klasse in Vererbungshierarchie verschieben
- Zyklenbeseitigung
- Klassenvererbung auf Schnittstellenvererbung umstellen

Refactorings auf Codeebene sind in [Fow99] dokumentiert. Typische Umbauten sind:

- Entität umbenennen (Methoden, Attribute, Klassen oder Package)
- Entität verschieben (Klassen, Methoden oder Attribute)
- Methodensignaturen ändern
- Eigene Attributzugriffe kapseln
- Komplexe boolesche Ausdrücke zerlegen
- Gemeinsame abstrakte Oberklassen definieren
- Klasse, Schnittstellen oder Methoden extrahieren
- Vererbung durch Delegation ersetzen
- Delegation durch Vererbung ersetzen
- Bindungen zerlegen

Refactorings auf Datenbankebene (aus [AmSa06]):

- Zusammenführen oder Auftrennen von Tabellen und Spalten
- Umbenennen von Zeiten, Tabellen und Sichten
- Löschen von Tabellen, Spalten und Sichten
- Ersetzen 1:n-Beziehungen mit Assoziationstabellen
- Hinzufügen von Lookup-Tabellen
- Einführen von Constraints, Formaten und Defaultwerten
- Hinzufügen von Fremdschlüssel-Constraints
- Einführen von Löschstrategien
- Hinzuführen von CRUD-Methoden, Schattentabellen und Lesemethoden (CRUD: übliche Datenbankzugriffe wie Create, Retrieve, Update, Delete)
- Verkapseln von Tabellen mit Views
- Verschieben von Methoden

11.2.4 Ausführungen zu Bad Smells und Refactorings

In diesem Abschnitt schauen wir einige exemplarische Ausführungen zu Bad Smells und Refactorings an.

Beispiel eines Bad Smells auf Codeebene: zu lange Methoden

Je länger die Methode, desto schwerer ist sie zu verstehen. Jede Methode soll genau eine Sache machen. Gegen diesen Smell sind unterschiedliche Refactorings anwendbar, wie »Methode extrahieren«, »Variable mit Anfragemethode ersetzen«, »Parameterobjekt einführen«, »Vorhandenes Objekt übergeben« oder »Methode mit Methodenobjekt ersetzen«. Das Refactoring »Methode extrahieren« ist wie folgt beschrieben: »Es gibt Codefragmente, die gruppiert bzw. zusammengeführt werden können. Überführe diese Fragmente in eine eigenständige Methode und wähle einen sprechenden Methodenbezeichner.« Genau das wollen wir an nachfolgendem Beispiel aufzeigen:

Vorher:

```
void printOwning() {
    printBanner()
    // print details
    System.out.println ("name: " + _name);
    System.out.println ("amount: " + getOutstanding());
}
```

Nacher:

```
void printDetails(double outstanding) {
    System.out.println ("name: " + _name);
    System.out.println ("amount: " + outstanding);
}

void printOwning() {
    printBanner()
    printDetails(getOutstanding());
}
```

Dabei wurde der fett gedruckte Teil in eine eigenständige Methode herausgezogen.

Beispiel eines Architektur-Smells: Implementationsvererbung (Subklassen redefinieren keine Methoden)

Eine Implementationsvererbung liegt meistens dann vor, wenn in einer Subklasse keine Methoden der Oberklasse redefiniert werden und somit die Vererbung keine Abstraktion ausgedrückt. In diesem Fall ist häufig eine Assoziationsbeziehung zwischen Klassen besser. In Abbildung 11–5 redefiniert die Klasse AuftragsListe keine Methode der Listen-Klasse. Es bietet sich somit an, die Klasse »List« als Teil (Komposition) der AuftragsListe zu realisieren. Die Komposition ist eine spezielle Assoziation.

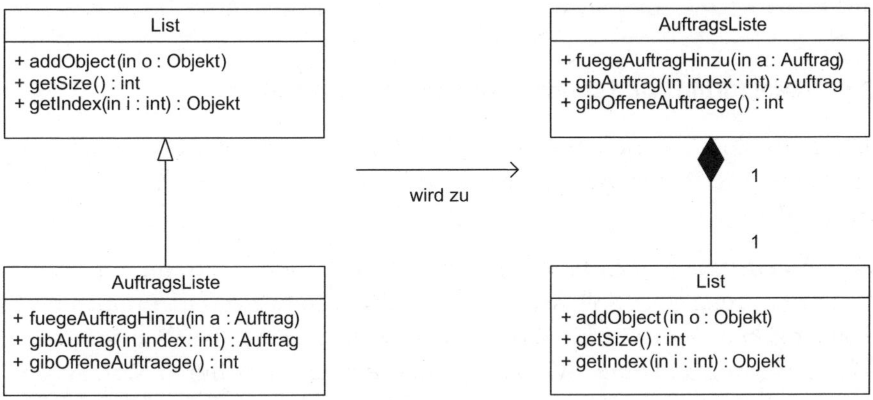

Abb. 11–5 *Implementationsvererbung (aus [RoLi04])*

Beispiel eines Architektur-Smells: zyklische Abhängigkeit

In Abbildung 11–6 sorgt die Klasse Bestseller für eine zyklische Abhängigkeit zwischen den beiden Packages. Da Bestseller eher eine Produkteigenschaft ist, sollte die Klasse in das rechte Package verschoben werden.

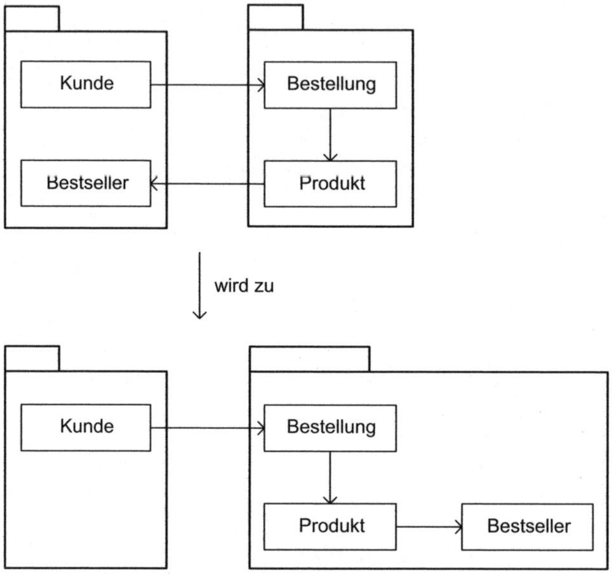

Abb. 11–6 *Verschieben von Klassen (aus [RoLi04])*

Die Beschreibungen der Smells sowie die Taktiken für die Durchführung der Refactorings sind in Refactoring-Katalogen dokumentiert. Am bekanntesten ist wohl [Fow99] für objektorientierte Programme. Für einen Einblick in die Durchführung komplexer Restruktierungen empfehlen sich [RoLi04], [DeDuNi03] und [Fea05]. Datenbank-Refactorings werden ausführlich in [AmSa06] behandelt.

11.2.5 Refactorings sind sinnvoll, sind sie aber bezahlbar?

Refactorings sind, so wie die meisten Wartungsmaßnahmen, eine Investition in die Zukunft (vgl. Abschnitt 3.2 und 4.4). Deren Aufwand hängt von mehreren Faktoren ab:

- *Soll-Architektur und Entwurfsrichtlinien:* Es ist immer ratsam, mit einer groben Vorstellung einer Soll-Architektur und klaren Entwurfsrichtlinien ins Projekt zu gehen. Somit verhindern sie, dass Refactorings schnell ausufern.
- *Werkzeugunterstützung:* Wie gut werden Refactorings durch Werkzeuge unterstützt? Je mehr Handarbeit erforderlich ist, desto aufwendiger und langwieriger können Umbauten sein.

- *Konsistenz tangierter Artefakte:* Refactorings können »Nacharbeiten« außerhalb des Codes zur Folge haben, nämlich genau dann, wenn die Konsistenz tangierter Artefakte sicherzustellen ist. Solche Artefakte können Architektur- und Entwurfsmodelle, Dokumente oder Testfälle sein. Beispielsweise kann es schnell passieren, dass Refactorings auf der Codeebene Ihre Entwurfsmodelle (vielleicht Abbildungen von UML-Modellen aus Ihrem Modellierungswerkzeug exportiert in Word-Dokumente) ungültig machen. Code, Entwurfsmodelle und Dokumente sollten stets konsistent sein und sind sauber nachzuführen. Dieses sollte spätestens mit Release-Abschluss geschehen sein.
- *Entwicklungsprozess:* Je formaler und strenger der Abnahmeprozess der Artefakte aus den unterschiedlichen Entwicklungsphasen ist, desto schwerer werden entwicklungsbegleitende Transformationen. Dummerweise kommen Sie aber nicht an der Realität von Umstrukturierungen vorbei, sonst ist Ihre Software irgendwann ein Sanierungsfall. Das führt aber schnell zu Themen wie »Was ist der geeignete Entwicklungsprozess für mein Projekt oder Produkt« oder »Wie stabil muss die Softwarearchitektur von Beginn an sein?«.

Generell können wir festhalten, dass Refactoring-Techniken ein wertvolles Instrument für kontrollierte strukturelle Umbauten sind, die es während der (Weiter-)Entwicklung dauernd anzuwenden gilt.

11.3 Sanierung: Wenn Software ernsthaft krank ist

Der Begriff Sanierung bezeichnet von seiner lateinischen Wurzel her eine »Heilung« und damit den Prozess, der eine Sache oder eine Struktur erneuert, vervollständigt und/oder wieder funktionstüchtig macht. Softwaresanierung hat für uns als primäre Ziele die Komplexitätsreduktion und die Qualitätsverbesserung. Sie ist damit quasi ein groß angelegtes Fitnessprogramm für die Software und wird als eigenständiges Projekt verstanden (vgl. Kap. 5). Nach einer Sanierung soll die Software leichter zu warten sowie leichter zu erweitern sein, um für zukünftig anstehende Veränderungen, sei es fachlicher oder technischer Art, vorbereitet zu sein. Durch die Sanierung wird also die Wirtschaftlichkeit und Leistungsfähigkeit des Softwaresystems wiederhergestellt und damit seine Überlebensfähigkeit gesichert – oder anders ausgedrückt: Der Lebenszyklus des Systems wird verlängert. Eine Sanierung kann in den meisten Fällen eine kostengünstigere und risikoarme Alternative zur Neuentwicklung sein, vor allem dann, wenn die Software eine hohe wirtschaftliche Bedeutung hat.

Von Softwaresanierung spricht man, wenn mehr als die Hälfte des Codes überarbeitet wird; andernfalls handelt es sich um kleinere Reengineering-Maßnahmen [Sne05]. In der Sanierung werden die bestehenden Komponenten in ihrer Mehrheit in einer einmaligen Umbauaktion bereinigt und restrukturiert. Dabei sind die Grenzen zur Softwarewartung, aber auch zur Migration meist unscharf. Der Begriff der Softwaresanierung beschreibt eher die Schritte, die zu unternehmen sind, wenn Wartungstätigkeiten vorher nicht im notwendigen Maße durchgeführt wurden – weil sie wie so oft dem Zeit- oder Kostendruck zum Opfer gefallen sind. Mit der Sanierung müssen Sie also »den Karren aus dem Dreck ziehen«.

Beispiele von Sanierungstätigkeiten:

- Überarbeitung der Subsystem- oder Modulstruktur
- Zerlegung komplexer Funktionen
- Saubere Separierung fachlicher und technischer Zuständigkeiten
- Komponentenidentifikation und -isolation
- Einführung und Dokumentation von Schnittstellen
- Elimination fachlich nicht mehr benötigter Logik
- Elimination von Code-Klonen
- Verkapselung systemtechnischer Komponenten
- Folgen neuer Entwurfsprinzipien (prozeduraler vs. objektorientierter Entwurf, Polling vs. ereignisgetriebene Interaktion)
- Einführung sauberer Fehler- und Ausnahmebehandlungen
- Vereinheitlichung der Formatierung des Quellcodes

Schrittweises Vorgehen bei der Sanierung

Bei einer Sanierung hat sich folgendes Vorgehen bewährt (in Anlehnung an [GiWi05]):

1. **Ausgangslage analysieren, Sanierungsziele festlegen:** Im Rahmen des Sanierungsprojektes ist es wichtig, die Ausgangslage und Sanierungsziele zu definieren. Die Analyse besteht aus einer gründlichen Diagnose der Software, um Krankheitsherde sowie Anomalien zu identifizieren und zu bewerten (vgl. Kap. 9 und 10).
2. **Sanierungsumfang und -aufwände festlegen:** Je nach gewonnenen Erkenntnissen werden der Sanierungsumfang und die Sanierungsaufwände geschätzt.
3. **Transformation spezifizieren:** Anschließend werden die Transformationen spezifiziert, ihre Einflüsse analysiert und dann die Transformationsschritte priorisiert und eingeplant.
4. **Transformationen durchführen:** Für die eigentlichen Restrukturierungsarbeiten helfen Transformationstechniken, wie sie beim Refactoring auch zur Anwendung kommen. Diese Arbeiten lassen sich, je nach Umfang und Komplexität, hinreichend formalisieren oder teilweise sogar automatisieren. Der erstere Fall führt in der Regel zu Handlungsanleitungen für die Sanierer. Im zweiten Fall lassen sich Werkzeuge einsetzen, die den Quellcode entsprechend eines definierten Regelwerkes transformieren. Oftmals bietet es sich an, die Leistungsfähigkeit eingesetzter Transformationswerkzeuge vorab zu prüfen. Bei der Durchführung der Umbauten brauchen Sie geeignete Mittel zur Fortschrittsverfolgung. Entsprechende Instrumente haben wir bereits kennenge-

lernt: Produktmetriken, statische und dynamische Analysetechniken und Testtechniken.

5. **Abnahme und Übergabe:** Nach Beendigung der Sanierung muss sichergestellt werden, dass das fachliche Verhalten weiterhin mit dem Ausgangssystem identisch ist. Hier helfen Regressionstests oder Vergleichsläufe zwischen Altsystem und dem sanierten System. Darüber hinaus sollte das Ergebnis der Sanierung immer eine aktuelle technische Softwaredokumentation inkl. Pflegeprozesse beinhalten.

11.4 Migration: Schritt halten mit der Umgebung

Bei einer Migration (von lat. migratio = Wanderung) wird die Software von der bestehenden in eine andere Umgebung versetzt. Auslöser für eine Migration sind meistens geänderte Anforderungen an das Softwaresystem, die in der bestehenden Umgebung nicht mehr oder nur mit großem Aufwand realisierbar sind. Migration ist ein Beispiel adaptiver Wartung. Auf technischer Ebene kann es sein, dass die Software neu auf einer anderen Hardware, einem anderen Betriebssystem, einer anderen Laufzeitumgebung, einer anderen Netzwerkumgebung, einer anderen Programmiersprache oder Entwicklungsumgebung oder mit einer anderen Datenbank laufen soll. Gründe für eine Migration sind Abkündigungen von Technologien, aber auch schwindendes fachliches oder technologisches Know-how. Ziel der Migration ist es, die Software auf einen meist einheitlichen, zeitgemäßen technologischen Stand zu bringen. Die Software bleibt im fachlichen Umfang unverändert erhalten und damit sind, wie in Abschnitt 8.5.3 gesehen, solche technischen Migrationen Kandidaten für ein Outsourcing.

Nicht selten haben Migrationen Veränderungen der Systemarchitektur zur Folge. Denken Sie an die Ablösung von Benutzungsoberflächen-Technologien oder an den Anschluss der Software an neue Middleware. Beides kann Sie zwingen, die bestehende Softwarearchitektur anzupassen, etwa durch das Einziehen sauberer Schichtungen.

Nicht selten entstehen ungewollte Abhängigkeiten im Rahmen der Migration: Ein abgekündigtes Datenbankprodukt zwingt Sie, Teile der Software auf eine andere Hardware inkl. Betriebssystem zu migrieren. Da der derzeit eingesetzte Compiler leider nicht die neue Hardware oder das neue Betriebssystem unterstützt, müssen Sie zusätzlich einen neuen Compiler eines anderen Anbieters einführen. Leider sind die beiden Compiler nicht vollständig kompatibel. Aus diesem Grund müssen Sie Teile der Codebasis für den neuen Compiler anpassen. Sie sehen, Migrationsprojekte erfordern mitunter auch Reengineering-Leistungen.

Bei der Migration handelt es sich um rein technische Transformationen. Man sollte sie nicht mit funktionalen Veränderungen verbinden. Da sie keine funktionalen Veränderungen am Softwaresystem vornehmen, kann das bestehende Softwaresystem, wie beim Sanieren, mit seinen Regressionstests als Referenz für eine Abnahme verwendet werden.

Hilfreich für eine Migration sind eine saubere innere Struktur und die saubere Trennung fachlicher und technischer Aufgaben in der Software. Speziell technische Komponenten und deren Schnittstellen sollten hinter geeigneten Abstraktionen verkapselt werden.

Migrationen sind rein technische Transformationen, bei denen die Funktionalität der Software nicht verändert wird. Migrationsprojekte entsprechen vom Aufwand her meist Entwicklungsprojekten.

Schrittweises Vorgehen bei der Migration

Gimnich und Winter [GiWi05] schlagen folgendes Vorgehen bei Migrationsvorhaben vor:

1. **Migrationsstrategie festlegen:** Als Migrationsstrategie bieten sich unterschiedliche Varianten an: Neuentwicklung in der Zielumgebung, Verkapseln und Offenlegen des bestehenden Systems (Services bereitstellen) in der Quellumgebung und die Konversion (direkte Übertragung oder Transformation) in die Zielumgebung. Die Übergabe kann als Big Bang oder gestuft erfolgen. Beim Big Bang wird das bestehende System in einem Schlag vollständig abgelöst. Bei der gestuften Variante kommt es zu einer Koexistenz zwischen dem bestehenden und dem neuen System, bis die Migration vollständig abgeschlossen ist.
2. **Zielumgebung definieren:** Im Rahmen der Definition der Zielumgebung wird geprüft, welche Hardware, Systemsoftware, Datenbank, Entwicklungsumgebung und Softwarearchitektur zum Einsatz kommen soll. Darüber hinaus werden alle betroffenen Anteile, wie GUI, Daten und Programme dokumentiert (je Komponente, Schicht etc.).
3. **Unterschiede analysieren:** Wichtig ist es, den Unterschied der technischen Umgebungen zu analysieren. Hierzu gehört die Bewertung des bestehenden Systems in Bezug auf seine Migrationsfähigkeit in die Zielumgebung. Wo es notwendig ist, wird das bestehende System redokumentiert.
4. **Migrationsumfang festlegen:** Um den Migrationsumfang festlegen zu können, werden qualitative und quantitative Analysen der zu migrierenden Softwareartefakte durchgeführt. Diese Artefakte können sein: GUI-Funktionen und GUI-Masken, Programme und Applikationslogik, Services, Schnittstellen, Module, Dateien und Daten, Jobs, Skripte, Testfälle usw. Sind Unterschiede und Umfang bekannt, sollte eine Kosten-Nutzen-Rechnung durchgeführt werden.
5. **Transformation festlegen:** Bei der Spezifikation der Transformationen werden je nach Migrationsstrategie geeignete Transformationskonzepte entwickelt. Je nach Komplexität der Transformationen bieten sich Piloten zur Konzeptabsicherung und zur Prüfung und Adaption der verwendeten Werkzeuge an.

6. **Transformation durchführen:** Auf Basis der getroffenen Entscheidungen und der Konzepte wird die Migration durchgeführt (Transformation umsetzen). Es bietet sich an, die Migration der Daten vor der Programm-Migration und der GUI-Migration durchzuführen [Sne05].
7. **Abnahme und Übergabe:** Nach Beendigung der Migration gilt es, wie im Falle der Sanierung, sicherzustellen, dass sich das System wie vor der Migration verhält. Hier helfen ebenfalls Regressionstests oder Vergleichsläufe zwischen Altsystem und dem migrierten System. Zudem sollte zum Abschluss der Migration immer eine aktuelle technische Softwaredokumentation inkl. Pflegeprozesse vorliegen.
8. **Ausbildung der Mitarbeiter:** Neben der Übergabe (nach Abnahme) spielt die Schulung der Mitarbeiter eine Rolle (Anwenderschulungen, Systemschulungen, Entwicklerschulung). Je nach Komplexität des Migrationsvorhabens müssen auch diese Arbeiten rechtzeitig angegangen werden.

11.5 Zusammenfassung

Wir kennen folgende Reengineering-Techniken:

- Das Reverse Engineering
- Die Restrukturierung und das Refactoring
- Das Forward Engineering
- Das Reengineering als Kombination der drei genannten Techniken

Wir wissen:

- Refactorings sind entwicklungsbegleitende Wartungsmaßnahmen mit dem Ziel, die Produktivität bei zukünftigen Wartungs- und Entwicklungstätigkeiten zu verbessern.
- Bad Smells gibt es auf Code- und Architekturebene sowie im Datenbankumfeld.
- Bad Smells können durch Refactoring-Maßnahmen behoben werden.

Wir haben gelernt:

- Softwaresanierung ist ein groß angelegtes Fitnessprogramm mit dem Ziel, durch Komplexitätsreduktion und Qualitätsverbesserung die Überlebensfähigkeit der Software zu sichern.
- Eine Sanierung läuft in fünf Schritten ab:
  - Ausgangslage analysieren und Sanierungsziele festlegen
  - Sanierungsumfang und -aufwände ermitteln
  - Transformationen spezifizieren
  - Transformationen durchführen
  - Abnahme und Übergabe

Wir kennen nun:

- Das Ziel der Migration: Sie versetzt die Software in eine neue Umgebung und bringt sie auf einen zeitgemäßen technologischen Stand.
- Eine Migration läuft in folgenden acht Schritten ab:
  - Migrationsstrategie festlegen
  - Zielumgebung definieren
  - Unterschiede analysieren
  - Migrationsumfang festlegen
  - Transformationen spezifizieren
  - Transformationen durchführen
  - Abnahme und Übergabe
  - Ausbildung der Mitarbeiter

12 Test

Software erfährt während des gesamten Lebenszyklus immer wieder Änderungen – sei es durch die Weiterentwicklung oder die Wartung. Diese Änderungen machen entsprechende Tests nötig.

Während die (Weiter-)Entwicklung einem Vorgehensmodell folgt und so über alle Entwicklungsstufen ausführliche Tests (Komponenten-, Integrations-, System- und Abnahmetests) vorsieht, ist dies in der Wartung so nicht gegeben. Aus Aufwandsgründen ist es hier kaum möglich, bei jeder kleinen Änderung denselben Testaufwand wie in der (Weiter-)Entwicklung zu betreiben. Es müssen also Wege und Mittel gefunden werden, um auf kleine Änderungen mit wenig Testaufwand und auf größere Änderungen mit entsprechend mehr Testaufwand reagieren zu können. Schließlich ist es ein Unterschied, ob wir eine Zeile im Code geändert oder das System komplett auf ein neues Betriebssystem migriert haben. Die Qualität der Software sollte aber durch die Einschränkung des Testumfangs nicht gefährdet werden.

In diesem Kapitel wollen wir uns zuerst mit einigen Begriffen vertraut machen, bevor wir die verschiedenen Testmethoden kennenlernen. Zum Schluss schauen wir uns das typische Testvorgehen nach kleinen Wartungseingriffen an.

Wer das Thema Testen von Software weiter vertiefen möchte, dem seien die Bücher [SpLi04] und [Lig02] empfohlen.

Zur Erinnerung: In Abschnitt 6.4 haben wir drei unterschiedliche Gruppen von analytischen Qualitätssicherungsverfahren kennengelernt: analysierende, verifizierende und testende Verfahren. Die im vorliegenden Kapitel beschriebenen Prüfmethoden gehören zu den testenden Verfahren und verfolgen das Ziel, Fehler zu erkennen.

12.1 Grundlagen des Testens

Unseren Exkurs durch die Begriffswelt des Testens beginnen wir beim Thema Fehler, gehen anschließend auf das Ziel des Testens ein, schauen uns den Unterschied zwischen Verifikation und Validierung an und machen uns zum Schluss einige Gedanken zum Testaufwand und der Produktqualität.

12.1.1 Fehlerbegriff

In Abschnitt 1.2 haben wir über die Restfehler gesprochen und festgestellt, dass es keine völlig fehlerfreie Software gibt. Restfehler sind bis zu einem gewissen Grad Teil jeder sich im Einsatz befindenden Software. Des Weiteren haben wir in Abschnitt 2.3.1 die Unterscheidung zwischen Instandhaltung, also der Behebung schwerer Mängel, und der Mängelkorrektur, also der Beseitigung mittelschwerer und leichter Mängel, kennengelernt. Was genau versteht man aber unter Fehler?

Hier wollen wir den Begriff Fehler wie folgt definieren, was in etwa auch der Definition nach [IEEE610] entspricht, aber lesbarer ist:

> Ein **Fehler** ist die Differenz zwischen den wahren, d.h. theoretisch korrekten, Werten, und den durch einen Computer berechneten Ergebnissen – oder einfach eine Nichterfüllung einer festgelegten Anforderung.

Neben der Abweichung von der Spezifikation dient der Begriff Fehler aber auch als Oberbegriff für:

- Fehlhandlung
- Fehlerzustand
- Fehlerwirkung

Umgangssprachlich wird in all diesen Fällen oft nur von Fehler gesprochen, was verwirrend ist. Lassen Sie uns daher diese Begriffe kurz erläutern.

Wie wir bereits gesehen haben, kommen in einem Softwaresystem Fehler nicht durch Abnützung oder Alterung zustande, wie bei einem physikalischen Gerät, sondern sind seit der Entwicklung im System vorhanden. Sie offenbaren sich aber erst bei der Ausführung der Software. Genau diese Offenbahrung, zum Beispiel durch einen falschen Ausgabewert oder einen Programmabsturz, nennt man *Fehlerwirkung* (engl. *failure*).

Zwischen dieser Fehlerwirkung und deren Ursache muss unterschieden werden. So ist der Grund für eine Fehlerwirkung der *Fehlerzustand* (engl. *fault*). Dieser manifestiert sich beispielsweise in einem inkorrekten Teilprogramm, einer inkorrekten Anweisung oder falschen Datendefinitionen.

Die Ursache wiederum für das Vorliegen eines Fehlerzustandes ist die vorausgegangene *Fehlhandlung* (engl. *error*) einer Person, beispielsweise durch die fehlerhafte Programmierung eines Entwicklers oder die fehlerhafte Bedienung eines Anwenders.

Diese drei Begriffe sind also Teil einer logischen Abfolge: Beispielsweise begeht eine Person eine Fehlhandlung durch eine fehlerhafte Programmierung. Als Folge davon enthält die Software einen Fehlerzustand, der darin besteht, dass zwei Zahlen addiert statt subtrahiert werden. Bei der Ausführung dieser defekten

Software kommt es zu der Fehlerwirkung in Form von falsch angezeigten Resultaten.

12.1.2 Ziel des Testens

Bevor wir uns mit dem Ziel des Testens befassen, fragen wir uns, wie Testen definiert ist. Dazu schauen wir in die Norm [IEEE610]. Hier steht unter Test: »Der Prozess, ein System oder eine Komponente unter festgelegten Bedingungen auszuführen, die Ergebnisse zu beobachten oder aufzuzeichnen und eine Beurteilung einiger Aspekte des Systems oder der Komponente vorzunehmen.«

Eine etwas einfachere Definition liefert Denert [DeSi92], wonach der »Test [...] der überprüfbare und jederzeit wiederholbare Nachweis der Korrektheit eines Softwarebausteines relativ zu vorher festgelegten Anforderungen« ist.

Beim Testen geht es also darum zu zeigen, dass sich eine Software den vorher festgelegten Anforderungen entsprechend verhält. Stellt man bei dieser Prüfung eine Abweichung fest, offenbart sich diese als Fehlerwirkung. Dabei findet der Test meist nur einen Effekt, eben die Fehlerwirkung, und nicht die eigentliche Ursache, den Fehlerzustand. Beseitigt man den Fehlerzustand, erreicht man damit eine Steigerung der Qualität.

Wir merken uns also:

> Testen ist eine Qualitätsmaßnahme mit dem Ziel, durch Erkennen von Fehlern die Softwarequalität zu steigern.

Dabei kann man grundsätzlich zwischen den Zielen des Testprozesses und den Zielen eines einzelnen Testfalls unterscheiden.

Ziel des Testprozesses ist die Minimierung des Restrisikos verbleibender Fehler und somit eine Bewertung der realen Qualität des Systems.

Ziel eines einzelnen Testfalls ist das Aufdecken von Fehlern, nicht aber der Beweis deren Abwesenheit.

Testen ist also ein systematisches, wiederholbares Vorgehen mit klar definierten Zielen und hat nichts gemein mit einfachen Experimenten oder Ausprobieren. Durch Testen kann man Folgendes erreichen:

- Sicherstellen, dass Anforderungen korrekt umgesetzt wurden
- Sicherstellen, dass nicht mehr umgesetzt wurde, wie spezifiziert
- Steigern der Qualität des Endprodukts

Bemerkung: Der Begriff des Testens sollte nicht mit dem Debugging verwechselt werden. Während Debugging das Ziel hat, Fehlerzustände zu lokalisieren, ist es die Aufgabe des Testens, gezielt und systematisch Fehlerwirkungen aufzudecken.

12.1.3 Validierung versus Verifizierung

Ein Hauptziel des Testens besteht darin sicherzustellen, dass die mit dem Kunden vereinbarten Anforderungen im System richtig umgesetzt wurden. Dieses Prüfen der Entwicklungsergebnisse gegen die ursprünglichen Anforderungen wird *Validierung* genannt und stellt sicher, dass wir die Kundenerwartungen adäquat und vollständig erfüllt haben. Die Validierung ist prinzipiell auf jeder Teststufe gegen die entsprechenden Anforderungen möglich. Mit der Validierung beantworten wir die Frage: »Tun wir das Richtige?«

Der Vollständigkeit halber sei hier die entsprechende Norm [IEEE610] erwähnt: »Die Validierung (engl. *validation*) ist der Prozess der Beurteilung eines Systems oder einer Komponente während oder am Ende des Entwicklungsprozesses mit dem Ziel festzustellen, ob die spezifizierten Anforderungen erfüllt sind.« Die Validierung wird dokumentiert und sollte jederzeit nachvollziehbar sein.

Ein weiterer wichtiger Begriff ist die Verifikation (von lat. veritas, Wahrheit). Im Gegensatz zur Validierung bezieht sich die Verifikation immer auf eine einzelne Entwicklungsphase (s. Abb. 12–1) und weist die Korrektheit und Vollständigkeit eines Phasenergebnisses bezogen auf seine Spezifikationen nach. Es wird damit untersucht, ob die Spezifikationen korrekt umgesetzt wurden, unabhängig vom beabsichtigten Zweck. Damit wird die Frage beantwortet, ob man korrekt gearbeitet hat, oder anders gesagt: »Tun wir es richtig?«

In der Informatik hat der Begriff Verifikation noch eine zweite Bedeutung: Damit ist auch ein mathematischer, formaler Beweis der Korrektheit eines Programms gemeint.

Auch diesen Begriff schlagen wir zusätzlich in der Norm [IEEE610] nach: »Die Verifikation (engl. *verification*) ist (1) der Prozess der Beurteilung eines Systems oder einer Komponente mit dem Ziel festzustellen, ob die Resultate einer gegebenen Entwicklungsphase den Vorgaben für diese Phase entsprechen, (2) der formale Beweis der Korrektheit eines Programms.«

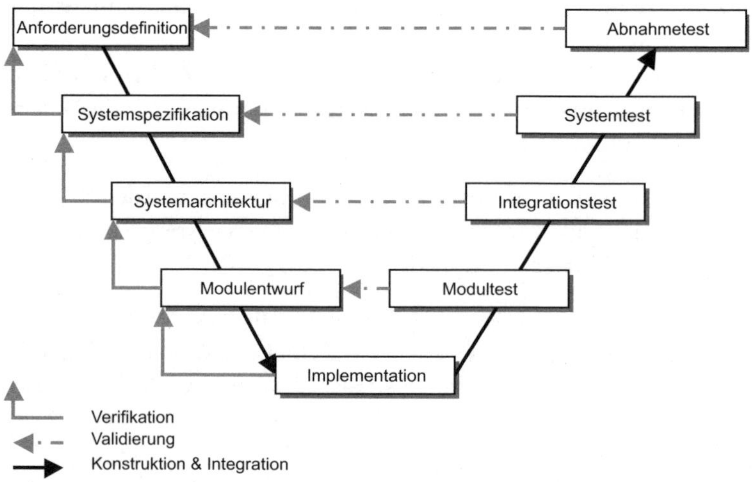

Abb. 12–1 *Validierung und Verifikation am Beispiel V-Modell*

Fazit

Zum Schluss einer (Weiter-)Entwicklung will man wissen, ob die spezifizierten Anforderungen vollständig umgesetzt wurden, und sicherstellen, dass das System möglichst wenig Fehler beinhaltet. Naturgemäß kann man das erst zum Schluss feststellen. Um nicht während der gesamten (Weiter-)Entwicklung einen Blindflug machen zu müssen, hat man die beiden Instrumente Verifikation für die einzelnen Phasen und Validierung, um die Ergebnisse einer Entwicklungsstufe prüfen zu können. In der Praxis beinhaltet jeder Test beide Aspekte. Dabei nimmt der Validierungsanteil mit steigender Teststufe zu.

12.1.4 Testaufwand versus Produktqualität

Unser Ziel ist es, mit möglichst wenig Testaufwand eine möglichst hohe Produktqualität sicherzustellen. Natürlich sind dies gegenläufige Ziele, und daher gilt es, jeweils ein Optimum zu finden. Bevor wir darauf genauer eingehen, machen wir uns zuerst einige Überlegungen zum Testaufwand.

Die Fehlerfreiheit eines Programms kann durch Testen (außer in trivialen Fällen) nicht bewiesen werden. Der Grund liegt in der Komplexität der Programme. Es müssten alle Kombinationen aller möglichen Eingabewerte getestet werden. Wegen der vielfältigen Kombinationsmöglichkeiten ergibt dies eine nahezu unbegrenzte Anzahl von Tests, die realistisch nicht durchführbar ist. Myers [Mye82] hat dies an einem einfachen Beispiel mit vier zum Teil ineinander verschachtelten Verzweigungen und einer Schleife gezeigt. Bei 20 Durchläufen der Schleife ergab dies bereits ca. 100 Billiarden unterschiedliche Abläufe.

Daher kann man festhalten:

> Testen ist ein stichprobenartiges Verfahren – mit Testen kann man die Anwesenheit, nicht aber die Abwesenheit von Fehlern zeigen.

Gleichzeitig gilt: Ein Test ohne gefundene Fehler ist niemals ein Beweis für ein fehlerfreies Programm. Es wurden mit den vorgenommenen Stichproben lediglich keine Fehler gefunden. Testen kann also niemals den Nachweis der völligen Absenz von Fehlern erbringen.

Obwohl Testen einen stichprobenartigen Charakter hat, verursacht es enorme Aufwände. Unserer Erfahrung nach können diese in einem Entwicklungsprojekt 30–40 % des Gesamtaufwands ausmachen. Es stellt sich daher schnell die Frage, ob diese Aufwände gerechtfertigt sind?

Fairerweise muss man sagen, dass diesen Testaufwänden auch ein Risiko gegenübersteht – nämlich fehlerhaft ausgelieferte Software. Wie wir bereits in Abschnitt 1.2 gesehen haben, können solche fehlerhaften Softwaresysteme hohen Schaden anrichten.

Nichtsdestotrotz muss der Testaufwand immer in einem vernünftigen Verhältnis zu den erzielbaren Resultaten stehen. Testaufwand macht Sinn, solange die Kosten für das Finden und Beseitigen eines Fehlers während des Testens geringer sind als die Kosten beim Auftreten eines Fehlers auf der Produktivanlage. Der Testaufwand muss daher immer im Vergleich zum Risiko und der Gefährdungsbewertung im Fehlerfall stehen. Systeme mit einem hohen Risiko müssen sicher ausgiebiger getestet werden als Systeme, die beim Auftreten eines Fehlers keine oder kleine Schäden zur Folge haben.

Da man in der Wartung hauptsächlich kleine Änderungen vornimmt, möchte man auch nur wenig testen. Deswegen kommt dieses Abwägen zwischen Testaufwand und Restrisiko häufig vor. Ganz im Gegensatz zur Entwicklung: Hier folgt zum Schluss eines Projektes ein ausgiebiger System- und Regressionstest.

> Das Abwägen zwischen Testaufwand und Risiko ist in der Wartung ein zentrales Element.

Mit diesem Abwägen zwischen Testaufwand und Restrisiko können wir uns einmal mehr entscheiden, wie viel Aufwand wir in unser Produkt investieren wollen und welche Folgen wir bereit sind zu tragen. Dieses Lebenszyklusdenken ist ja bereits aus Kapitel 3 bekannt.

Wie man mit Änderungen und den nötigen Tests in der Wartung angemessen umgehen soll, besprechen wir im nächsten Abschnitt.

12.2 Testen in der Wartung

In der Wartung werden häufig kleinere Anpassungen vorgenommen und anschließend eine entsprechende Nachbesserung der Software produziert.

Nachfolgend betrachten wir, wie man mit solchen Änderungen verfährt, welche Auswirkungen diese haben können und welche Tests sie nach sich ziehen.

Anschließend überlegen wir uns, wie wir im Falle von kleinen Änderungen den Testaufwand angemessen einschränken können – immer so, dass die Aussagekraft der Tests nicht negativ tangiert wird. Dazu liefern wir Ihnen eine Anleitung.

12.2.1 Die Auswirkungsanalyse als zentrales Element

Im Wartungsfall verändern wir den Quellcode: sei es zur Behebung von Fehlern (korrektive und präventive Wartung), aus Gründen adaptiver Anpassungen (adaptive Wartung) oder wegen struktureller Verbesserungen (perfektionierende Wartung). Diese Änderungen sind aus Sicht des Codes häufig sehr gering – es werden meist nur wenige Quellcodezeilen manipuliert. Allerdings ist damit nichts über die Wirkung der Änderung gesagt, denn diese kann enorm sein.

Um diesem Umstand gerecht zu werden, ist es unabdingbar, die Anforderung an die Änderung sowie deren Auswirkung ganz genau zu verstehen.

Zelkowitz, Shaw und Gannon [ZeShGa79] haben 1979 ermittelt, wie viel Aufwand die verschiedenen Wartungsaktivitäten verursachen. Dabei fällt auf, dass der größte Anteil für das Programmverstehen (engl. *code comprehension*) aufgewendet wird. Es mag durchaus sein, dass diese Werte heute etwas anders aussehen – trotzdem bleibt die Grundaussage stehen: Dem Programmverstehen kommt in der Wartung eine zentrale Rolle zu. Dies gilt heute genauso wie damals.

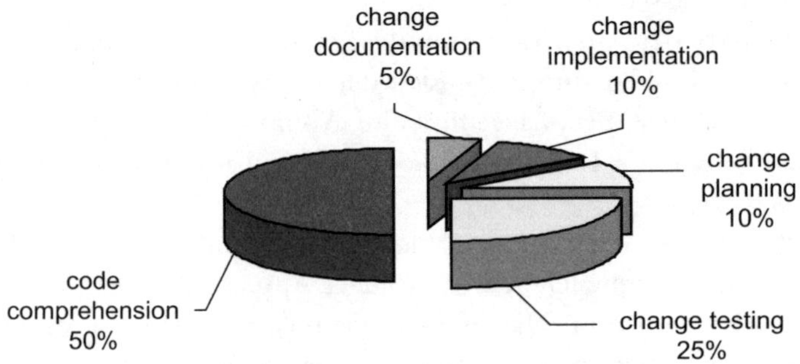

Abb. 12–2 *Verteilung der Wartungsaufwände*

Gerade weil kleine Änderungen der täglichen Wartungsarbeit enorm große Auswirkungen haben können (unnötige Nachbesserungen, Rollout-Kosten, Imageschaden beim Kunden etc.), ist es wichtig, folgende zwei Punkte besonders zu beachten:

- Die Auswahl der richtigen Mitarbeiter
- Ein systematisches Vorgehen

Nicht selten kommt eine Änderung im Rahmen der Wartung einer Operation am offenen Herzen gleich. Natürlich setzt man in der Medizin in solchen Fällen auf die besten und erfahrensten Mitarbeiter. Genau so sollte man es auch in der Informatik tun.

Es ist wichtig, Änderungen im Rahmen der Wartung bewusst und systematisch durchzuführen. Oberstes Ziel in der Wartung muss es sein, eine Anpassung präzise und ohne Nebenwirkung durchzuführen. Leider geht dieser Grundsatz in der Hitze des Gefechtes oft verloren, was unmittelbar zu unnötigen Nachbesserungen und deren Folgen führt. Dies ist teuer und vermeidbar!

> Wichtigster Grundsatz in der Wartung: Verstehen, bevor man ändert.

Will man die Dinge verstehen, bevor man sie ändert, ist der Schlüssel dazu die Auswirkungsanalyse. Was heißt das genau? Ziel der Auswirkungsanalyse ist die Identifizierung der möglichen Konsequenzen der Änderung. Es wird abgeschätzt, welche Elemente modifiziert werden müssen, um die Änderung durchzuführen. Daraus wird initial eine Startmenge von offensichtlichen, direkten Auswirkungen erstellt (Auswirkungen erster Ordnung). Danach erfolgt eine Abschätzung der möglichen indirekten Auswirkungen der Änderung (Auswirkungen n-ter Ordnung). Diese »Ripple Effects« sind eventuelle Auswirkungen von Änderungen der Elemente der Startmenge. Somit kann eine Änderung quasi Wellen schlagen wie ein Stein, der ins Wasser geworfen wird.

Die Kernpunkte der Auswirkungsanalyse sind die Darstellung der Abhängigkeiten und der Techniken zum Auffinden der Auswirkungen. Detaillierte Untersuchungen dazu tragen bei, dass implizite Abhängigkeiten expliziter gemacht werden. Dazu helfen uns Techniken, wie wir sie in Kapitel 10 kennengelernt haben, oder das Review.

Wie sieht nun das systematische Vorgehen bei Änderungen im Rahmen der Wartung aus? Die prinzipiellen Schritte solcher Anpassungen haben wir bereits in Abschnitt 6.1 kennengelernt. Hier wollen wir unser Augenmerk nun speziell auf die Punkte des Analysierens und Verstehens legen. Wo greifen diese ein? Dazu schauen wir uns nochmals den Grundablauf einer Änderung an und ergänzen ihn um die Punkte der Auswirkungsanalyse:

- Änderungsbegehren verstehen
  - Korrektur: Symptom reproduzieren und Ursache verstehen
  - Verbesserung: neue Randbedingungen und davon abgeleitete Anforderungen verstehen
- Lösungsansatz suchen und Auswirkungen abschätzen
- Testen und Auswirkungen überprüfen

Im ersten Schritt differenzieren wir im Vorgehen zwischen der Korrektur und der Verbesserung. Im Falle der Korrektur geht es darum, die Fehlerwirkung *(failure)* zu reproduzieren, um so den Fehlerzustand *(fault)*, also die fehlerhafte Codestelle, zu lokalisieren und das Problem zu verstehen.

Im Falle der Verbesserung geht es zunächst darum, die neuen Randbedingungen zu verstehen. Erst im zweiten Schritt gilt es, davon die Anforderung an das System abzuleiten und ebenfalls genau zu verstehen.

So oder so müssen wir in beiden Fällen die Ausgangslage genau verstehen. Wir betonen das Wort *verstehen* deshalb so sehr, da zu häufig Änderungen durchgeführt werden, ohne zuvor *genau* verstanden zu haben, was das eigentliche Problem bzw. die genaue Anforderung ist!

Im nächsten Schritt suchen wir einen Lösungsansatz und versuchen, dessen Auswirkung mittels einer Auswirkungsanalyse abzuschätzen. Beachten Sie, dass wir hier versuchen, die Auswirkungen einer Änderung *vor* deren Umsetzung abzuschätzen! Die Abschätzung kann ergeben, dass zu viele oder zu zentrale Komponenten betroffen sind. Ist der Umfang der Änderung zu groß oder die Auswirkung der Änderung nicht überschaubar, was selbst mit einer einzigen Codezeile möglich ist, muss ein anderer Lösungsansatz gesucht und dessen Auswirkungen neu abgeklärt werden. Hat man sich für einen Lösungsansatz entschieden, bestimmt man zum Schluss ein Testset, mit dem man die geplante Änderung glaubt ausreichend überprüfen zu können. Auch dieser Schritt erfolgt *vor* der Codeanpassung, denn nur so ist sichergestellt, dass die Wahl der Tests nicht zu sehr von der reinen Implementierung getrieben werden.

Wie bereits in Abschnitt 6.4 gesehen, dient die Konstruktionsphase im V-Modell aus Sicht des Qualitätsmanagements der *Fehlervermeidung*. Da man bei Anpassungen im Rahmen der Wartung weniger Prozessunterstützung genießt als in der Entwicklung, gilt es hier ein besonderes Augenmerk darauf zu haben. Was man hier versäumt, kann man mit Testen alleine nicht wettmachen. Hier wird Qualität erzeugt!

Im dritten und letzten Schritt wird der gewählte Lösungsansatz implementiert und anschließend die Auswirkungen überprüft. Dazu stehen uns folgende drei Mittel zur Verfügung: das Code-Review sowie der System- und Regressionstest. Mit dem Code-Review wird überprüft, ob der Code die gewünschte Wirkung erzielt hat, ob man keine neuen Fehler eingebaut hat und ob die Auswirkungen der Änderung im gewünschten Ausmaß geblieben sind. Diese Absichten überschneiden sich zwar teilweise mit denen der nachfolgenden Tests. Da es sich beim Testen aber um ein stichprobenartiges Verfahren handelt, gilt: Doppelt genäht hält besser. Mit den Tests stellt man sicher, dass zum einen die Änderung den gewünschten Effekt erzielt hat, und zum anderen, dass alles Bisherige immer noch wie zuvor funktioniert. Für das Erstere dient der Systemtest, für das Zweite der Regressionstest.

Dieser dritte Schritt dient aus Sicht des Qualitätsmanagements der *Fehlerfindung*. Ziel ist es, mit möglichst wenigen Testfällen möglichst viele Fehler zu finden – dazu braucht es ein repräsentatives Testset. Trifft man hier die falsche Wahl, ist das Testen wirkungslos!

Bemerkung: Wie wir in Abbildung 12–2 gesehen haben, kann das Verstehen des Programms und das Suchen einer geeigneten Codestelle für die Änderung eine aufwendige Sache sein. Zur Unterstützung dieser Tätigkeit dienen die in Kapitel 10 vorgestellten Methoden der Softwareanalyse und -visualisierung.

Fazit

Wir haben gesehen, dass Änderungen im Rahmen der Wartung mit größter Sorgfalt durchgeführt werden müssen. Dabei kommt der Auswirkungsanalyse eine zentrale Rolle zu. Mit ihr identifiziert man die betroffenen Module sowie die Schwere einer Änderung. Damit dient sie der Risikoabwägung, ob die Umsetzung einer vorgeschlagenen Lösung im Rahmen der Wartung verantwortet werden kann. Im Falle einer Umsetzung hilft sie zudem, die Testfälle zu ermitteln, die nötig sind, um die Änderung später ausreichend testen zu können.

Außerdem zeigt sich einmal mehr, wie wichtig wirklich gute Mitarbeiter in der Wartung sind. Es sind sorgfältige Schaffer mit Wissen in der Breite sowie Tiefe gefragt und keine Haudegen, die im Stile eines Cowboys rasch eine Codeänderung durchführen.

12.2.2 Testaufwand im Wartungsfall reduzieren

Wir haben gesehen, dass selbst kleinste Änderungen im Rahmen der Wartung große Wirkung haben können. Trotz der Fehler vermeidenden Maßnahmen während der Umsetzung gilt es, mittels Tests Fehler zu finden und mögliche Nebenwirkungen der Änderung aufzudecken. Vollständige Regressionstests sind für gewöhnlich umfassend und aufwendig. Dieser Aufwand ist für eine einzelne Nachbesserung oft nicht gerechtfertigt. So stellt sich die Frage, wie man diesen reduzieren kann – immer unter dem Aspekt, das Risiko einer unzureichenden Testabdeckung nicht unnötig zu erhöhen.

Erhöhung der Testautomatisierung

Hat man das Ziel, eine möglichst hohe Testabdeckung bei gleichzeitig minimalem Testaufwand zu erreichen, führt kein Weg an automatisierten Tests vorbei.

Verfügt man aktuell über manuelle oder teilautomatisierte Regressionstests, sollte man wenn immer möglich in die weitere Testautomatisierung investieren. Aus unserer Erfahrung machen automatisierte Tests Sinn, sobald man manuelle Tests mehr als fünfmal wiederholen muss. Dies ist bei Regressionstests typischerweise gegeben.

> Eine Testautomatisierung drängt sich auf, sobald ein Test mehr als fünfmal manuell ausgeführt werden muss.

Ist der Testautomatisierungsgrad erst einmal ausgeschöpft, braucht es weitere Lösungsansätze, den Testaufwand zu reduzieren.

Gezielte Reduktion des Testsets

Aus verschiedenen Gründen ist eine genügende Automatisierung des Regressionstests nicht immer möglich, sodass aufwendige manuelle Tests bei jeder Nachbesserung nötig werden. Gesucht sind demnach Kriterien, um die Anzahl der Regressionstestfälle, abhängig von der Änderung, gezielt einschränken zu können. Wie immer beim Testen ist dies eine Abwägung zwischen niedrigeren Kosten und höherem Risiko.

Um die Testaufwände für kleinere Anpassungen und Nachbesserungen in Grenzen zu halten, schlagen wir folgendes Vorgehen vor: Stellen Sie sich die Frage, ob die Änderung »folgenreich« ist.

1. Wenn nein, führen Sie nur ein Review durch.
2. Wenn ja, schränken Sie den Regressionstest durch eine Auswirkungsanalyse ein.

Bevor wir diese beiden Fälle besprechen, legen wir Kriterien fest, um bestimmen zu können, ob eine Änderung »folgenreich« ist oder nicht. Dazu stellen wir uns folgende Fragen:

- Habe ich die Änderung analysiert und wirklich verstanden? (Vgl. Schritt 1 im Grundablauf)
- Ist die Auswirkung der Änderung überschaubar? (Vgl. Schritt 2 im Grundablauf)
- Ist der Umfang der Änderung genügend klein? (Vgl. Schritt 2 im Grundablauf)

Mussten wir eine der Fragen mit *Nein* beantworten, ist das Kriterium »folgenreich« erfüllt und der einfache Weg über ein Review nicht mehr angebracht. Es bleibt nur noch der Weg, den Umfang des Regressionstests mittels einer Auswirkungsanalyse zu reduzieren.

Im Folgenden schauen wir uns die beiden Fälle 1. und 2. genauer an.

1. Review durchführen

Ihre Analyse hat ergeben, dass die Änderung klar verstanden wurde, die Auswirkung überschaubar und der Umfang der Änderung klein ist. Daher genügt es aus unserer Sicht, anstelle von teuren, manuellen Regressionstests ein Review durchzuführen (s. Abschnitt 12.3.2). Gemäß unserer Erfahrung trifft dies auf den Großteil der Wartungsfälle zu.

Bei Codeänderungen sind immer die Review-Methoden zu bevorzugen, bei denen Menschen zusammen einen Sachverhalt konkret besprechen. Somit fällt die Wahl auf die Methode von Michael Fagan ([Fag76], [Fag86]), die Pair Inspection oder den Walkthrough [LuLi07].

2. Regressionstest mittels Auswirkungsanalyse einschränken

Wenn die Änderung ein oder mehrere Kriterien von »folgenreich« erfüllt hat, ist ein Regressionstest in der einen oder anderen Form zwingend notwendig. Die einzige verbleibende Möglichkeit ist, das vertretbare Minimum auszuloten.

Dazu müssen die Auswirkungen der Änderung bekannt sein, die wir *vor* der Anpassung mittels einer Auswirkungsanalyse identifiziert haben (vgl. Schritt 2 im Grundablauf). Dies hilft uns, den Umfang des erneuten Testens des Softwaresystems festzulegen. Dieser ist abhängig von der Art der Änderung, der Anzahl der betroffenen Komponenten bzw. Feature sowie der Risikoauswirkung. Die möglichen Entscheidungen zur Reduzierung des Umfangs sind:

- Erneutes Testen der veränderten Komponente
- Erneutes Testen aller betroffenen Komponenten (veränderte und davon abhängige)
- Erneutes Testen des gesamten Systems

Fazit

Um den Testaufwand im Wartungsfall reduzieren zu können, sollte man wenn immer möglich mit der Testautomatisierung starten. Wo dies nicht möglich ist, gilt es, mit dem beschriebenen Verfahren den Regressionstest angemessen einzuschränken. Dies geschieht auf der Basis einer sorgfältig erstellten Auswirkungsanalyse.

12.3 Testmethoden

Testmethoden werden eingesetzt, um Testfälle ermitteln zu können. Ziel ist es, mit möglichst wenig Aufwand möglichst viele Fehlerwirkungen aufzudecken. Um dieses Ziel zu erreichen, hilft bei der Erstellung der Testfälle ein systematisches Vorgehen. Dies ist einem Vorgehen, das ad hoc bzw. »aus dem Bauch heraus« erfolgt, sicherlich überlegen. Es gibt eine ganze Reihe von Testmethoden, die zu einer systematischen Testfallerstellung führen. In diesem Unterkapitel stellen wir einige verschiedene Testmethoden mit ihren Vor- und Nachteilen vor.

12.3.1 Klassifikation der Testmethoden

Es gibt verschiedene Sichtweisen und Klassifikationen der Testmethoden. Beispiele sind: Klassifikation nach der Systemstruktur (Modultests, Integrationstests, Systemtests etc.), Klassifikation nach Schwerpunkten (Stresstests, Crashtests, Lasttests, Performance-Tests etc.), Klassifikation nach dem Informationsstand (Blackbox-Tests, Whitebox-Tests, Greybox-Tests) oder Klassifikation nach der Prüftechnik (statische Tests, dynamische Tests).

Im Weiteren gehen wir nur auf die Klassifikationen nach dem Informationsstand und der Prüftechnik ein.

Klassifikation nach dem Informationsstand

Bei der Klassifikation nach dem Informationsstand unterscheidet man die Testmethoden nach dem Wissen über das zu testende System. Je nachdem, ob man nur eine Außensicht auf das System hat und einem die innere Funktionsweise verborgen bleibt oder nicht, spricht man von:

- Blackbox-Tests,
- Whitebox-Tests oder
- Greybox-Tests.

Blackbox-Test

Der Blackbox-Test bezeichnet eine Methode, bei der die Tests ohne Kenntnisse über die innere Funktionsweise des zu testenden Systems entwickelt werden. Für die Ermittlung der Testfälle wird nur die Spezifikation (gewünschte Wirkung), nicht aber die Implementierung des Testobjekts herangezogen. Das System wird dabei als Blackbox betrachtet, und somit fließt nur das nach außen sichtbare Verhalten in den Test ein.

Ziel ist es, die Übereinstimmung eines Softwaresystems mit seiner Spezifikation zu überprüfen. Dabei werden die Testfälle aufgrund von formalen oder informalen Spezifikationen erarbeitet. Anschließend wird mit diesen geprüft, ob der geforderte Funktionsumfang eingehalten wird. Das zu testende System wird dabei immer als Ganzes betrachtet und nur sein Außenverhalten für die Bewertung der Testergebnisse herangezogen.

Blackbox-Tests werden von Testern entwickelt, die keine Kenntnisse über den inneren Aufbau des zu testenden Systems haben. Dadurch wird vermieden, dass Tester unabsichtlich Tests durch zusätzliche Annahmen, die außerhalb der Spezifikation liegen, verfälschen.

Dies ist sicher eine der Stärken der Blackbox-Tests. Wegen dieser Unabhängigkeit zwischen Entwickler und Tester werden in der Praxis Blackbox-Tests meist von separaten Testteams oder Testabteilungen erstellt.

Eine weitere nützliche Eigenschaft von Blackbox-Tests ist die fast beiläufige Überprüfung der Spezifikation auf Vollständigkeit. Denn bei der Erstellung der Testfälle wirft eine unvollständige Spezifikation oft Fragen auf. Die anschließende Klärung zusammen mit der Entwicklung lässt so frühzeitig Fehler vermeiden.

Whitebox-Test

Der Begriff Whitebox-Test (auch Glassbox-Test) bezeichnet eine Testmethode, bei der die Tests mit Kenntnissen über die innere Funktionsweise des zu testenden Systems entwickelt werden. Im Gegensatz zum Blackbox-Test ist also hier ein Blick in den Quellcode vorgesehen.

Will man ein System auch in seinen Teilsystemen testen, benötigt man dazu Kenntnisse über die innere Funktionsweise des zu testenden Systems. Daher eignen sich Whitebox-Tests gut für das Testen von Komponenten oder Modulen.

Das Ziel von Whitebox-Tests ist das Sicherstellen der Korrektheit des Systems bzw. der Teilsysteme und nicht die Übereinstimmung des Systems mit der Spezifikation. Schließlich leiten sich die Whitebox-Testfälle nicht aus der Spezifikation des Programms ab, sondern aus dem Programm selbst.

Weil der Entwickler von Whitebox-Testfällen Kenntnisse über die innere Funktionsweise des zu testenden Systems besitzen muss, werden Whitebox-Tests häufig von demselben Entwickler erstellt wie die zu testenden Komponenten.

Im Gegensatz zum Blackbox-Test werden für Whitebox-Tests in der Regel keine eigenen Testabteilungen eingesetzt. Der Nutzen von eigens für diese Aufgabe abgestellten Testern würde durch den Aufwand der Einarbeitung in das System eliminiert.

Greybox-Test

Der Begriff der Greybox-Tests ist ein jüngeres Kind und ein Ansatz aus dem Extreme Programming (XP). Dabei wird versucht, die Vorteile von Blackbox-Tests und Whitebox-Tests möglichst miteinander zu verbinden und gleichzeitig die unerwünschten Nachteile zu eliminieren.

Der Greybox-Test teilt mit dem Blackbox-Test, zumindest zu Beginn, die Unkenntnis über die innere Funktionsweise des zu testenden Systems, da die entsprechenden Testfälle vor dem Testen des Systems geschrieben werden. Der Greybox-Test hat dafür mit dem Whitebox-Test gemeinsam, dass er ebenfalls von den gleichen Entwicklern wie das zu testende System geschrieben wird.

Damit möchte man Teilkomponenten und Gesamtsysteme mit dem geringen organisatorischen Aufwand der Whitebox-Tests prüfen, ohne aufgrund des Wissens über die innere Struktur Testfälle unabsichtlich durch zusätzliche Annahmen zu verfälschen.

Es ist wichtig zu beachten, dass Greybox-Tests ein Teil agiler Prozesse sind und nur zum Erfolg führen, wenn man sämtliche Prozessmethoden anwendet, wie beispielsweise Paarprogrammierung oder Akzeptanztests, da ansonsten eventuell die fehlende Unabhängigkeit (Test/Tester) ein Risiko in sich birgt.

Ohne die stützenden Säulen agiler Prozesse sollte man beim Einsatz von Greybox-Tests auf keinen Fall auf Blackbox-Tests verzichten. In diesem Fall sollte man Greybox-Tests vielmehr als qualitative Verbesserung von Whitebox-Tests ansehen.

Fazit

Im Falle von Blackbox-Tests werden Testfälle auf Basis der Spezifikation ermittelt mit dem Ziel, dass das Softwaresystem die in der Spezifikation geforderten Funktionen erfüllt.

Im Falle von Whitebox-Tests werden die Testfälle auf Grundlage des Quellcodes entwickelt mit dem Fokus, die Korrektheit des Codes zu prüfen.

Zu guter Letzt versuchen die Greybox-Tests, als Teil agiler Prozesse, die Vorteile von Blackbox- sowie Whitebox-Tests möglichst ohne deren Nachteile zu kombinieren.

Klassifikation nach der Prüftechnik

Bei der Klassifikation der Testmethoden nach der Prüftechnik unterscheidet man zunächst statische und dynamische Tests. Anschließend können die dynamischen Tests weiter aufgeteilt werden. Liggesmeyer [Lig02] klassifiziert die Testmethoden dabei wie folgt:

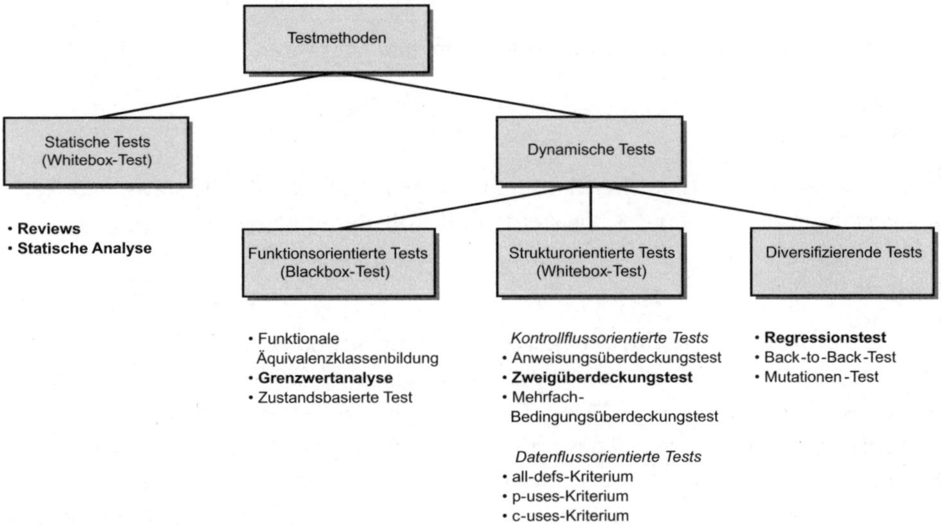

Abb. 12–3 *Klassifikation der Testmethoden nach Liggesmeyer (verkürzt)*

Dieses Bild erhebt keinen Anspruch auf Vollständigkeit. Natürlich gibt es weitere Testverfahren (siehe [Lig02]), die hier nicht aufgeführt wurden. Hingegen werden alle genannten Testverfahren nachfolgend kurz besprochen.

Zur besseren Übersicht haben wir die aus unserer Sicht wichtigsten Testverfahren für die Wartung im Bild fett markiert. Die Begründung dazu liefern wir am Ende dieses Abschnitts. Zudem haben haben wir das Bild um die Klassifikation nach dem Informationsstand ergänzt. Dabei sind statische und strukturorientierte Tests als Whitebox-Tests zu betrachten, während funktionsorientierte Tests den Blackbox-Tests zuzuordnen sind.

12.3.2 Statische Tests

Statische Testverfahren gehören zu den Whitebox-Tests und zeichnen sich dadurch aus, dass die Software nicht ausgeführt wird *(non-execution based methods)*, im Gegensatz zu allen dynamischen Softwaretestverfahren *(execution based methods)*. Somit gibt es für die statischen Tests keine Testdaten und in der Regel keine Testfälle.

Als Basis für die statische Analyse dienen die Dokumentation sowie der Quellcode. Damit lassen sich statische Tests schon sehr früh im Entwicklungsprozess anwenden und so frühzeitig Fehler beseitigen.

Statische Tests machen Aussagen über Fehler und potenzielle Fehlerquellen, Verstöße gegen Spezifikation und Standards sowie über Verletzungen der Projektplanung. Ziel ist die Prävention, also das möglichst frühe Erkennen von Fehlern und Abweichungen, bevor sie aufwendige Nachbesserungen nach sich ziehen.

Zu den statischen Testmethoden zählen folgende Verfahren:

- Reviews
- Statische Analyse

Dabei dienen die Reviews eher der semantischen Prüfung und die statischen Analyseverfahren den Syntax-, Konsistenz- und Vollständigkeitsprüfungen.

Reviews

Der Begriff Review, auch strukturierte Gruppenprüfung genannt, bezeichnet eine ganze Gruppe von statischen Überprüfungsmethoden. Bei diesen Verfahren wird die menschliche Analyse- und Denkfähigkeit genutzt, um komplexe Sachverhalte zu prüfen und zu bewerten. Dies erfolgt durch intensives Lesen und Nachvollziehen der untersuchten Dokumente sowie des Quellcodes. Sie eignen sich vor allem um semantische Prüfungen durchzuführen. Entsprechend handelt sich hierbei um nicht werkzeuggestützte Verfahren.

Die Norm [IEEE610] selbst definiert Reviews wie folgt: »Ein Prozess oder ein Treffen, in dem ein Softwareprodukt Projektmitarbeitern, Managern, Benutzern, Kunden oder anderen interessierten Dritten präsentiert wird mit der Bitte um Kommentare oder Freigabe.«

Anhand des Prüfobjekts lassen sich zwei grobe Gruppen von Reviews unterscheiden:

- Das Review bezieht sich auf den Projektablauf oder den Entwicklungsprozess als solches.
- Das Prüfobjekt stellt ein Produkt oder Teilprodukt dar, das während des Entwicklungsprozesses erstellt wurde.

Die erste Gruppe wird in der Norm [IEE1028] als Management-Review bezeichnet. Die typischen Prüfmethoden dafür sind das Audit und das Assessment, die wir hier nicht besprechen werden.

Wichtige Vertreter der Prüfmethoden der zweiten Gruppe sind:

- Stellungnahme-Verfahren
- Walkthrough
- Fagan-Review

Das Ziel all dieser Verfahren ist das Finden von Fehlern, Defekten, Inkonsistenzen sowie Unvollständigkeiten.

> Ein Review ist eine manuelle Prüfung und Analyse von Dokumenten und Quellcode, durchgeführt von einer kleinen Gruppe Beteiligter, die definierte Rollen innehaben, mit dem Ziel, Fehlerzustände, Widersprüche und Auslassungen zu finden.

Stellungnahme-Verfahren

Idee und Ziel: Das Stellungnahme-Review ([Bal95], [LuLi07]) ist ein Verfahren in Kommentartechnik mit mehreren Prüfern. Dabei erhalten die Prüfer das Review-Objekt zur Durchsicht. Anschließend geben sie ihre Anmerkungen schriftlich an den Autor zurück, der dafür verantwortlich ist, diese umzusetzen.

Grober Ablauf:

- Der Autor verteilt das zu prüfende Dokument an die Prüfer.
- Diese geben bis zum verlangten Endtermin ihre Kommentare schriftlich dem Autor zurück.
- Anschließend überarbeitet der Autor das Prüfobjekt anhand der schriftlichen Kommentare.

Bewertung: Diese Prüfmethode ist einfach, benötigt keine Ausbildung und kann kurzfristig durchgeführt werden. Ein weiterer Vorteil liegt in der Möglichkeit, solche Reviews standortübergreifend durchführen zu können. Der Nachteil liegt in der fehlenden Konsensfindung der Teilnehmer und im fehlenden Wissenstransfer. Diese Methode eignet sich vor allem, um projektbegleitende Dokumente, wie beispielsweise einen Qualitätsmanagement- oder Konfigurationsmanagementplan, zu prüfen. Wegen des fehlenden, direkten Austauschs eignet sich dieses Verfahren hingegen kaum, um Architektur- und Designdokumente oder Quellcode zu untersuchen.

Walkthrough

Idee und Ziel: Der Walkthrough ([LuLi07], [SpLi04], [Bal95]) ist eine manuelle, informale Prüfmethode, um Stärken und Schwächen eines schriftlichen Dokuments (auch Sourcecode) durch Prüfer bewerten zu lassen. Sie wird in Form einer Sitzung mit einem Moderator und drei bis sieben Prüfern durchgeführt. Der Moderator führt während der Sitzung durch das zu prüfende Dokument. Die Prüfer machen zu den einzelnen Abschnitten ihre Anmerkungen. Während die Identifikation von Fehlern im Vordergrund steht, ist die Überarbeitung des Prüfobjekts nicht Ziel der Prüfung.

Grober Ablauf:

- Die Prüfer erhalten mit der Einladung zur Walkthrough-Sitzung das zu prüfende Dokument und bereiten sich individuell vor.
- Der Autor präsentiert in der Walkthrough-Sitzung Schritt für Schritt sein Dokument, während die Prüfer spontan ihre Fragen stellen. Es wird ein Walkthrough-Protokoll erstellt.

Bewertung: Der Aufwand für dieses Prüfverfahren ist relativ gering. Es eignet sich zudem für den Wissenstransfer. Allerdings können mit dieser Prüfmethode, verglichen mit der Intensiv-Inspektion, relativ wenige Fehler identifiziert werden.

Fagan-Review

Idee und Ziel: Das Fagan-Review ([Fag76], [Fag86]) ist eine manuelle, formale Prüfmethode in Sitzungstechnik, um grobe Fehler in einem Dokument (auch Quellcode) anhand von Referenzunterlagen zu identifizieren. Zusätzlich ist die Identifikation von Schwächen im Entwicklungsprozess ein wichtiger Bestandteil des Inspektionsprozesses. Dabei kennt diese Methode vier klare Rollen, nämlich: den Autor, den Moderator, den Leser und den Prüfer. Während der Sitzung erläutert der Leser in seinen eigenen Worten den Inhalt des Prüfobjekts, und der oder die Prüfer geben ihre Anmerkungen dazu ab.

Grober Ablauf:

- Planung: Der Moderator stellt das Inspektionsteam zusammen, bestimmt das Inspektionsziel sowie den Ort und die Zeit der Inspektion.
- Übersichtssitzung: Der Autor stellt den Inspektionsteilnehmern vorab das zu prüfende Dokument kurz vor und verweist auf kritische Stellen und bekannte Probleme.
- Individuelle Vorbereitung: Anschließend bereiten sich die Inspektionsteilnehmer individuell vor.
- Inspektionssitzung (max. 2 h): Während der Inspektion läuft alles gemäß den festgelegten Rollen ab:
  - Der Autor steht nur für Fragen bereit, ohne sich zu rechtfertigen.
  - Der Leser erläutert in seinen Worten den Inhalt des zu prüfenden Objekts.
  - Der Prüfer ergänzt seine Anmerkungen.
  - Der Moderator führt durch die Sitzung und hält die Inspektionskommentare fest.
- Nacharbeit und Überarbeitung: Der Autor überarbeitet aufgrund der Kommentare das Prüfobjekt. Dabei nimmt er Korrekturen nur anhand von beanstandeten Stellen vor.
- Reinspektion: Bei geringen Änderungen überprüft der Moderator, ob der Autor alle Fehler korrigiert hat und diese Änderungen konsistent sind. Bei komplexen Vorgängen geschieht diese Kontrolle durch das komplette Team.

Bewertung: Diese Methode ist sehr systematisch und effektiv, trotz des hohen Aufwands, verglichen mit anderen Review-Verfahren. Unserer Erfahrung nach findet man in Summe 75 % der Fehler und dies mit einem Totalaufwand von 2 Stunden pro Fehler. Verglichen mit der Systemtestphase ist dies sehr günstig. Diese Methode eignet sich sehr gut für Codeinspektionen und benötigt ca. 15 %–20 % des entsprechenden Phasenaufwands. Für eine erfolgreiche Anwendung ist eine Schulung der Mitarbeiter unerlässlich.

Statische Analyse

Vielleicht werden Sie sich nun fragen, weshalb hier die statische Analyse wieder auftaucht, nachdem wir diesem Thema bereits ein ganzes Kapitel gewidmet haben (Kap. 10). Es handelt sich hier in der Tat um nichts Neues, sondern um die bereits besprochenen Techniken, die ebenfalls zu Testzwecken eingesetzt werden können.

Statische Analyseverfahren untersuchen den Quellcode oder ausführbare Modelle mit dem Ziel, Fehler oder Anomalien zu finden. Während es im Falle der analysierenden Qualitätssicherung eher um Verstehen und Gewinnen einer Übersicht geht, steht im Bereich des Testens die Fehlersuche im Vordergrund. Hierzu dienen die statischen Analyseverfahren der Semantik-, Konsistenz- und Vollständigkeitsprüfung, und zwar immer mit dem Ziel des Aufdeckens von Fehlern und fehlerträchtigen Stellen. Diese Verfahren werden durch Werkzeuge sehr gut unterstützt.

Typische Einsatzgebiete von statischen Analysewerkzeugen im Testumfeld sind:

- Die Überprüfung von Semantikverletzungen
- Die Überprüfung von Konventions- und Standardeinhaltung
- Die Durchführung von Datenflussanalysen
- Die Durchführung von Kontrollflussanalysen

Überprüfung von Semantikverletzungen

Mittels statischer Analysatoren kann eine Vielzahl von Inkonsistenzen im Quellcode zu einem frühen Zeitpunkt entdeckt werden, und zwar deutlich vor dem Testen. Während Compiler nur wenige semantische Verletzungen als Warnungen melden (wenn man sie denn beachten würde), gibt es spezialisierte Werkzeuge, die viel mehr leisten. Diese melden beispielsweise:

- Ausdrücke, die Fehler begünstigen (Bsp.: `if(a=1)` anstelle von `if(a==1)`)
- Inkonsistenzen (z. B. nicht passende Interfaces)
- Nicht portierbare Konstrukte
- Redundanten Code

Solche Werkzeuge sollte man unbedingt vor jeder Codeinspektion anwenden – dies erhöht zum einen die Effizienz der Inspektionen und lenkt zum anderen nicht vom Inhalt ab, der den eigentlichen Grund für eine Inspektion darstellt.

Überprüfung von Konventions- und Standardeinhaltung

Mithilfe von statischen Analysatoren kann auch die Einhaltung von Programmierrichtlinien und Standards überprüft werden. So können beispielsweise Programmierkonventionen, wie sie sich die meisten Projekte selbst auferlegen, einfach und schnell überprüft werden. Solche Richtlinien machen nur Sinn, wenn sie auch automatisch überprüft werden – andernfalls erweisen sie sich in der Praxis schnell als bürokratischer Ballast. Nebenbei bemerkt: Wissen die Entwickler, dass die Umsetzung der Programmierrichtlinien eingefordert wird, ist die Bereitschaft, diese einzuhalten, viel größer.

Mit ähnlichen Werkzeugen kann auch die Einhaltung von Standards sichergestellt werden, wie sie beispielsweise im sicherheitsrelevanten Umfeld vorkommen.

Die Benutzung dieser Analysatoren sollte ebenfalls vor jeder Codeinspektion Pflicht sein.

Durchführung von Datenflussanalysen

Bei der Datenflussanalyse wird die Verwendung der Variablen im Code betrachtet. Dabei wird der Datenfluss jeder einzelnen Variablen entlang der Ausführung des Codes verfolgt. In diesem Zusammenhang können nicht immer einwandfrei Fehler erkannt, jedoch Fehlersymptome identifiziert werden. Solche verdächtigen Programmstellen nennt man Anomalien – oder in diesem Falle Datenflussanomalien. Es lassen sich folgende drei Datenflussanomalien unterscheiden:

- ur-Anomalie: Referenz auf eine undefinierte Variable *(undefined reference)*
- du-Anomalie: Definition einer Variablen nicht benutzt *(defined undefined)*
- dd-Anomalie: doppelte Definition einer Variablen *(defined defined)*

Nicht jede Anomalie führt direkt zu einem fehlerhaften Verhalten.

Durchführung von Kontrollflussanalysen

Der Kontrollfluss eines Programms wird durch entsprechende Strukturen wie Verzweigungen oder Schleifen bestimmt. Die Kontrollflussanalyse weist ebenfalls auf Anomalien in diesen Strukturen hin. Auch hier müssen Unstimmigkeiten keine Fehler sein, widersprechen aber den Grundsätzen der strukturierten Programmierung. Drei Beispiele dafür sind:

- Mehrere return pro Funktion
- Mehrfache Ausgänge in Schleifen (z. B. continue oder break in C-Programmen)
- Sprünge wie goto

Oft stellen Werkzeuge für die Kontrollflussanalyse die Programmstrukturen grafisch dar und erlauben es dadurch, Anomalien schneller zu erkennen (s. Kap. 10).

Fazit

Statische Tests sind leistungsstarke Prüfmethoden, die oft unterschätzt und zu wenig angewendet werden.

12.3.3 Dynamische Tests

Dynamische Testverfahren führen das Testobjekt auf einem Rechner aus *(execution based methods)*. Dazu muss ein ablauffähiges Programm vorliegen. Da dies in den unteren Teststufen (Modul-, Integrationstest) nicht der Fall ist, wird das Testobjekt in einem Testrahmen eingebettet und so ablauffähig gemacht. Das Testobjekt ruft typischerweise andere Programmteile auf. Fehlen diese noch (vor allem in den unteren Teststufen), werden sie durch Stellvertreter (engl. *stubs*) ersetzt. Zusätzlich muss der Testrahmen das Testobjekt mit Eingabedaten versorgen. Dazu braucht es ein Programm, das das Testobjekt aufruft. Diese Aufgabe übernimmt ein Testtreiber. Somit bilden Treiber und Stellvertreter den Testrahmen und zusammen mit dem Testobjekt das ausführbare Programm.

Unter den dynamischen Tests unterscheiden wir zwischen:

- Funktionsorientierten Tests (Blackbox-Verfahren)
- Strukturorientierten Tests (Whitebox-Verfahren)
- Diversifizierenden Tests (Blackbox-Verfahren)

Funktionsorientierte Tests (Blackbox-Verfahren)

Die Testfälle und Testdaten werden alleine aus der jeweiligen Spezifikation abgeleitet, um zu zeigen, inwieweit das Testobjekt die vorgegebene Spezifikation erfüllt. Man spricht auch davon, dass »gegen die Spezifikationen« getestet wird. Bei diesen Testverfahren steht also die Spezifikation im Mittelpunkt des Testgeschehens. Dabei ist die Programmstruktur nicht von Interesse, im Gegenteil, das System selbst wird als »schwarzer Kasten« oder eben als Blackbox betrachtet.

Das Ziel dieser Tests ist also eine möglichst umfassende Prüfung der spezifizierten Funktionalität.

> Mit funktionsorientierten Testtechniken kann die vollständige Umsetzung der Spezifikation in Software sichergestellt werden.

Da die Testfälle eines funktionsorientierten Tests systematisch aufgrund der Spezifikation hergeleitet werden, kann sozusagen die Funktionsüberdeckung gemessen werden. Dagegen können funktionsorientierte Tests nicht gewährleisten, dass der Programmcode vollständig getestet wurde. Bei einem reinen funktionsorientierten Test ist daher im Gegensatz zu einem strukturorientierten Test davon auszugehen, dass in der Software noch ungetesteter Code existiert.

Die funktionsorientierten Tests kann man wie folgt weiter unterteilen:

- Funktionale Äquivalenzklassenbildung
- Grenzwertanalyse
- Zustandsbasierter Test

Funktionale Äquivalenzklassenbildung

Idee und Ziel: Das Hauptproblem der dynamischen Softwaretests ist die Auswahl einiger weniger Testfälle aus einer sehr großen Anzahl potenzieller Testfälle. Um bei diesem stichprobenhaften Vorgehen möglichst gute Stellvertreter der Gesamtmenge zu finden, hat sich die funktionale Äquivalenzklassenbildung als nützlich erwiesen. Die Menge der möglichen Eingabewerte für ein Eingabedatum wird in Äquivalenzklassen unterteilt. Zu einer Äquivalenzklasse gehören alle Eingabedaten, für die man annimmt, dass sich das Testobjekt bei der Eingabe eines beliebigen Datums aus der Äquivalenzklasse gleich verhält. Dadurch können viele Testfälle durch wenige Eingabewerte zusammengefasst werden.

Beispiel:

```
void zeigeMonat(short aktuellerMonat);
```

Eine gültige Äquivalenzklasse: 1 ≤ aktuellerMonat ≤ 12
Zwei ungültige Äquivalenzklassen: aktuellerMonat < 1, aktuellerMonat > 12

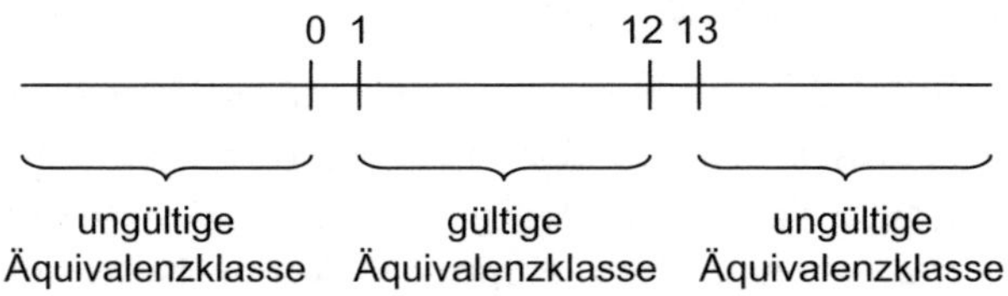

Abb. 12–4 *Äquivalenzklassen*

Aus den Äquivalenzklassen abgeleitete Testfälle:

1. aktuellerMonat = 7 (ein Repräsentant aus der Äquivalenzklasse, stellvertretend für alle anderen)
2. aktuellerMonat = -2
3. aktuellerMonat = 18

Metrik:

$$C_{\text{Äquivalenzklassen}} = (\text{Anzahl getestete ÄK} \,/\, \text{Gesamtzahl ÄK}) \times 100\,\%$$

C: *coverage* (engl. für Überdeckung)

Eigenschaften: Die Äquivalenzklassen lassen sich für alle Eingabewerte aus der Spezifikation herleiten. Dadurch wird sichergestellt, dass alle Funktionen mit Werten aus der ihnen zugeordneten Äquivalenzklasse getestet werden. Dieses Verfahren stellt somit sicher, dass die Anzahl der nötigen Testfälle automatisch reduziert wird. Im Beispiel oben genügen bereits drei Testfälle, um alle Äquivalenzklassen abzudecken. Für die Ausgabewerte können ebenfalls Äquivalenzklassen gebildet werden, allerdings müssen dazu entsprechende Eingabewerte gefunden werden.

In der Literatur findet man zudem Regeln zur Bildung von Äquivalenzklassen ([SpLi04], [Lig02], [Bal95]).

Bewertung: Dieses Testverfahren trägt mit seiner Systematik dazu bei, eine sinnvolle Auswahl von Testfällen zu treffen, die möglichst wenig Redundanz aufweisen. Allerdings werden bei dieser Testmethode nur einzelne Ein- und Ausgabewerte betrachtet, nicht aber Beziehungen, Wechselwirkungen und Abhängigkeiten zwischen diesen.

Grenzwertanalyse

Idee und Ziel: Erfahrungen haben gezeigt, dass Testfälle, die in der Umgebung der Grenzwerte der Äquivalenzklassen liegen, besonders häufig Fehler aufdecken. Entsprechend basiert die Grenzwertanalyse auf dem Verfahren der funktionalen Äquivalenzklassenbildung und deckt genau diese Grenzbereiche ab.

Beispiel:

```
void zeigeMonat(short aktuellerMonat);
```

Eine gültige Äquivalenzklasse: 1 ≤ aktuellerMonat ≤ 12
Zwei ungültige Äquivalenzklassen: aktuellerMonat < 1, aktuellerMonat > 12

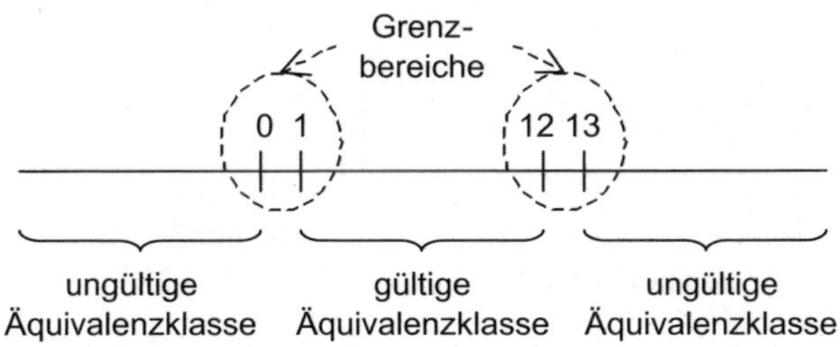

Abb. 12–5 *Grenzen der Äquivalenzklassen*

Abgeleitete Testfälle von den Grenzen der Äquivalenzklassen:
1. aktuellerMonat = 1 (untere Grenze)
2. aktuellerMonat = 12 (obere Grenze)
3. aktuellerMonat = 0 (obere Grenze der ungültigen Äquivalenzklassen)
4. aktuellerMonat = 13 (untere Grenze der ungültigen Äquivalenzklassen)

Metrik:

$$C_{\text{Grenzwert}} = (\text{Anzahl getestete GW / Gesamtzahl GW}) \times 100\,\%$$

$C_{\text{Grenzwert}}$: Grenzwertüberdeckung

Eigenschaften: Eine Grenzwertanalyse ist nur sinnvoll, wenn die Menge der Elemente, die zu einer Äquivalenzklasse gehören, eine zu ordnende Menge bilden. Bei einer Äquivalenzklasse eines Aufzähltyps, wie »Auto: Audi, BMW, Mercedes«, macht das Testverfahren wenig Sinn.

Bewertung: Da diesem Testverfahren die Erfahrung zugrunde liegt, dass häufig Grenzbereiche fehlerhaft verarbeitet werden, ist die Grenzwertanalyse eine sinnvolle Erweiterung und Verbesserung der funktionalen Äquivalenzklassenbildung.

Zustandsbasierte Tests

Idee und Ziel: Bildet ein Programm einen Zustandsautomaten ab, können aus der Spezifikation direkt Testfälle abgeleitet werden. Ziel ist die vollständige Testabdeckung des Zustandsautomaten, d.h. das mindestens einmalige Durchlaufen aller Zustände und Zustandsübergänge.

Beispiel:
Nachfolgend ein Beispiel eines sehr einfachen Zustandsautomaten [Bal95]:

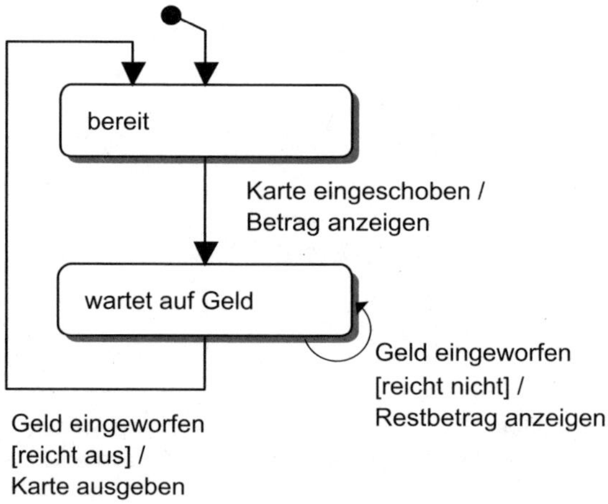

Abb. 12–6 *Beispiel eines Zustandsautomaten*

Testfall 1:
bereit, Karte eingeschoben ⇨ wartet auf Geld, Geld eingeworfen [reicht aus] ⇨ bereit

Testfall 2:
bereit, Karte eingeschoben ⇨ wartet auf Geld, Geld eingeworfen [reicht nicht] ⇨ wartet auf Geld, Geld eingeworfen [reicht aus] ⇨ bereit

Mit diesen beiden Testfällen werden alle Zustände und Zustandsübergänge abgedeckt.

Eigenschaften: Die vielen verschiedenen Zustände und Zustandsübergänge eines Zustandsautomaten können in der linearen Form eines Textes nur schwer beschrieben werden. Daher empfehlen wir dringend, immer ein geeignetes Diagramm, beispielsweise ein Zustandsdiagramm (UML) oder ein Zustandsübergangsdiagramm (STD), zu erstellen. Zum einen kann gezeigt werden, dass der Automat vollständig und widerspruchsfrei ist, und zum anderen dient das Diagramm zur Erzeugung von Testfällen (s. obiges Beispiel). Die Überdeckung aller Zustandsübergänge garantiert dabei keinen vollständigen Test (analog wie bei der Zweigüberdeckung). Es ist wichtig, dass man auch die spezifikationsverletzenden Zustandsübergänge prüft.

Bewertung: Das zustandsbasierte Testverfahren eignet sich dann, wenn ein Zustandsautomat als Spezifikation vorliegt. Zudem ist es gut für das Testen von Klassen einzusetzen, sofern ein Objektlebenszyklus existiert.

Strukturorientierte Tests (Whitebox-Verfahren)

Strukturorientierte Tests sind ebenfalls dynamische Tests. Somit wird das Programm ausgeführt und mit Testdaten versorgt. Strukturorientierte Testmethoden bedingen Wissen über den Quellcode und gehören somit zu den Whitebox-Tests. Strukturorientierte Testtechniken definieren keine direkten Regeln für die Erzeugung von Testfällen. Es ist lediglich wichtig, dass die – wie auch immer erzeugten – Testfälle entsprechende Abdeckungen in der Struktur mit sich bringen.

> Mit strukturorientierten Methoden kann die Testüberdeckung gezielt ermittelt und verbessert werden.

Softwaremodule enthalten Daten, die verarbeitet werden, und Kontrollstrukturen, die die Verarbeitung der Daten steuern. Entsprechend unterscheidet man:

- Kontrollflussorientierte Tests
- Datenflussorientierte Tests

Strukturorientierte Testverfahren werden vor allem im Bereich des Modultests und teilweise im Integrationstest angewendet. Im Systemtest finden sie keine Verwendung.

Kontrollflussorientierte Tests

Kontrollflussorientierten Tests dienen als Basis für die Definition von Testzielen und Strukturelementen wie Anweisungen, Zweigen oder Bedingungen. Diese werden als gerichteter Graph dargestellt (s. Abb. 12–7), bestehend aus Knoten und Kanten. Eine Folge von Knoten und Kanten vom Start- zum Endknoten nennt man Pfad.

Das Ziel ist es, mit einer möglichst geringen Anzahl von Testfällen alle vorhandenen Anweisungen, Zweige und Pfade durchlaufen zu können. Daher wird die Testvollständigkeit anhand der Abdeckung der Kontrollstruktur oder des Kontrollflusses bewertet. Diese Strukturüberdeckungen können mit Werkzeugen gemessen werden.

Die kontrollflussorientierten Tests werden in vier Gruppen unterteilt:

- Anweisungsüberdeckungstest (C_0)
- Zweigüberdeckungstest (C_1)
- Bedingungsüberdeckungstest
  - einfach(C_2)
  - mehrfach (C_3)
- Pfadüberdeckungstest (C_4)

Auf die Verfahren C_2 und C_4 werden wir im Folgenden nicht weiter eingehen.

Anweisungsüberdeckungstest (C_0)

Idee und Ziel: Beim Anweisungsüberdeckungstest, auch C_0-Test genannt (C = *Coverage*), soll jede Anweisung, also jeder Knoten des Kontrollflussgraphen, mindestens einmal durchlaufen werden.

Metrik:

$$C_{\text{Anweisungen}} = \text{(Anzahl der ausgeführten Anweisungen)} / \text{(Gesamtzahl der vorhandenen Anweisungen)} \times 100\,\%$$

Eigenschaften: Durch eine 100-prozentige Anweisungsüberdeckung wird sichergestellt, dass kein »toter Code«, also Anweisungen, die niemals durchlaufen werden, im Programm existiert. Dies kann man mit relativ wenigen Testfällen erreichen, hat dabei aber meist nicht alle Kanten berücksichtigt.

Schauen wir uns dazu das Beispiel in Abbildung 12–7 an. Diese kleine Prozedur liest Zeichen von der Tatstatur ein, solange es ein Großbuchstabe ist und der Maximalwert von INT_MAX nicht erreicht wurde. Anschließend werden die Großbuchstaben sowie die Vokale separat gezählt. In diesem Beispiel genügt die Eingabe eines 'A', gefolgt von einer '1', um alle Knoten zu durchlaufen. Darin ist aber die Kante $n_4 - n_6$ nicht enthalten.

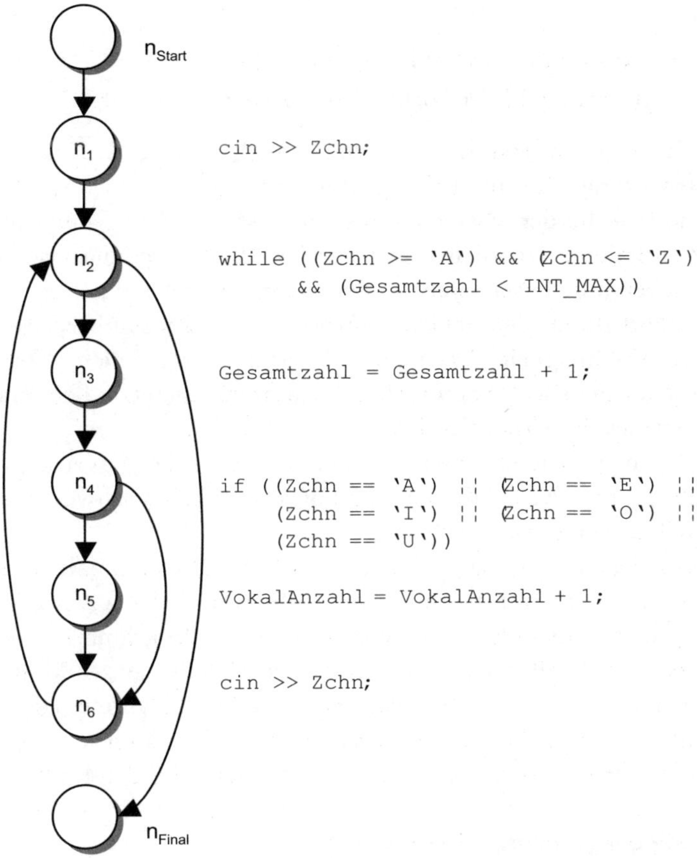

Abb. 12–7 *Beispiel eines Kontrollflussgraphen [Bal95]*

Bewertung: Die Anweisungsüberdeckungstests stellen ein notwendiges, aber nicht hinreichendes Testkriterium dar. Es kann damit nicht ausführbarer Code gefunden werden. Die Anweisungsüberdeckung besitzt von allen kontrollflussorientierten Testverfahren mit 18 % der enthaltenen Fehler die geringste Fehleridentifizierungsquote [Bal95]. Anweisungsüberdeckungstests werden selten als Haupttestwerkzeug in einem Vollständigkeitstest eingesetzt, denn dafür sind sie zu schwach.

Zweigüberdeckungstest (C_1)

Idee und Ziel: Beim Zweigüberdeckungstest, auch C_1-Test genannt, werden die Testfälle so spezifiziert, dass alle Zweige (Kanten) des Kontrollflussgraphen mindestens einmal durchlaufen werden.

Metrik:

$$C_{Zweige} = \text{(Anzahl der ausgeführten Zweige)} / \text{(Gesamtzahl der vorhandenen Zweige)} \times 100\,\%$$

Achtung: Mit wenigen Testfällen können schnell hohe Überdeckungsraten erreicht werden. Dieser Zusammenhang ist nicht linear.

Eigenschaften: In der Zweigüberdeckung ist die Anweisungsüberdeckung vollständig enthalten. Trotzdem weist der Zweigüberdeckungstest drei gravierende Schwächen auf: 1. Schleifen werden nicht ausreichend getestet, da ein einzelner Durchlauf durch den Schleifenkörper für die Zweigüberdeckung bereits ausreicht. 2. Abhängigkeiten zwischen Zweigen werden nicht berücksichtigt, sondern nur einzelne Zweige betrachtet. 3. Zusammengesetzte Bedingungen werden nicht angemessen berücksichtigt.

Zudem können fehlende Zweige nicht direkt entdeckt werden. Oft ist es schwierig, Programmzweige überhaupt zu durchlaufen, da schwer zu erzeugende Datenkonstellationen erforderlich sind.

Bewertung: Der Zweigüberdeckungstest gilt als das minimale Testkriterium. Damit kann u.a. die Korrektheit des Kontrollflusses an den Verzweigungsstellen überprüft werden. Zudem können nicht ausführbare Programmzweige gefunden werden. Dies ist der Fall, wenn keine Testdaten erstellt werden können, die die Ausführung eines bisher nicht durchlaufenen Zweiges bewirken. Die Fehleridentifikationsquote beträgt bei diesem Verfahren 34 %. Damit werden 79 % der Kontrollflussfehler und 20 % der Berechnungsfehler gefunden [Bal95].

Mehrfach-Bedingungsüberdeckungstest (C_3)

Idee und Ziel: Die Grundidee des Bedingungsüberdeckungstests ist die gründliche Überprüfung der zusammengesetzten Entscheidungen. Neben dem Mehrfach-Bedingungsüberdeckungstest gibt es noch den minimalen Mehrfach-Bedingungsüberdeckungstest.

Während beim Mehrfach-Bedingungsüberdeckungstest neben den atomaren Teilentscheidungen und der Gesamtentscheidung auch alle zusammengesetzten Teilentscheidungen gegen *wahr* und *falsch* geprüft werden, genügt es beim minimalen Mehrfach-Bedingungsüberdeckungstest zu demonstrieren, dass jede atomare Teilentscheidung den Wahrheitswert der Gesamtentscheidung unabhängig von den anderen Teilentscheidungen beeinflussen kann. Das wird etwa vom Standard RTCA DO-178B für flugkritische Software gefordert.

Eigenschaften: Der Mehrfach-Bedingungsüberdeckungstest führt zu extrem hohem Testaufwand: Bei n Teilentscheidungen ergeben sich 2^n Testfälle. Diesen Nachteil versucht der minimale Mehrfach-Bedingungsüberdeckungstest zu verbessern: Hier ergeben n Teilentscheidungen minimal (n+1), maximal 2^n Testfälle.

Bewertung: Beide Testverfahren beinhalten sowohl die Anweisungs- wie auch die Zweigüberdeckung vollständig. Zusätzlich zum Zweigüberdeckungstest können invariante Bedingungen entdeckt werden. Der minimale Mehrfach-Bedingungsüberdeckungstest ist eine sinnvolle Weiterentwicklung des Konzepts der Zweigüberdeckung.

Datenflussorientierte Tests (Whitebox-Tests)

Datenflussorientierte Testmethoden basieren auf dem Datenfluss, also dem Zugriff auf Variablen. Für die Ableitung des Datenflusses muss die Programmstruktur bekannt sein, daher gehören sie zu den strukturorientierten Tests (Whitebox-Tests). Die Testfälle werden durch die Definitionen von Variablen sowie den lesenden und schreibenden Zugriff darauf hergeleitet. Dies gilt sowohl in Anweisungen wie Bedingungen.

Da datenflussorientierte Tests im wesentlichen Datennutzungen testen, eignen sie sich besonders für objektorientiert entwickelte Systeme, da diese Daten in Klassen verwalten.

Diese Testmethoden sind relativ kompliziert und daher nur werkzeuggestützt verwendbar. Wir betrachten im Folgenden nur einige »*defs/uses*«-Verfahren:

- »*all defs*«-Verfahren
- »*all p-uses*«-Verfahren
- »*all c-uses*«-Verfahren

Eine ausführliche Behandlung dieser und weiterer datenflussorientierten Testverfahren findet man in [Lig02] und [Bal95].

Idee und Ziel: Das Ziel der *defs/uses*-Verfahren ist die genaue Verfolgung der lesenden und schreibenden Zugriffe auf Variablen – schließlich kann mit einer Variablen, einmal angelegt, nichts anderes geschehen. Schreibende Zugriffe bezeichnet man auch als Definition (engl. *definition* oder kurz *def*), lesende Zugriffe als Benutzung (engl. *use*). Daher kommt der Name dieser Testmethoden – *defs/uses*-Verfahren.

Metrik: Die Testvollständigkeit wird anhand der Abdeckung von Datenzugriffen mit Testfällen bewertet.

Eigenschaften: Bei den *defs/uses*-Verfahren werden die Testfälle auf der Basis von Variablenzugriffen durch *defs/uses*-Kriterien definiert. Durch diese Kriterien wird jeder Variablenzugriff in eine von drei Kategorien eingeordnet:

- Definierend *(definition – def)*
- Für boolesche Bedingungen (predicate *use – p-use*)
- Berechnend *(computational use – c-use)*

Bewertung: Je nach Verfahren erreicht man folgende Fehlererkennungsraten [Bal95]:

- Das *all defs*-Kriterium findet 24 % der Fehler und deckt weder die Anweisungs- noch die Zweigüberdeckung ab.
- Das *all p-uses*-Kriterium identifiziert 34 % der Fehler und entdeckt dabei sicher Kontrollflussfehler. Es beinhaltet die Zweigüberdeckung.
- Das *all c-uses*-Kriterium erreicht eine Fehlererkennungsrate von 48 % und identifiziert insbesondere Berechnungsfehler. Das Kriterium beinhaltet weder die Anweisungs- noch Zweigüberdeckung.

Testen von objektorientierten Systemen

Zum Schluss der Ausführungen zu »strukturorientierten Tests« wollen wir noch einige Anmerkungen im Zusammenhang mit objektorientierten Systemen anbringen.

Die beschriebenen Whitebox-Testverfahren (kontroll- und datenflussorientierte Tests) können nicht alle ohne Weiteres auf objektorientierte Systeme angewendet werden. Der größte Unterschied der beiden Welten besteht darin, dass private Daten nicht direkt zugreifbar sind (*information hiding* und *data encapsulation*). Die Möglichkeiten der objektorientierten Welt bringen zudem neue Fehlerarten, wie beispielsweise Kapselungsfehler, Vererbungsfehler oder Polymorphiefehler.

Die Blackbox-Verfahren lassen sich dagegen in objektorientierten Systemen gut anwenden, schließlich geht es bei diesen nur um die Sicht von außen auf ein System.

Diversifizierende Tests

Die diversifizierenden Tests gehören ebenfalls zu den dynamischen Testverfahren und führen das Testobjekt auf einem Rechner aus *(execution based methods)*. Hingegen basieren sie nicht auf dem Vergleich des Testergebnisses mit der Spezifikation, sondern stellen die Ergebnisse verschiedener Versionen einander gegenüber. Somit gilt hier ein Testfall als erfolgreich absolviert, wenn die Ausgaben der unterschiedlichen Versionen identisch sind. Dieses Vorgehen birgt natürlich die Gefahr, dass ein Fehler, der in den zu vergleichenden Versionen das gleiche Ergebnis produziert, nicht erkannt wird.

> Diversifizierende Testtechniken testen verschiedene Versionen einer Software gegeneinander.

Aufgrund des einfachen Vergleichens lassen sich solche Tests sehr gut automatisieren.

Wir schauen uns zu dieser Testmethode folgende Vertreter an:

- Regressionstest
- Back-to-Back-Test
- Mutationentest

Regressionstest

Idee und Ziel: Unter einem Regressionstest (von lat. Regression, Rückschritt) versteht man die Wiederholung aller oder einer Teilmenge aller Testfälle, um Nebenwirkungen von Änderungen in einer bereits getesteten Software aufzuspüren. Diese Änderungen kommen durch Wartungsarbeiten oder Weiterentwicklung zustande und können unerwartete Seiteneffekte aufweisen.

Eigenschaften: Da Tests lediglich wiederholt werden, beschreibt das Regressionstest-Verfahren keine Möglichkeit zur Herleitung von Testfällen. Sie müssen anhand anderer Techniken erstellt werden. Aufgrund des Wiederholungscharakters und der Häufigkeit dieser Wiederholungen eignen sich Regressionstests gut zur Automatisierung (s. Abschnitt 12.2). Wie bei allen diversifizierenden Tests wird der erfolgreiche Durchlauf eines Testfalls durch den Vergleich mit den Ausgaben einer Vorgängerversion sichergestellt.

Bewertung: Regressionstests bilden ein wichtiges Mittel, um Folgefehler und Seiteneffekte nach Änderungen weitgehend ausschließen zu können. Sie helfen damit, Fehler zu reduzieren. Zudem werden Regressionstests häufig von Standards gefordert.

Back-to-Back-Test

Idee und Ziel: Basierend auf identischen Spezifikationen entwickeln unabhängige Teams mehrere Versionen einer Software. Anschließend werden die unterschiedlichen Versionen mit identischen Testdaten versorgt. Über den Erfolg eines Tests entscheidet der Vergleich der Ausgaben und Reaktionen der unterschiedlichen Systeme. Man bezeichnet diese Form der Softwareentwicklung auch als n-Versionen-Programmierung. Der Back-to-Back-Test zählt zu den Greybox-Verfahren.

Eigenschaften: Die Korrektheit der Tests muss nicht anhand einer Spezifikation geprüft werden. Dies wird lediglich durch den Vergleich der Ausgaben der verschiedenen Systeme sichergestellt. Dieser Vergleich kann automatisch erfolgen und somit viel Aufwand sparen. Demgegenüber steht der Zusatzaufwand der Mehrfachentwicklung. Speziell wenn viele Testfälle gefordert sind, muss ein Back-to-Back-Test nicht unbedingt teurer sein. Dies ist beispielsweise im Umfeld von zuverlässiger oder sicherheitsrelevanter Software der Fall. Daher kann hier dieses Testverfahren günstiger sein als eine konventionell entwickelte und getestete Software.

Bewertung: Der Nachteil dieses Testverfahrens liegt darin, dass identisch vorhandene Fehler in den diversitären Systemen nicht erkannt werden können. Wegen des hohen Programmieraufwands eignet sich dieses Verfahren eher für kleinere Systeme. Zudem sollte der Vergleich der Ergebnisse einfach und automatisch möglich sein, was bei eingebetteten Systemen ohne Benutzeroberflächen eher der Fall ist. Zudem sollte das System testintensiv sein, was bei kritischer Software gegeben ist. Daher bietet sich der Back-to-Back-Test vor allem für die Überprüfung kritischer Komponenten eingebetteter Software an.

Mutationentest

Idee und Ziel: Der Mutationentest ist keine Testtechnik im engeren Sinne, sondern dient zum Vergleich der Leistungsfähigkeit von Testmethoden sowie der verwendeten Testfälle.

Eigenschaften: Es werden wie beim Back-to-Back-Test zwei Softwarevarianten miteinander verglichen. Allerdings entsteht die zweite Variante nicht durch Entwicklung, sondern durch das gezielte Einfügen von genau bekannten Fehlern in der Ausgangsversion – sogenannten Mutationen. Es wird dann geprüft, ob die benutzte Testmethode mit den vorhandenen Testdaten diese künstlichen Fehler findet. Wird ein Fehler nicht gefunden, so werden die Testdaten um entsprechende Testfälle erweitert.

Bewertung: Diese Technik beruht auf der Annahme, dass ein erfahrener Programmierer fast korrekte Programme erstellt und nur noch »einfache« Fehler macht, wie Definitionen und Referenzen falscher Variablen, die Verwendung unkorrekter Operationen oder einfache Fehler in arithmetischen Ausdrücken [Lig02].

12.3.4 Wichtige Testmethoden in der Wartung

In diesem Abschnitt wollen wir einige Überlegungen anstellen, welche Kategorien von Testmethoden wann in der Wartung zum Einsatz kommen. Obwohl es kaum möglich ist, ein einzelnes Set von Testmethoden zu bestimmen, das für sämtliche Systeme das optimale ist, haben wir in Abbildung 12–3 die aus unserer Sicht wichtigsten Testverfahren der Wartung fett hervorgehoben. Diese waren:

- Review
- Statische Analyse
- Grenzwertanalyse
- Zweigüberdeckungstest
- Regressionstest

Wieso gerade diese, mögen Sie sich vielleicht fragen. In Abschnitt 12.2 sind wir auf die wichtigsten Schritte, die es bei einer Änderung zu beachten gilt, eingegangen. Wir haben gesehen, dass nach jeder Änderung folgende drei Punkte zu berücksichtigen sind:

- Auswirkung abschätzen
- Prüfen, ob Änderung das macht, was sie soll
- Prüfen, ob die Änderung keine Nebenwirkung hat

Auswirkung abschätzen: Dazu dienen uns die beiden Testverfahren Review und statische Analyse. Dem Review kommt im Rahmen einer Änderung große Bedeutung zu. Zum einen prüfen wir im Schritt 2 des Grundablaufs vor der Implementierung, ob der Lösungsansatz und die damit verbundenen Auswirkungen vertretbar sind. Zum anderen wollen wir nach der Umsetzung die Auswirkungen der Änderungen untersuchen. Dabei wird natürlich auch die Umsetzung selbst geprüft.

Im Rahmen der Implementierung möchten wir aus Sicht des Qualitätsmanagements möglichst Fehler vermeiden. Die statische Analyse stellt dazu eine einfache und günstige Variante dar und sollte deshalb auch bei Änderungen in der Wartung eingesetzt werden.

Prüfen, ob die Änderung das macht, was sie soll: Dies ist klar die Aufgabe des Systemtests. Aus der Fülle der Testverfahren scheinen uns die Grenzwertanalyse sowie der Zweigüberdeckungstest zwei wichtige Verfahren, um dieses Ziel in der Wartung sicherzustellen. Die Grenzwertanalyse dient als Blackbox-Testverfahren zur Überprüfung der spezifizierten Funktionalität. Durch die Abdeckung der Grenzfälle können mittels weniger Tests die wichtigsten Bereiche überprüft werden. Der Zweigüberdeckungstest dagegen ist ein Whitebox-Testverfahren. Mittels dieser einfach anzuwendenden Methode können Kontrollflussfehler schnell aufgedeckt werden. Zudem gibt sie uns eine gute Übersicht über die Testabdeckung, was die Testoptimierung unterstützt (mit möglichst wenigen Testfällen möglichst viele Fehler finden).

Prüfen, ob die Änderung keine Nebenwirkung hat: Dies ist die Hauptaufgabe des Regressionstests. Durch Wiederholung aller oder einer Teilmenge aller Testfälle hilft der Regressionstest, Nebenwirkungen von Änderungen in einer bereits getesteten Software aufzuspüren, und ist damit ein unerlässliches Testverfahren in der Wartung.

Es können auch mithilfe eines Reviews Auswirkungen und somit Nebenwirkungen identifiziert werden.

Fazit

Führen wir im Rahmen der Wartung Änderungen durch, gilt es anschließend zu prüfen, ob wir dies erfolgreich getan haben. Dazu gehen wir in den drei beschriebenen Schritten vor. Diese werden durch verschiedene Testmethoden unterstützt. Exemplarisch haben wir typische Testverfahren dafür ausgewählt, die je nach System und Umfeld auch andere sein können.

Zur Übersicht über die drei Schritte und die von uns zugewiesenen Testverfahren dient die Tabelle 12–1.

	Review (Whitebox)	statische Analyse (Whitebox)	Grenzwert-analyse (Blackbox)	Zweigüber-deckungstest (Whitebox)	Regres-sionstest
Auswirkung abschätzen	X	X			
Macht Änderung, was sie soll?			X	X	
Hat Änderung Nebenwirkungen?	X				X

Tab. 12–1 *Fragen der Wartung und ihre Testverfahren*

12.4 Zusammenfassung

Wir wissen nun:

- Ein Fehler ist die Abweichung zwischen einem spezifizierten und tatsächlichen Verhalten.
- Mit Testen wird geprüft, ob die Anforderungen gemäß der Spezifikation umgesetzt wurden.
- Testen ist eine Qualitätsmaßnahme mit dem Ziel, Fehler aufzudecken.
- Testen ist ein stichprobenartiges Verfahren.
- Die Validierung kann feststellen, ob die spezifizierten Anforderungen erfüllt wurden.
- Die Verifikation kann feststellen, ob die Resultate einer Entwicklungsphase korrekt, also den Vorgaben entsprechend zustande kamen.

Wir kennen das Vorgehen bei Codeänderungen im Rahmen der Wartung:

- Änderungsbegehren verstehen
- Lösungsansatz suchen und Auswirkungen abschätzen
- Testen und Auswirkungen überprüfen
  - mittels Systemtest sicherstellen, dass die Anpassung den gewünschten Effekt hatte,
  - mittels Regressionstests nachweisen, dass alle bisherigen Funktionen sich wie zuvor verhalten.

Folgendes Vorgehen erlaubt uns, Regressionstests nach Änderungen einzuschränken:

- Zuerst fragen wir uns:
  - Ob wir die Änderung wirklich verstanden haben?
  - Ob die Auswirkung der Änderung überschaubar ist?
  - Ob der Umfang der Änderung genügend klein ist?

- Falls wir alle Fragen mit ja beantworten können, genügt ein Review.
- Ansonsten können wir den Regressionstest mittels Auswirkungsanalyse einschränken.

Wir haben verschiedene Kategorien von Testmethoden kennengelernt:

- Statische Testmethoden, die den Quellcode ohne dessen Ausführung analysieren.
- Dynamische Testmethoden, die das Programm zur Ausführung bringen.
- Unter den dynamischen Testverfahren unterscheiden wir:
  - funktionsorientierte Tests, mit denen wir prüfen, ob eine Spezifikation richtig und vollständig umgesetzt wurde,
  - strukturorientierte Tests, mit denen wir prüfen, ob wir mit Testfällen die gesamte Programmstruktur abdecken konnten, und
  - diversifizierende Tests, mit denen wir Ergebnisse zweier unterschiedlicher Programmversionen zum Vergleich gegenüberstellen können.

Anhang

»Du kennst dich nun in der Begriffswelt der Wartung aus,
vom Lebenszyklus bis zu den Gesetzen der Softwareevolution.
Du weißt, wie man passende Prozesse schneidert,
und weißt, wie man Wartung organisiert.
Du hast endlich die Kosten im Griff.
Dank der Metriken optimierst du laufend.
Du kannst sogar testen, ob es funktioniert.
Und wenn alles schiefgeht, sanierst du's einfach.
Falls nun doch noch Fragen sind – bitte.«

Wartungsmanagement kompakt

Im Buch haben wir ein Modell erstellt, nach dem ein Wartungsanliegen abhängig von seiner Natur dem richtigen Bearbeitungsprozess zugeführt werden kann. Zudem haben wir das Modell um die Umsetzungsverantwortung, Finanzierung und Schätzmethodik erweitert – sodass ein umfassendes Bild entstanden ist, das viele wichtige Aspekte der Softwarewartung zusammenführt.

Dieses Bild soll als Wegweiser in der Softwarewartung dienen.

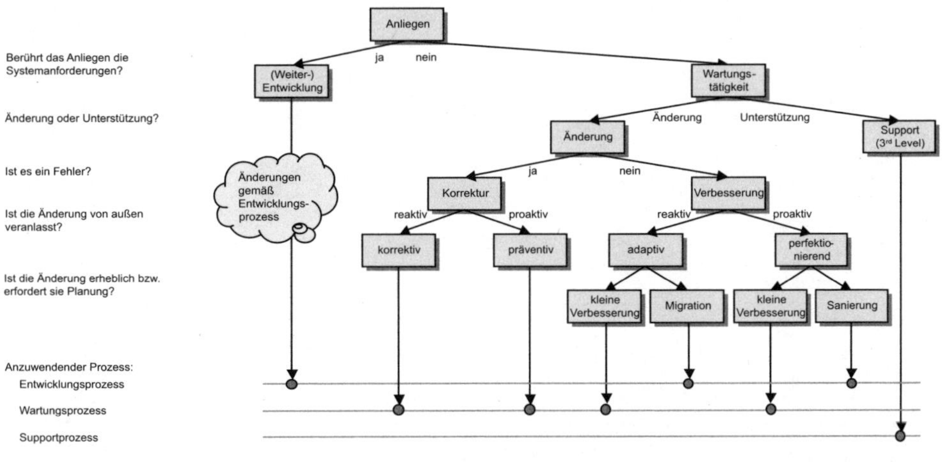

Umsetzungsverantwortung	Projektleiter	Wartungsmanager	Wartungsmanager	Wartungsmanager	Projektleiter	Wartungsmanager	Projektleiter	Service- bzw. Wartungsmanager
Finanzierung	Kunde + Eigenmittel	Gewährleistung, Wartungsvertrag	Gewährleistung, Wartungsvertrag	Wartungsvertrag	Kunde + Eigenmittel	»VEG«, Eigenmittel	Kunde + Eigenmittel	SLA
Aufwandsschätzung	Schätzung + WR	Wartungsaufwand berechnen	Wartungsaufwand berechnen	Schätzung	Schätzung + WR	Schätzung	Schätzung + WR	nach Aufwand

Legende: VEG: vorgezogene Entsorgungsgebühr WR: Wirtschaftlichkeitsrechnung SLA: Service Level Agreement

Abkürzungen

Folgende Abkürzungen wurden in diesem Buch verwendet:

AVOR	Arbeitsvorbereitung
BAB	Betriebsabrechnungsbogen
CBO	Coupling between Objects
COTS	Commercial off-the-shelf
CRUD	Datenbankzugriffe wie Create, Retrieve, Update, Delete
DBC	Design by Contract
DIT	Depth Inheritance Tree
DRY	Don't repeat yourself
DSM	Design-Struktur-Matrix
EOL	End of Life
GQM	Goal, Question, Metric
GUI	Graphical User Interface
IEEE	Institute of Electrical and Electronics Engineers
ISO	International Standards Organization (Internationale Organisation für Normung)
ITIL	IT Infrastructure Library
NMO	Number of Methods Overridden by Subclass
NOA	Number of Attributes
NOC	Number of Children
NOM	Number of Methods
NOS	Number of Statements
OO	Objektorientierung
RUP	Rational Unified Process
STD	State Transition Diagram
UML	Unified Modeling Language
VEG	Vorgezogene Entsorgungsgebühr
WLOC	Weighted Number of Lines of Code
XP	eXtreme Programming (agile Entwicklungsmethode)
ZDF	Zahlen, Daten, Fakten

Glossar

Adaptive Wartung
Die adaptive Wartung bezeichnet die Anpassung des Systems an ein verändertes Umfeld und wirkt so dem ⇨ *lack of movement* entgegen. S. auch [IEEE610].

Änderungsantrag
Ein Änderungsantrag ist ein Überbegriff für Änderungsbegehren an einem Softwaresystem. Der Begriff lässt sich unterteilen in die beiden Gründe für ein solches Begehren: einerseits in eine Fehlermeldung und andererseits in einen Verbesserungsantrag. Muss ein System wegen eines Fehlers angepasst werden, stellt man eine Fehlermeldung aus. Möchte man das System hingegen um eine neue Funktion erweitern, erfasst man einen Verbesserungsantrag.

Anwendungsdomäne
⇨ Domäne

Auswirkungsanalyse
Ziel der Auswirkungsanalyse ist es, den Effekt, den eine Änderung oder Erweiterung eines Softwaresystems auf andere Module in diesem wie auch auf andere Systeme hat, zu identifizieren.

Blackbox-Test
Ein Blackbox-Test ist ein Testfall, der zur Erstellung keine Information über die innere Struktur des Systems (Testobjekts) benötigt. Man betrachtet das System lediglich von außen.

COTS-Software
Als commercial off-the-shelf (dt. kommerzielle Produkte aus dem Regal) oder kurz COTS-werden seriengefertigte Produkte aus dem Elektronik- oder Softwaresektor bezeichnet. COTS-umfasst z. B. Betriebssysteme, Datenbanken oder Programmbibliotheken. Oft werden sie auch Third-Party-Produkte (Drittpro-

dukte) genannt. Das Gegenteil von COTS-sind selbst entwickelte Individuallösungen, die für einen einzelnen Kunden, wie eine Behörde oder eine Firma, entwickelt werden.

Design by Contract
Design by Contract (dt. Entwurf gemäß Vertrag) oder kurz DBC ist ein Konzept aus dem Bereich der Softwareentwicklung. Ziel ist das reibungslose Zusammenspiel einzelner Programmmodule durch die Definition formaler »Verträge«, die beispielsweise bei der Verwendung einer Methode einzuhalten sind. Solche Verträge bestehen aus Vorbedingungen *(precondition)* und Nachbedingungen *(postcondition)*. Die Erfüllung der Vorbedingung durch den Methodennutzer erzwingt die Erfüllung der Nachbedingungen durch den Methodenanbieter.

Domäne
Das Wort Domäne (von lat. Dominium über frz. Domaine-Herrschaft, Herrschaftsbereich) kann am ehesten mit »reservierter, vorbehaltener Bereich« übersetzt werden. So versteht man in der Informatik unter einer Anwendungsdomäne, häufig auch verkürzt Domäne, ein abgrenzbares Problemfeld des täglichen Lebens oder etwas spezieller einen bestimmten Einsatzbereich für Computersysteme oder Software.

Entropie
Die Entropie ist eine physikalische Grundgröße der Thermodynamik. In diesem Buch wurde der Begriff aber als Maß der Unordnung verwendet. Dabei bedeutet eine kleine Entropie eine hohe Ordnung und eine große Entropie eine große Unordnung.

Evolution
⇨ Softwareevolution

Extreme Programming
Extreme Programming (XP) ist ein agiler Softwareentwicklungsprozess für kleine Teams. Der Prozess ermöglicht es, während der Entwicklung auf vage und sich rasch ändernde Anforderungen des Kunden zu reagieren. Entsprechend stark wird der Kunde mit einbezogen.

Fehler
Das Wort Fehler dient einerseits als Oberbegriff für ⇨ Fehlhandlung, ⇨ Fehlerzustand und ⇨ Fehlerwirkung, bezeichnet aber auch die Nichterfüllung einer festgelegten Anforderung, also eine Abweichung zwischen dem Istverhalten und dem Sollverhalten (⇨ Mangel).

Fehlermeldung
⇨ Änderungsantrag

Fehlerwirkung (failure)
Die Wirkung eines ⇨ Fehlerzustands, die bei der Ausführung des Testobjekts nach außen in Erscheinung tritt, zum Beispiel durch einen falschen Ausgabewert oder einen Programmabsturz.

Fehlerzustand (fault)
Der Fehlerzustand ist die Ursache für eine ⇨ Fehlerwirkung und manifestiert sich als inkorrektes Teilprogramm, eine inkorrekte Anweisung oder Datendefinition.

Fehlhandlung (error)
1. Die menschliche Handlung (des Entwicklers), die zu einem ⇨ Fehlerzustand in der Software führt.
2. Eine menschliche Handlung (des Anwenders), die ein unerwünschtes Ergebnis zur Folge hat (Fehlbedienung).

Gault-Millau
Der Gault-Millau, benannt nach seinen Herausgebern Henri Gault und Christian Millau, ist neben dem Guide Michelin einer der einflussreichsten französischen Restaurantführer. Er vergibt die Hauben, die neben Michelins Sternen die begehrteste Auszeichnung der Haute Cuisine darstellen. Dabei sind vier Hauben die höchste Auszeichnung, die Toprestaurants erreichen können. Allerdings dient als detaillierteres Bewertungssystem eine Skala von ein bis zwanzig Punkten.

Geriatrie
⇨ Softwaregeriatrie

Gewährleistung
Unter Gewährleistung versteht man die gesetzliche Verpflichtung des Verkäufers – nicht des Produktherstellers – gegenüber dem Käufer, eine Sache oder ein Werk im mangelfreien Zustand abzuliefern. Rechte, die der Käufer aus der Gewährleistung hat, sind Nacherfüllung, Rücktritt vom Vertrag oder Minderung und Schadensersatz. Die Gewährleistung ist im Zivilrecht geregelt.

Ignorant surgery
David Lorge Parnas [Par94] bezeichnet mit *ignorant surgery* (dt. unachtsamer Eingriff) einen Grund, weshalb Softwarewartung nötig ist. Softwaresysteme basieren auf klaren Architekturgrundsätzen. Wenn bei späteren Codeanpassungen Änderungen am System von Leuten vorgenommen werden, die diese zugrunde liegenden Architektur- und Designprinzipien nicht kennen oder beachten, führt

dies in der Regel zur Verwässerung dieser Konzepte und einer Verschlechterung der inneren Struktur.

Instandhaltung
Die Instandhaltung bezeichnet die Behebung schwerer ⇨ Mängel. Da schwere Mängel oft den Stillstand ganzer Systeme bedeuten, muss entsprechend schnell reagiert werden. Wenn beispielsweise sämtliche Bankomaten in einem Landesteil ausgefallen sind, muss möglichst schnell das System wieder instand gesetzt werden. Daher ist die Instandhaltung ereignisgetrieben und nicht planbar.

Kohäsion
Maß für den inneren Zusammenhalt einer Softwareeinheit.

Komplexität
Informatiksysteme weisen eine hohe Komplexität auf, wenn sie eine geringe ⇨ Kohäsion und eine hohe ⇨ Kopplung aufweisen. Die einzelnen Softwarekomponenten haben also einen geringen Zusammenhalt, sind aber untereinander zu stark vernetzt.

Kopplung
Maß für die Vernetztheit von Softwareeinheiten.

Korrektive Wartung
Die Aufgabe der korrektiven Wartung ist das Beheben von Softwarefehlern, die nach der Auslieferung aufgetreten sind (vgl. [IEEE610]). Hierbei handelt es sich um ⇨ Restfehler. Dabei wird in der korrektiven Wartung unterschieden zwischen:

- Instandhaltung des Systems, also der Behebung schwerer Mängel (⇨ Instandhaltung) und
- der Mängelkorrektur, also der Beseitigung mittelschwerer und leichter Mängel (⇨ Mängelkorrektur).

Lack of movement
Mit *lack of movement* (dt. fehlende Anpassung) nennt David Lorge Parnas [Par94] einen weiteren Grund, weshalb Softwarewartung nötig ist. Ein Softwaresystem wird durch die technische und fachliche Umgebung beeinflusst. Ändern sich diese Umgebungen, muss die Software nachziehen, um aktuell zu bleiben. Unter *lack of movement* versteht man das Veralten eines Systems, das nicht mit der Zeit geht und es verpasst, immer wieder die neuesten Technologien einzusetzen und ein adäquates Abbild der Realität wiederzugeben. Das System veraltet also ohne eigenes Zutun gegenüber der sich fortschreitenden Umwelt.

Lebenslinie
Im Umfeld eines Softwareprodukts haben wir drei Lebenslinien: Entwicklung, Wartung und Support. Dabei fassen wir die Erst- und Weiterentwicklungen einer Software in einer Lebenslinie zusammen (V1.0, V2.0 etc.). Diese beginnt mit der Erstentwicklung und endet mit der Einstellung der Entwicklung. Parallel dazu eröffnen sich mit dem ersten Produktivbetrieb die anderen beiden Lebenslinien. Zum einen die der Wartung, die sämtliche Wartungsversionen (V1.1, V1.2, V2.1 etc.) vereint und zum anderen die Lebenslinie des Supports, der die Endkunden oder Benutzer unterstützt.

Lebenszykluskosten
Softwarekosten entstehen nicht nur mit der Erstentwicklung, sondern auch laufend mit der Weiterentwicklung, Wartung und einer späteren möglichen Migration. Selbst bei der Ablösung, und somit bei der Entsorgung eines Systems, entstehen weitere Kosten. Die Lebenszykluskosten sind also die Gesamtkosten, die eine Software von der ersten Stunde bis zur Stilllegung seitens des Herstellers erzeugt. Darin sind die Betriebskosten nicht enthalten, denn diese entstehen beim Anwender.

Maintenance
⇨ Softwarewartung

Mangel
Ein Mangel liegt vor, wenn eine gestellte Anforderung oder eine berechtigte Erwartung nicht angemessen erfüllt wird.

Mängelkorrektur
Mit der Mängelkorrektur werden mittelschwere und leichte Fehler behoben. Es handelt sich hierbei um Restfehler. Im Gegensatz zur ⇨ Instandhaltung ist die Korrektur der Mängel planbar.

Metrik
Eine Softwaremetrik ist eine Funktion, die eine Softwareeigenschaft in einen Zahlenwert abbildet. Typischerweise unterscheidet man Prozess-, Produkt- und Ressourcenmetriken.

Middleware
Middleware ist Software, die die Kommunikation zwischen Softwarekomponenten bzw. Softwaresystemen ermöglicht oder vereinfacht.

Migration

Bei einer Migration (von lat. migratio = Wanderung) wird die Software von der bestehenden in eine andere Umgebung versetzt. Auslöser für eine Migration sind meistens geänderte Anforderungen an das Softwaresystem, die in der bestehenden Umgebung nicht mehr oder nur mit großem Aufwand realisierbar sind (⇨ Adaptive Wartung).

Offshoring

Als Offshoring bezeichnet man eine Form der Verlagerung unternehmerischer Funktionen und Prozesse in Länder mit deutlich niedrigerem Lohnniveau oder anderen Vorteilen. Dabei kann es sich sowohl um eine Verlagerung von Aktivitäten an ein ausländisches Fremdunternehmen als auch um eine Gründung eines Tochterunternehmens oder eines Joint Ventures handeln. Während mit Offshoring die Verlagerung in weit entfernte Länder (von Europa aus gesehen hauptsächlich Länder in Amerika oder Asien) gemeint ist, versteht man unter Nearshoring die Verlagerung in Länder auf demselben Kontinent (von Europa aus gesehen hauptsächlich Osteuropa). Zu guter Letzt bezeichnet Onshoring die Beschaffung auf dem heimischen Markt.

Outsourcing

Outsourcing ist die Abkürzung für Outside Resource Using – externe Ressourcen nutzen. Unter Outsourcing versteht man also die Verlagerung von Geschäftsprozessen, Funktionen, Dienstleistungen und Projekten an externe Dritte, egal ob im In- oder Ausland.

Paarprogrammierung

Bei der Paarprogrammierung (engl. *pair programming*) arbeiten immer zwei Entwickler bei der Erstellung des Quellcodes vor einem Rechner. Während ein Programmierer den Code schreibt, denkt der andere über die Problemstellung nach und spricht Unklarheiten an. Diese können dann sofort im Gespräch zu zweit gelöst werden.

Die Paarprogrammierung ist eine Technik der agilen Vorgehensweise und wichtiger Bestandteil von ⇨ Extreme Programming (XP).

Perfektionierende Wartung

Das Ziel der perfektionierenden Wartung ist die Verbesserung der Software. Dies kann gemäß Norm [IEEE610] die Performanz oder andere Attribute betreffen. Wobei die Performanz auf die Schnelligkeit des Systems, aber auch auf die Effizienz bei der Nutzung von Systemressourcen abzielt. Der Begriff andere Attribute öffnet ein weites Feld von Möglichkeiten, die z. B. die Wartbarkeit, die (Re-)Dokumentation oder andere Eigenschaften der Software betreffen. Hiermit sind auch Strukturverbesserungen im Rahmen von Restrukturierungen, Refactoring und Bereinigungen gemeint, um dem ⇨ »ignorant surgery«-Problem entgegenzuwirken.

Pflege
⇨ Softwarewartung

Portierung
Unter einer Portierung versteht man den Vorgang, ein Computerprogramm, das unter einem bestimmten Betriebssystem, einer Betriebssystemversion oder Hardware abläuft, auch auf anderen Betriebssystemen, anderen Versionen oder anderer Hardware lauffähig zu machen. Teilweise wird unter Portierung auch der Wechsel von einer Programmiersprache auf eine andere verstanden.

Post-mortem-Analyse
Die Post-mortem-Analyse dient zur rückblickenden Verarbeitung von Erfahrungen bei der Durchführung von Projekten. Wie der Begriff post portem (lat. für »nach dem Tod«) ausdrückt, geschieht dieser Rückblick nach dem Tod oder eben nach dem Abschluss eines Projekts.

Präventive Wartung
In der präventiven Wartung geht es darum, latente Fehler nach der Auslieferung der Software zu beheben, bevor sie im Feld als effektive Fehler aufgetreten sind. Dies ist eine proaktive Maßnahme und daher planbar. Auch hierbei entfernen wir Restfehler, genau wie bei der ⇨ korrektiven Wartung. S. auch [IEEE610].

Prozess
Als Prozess bezeichnet man eine Reihe von Aktivitäten, die in einer bestimmten Folge ablaufen und durch Attribute (ausführende Rollen, verwendete Methoden, Leistungs- und Kostenkennzahlen etc.) näher beschrieben werden können.

Reengineering
Im Software Engineering bezeichnet man mit Reengineering die Erstellung einer verbesserten Software auf Basis einer bereits vorhandenen, aber unzureichend dokumentierten Softwarevorlage. Bestandteile des Reengineering sind dabei das Reverse Engineering, um Informationen zu gewinnen, und die Restrukturierung als Basis für das anschließende Forward Engineering.

Refactoring
Refactoring ist ein Begriff des Software Engineering und eine Methode zur systematischen, entwicklungsbegleitenden Restrukturierung von Programmcode. Das Ziel der Restrukturierung ist es, die interne Softwarestruktur verständlicher und übersichtlicher zu machen, ohne dabei das Systemverhalten zu ändern.

Regressionstest
Der Regressionstest ist ein erneuter Test einer bereits getesteten Software oder einer Teilfunktion nach deren Änderung mit dem Ziel nachzuweisen, dass durch diese Anpassung keine Fehler eingebaut oder freigelegt wurden. Es geht also darum zu zeigen, dass alles, was bisher lief, auch nach einer Änderung immer noch läuft.

Release
Release bezeichnet in der Regel die Veröffentlichung einer neuen Softwareversion mit einem umfassenden neuen Leistungsumfang (Weiterentwicklung). Releases sind immer Vollauslieferungen und bestehen aus einer konsistenten Menge von Softwareelementen inklusive deren Dokumentation.

Restfehler
Während der Softwareentwicklung werden Fehler gemacht. Dank vielseitiger Tests werden diese zum größten Teil während der Entwicklung gefunden und behoben. Fehler, die nach der Auslieferung der Software an den Kunden im System immer noch vorhanden sind, bezeichnet man dann als Restfehler.

Reverse Engineering
Reverse Engineering ist ein Prozess, der das betrachtete System analysiert, um seine Komponenten und ihre Beziehungen zu identifizieren. Zweck dieses Prozesses ist es, für das analysierte System neue Abbildungen des Systems zu schaffen, meist in anderer Form und auf höherer Abstraktionsebene.

Review
Das Review ist ein strukturierter Analyse- und Bewertungsprozess, in dem Projektergebnisse einem Team von Gutachtern präsentiert und von diesem kommentiert oder genehmigt werden. Mit dem Review werden Arbeitsergebnisse der Softwareentwicklung, einschließlich Code, manuell geprüft. Es ist eine statische Testmethode und gehört in die Kategorie der analytischen Qualitätssicherungsmaßnahmen.

RUP
Der Rational Unified Process (RUP) ist ein objektorientiertes Vorgehensmodell zur Softwareentwicklung und benutzt die Unified Modeling Language (UML) als Notationssprache. Der RUP unterteilt die Softwareentwicklung in vier Phasen (Konzeptions-, Entwurfs-, Konstruktions- und Übergabephase) und unterstützt dabei ein iteratives Vorgehen. Die klare Zuteilung von Rollen und Aufgaben sowie die Definition von Artefakten führen dazu, dass sich der RUP als Quasistandard für größere und langfristige Projekte etabliert hat.

Sanierung
Der Begriff Sanierung bedeutet von seiner lateinischen Wurzel her »Heilung« und bezeichnet den Prozess, der eine Sache oder eine Struktur erneuert, vervollständigt und/oder wieder funktionstüchtig macht. Angewandt auf Softwaresysteme bedeutet dies, ein System zu modernisieren, umzugestalten oder zu renovieren mittels Reengineering-Methoden. Somit umfasst die Softwaresanierung die Konzepte und Verfahren, die ein Softwaresystem so verändern, dass es wieder wirtschaftlich und leistungsfähig wird.

Scrum
Scrum (engl. für das Gedränge beim Rugby) ist eine Sammlung von Arbeitstechniken, Strukturen, Rollen und Methoden für das Projektmanagement im Rahmen agiler Softwareentwicklung. Dieses Vorgehensmodell trifft wenige Festlegungen, d.h., Teams bzw. Entwickler organisieren sich weitgehend selbst und wählen auch die eingesetzten Methoden. Scrum wurde von Ken Schwaber, Jeff Sutherland und Mike Beedle im Bereich der Softwareentwicklung etabliert.

Service Level Agreement
Der Begriff Service Level Agreement (dt. Dienstgütevereinbarung) bezeichnet eine Vereinbarung für Dienstleistungen zwischen Auftraggeber und Dienstleister. Darin werden zugesicherte Leistungseigenschaften wie etwa Reaktionszeit, Umfang und Schnelligkeit der Bearbeitung genau beschrieben. Wichtiger Bestandteil hierbei ist die Dienstgüte (Quality of Service).

Software
Die Norm [IEEE610] definiert den Begriff Software als Programme, Verfahren, zugehörige Dokumentation und Daten, die mit dem Betrieb eines Computersystems zu tun haben. Dementsprechend ist Software wesentlich mehr als einfach nur Code.

Softwareevolution
Als Softwareevolution bezeichnen wir den Prozess der Veränderung eines Softwaresystems von der Erstellung bis zur Außerbetriebnahme. Dieser Prozess umfasst somit die Erstellung, Wartung, Weiterentwicklung, Migration und Stilllegung.

Softwaregeriatrie
Softwaregeriatrie ist ein Kunstwort und setzt sich aus »Software« und »Geriatrie« zusammen. Unter Geriatrie, oder Altersheilkunde, versteht man die Lehre von den Krankheiten des alternden und des alten Menschen, ihrer Vorbeugung und Behandlung. Mit diesem Kunstwort möchte man den Umgang mit alternden Softwaresystemen ansprechen, im Sinne der Softwarealtersheilkunde.

Softwarewartung

Gemäß [IEEE610] ist die Softwarewartung die Veränderung eines Softwareprodukts nach dessen Auslieferung, um Fehler zu beheben, Performanz oder andere Attribute zu verbessern oder Anpassungen an die veränderte Umgebung vorzunehmen. Dabei wird zwischen den Wartungskategorien: ⇨ korrektive, ⇨ präventive, ⇨ adaptive und ⇨ perfektionierende Wartung unterschieden.

Testmethode

Testmethoden sind Verfahren, die eingesetzt werden, um Testfälle für Software zu bestimmen. Die verschiedenen Methoden lassen sich kategorisieren: funktionsorientierte, strukturorientierte oder diversifizierende Testmethoden.

Testobjekt

Das Testobjekt stellt den Prüfling dar, der je nach Teststufe dem Modul, dem integrierten Teilsystem oder dem gesamten System entspricht. Das Testobjekt wird dem Test unterzogen.

Teststufe

Die Teststufe entspricht einer Phase (im V-Modell), in der bestimmte Testaufgaben durchgeführt werden.

Testumgebung

Die Testumgebung beschreibt alle Hard- und Softwarekomponenten, die notwendig sind, um Testfälle wiederholbar durchführen zu können.

Testziel

Im Allgemeinen ist das Testziel das Aufdecken von Fehlern durch Testen. Jedem Test sollte aber ein spezifischeres Testziel zugeordnet werden, wie z. B. Lasttest.

Third-Party

⇨ COTS

Update

Ein Update ist eine Korrekturauslieferung (Behebung kritischer Mängel, Nachbesserung, Aktualisierung) für eine bestehende Softwareversion. Durch ein Update werden meist Sicherheitslücken geschlossen, Fehler behoben oder bestehende Funktionalität verbessert.

Upgrade

Ein Software-Upgrade bezeichnet eine neue Version einer Software, die Änderungen oder Verbesserungen enthält. Software-Upgrades beinhalten darüber hinaus alle ⇨ Mängelkorrekturen vorausgegangener Updates.

Validierung
Die Validierung ist die dokumentierte Beweisführung, dass ein System die Anforderungen in der Praxis erfüllt. Es wird damit die Frage beantwortet, ob man das Richtige entwickelt hat.

Verbesserungsantrag
⇨ Änderungsantrag

Verifikation
In der Informatik verwendet man den Begriff für zwei Sachverhalte:

- Erstens ist damit die Prüfung gemeint, ob die Ergebnisse einer Entwicklungsphase die Vorgaben der Phaseneingangsdokumente erfüllen. Es wird also die Frage beantwortet, ob man korrekt gearbeitet hat.
- Zum anderen ist damit ein mathematischer, formaler Beweis der Korrektheit eines Programms gegenüber seiner Spezifikation gemeint.

V-Modell
Das V-Modell ist ein Vorgehensmodell zur Softwareentwicklung. Es wurde Anfang der 90er-Jahre vom Deutschen Bund eingeführt und ist bei vielen zivilen und militärischen Vorhaben des Bundes verbindlich vorgeschrieben. Später wurde das V-Modell um die neuesten Erkenntnisse der Softwareentwicklung (Objektorientierung, iteratives Vorgehen etc.) erweitert. Daraus entstanden dann das V-Modell 97 und später der Nachfolger V-Modell XT *(extreme tailoring)*. Es ist sehr stark formalisiert und dokumentenzentriert und muss vor der Anwendung angepasst werden *(tailoring)*.

Wartbarkeit
Gemäß der Norm [IEEE610] ist Wartbarkeit die Einfachheit, mit der ein Softwaresystem oder eine Komponente modifiziert werden kann, um Fehler zu beheben, Performanz oder andere Attribute zu verbessern oder Anpassungen an die veränderte Umgebung vorzunehmen.

Wartung
⇨ Softwarewartung

Whitebox-Test
Ein Whitebox-Test ist ein Testfall, der zur Erstellung Information über die innere Struktur des Systems (Testobjekts) benötigt. Man betrachtet das System von innen.

Yin und Yang
Yin und Yang sind zwei Begriffe aus der chinesischen Philosophie. Sie haben denselben Ursprung und verkörpern dabei zwei entgegengesetzte Prinzipien, die immer gemeinsam auftreten. Beispielweise ordnet man dem Yin das Weibliche, Passive und die Erde zu, während man dem Yang das Männliche, Aktive und den Himmel zuschreibt.

Genauso verhält es sich mit der Weiterentwicklung und der Wartung. Die Weiterentwicklung bringt neue Funktionen, aber auch strukturelle Unordnung, während die Wartung diese Unordnung sowie Fehler, zumindest teilweise, wieder beseitigt, ohne neue Funktionen beizusteuern.

Zustandsautomat
Ein Zustandsautomat (engl. *state machine*) ist die grafische Darstellung eines endlichen Automaten. Dieser wiederum stellt eine Art Ablaufplan dar, der abhängig von den Eingabewerten beschreibt, welche Zustände das System annehmen kann. Zustandsautomaten werden in Zustandsdiagrammen (UML) dargestellt.

Literatur

[AmSa06]
Ambler, S.W., Sadalage, P.J.: Refactoring Databases – Evolutionary Database Design, Addison-Wesley, 2006

[BaBrMe96]
Basili, V.R., Briand, L.C., Melo, W.L.: A Validation of Object-Oriented Design Metrics as Quality Indicators, IEEE Transactions on Software-Engineering, Oct. 1996

[Bal95]
Balzert, H.: Lehrbuch der Software-Technik: Software-Management, Software-Qualitätssicherung, Unternehmensmodellierung, Spektrum Akademischer Verlag, 1995

[BeRa01]
Bennet, K., Rajlich, V.: Software Maintenance and Evolution – A Staged Model, Proc. Of the Future of Software Eng., ICSE-2000, IEEE Press, Limerick, 2001, pp. 73–89

[BoAbBr01]
Boehm, B.W., Abts, C., Brown, A.W.: Software Cost Estimation with Cocomo II, Prentice Hall, 2000

[Boe81]
Boehm, B.W.: Software Engineering Economics, Prentice-Hall, 1981

[ChCr90]
Chikofsky, E.J., Cross II, J.H.: Reverse Engineering and Design Recovery: A Taxonomy, IEEE Software, Januar 1990

[ChKe94]
Chidamber, S.R., Kemerer, C.F.: A Metrics Suite for Object-Oriented Design, IEEE Computer Society; Transactions on Software Engineering 20, 1994, pp. 476–493

[Col92]
Coleman, D.: Assessing Maintainability, Software Engineering Productivity Conference Proceedings, Hewlett Packard, 1992

[CoLoOm95]
Coleman, D., Lowther, B., Oman, P.: The Application of Software Maintainability Models on Industrial Software Systems, Journal of Systems and Software, Vol. 29, 1995

[Com05]
Computerwoche: Indien sorgt sich um Offshore-Verbote, Computerwoche Nr. 23, 10.06.2005

[DaJa03]
Dagpinar, M., Jahnke, J.: Predicting Maintainability with Object-Oriented Metrics – An Empirical Comparison, IEEE Computer Society Press, 2003

[DeDuNi03]
Demeyer, S., Ducasse, S., Nierstrasz, O.: Object-Oriented Reengineering Patterns, Morgan Kaufmann, 2003

[DeLi99]
DeMarco, T., Lister, T.: Wien wartet auf dich! Der Faktor Mensch im DV-Management, Carl Hanser Verlag, 1999

[DeM97]
DeMarco, T.: Warum ist Software so teuer?, Carl Hanser Verlag, 1997

[DeSi92]
Denert, E., Siedersleben, J.: Software-Engineering. Methodische Projektabwicklung, Springer-Verlag, 1992

[Die07]
Diehl, S.: Software Visualisierungen, Springer-Verlag, 2007

[Fag76]
Fagan, M.: Design and Code Inspections to reduce Errors in Program Development, IBM Systems Journal, Vol. 15 (3), 1976, pp. 182–211

[Fag86]
Fagan, M.: Advances in Software Inspections, IEEE Transactions On Software Engineering, Vol. 12 (7), 1986, pp. 744–751

[Fea05]
Feathers, M.: Working Effectively with Legacy-Code, Prentice Hall, 2005

[FePf96]
Fenton, N., Pfleeger, S.: Software Metrics: A Rigorous & Practical Approach, International Thomson Computer Press, 2nd Edition, 1996

[Fow99]
Fowler, M.: Refactoring. Improving the Design of Existing Code, Addison-Wesley, 1999

[GiWi05]
Gimnich, R., Winter, A.: Workflow der Software-Migration, Software-Technik Trends (25), 2005

[Gli04]
Glinz, M.: Software Engineering I, Vorlesungsskript, Institut für Informatik, Universität Zürich, 2004

[Häd02]
Häder, M.: Delphi-Befragungen, VS-Verlag für Sozialwissenschaften, 2002

[HaHi01]
Harman, M., Hierons, R. M.: An Overview of Program Slicing,«, Department of Information Systems and Computing, Software Focus 2, 3, 2001

[Hal77]
Halstead, M.: Elements of Software Science, Operating and Programming Systems Series, Volume 7, New York, 1977

[HaQu92]
Harjani, D.R., Quueille, J.P.: A Model for the Maintenance of Large Space Systems Software, Proceedings of the ICSM, Orlando (Florida), 1992

[HeKa81]
Henry, S., Kafura, D.: Software Structure Metrics Based on Information Flow, IEEE Transaction on Software Engineering, 1981, pp. 510–518

[IEEE610]
IEEE Std. 610.12-1990: IEEE Standard Glossary of Software Engineering Terminology (ANSI)

[IEEE1061]
IEEE Std. 1061-1992: IEEE Standard for a Software Quality Metrics Methodology (ANSI)

[IEEE1219]
IEEE Std. 1219-1992, IEEE Standard for Software Maintenance (ANSI)

[IEEE12207]
IEEE Std. 12207.2.-1997: IEEE Software life cycle processes (ANSI)

[IEEE1471]
IEEE Std. 1471-2000: Recommended Practice for Architectural Description of Software-Intensive Systems (ANSI)

[ISO9126]
ISO/IEC 9126-1:2001: Software Engineering – Product Quality; Part 1: Quality Model

[ISO10007]
ISO/IEC 10007-2003: Qualitätsmanagement – Leitfaden für Konfigurationsmanagement

[ISO14764]
ISO/IEC 14764-1999: Information technology – Software maintenance

[Jon96]
Jones, C.: Applied Software Measurement, McGraw-Hill, 2nd Edition, 1996

[Ker03]
Kerth, N. L.: Post mortem. IT-Projekte erfolgreich auswerten, Mitp-Verlag, 2003

[Köh07]
Köhler, P.T.: ITIL. Das IT-Servicemanagement Framework, Springer-Verlag, 2006

[Kosch07]
Koschke, R.: Survey Of Research On Software Clones, Dagstuhl Seminar Proceedings 06301, 2007

[LaMaDu06]
Lanza, M., Marinescu, R., Ducasse, S.: Object-Oriented Metrics in Practice: Using Software Metrics to Characterize, Evaluate, and Improve the Design of Object-Oriented Systems, Springer-Verlag, 2006

[LeBe76]
Lehman, M.M., Belady, L.: A Model of Large Program Development, IBM Systems Journal, Bd. 15, Nr. 3, 1976

[LeBe85]
Lehman, M., Belady, L.: Program Evolution: Processes of Software Change, Academic Press, 1985

[Leh80-1]
Lehman, M.M.: Programs, Life Cycles, and Laws of Software Evolution, Proceedings of the IEEE 68, 1980, pp. 1060–1076 (Nachgedruckt als Kapitel 19 in [LeBe85])

[Leh80-2]
Lehman, M.M.: On Understanding Laws, Evolution and Conservation in a Large Program Lifecycle, Infotech State of the Art Report on Life-Cycle Management, Series 8, Nr. 7, Maidenhead, 1980

[Leh96]
Lehman, M.: Laws of Software Evolution Revisited, pos. paper, European Workshop on Software Process Technology 1996, Springer-Verlag 1997, pp. 108–124

[Lig02]
Liggesmeyer, P.: Software-Qualität: Testen, Analysieren und Verifizieren von Software, Spektrum Akademischer Verlag, 2002

[LiHo89]
Lieberherr, K.J., Holland, I.: Assuring Good Style for Object-Oriented Software, IEEE Software, Sep. 1989

[LiSw80]
Lientz, B.P., Swanson, E.: Software Maintenance Management, Addison-Wesley, 1980

[LiWi94]
Liskov, B.H., Wing, J.: A Behavioural Notation of Subtyping, ACM Transactions of Programming-Languages & Systems, 1994

[LuLi07]
Ludewig, J., Lichter, H.: Software-Engineering, dpunkt.verlag, 2007

[Män03]
Mäntylä, M.: Bad Smells in Software – A Taxonomy and an Empirical Study, Master's Thesis, Helsinki University of Technology, 2003

[Mas06]
Masak, D.: Legacysoftware, Springer-Verlag, 2006

[McC76]
McCabe, T.: A Complexity Measure, IEEE Transactions of Software Engineering, Volume SE-2, No. 4, Dezember 1976

[Mye82]
Myers, G. J.: Methodisches Testen von Programmen, Oldenbourg 1982 (7. Auflage 2001)

[NoPa90]
Nosek, J.T, Palvia, P.: Software Maintenance Management: Changes in the Last Decade, Software Maintenance: Research and Practice, Vol. 2, 1990, pp. 157–174

[OmHa92]
Oman, P., Hagemeister, J.: Construction and Validation of Polynomials for Predicting Software Maintainability, Software Engineering Test Lab, University of Idaho, 1992

[OpLu04]
Opferkuch, S., Ludewig, J.: Softwarewartung – eine Taxonomie, *www.iste.uni-stuttgart.de/se*

[Par72]
Parnas, D.L.: On the criteria to be used in decomposing systems into modules, Communications of the ACM, 15(12), December 1972

[Par94]
Parnas, D.L.: Software aging, Proc. 16th International Conference on Software Engineering, IEEE 1994, pp. 279–290

[Piz04]
Pizka, M.: Softwarewartung, Vorlesungsskript, Institut für Informatik, Technische Universität München, 2004

[PoBo05]
Poensgen, B., Bock, B.: Die Function-Point-Analyse, dpunkt.verlag, 2005

[Pop08]
Popp, G.: Konfigurationsmanagement mit Subversion, Ant und Maven, dpunkt.verlag, 2008

[RBBC03]
Reifer, D., Boehm, B., Basili, V., Clark, B.: Maintaining COTS-Systems – 8 Lessons learned, IEEE Software, Sept. 2003, p. 69

[RoLi04]
Roock, S., Lippert, M.: Refactorings in großen Softwareprojekten, dpunkt.verlag, 2004

[San06]
Sangel etal.: Using Dependency Models to Manage Complex Software Architecture, Procedings, OOPSLA 05

[SchSe04]
Schmelzer, H., Sesselmann, W.: Geschäftsprozessmanagement in der Praxis, Hanser Wirtschaft, 4. Auflage, 2004

[Sne00]
Sneed, H.M.: Aufwandsschätzung in der Softwarewartung, Proc. der GI-Software Management 2000, Österreichische Computer Gesellschaft, Wien, Nov. 2000

[Sne04]
Sneed, H.M.: A Cost Model for Software Maintenance & Evolution, icsm, 20th IEEE International Conference on Software Maintenance (ICSM'04), 2004, pp. 264–273

[Sne05]
Sneed, H.M.: Software-Produktmanagement, dpunkt.verlag, 2005

[Sne07]
Sneed, H.M.: Beratung in der Softwarewartung und -weiterentwicklung, jhome, Wiley, 01.2007, pp. 36–41

[SpLi04]
Spillner, A., Linz, T.: Basiswissen Softwaretest, dpunkt.verlag, 2004

[StBi99]
Staples, M. L., Bieman, J. M.: 3-D Visualization of Software Structure, Advances in computers Vol. 49, Academic Press, London, 1999, pp. 96–143

[StBrPr97]
Stasko, J. T., Brown, M. H., Price, B. A.: Software Visualization, MIT Press, 1997

[Swa76]
Swanson, E.B.: The Dimensions of Maintenance, 2nd International Conference on Software Engineering, San Francisco, IEEE Computer Soc. Pr., 1976

[SWI05]
Software Initiative Deutschland, *www.softwareinitiative.de* (06.02.2008)

[Tha04]
Thaller, G.E.: Drachentöter – Risikomanagement für Software-Projekte, Heise Verlag, 2004

[Tic99]
Tichy, W.: Neue Entwicklungen im Software-Konfigurationsmanagement, Vorlesungsskript, Universität Karlsruhe, 1999

[Tsa96]
Tsai etal.: Distributed Real-Time Systems – Monitoring, Visualisation, Debugging and Analysis, Wiley, 1996

[Whi00]
White, B.: Software Configuration Management Strategies and Rational ClearCase – A Practical Introduction, Addison-Wesley, 2000

[YoCo79]
Yourdan, E., Constantine, L.: Structured Design, Prentice Hall, 1979

[ZeShGa79]
Zelkowitz, M.V., Shaw, A.C., Gannon, J. D.: Principles of Software Engineering and Design, Prentice Hall, 1979

Webreferenzen

[AiSee]
http://www.aisee.com (06.02.2008)

[Axivion]
http://www.axivion.com (06.02.2008)

[Crawler]
http://www.inf.unisi.ch/faculty/lanza/codecrawler.html (06.02.2008)

[GraphViz]
http://www.graphviz.org (06.02.2008)

[Lattix]
http://www.lattix.com (06.02.2008)

[Moose]
http://moose.unibe.ch (06.02.2008)

[Shrimp]
http://www.thechiselgroup.org/shrimp (06.02.2008)

[Sotoarc]
http://www.software-tomography.de (06.02.2008)

Index

W